Travel Agency Management & Practice

여행시장 상황 진단, 분석 및 미래 전략

여행사 경영과 실무

공윤주 저

(주)백산출판사

머리말

관광(觀光)은 한 나라 또는 그 지역의 빛을 보는 것이다. 보고, 듣고, 먹고, 타고, 사고, 하고, 걷고, 만나고, 즐기고 등 사람은 여행을 하면서 9가지 행위를 한다. 이 9가지를 행동하는 과정에서 현지문화를 체험하고 이해하며 나아가 현지사람과 교류함으로써 문화가 번영하고 오랫동안 인류평화가 지속된다.

원고를 마무리하고 교정작업 중 감사한 마음보다는 가슴을 치는 절절함으로 점철된 머리말을 쓰고 있다. 2020년 겨울에 시작된 코로나바이러스감염증-19(COVID-19)은 전 세계적 팬데믹(pandemic)이 되어버렸고, 사회적 거리두기를 거쳐 생활 속 거리두기 체제로 전환된 이 시점에 우리는 코로나바이러스와 사투를 벌이고 있다. 경제적, 사회적, 문화적 영향을 정량화하기 힘들지만 관광시장은 가장 큰 타격을 받는 산업이 되어버렸다. 세계관광기구(UNWTO)는 국제관광통계를 집계한 1950년 이래 가장 노동집약적인 관광산업이 최악의 위기를 맞고 있으며 2020년은 1조 달러의 관광수익 감소와 더불어 1억 개의 관광일자리를 잃게 할 것이라 예측하고 있다.

우리나라 여행산업을 주도적으로 이끌고 있는 아웃바운드(outbound) 사업(내국인의 국외여행)은 수개월째 매출액 0원을 이어가고 있다. 여행사에서 근무했던 경험 덕분에 여행보다는 여행사를 더 사랑한 나로서는 믿을 수 없는 이 상황이 하루빨리 지나가기를 바랄 뿐이다.

관광학을 전공하고 관광을 배우고 여행사를 학문으로 가르치기 시작한 지 20년이 된 이즈음에 여행사 관련 대학교재를 출간하게 되었지만 기쁨보다는 자책감이 앞선다. 수년 전부터 기획했고 2019년 1월부터 작업을 시작했으니 벌써 1년하고도 반년이 훌쩍 지났다. 기존 교재보다는 다르게 접근하고 싶었고, 심지어 책 제목을 색다른 방법으로 짓기 위해 여러 사람에게 자문을 구하기도 했으며 "어떻게 하면 대학생들이 여행사를 쉽게 이해할 수 있을까?"라는 고민의 흔적을 남기기도 했다. 여행사에 대한 개념적 틀의 이해를 바탕으로 상품, 수배, 안내 등 여행사 핵심 직무를 가장 많이 할애했으며 고객으로부터 여행사가 철저하게 외면당하고 있는 현 여행시장 상황을 진단하고 분석하여 미약하지만 나름대로 여행사의 미래 전략도 제시하였다.

우리나라 관광산업에 지대한 공헌을 했지만 이제는 하루하루 힘들게 버티고 있는 여행사 10만 가족과 아픔을 공유하며 이 졸저로 그 고마움을 대신하고자 한다. 더 좋은 교재가 되도록 자문해 주신 업계, 학계의 선후배 동료분들께 감사드리며 특별히 박성민 이모하여행사 대표님, 오형수 K-Travel아카데미 대표님, 인도로가는길 심바 대표님, 배진석 변호사님, 이용규 한국자전거나라 대표님, 김문주 위메프 여행컨텐츠 에디터님, 최성식 세종세계관광 대표님, 김명섭 여행114 대표님, 김홍수 홍캠프 대표님, 고창현 전 여행박사 팀장님, 정기윤 하나투어 이사님, 이우석 놀고먹기연구소 대표님께 특별히 고마움을 전한다.

출판을 기꺼이 허락해 주신 백산출판사 진욱상 대표님과 임직원분들의 노고에 심심한 감사를 드리며, 끝으로 은혜를 주신 분들은 잊지 않겠지만 제가 베푼 분들은 기억하지 않는 참다운 인생, 관광(觀光)하는 마음으로 살아가겠습니다.

2020년 7월

저자

차례

Chapter 02 여행상품 이해 41

Chapter 03 지상수배 69

Chapter 04 여행안내 89

CHAPTER ▸▸ 01

여행과 여행사 **개념**

1. 여행의 어원
2. 여행의 종류
3. 여행사의 개념
4. 여행사의 유형
5. 여행사의 기능과 역할
6. 여행사의 발전과정과 현황

학습목표

1. 여행의 어원과 여행의 종류를 이해할 수 있다.
2. 여행사의 개념과 유형을 파악하고 기능과 역할을 설명할 수 있다.
3. 여행사의 발전과정과 현황을 분석할 수 있다.

1 여행의 어원

여행을 싫어하는 사람은 없을 것이다. 사람은 본래 이동하는 동물이기 때문이다. 사람의 무의식에는 언제나 떠나고 싶은 1차적인 욕구가 있다. 따라서 시간과 경제적인 기본 여건만 충족되면 집을 떠나 여행하고 싶은 마음이 생긴다.

여행이란 일이나 유람을 목적으로 다른 장소나 외국에 가는 일, 자기 거주지를 떠나 객지(客地)에 나다니는 일, 다른 고장이나 다른 나라에 가는 일 등이라 위키백과(wikipedia)에서 정의하고 있다. 여행(旅行)의 사전적 의미를 풀어서 설명하면 旅와 行으로 이루어진 한자어로 旅의 뜻은 나그네, 무리, 500명을 1대(隊)로 하는 군제(軍制)를 말한다. 行의 뜻은 가다, 돌아다니다, 움직이다 등의 의미로 결국 여행은 '사람이 어떠한 곳으로 이동한다'라는 뜻을 담고 있다.

'여행'은 우리나라와 일본에서 같은 의미로 같은 단어를 사용하지만 중국은 여행이 아니라 '여유(旅游)'라는 단어를 사용하는데 사람이 놀다, 즐기다, 유람하다 등의 뜻이다. 서양에서는 'travel', 'tour'라는 말을 가장 많이 쓰는데 travel은 고대 프랑스어 'travailer'에서 기원하며 '몸부림치다'라는 뜻이다. tour는 라틴어 'tornus'에서 유래되었는데 '떠돌아다니다'라는 의미를 가진다. 여행의 어원을 동서양에서 살펴보면 여행은 '사람이 돌아다닌다'라는 공통적인 의미를 찾을 수 있다. 여행과 비슷한 용어로는 관광, 나들이, 소풍, 외유, 여가, 레저, 레크리에이션, 놀이 등이 있으며, 영어로는 tour, travel, tourism, trip, journey, sightseeing, excursion, voyage, cruise 등으로 다양하며 유사한 단어들이 많이 쓰이고 있다.

2 여행의 종류

여행의 종류는 학자와 협회, 기관에 따라 매우 다양하게 분류되고 있다. 여행의 주체가 되는 여행자의 목적지, 관광, 음식, 스포츠 등 관련 활동, 여행기간, 여행시기, 여행 등급과 가격 변동, 희망하는 여행 구성원, 여행자의 지식과 여행 경험 수준 등에 따라 여러 가지로 분류될 수도 있다. 본서에서는 여행방향, 여행자 수, 여행형태 등의 3가지로 요약하여 분류하고자 한다.

1) 여행방향에 의한 분류

(1) 국내여행(intrabound tour)

국내여행은 국민이 우리나라 영토 내에서 여행하는 형태로 내국인이 대한민국을 여행하는 것이다. 국내여행업과 일반여행업으로 등록된 여행사가 국내여행 업무를 취급한다.

학생들이 제주도로 수학여행을 가거나, 가족, 친구, 연인들이 경복궁, 대관령 양떼목장으로 여행을 하는 것 등이다. 국내여행은 성장가능성이 매우 높은 시장으로 발전할 것이다. 그 이유는 사회복지관광(social tourism) 형태로 국가가 관광정책을 수립하고 있으며 여행에서 소외된 계층(장애인, 저소득층, 빈곤가정, 독거노인)을 위해서 무장애관광(barrier free tourism), 여행바우처 등 여행시장 규모를 더욱 확대하고 있기 때문이다.

(2) 외래여행(inbound tour)

외국인이 우리나라로 여행하는 것이다. 외래여행은 외화를 획득하고, 국제친선을 도모할 수 있다. 일본, 중국, 동남아시아 관광객이 우리나라에 와서 남대문시장과 명동에서 쇼핑을 하고 한류스타 콘서트와 공연관람, 경복궁과 창덕궁의 역사문화를 탐방하는 것 등은 외국인 여행의 좋은 예라고 할 수 있다. 일반여행업으로 등록한 여행사만이 외래여행 업무를 할 수 있다.

(3) 국외여행(outbound tour)

우리나라 여행사의 약 45% 정도가 국외여행 업무를 취급하고 있다. 우리나라 국민이 우리나라 영토를 벗어나 국외로 여행하는 것이다. 즉, 대한민국 국민이 베트남으로 여행하는 것이라고 생각하면 된다. 국외여행업과 일반여행업으로 등록한 여행사가 국외여행 업무를 할 수 있다.

2) 여행자 수에 의한 분류

(1) 개별여행(individual tour)

개인여행이라고도 하며 일반적으로 단체여행과 상반된 의미로 10명 미만의 여행을 말한다. 여행사에서는 FIT와 같이 혼용하기도 한다. 개별여행은 비즈니스(상용)여행, 신혼여행, 가족여행, 배낭여행, 친구들과의 여행 등이 주로 이루어지고 있으며 항공권, 숙박, 현지교통 등이 별개로 구성되어 있어 단체여행보다 가격경쟁력은 떨어지지만 현지에서 자유롭게 여행할 수 있는 장점이 있다.

(2) 단체여행(group tour)

단체여행은 10명 이상의 여행을 말한다. 단체여행은 개별여행과 달리 주로 패키지 형태로 이루어진다. 항공권, 교통, 숙박, 현지여행 등을 모두 하나로 묶어서 여행사가 관광객에게 판매한다. 개별여행보다 가격이 싸고 국외여행인솔자(T/C)와 현지가이드(local guide)가 동행하여 안전한 여행을 보장받게 되지만 자유로운 여행은 제한되는 단점도 있다. 개별여행과 단체여행을 10명으로 구분하는 이유는 대부분의 항공사가 제공하는 항공권 단체가격 기준이 10명 이상으로 규정하기 때문이다.

3) 여행형태에 의한 분류

(1) 패키지투어

패키지투어(package tour)는 단체여행이라고 생각하면 된다. 여행사가 여행에 필요한 항공, 숙박, 음식, 가이드, 관광지, 현지교통, 쇼핑 등을 미리 수배하고 예약하여 여행일정과 가격을 고객의 욕구를 반영하여 상품화한 후 여행객을 모집하는 것이다.

패키지투어는 법률 용어로 기획여행을 말한다. 「관광진흥법」 제1장 제2조 3항에 의하면 기획여행이란 “여행업을 경영하는 자가 국외여행을 하려는 여행자를 위하여 여행의 목적지 · 일정, 여행자가 제공받을 운송 또는 숙박 등의 서비스 내용과 그 요금 등에 관한 사항을 미리 정하고 이에 참가하는 여행자를 모집하여 실시하는 여행”이라 정의하고 있다.

기획여행을 하고자 하는 여행사는 보증보험이나 관광협회에 영업보증금을 예치하고 유지해야 하며, 기획여행을 광고하기 위해서는 여행사의 등록번호, 상호, 소재지 및 등록관청, 기획여행명과 여행일정 및 주요 여행지, 여행경비, 교통과 숙박 및 식사 등 여행자가 제공받을 서비스의 내용, 최저 여행인원, 보증보험의 가입 또는 영업보증금의 예치내용, 여행일정 변경 시 여행자의 사전 동의 규정, 여행목적지(국가와 지역)의 여행경보단계 등을 반드시 표시해야 한다.

(2) 인센티브여행

인센티브여행(incentive tour)은 포상여행이다. 정부, 학교, 기업, 기관, 협회 등이 직무성과가 뛰어나거나 장기근속 직원을 선발하여 복지차원에서 무료로 여행을 실시하는 것이다. 여행항공업계에서는 패키지여행의 반대 개념으로 주문여행(order made tour) 또는 희망여행이라고 한다. 주문여행은 개인과 단체의 희망에 따라 정해진 예산 범위 내에서 여행사가 가격을 결정하고 여정을 작성한 여행상품이다.

동호회나 모임에서 중국여행을 한다든지, 서울특별시 시의원들이 교육, 환경, 노동 등의 시스템을 벤치마킹하기 위해 유럽으로 단체여행을 하거나, 기업이 10년 장기근속 직원을 대상으로 일본 규슈 부부동반 여행을 보내주는 것 등이 인센티브여행 사례이다.

(3) 팸투어

팸투어(fam tour)는 관광청, 항공사, 정부, 지자체 등이 여행사 직원, 여행기자, 여행 인플루언서(influencer) 등을 초청하여 무료로 여행을 보내주는 프로그램이다. 국가, 지자체 등의 관광명소, 음식, 액티비티 등과 항공사의 신규노선 취항지 등을 홍보하기 위하여 팸투어를 많이 시행하고 있다.

3 여행사의 개념

우리가 일상생활에서 쓰는 여행사가 정확한 용어는 아니다. 올바른 표현은 「관광진흥법」 제2장 3조 1항에서 표기한 관광사업의 종류 중 하나로 여행업이라 규정하고 있다. 그러나 현재 관광업계에서는 일반적으로 여행업보다는 여행사라는 단어를 많이 사용하기 때문에 본서에서는 실용의 의미에서 여행사로 표현하겠다.

좀 더 구체적으로 살펴보면 관광진흥법에서 언급한 여행업이란 "여행자 또는 운송시설·숙박시설, 그 밖에 여행에 딸리는 시설의 경영자 등을 위하여 그 시설 이용 알선이나 계약 체결의 대리, 여행에 관한 안내, 그 밖의 여행 편의를 제공하는 업"이라 규정하고 있다.

여행사와 관련된 공급업자(suppliers)는 운송시설, 숙박시설, 그 밖의 시설을 경영하는 업자들로 구성되어 있는데, 운송시설은 항공사, 철도회사, 버스회사, 선박회사, 렌터카 등의 교통운송기관을 말하며, 숙박시설은 호텔, 리조트, 콘도, 펜션, 모텔 등의 관광숙박기업들이며, 그 밖의 시설을 경영하는 업자는 면세점, 보험회사, CRS와 GDS 기업, 식당, 테마파크, 관광기념품점, 이벤트회사, 은행 등이 있는데 많은 기업들이 여행사와 관련을 맺고 있다.

그림 1-1 여행사의 법률적 개념

자료: 저자 작성

4 여행사의 유형

1) 관광진흥법에 의한 분류

「관광진흥법 시행령」 제2조 1항에서 우리나라 여행업의 종류를 일반여행업, 국외여행업, 국내여행업으로 분류하고 있다.

(1) 일반여행업

일반여행업은 내국인의 국내여행(intrabound), 외국인의 국내여행(inbound), 내국인의 국외여행(outbound) 등 여행사가 할 수 있는 모든 업무를 할 수 있다. 특히 외국인을 유치하고 관광통역안내사 업무를 하는 인바운드 여행사들은 반드시 일반여행업으로 등록해야 한다.

(2) 국외여행업

우리나라 국민들이 우리나라 영토를 벗어나 국외로 여행하는 업무를 담당하는 여행사이다. 우리나라 여행사의 약 45%가 국외여행업으로 등록되어 있으며 비자수속과 국외여행인솔자(T/C) 업무를 하는 아웃바운드 여행사들은 반드시 국외여행업으로 등록해야 한다.

(3) 국내여행업

우리나라 국민이 우리나라 영토 내에서 여행하는 업무를 담당하는 여행사이다. 국내선 항공권, 철도승차권, 버스승차권, 선박승선권, 국내숙박권, 워터파크 입장권, 제주도 수학여행, 봄꽃여행, 가을단풍여행, 겨울눈꽃여행 등을 취급하고 있으며, 솔항공여행사, 홍익여행사, 비타민여행사, 다름레저, 테마캠프, 웹투어, 해밀여행사, 승우여행사, 아름여행사 등이 대표적인 국내여행사이다.

그림 1-2 여행사의 법률적 분류

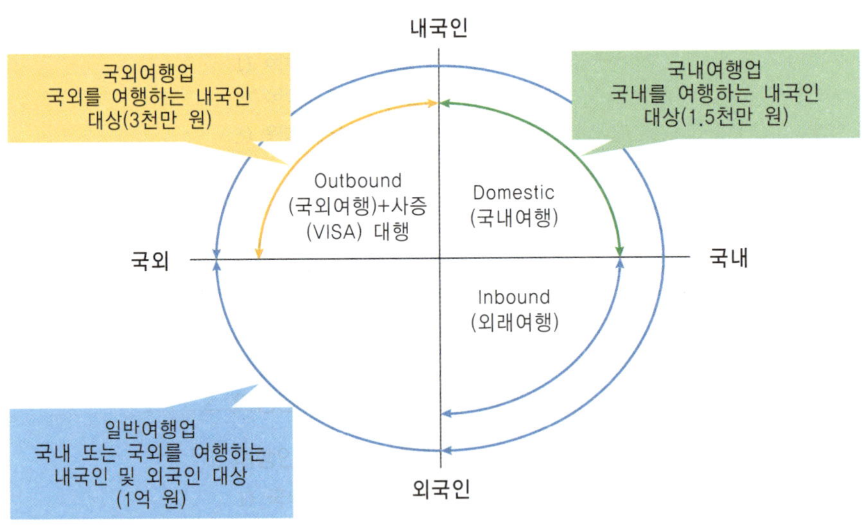

자료: 저자 작성

2) 유통형태에 의한 분류

(1) 도매여행사

홀세일(wholesale) 여행사라고 하며 여행상품을 기획하고 개발하지만 판매는 대리점에 위탁하는 여행사를 말한다. 규모가 상당히 크고 항공사와 항공권판매에 대한 협상력을 갖추고 있어 우리나라 여행항공업계에 막대한 영향을 미치는 여행사들이다. 하나투어, 모두투어가 대표적인 도매여행사이며 한진관광, 롯데JTB 등도 전국에 수백 개의 대리점을 확보하여 유통망을 구축하고 있다.

(2) 소매여행사

리테일(retail) 여행사라고 하며 우리나라 많은 여행사들이 소매여행사에 해당된다. 소매여행사는 소규모로 운영되고, 자본이 취약하고 인적자원관리의 체계화가 잘 되어 있지 않기 때문에 기획여행상품을 개발하고 판매할 능력이 부족하다. 따라서 도매여행사와 대리점으로 계약하여 주로 도매여행사의 패키지 여행행상품을 고객에게 판매하고 그 대가로 일정액의 수수료를 받는 구조로 되어 있다.

(3) 직접판매여행사

직판여행사라고 한다. 여행상품을 기획하고 개발할 수 있는 능력을 갖추었다는 점에서 도매여행사와 비슷한 업무를 하지만 거래 대상이 고객이라는 점에서 도매여행사와 다르다. 직접 여행상품을 개발하여 고객과 직접 거래하는 롯데관광개발, 인터파크투어, 노랑풍선, 참좋은여행, KRT여행사 등이 직판여행사이다.

(4) 간접판매여행사

간판여행사라고 한다. 여행사가 관광객에게 직접 여행상품을 판매하는 것이 아니라 관광공급업자와 거래를 하는 것이다. 즉 기업 간 거래(B2B)로 여행사와 항공사, 여행사와 랜드사, 여행사와 호텔, 여행사와 OTA 등의 거래가 간접판매여행사에 해당된다. 특정

여행사를 지칭하기보다는 유통구조로서 이해해야 하는데 예를 들면, A 여행사가 OTA, 익스피디아(https://www.expedia.co.kr)에게 프랑스 파리에 있는 호텔 수배를 요청하는 경우가 간접판매에 해당된다.

(5) 지상수배업자

흔히 랜드사(land operator)라고 한다. 우리나라 여행상품 유통구조는 크게 한국에 있는 여행사와 국외 현지에 있는 여행사로 구분한다. 한국의 여행사는 항공권을 판매하고 외국 현지여행사는 현지 교통, 가이드, 숙박, 관광지 등을 예약하고 수배하는 업무를 하고 있다. 현지여행사의 한국연락사무소를 랜드사라고 이해하면 된다. 대형랜드사는 현지 지상수배는 기본업무이고 항공사와 협상하여 항공권도 대량으로 보유하고 있으며 고객과 직접 거래하기도 한다. 하지만 지상수배업자나 랜드사는 법적 근거가 없고 여행사보다 더 영세하고 특정국가나 지역만을 취급하고 있어 제도권으로 진입할 수 있도록 법률 개정이 필요하다.

그림 1-3 여행상품 유통구조

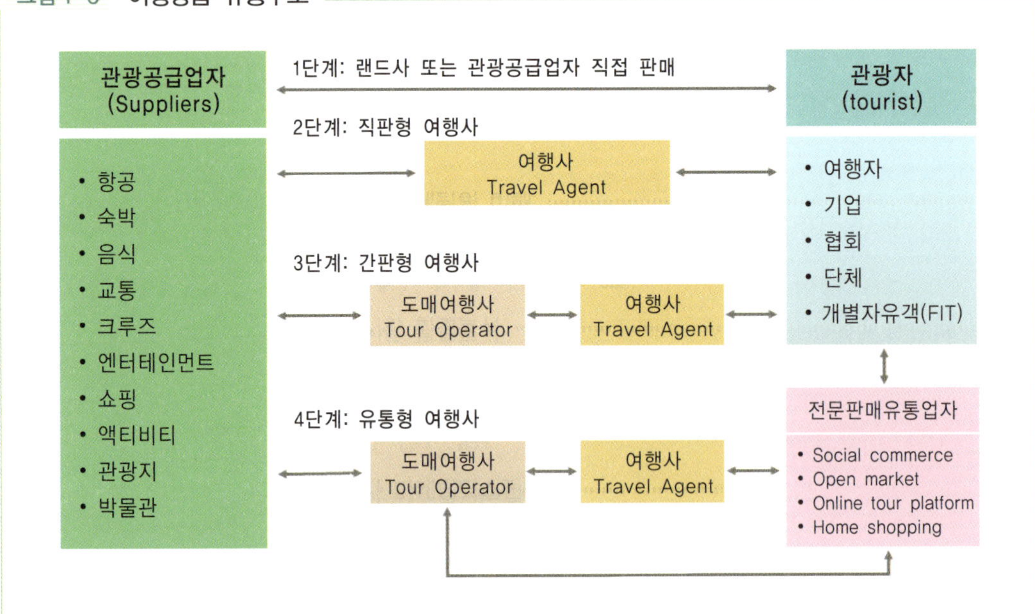

자료: 저자 작성

그림 1-4 여행사와 이해관계자

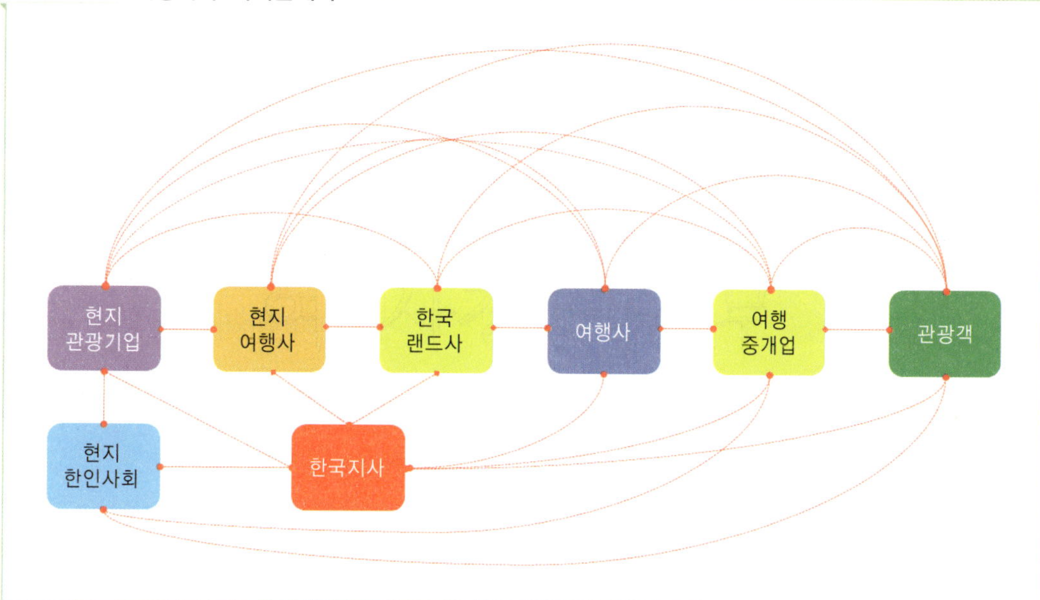

자료: 저자 작성

3) 항공권 발권 가능에 의한 분류

(1) BSP 여행사

BSP(Billing Settlement Plan) 여행사는 항공사와 항공사 대리점(여행사) 간의 업무를 간편화하기 위해서 IATA(International Air Transport Association_국제항공운송협회)에 의해 고안된 표준항공여객 운임정산제도에 가입한 여행사를 말한다. 항공사와 대리점 간의 거래에서 발생하는 국제선 항공운임을 지정된 은행을 통해 일괄 정산하는 방식이며 IATA로부터 인가받은 우리나라 여행사는 약 600개 정도다.

(2) ATR 여행사

ATR(Air Ticket Request) 여행사는 BSP 제도에 가입하지 않아 항공권을 발권하지 못하고 예약만 할 수 있는 여행사를 말한다. 관광객이 항공권을 여행사에 요청할 경우 항공여정을 만들어서 해당항공사 지점에 방문하여 발권하거나 도매여행사나 항공권 전문

여행사를 통해서 발권하는 방식이다.

4) 업무대상에 의한 분류

(1) 패키지여행사

패키지여행사는 항공권, 숙박, 교통, 관광지 등을 하나로 묶어서 기획여행상품을 판매하는 여행사이다. 하나투어, 모두투어, 롯데관광개발, 노랑풍선, 참좋은여행 등이 대표적인 패키지여행사이다.

(2) 상용여행사

상용여행사는 기업을 상대로 영업하는 여행사를 말한다. 국외출장에 필요한 비자수속, 항공 스케줄 관리, 항공권 예약과 발권, 현지 호텔 수배 등을 주업무로 하고 있다. 대표적인 여행사는 CWT(http://www.gpi-cwt.com), 세중여행, 대형여행사의 법인영업팀과 규모가 작은 대부분의 여행사가 상용여행사 형태로 운영되고 있다.

그림 1-5 상용여행사

(3) 전문여행사(SIT)

우리나라 여행시장은 포화상태이며 일부 몇 개 대형여행사가 시장점유율을 많이 차지하고 있다. 치열한 경쟁환경에서 생존하기 위해서는 틈새시장을 개척하고 전문화된 상품을 개발해야 한다.

전시박람회, 크루즈, 지역전문, 오페라, 트레킹, 오지, 미슐랭(음식), 건축, 박물관, 미술관, 음악 등 특화된 주제 위주로 여행상품을 운영하는 여행사에는 뚱딴지여행(http://www.ddjts.com), 혜초여행(http://www.hyecho.com), 뚜르디메디치(https://www.tourmedici.com), 인도로가는길(http://www.indoro.co.kr) 등이 있다.

그림 1-6 전문여행사

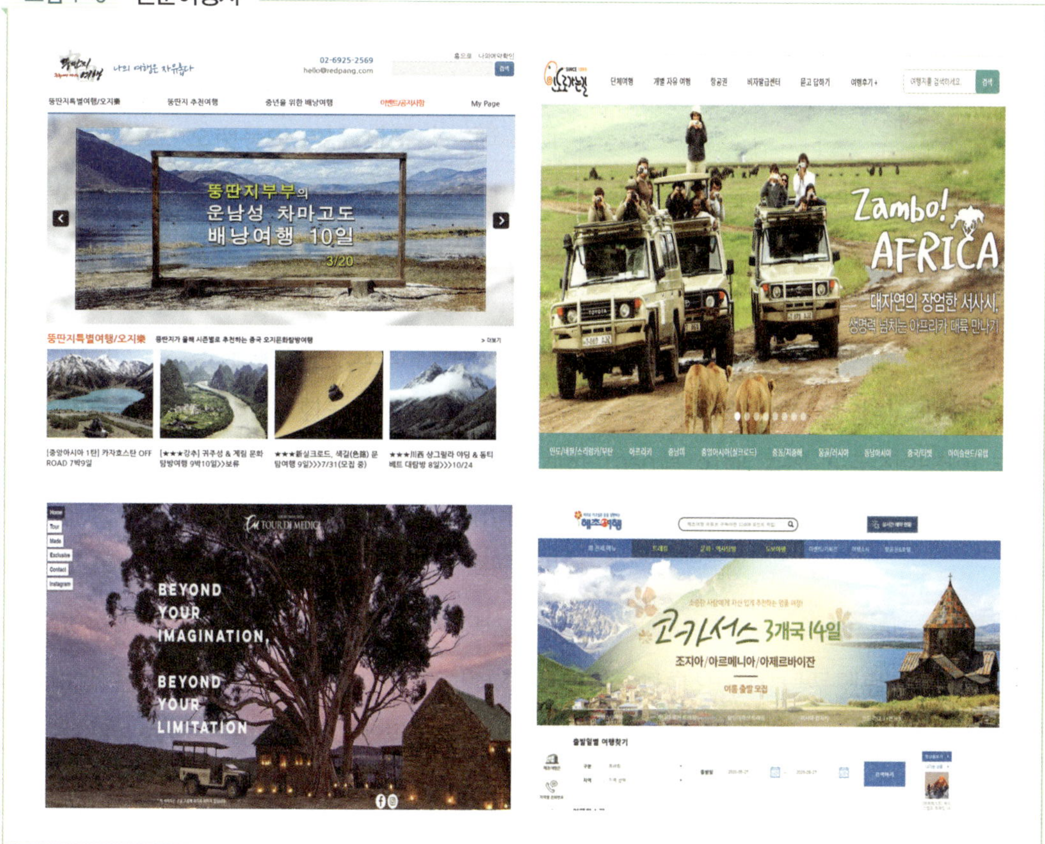

5) 대기업 계열 여행사

우리나라 대기업에서 출자한 혹은 대기업 계열 여행사도 다수 있다. 삼성그룹의 호텔신라, 한진그룹의 한진관광, LG그룹의 레드캡투어, 롯데그룹의 롯데JTB, 현대백화점그룹의 현대드림투어 등이 있다. 대기업에서 여행사를 운영하는 이유에는 여러 가지가 있다. 그룹 계열사 임직원들의 국외출장에 필요한 항공권, 숙박, 차량 등의 서비스를 직접 관리할 수 있으며 인센티브 여행, 국제회의, 컨벤션, 전시박람회 유치 등 MICE 산업시장을 선도적으로 점유할 수 있기 때문이다.

6) OTA

OTA는 Online Travel Agency를 뜻하는 온라인여행사이다. OTA는 전 세계 호텔을 중개하는 여행사로서 글로벌 OTA는 부킹홀딩스그룹(Booking Holdings)과 익스피디아그룹(Expedia group)으로 대별된다. 부킹홀딩스그룹 계열사에는 부킹닷컴(bookimg.com), 카약(KAYAK), 아고다(agoda) 등이, 익스피디아그룹 계열사는 익스피디아(Expedia), 호텔스닷컴(Hotels.com), 트리바고(Trivago), 트립어드바이저(Tripadvisor), 트래블로시티(Travelocity), 오비츠(Orbitz) 등이 있다. 항공권 비교 사이트인 스카이스캐너(skyscanner)를 인수한 씨트립(Ctrip)은 우리나라에 진출해 있다.

5 여행사의 기능과 역할

여행사의 기능과 역할은 단어 자체가 애매모호하기 때문에 본서에서는 기능과 역할을 같은 의미로 해석하여 논의하고자 한다.

1) 여행정보와 상담

여행정보와 상담은 여행사의 가장 기본적인 기능과 역할이다. 2010년부터 항공사가 항공권 판매수수료를 축소하거나 폐지함으로써 여행사의 수익성 악화에 막대한 영향을 미치고 있다. 전문여행상담사의 양성과 교육훈련은 여행사의 비용이 아니라 수익을 창출하는 투자라는 사고의 전환이 필요하다. 전문여행상담사는 발음의 정확성, 고객을 응대하고 판매로 유인할 수 있는 기술, 고객을 이해하고 경청할 수 있는 자세를 갖추어야 한다.

2) 예약과 수배

여행사는 고객의 욕구(needs)와 욕망(wants)을 파악하여 신속하고 정확한 수배능력을 갖추어야 한다. 개별자유여행자 수가 급증함에 따라 다양한 형태의 고객이 출현하였다. 패키지여행상품을 이용하기보다는 항공권, 호텔, 렌터카, 액티비티 등을 개인이 직접 수배하는 현상이 계속 증가하기 때문에 여행사는 고객이 원하는 항공권, 호텔 등의 여행정보를 빠르고 정확하게 고객에게 제공해야 한다.

3) 판매

여행사는 수익을 창출해야 하는 기업이다. 기업은 영리를 목적으로 하기 때문에 여행상품을 팔아야 한다. 판매방법은 창구판매(counter sales), 온라인판매, 방문판매 등이 있다. 창구판매는 고객이 직접 여행사를 방문하여 여행사 직원과의 상담을 통해서 여행상품을 구매하는 것이다. 대형여행사의 패키지여행상품은 주로 전화상담을 통해서 판매되고 있다. 반대로 여행사 직원이 고객을 직접 찾아가서 판매하는 것이 방문판매이다. 우리나라 중소 여행사, 법인영업, 인센티브 여행, 국외 연수 등은 대부분 방문판매로 이루어지는데 수시로 여행정보를 제공하고 여행 출발 전 여행설명회 개최, 공기업, 정부, 지자체, 협회 등의 공개 입찰에 참여한다.

4) 여정 관리

여정(旅程, itinerary)은 여행 일정을 말한다. 국외여행 일정을 기획하고 개발하는 것은 쉬운 일이 아니며 시간, 거리, 예산, 인원, 날짜, 호텔, 항공, 명소, 음식, 교통 등 복잡하고 다양하게 구성될수록 어렵다. 물론 여행력이 뛰어난 개별자유여행자(FIT)는 여러 경로와 여행정보를 이용하여 여행경비가 비싸거나 다소 시간이 걸리더라도 스스로 여정을 작성하기도 한다. 하지만 여행사를 통해 저렴한 여행경비만 고객이 제공하면 여행자가 원하는 여정을 쉽게 작성할 수 있는 이점이 있다.

5) 여행수속 서비스

여행수속은 여권과 비자 신청 및 발급, 공항 출입국 수속에 필요한 서비스 대행이다. 과거에는 여행사가 여권 수속을 대행했지만 2008년 8월 25일부터 전자여권으로 바뀌면서 여행사가 대행할 수 없고 구청, 시청, 군청 등에서 고객이 직접 여권 발급을 신청해야 한다. 비자는 해당 국가에 입국할 수 있는 일종의 허가증이기 때문에 비자가 필요한 나라는 반드시 우리나라에 있는 해당 국가 영사과에서 비자 발급을 받은 후 출국해야 한다. 비자 발급 신청은 우리나라 공휴일과 해당 국가의 공휴일 모두 휴무이고, 비자 발급 서류를 구비하는 것이 매우 복잡하고 어렵기 때문에 여행사에 일정 수수료를 지급하면 간편하게 해결할 수 있다.

출입국 수속은 CIQ라고 하는데 세관(customs), 출입국사열(immigration), 검역(qurantine)의 줄임말이다. CIQ는 여행사가 대신 해줄 수 있는 서비스가 아니지만 조금 더 쉽고 빠르게 출입국할 수 있는 방법을 설명하여 서비스를 제공한다.

6) 가성비와 가심비

여행사가 존재하는 가장 큰 이유는 가성비(cost-effectiveness, 價性比)라고 할 수 있다. 가격 대비 성능의 줄임말로 여행자가 지급한 가격에 비해서 상품 성능이 고객에게 얼마나 큰 가치를 주는지를 말한다. 즉, 저렴한 비용으로 최대의 여행효과를 누릴 수 있는 여행상품을 구매하는 것이며 더 나아가 고객의 심리적 만족까지 아우를 수 있는 가심비(價心比)까지 여행사가 고민해야 할 과제로 남아 있다.

이 밖에도 여행사의 기능과 역할이 다양하고 많지만 본질은 기획력, 수배력, 안내력 등 3가지로 함축된다. 빠르게 변하고 경쟁이 심한 오로지 초저가 전략만을 내세우는 여행항공시장에서 여행사가 생존할 수 있는 방법은 여행사의 본질을 파악하는 것이다. 누구도 모방할 수 없는 차별화, 특화된 상품을 생산할 수 있는 기획력, 손님이 구체적으로 희망하는 항공, 호텔, 액티비티, 관광명소 등을 찾아내어 저렴한 가격으로 예약할 수 있는 수배력, 여행상품을 더 고급스럽게 재생산할 수 있고, 수익을 창출할 수 있는 현지가이드와 국외여행인솔자(T/C)를 보유하고 가이딩(guiding)할 수 있는 안내력 등은 여행사가 기본적으로 갖추어야 할 기능, 역할, 자세이다.

6 여행사의 발전과정과 현황

우리나라 국민의 약 50%에 해당하는 인구가 매년 국외여행을 하는 시대에 살고 있다. 1961년 약 1만 명이 출국했지만 2019년 약 2,800만 명이 국외여행을 경험했다. 1989년 1월 1일 국외여행 전면 자유화가 시행되면서 국외여행시장은 본격적으로 성장세를 이어갔다. 매년 약 20% 이상 성장하였고 1997년과 1998년 IMF 구제금융, 2003년 이라크 전쟁, 2008년과 2009년 미국발 세계금융위기와 신종플루 확산 등의 악재를 겪은 다음해는 폭발적으로 증가하는 기이한 현상이 우리나라에서 이어져 갔다. 전쟁과 테러, 전염병과 같은 위기를 제외하면 2000년 이후에는 약 10% 이상의 성장을 계속 이어갔다. 2005년 국외여행 1,000만 명, 2016년 2,200만 명, 이후 조만간 국외여행 3,000만 명 시대를 바라보고 있다.

1) 여행사 발전요인

(1) 여가의 증가

여가(leisure, 餘暇)는 사회가 발전할수록 계속 증가한다. 우리나라도 주5일 근무제도가 정착되었으며 2018년부터는 주52시간 근무제가 시행되었다. 서 있으면 앉고 싶고 앉으면 눕고 싶고 누우면 잠이 오기 마련이다. 여행도 마찬가지다. 경제적으로 여유가 있고 남는 시간(여가)이 많으면 자연적으로 여행하고 싶은 욕구가 생긴다. 과거의 주말은 토요일 오후였으나 지금은 금요일 저녁부터 주말이 시작된다. 여행사도 직장인 대상으로 금요일 저녁에 출발하여 일요일 저녁이나 월요일 아침에 한국에 도착하는 상하이, 홍콩, 일본 등 3~4일짜리 단거리 여행상품을 출시하여 판매하고 있다.

(2) 소득의 증대

여가와 마찬가지로 소득 또한 사회가 발전할수록 증가하기 마련이다. 도시근로자의 평균소득은 계속해서 꾸준히 증가하고 있고 지출내역 또한 생계형 지출보다는 자기계발이나 문화를 위한 지출이 증가하고 있다. 선진국 기준이 될 수 있는 1인당 GDP(총생산량), GNI(국민총소득)가 우리나라도 2018년 기준 미화 3만 달러가 넘었다.

(3) 교통의 발달

항공기술의 발달, KTX와 SRT 성장, 하이브리드, 전기와 수소 자동차의 발전 등 교통기관의 발달은 관광지로 이동할 수 있는 시간을 단축시킨다. 인천공항에서 미국 뉴욕까지 걸리는 비행시간은 14시간 정도지만 런던에서 도쿄, 베이징에서 뉴욕까지 2시간 정도밖에 걸리지 않는 항공기를 여러 국가에서 개발 중에 있다. 또한 초고속열차는 서울에서 부산까지 2시간 30분 정도면 갈 수 있다. 전국의 1일 생활권은 물론 지구촌 1일 생활권의 현실화가 얼마 남지 않았다.

(4) 여행자 계층의 확대

과거에 여행할 수 있는 계층은 한정되었다. 시간과 소득이 허락되는 특정계층만 가능하였으나 지금은 초등학생 · 중고등학생의 수학여행, 대학생의 배낭여행, 직장인의 쇼핑중심 여행, 노년층의 여행 증가, 저소득층을 위한 여행바우처 제도의 도입 등으로 남녀노소 누구나 여행을 할 수 있다.

(5) 세계교역량의 증가

지금은 지구촌 시대이다. 과거 우리나라가 범했던 쇄국정책으로 일관해서는 치열한 국제경쟁사회에서 생존하기 어렵다. 그래서 과거의 지역 간 협정보다는 국가와 국가 간의 협정을 위한 FTA(Free Trade Association)를 체결하고 있다. 국가 간의 교류확대는 무역뿐만 아니라 문화를 개방하고 있으므로 여행은 증가할 수밖에 없다.

(6) 교육수준의 향상

우리나라는 OECD(Organization for Economic Cooperation and Development: 경제협력개발기구) 30개 국가 중 최고의 학력을 자랑한다. OECD 평균 대학진학률은 2015년 기준으로 41%, 우리나라는 약 68%로 교육열과 교육수준이 세계 최고이다. 교육수준과 여행 횟수, 여행비용은 상관관계가 아주 높은 것으로 통계적으로 밝혀졌는데 학력이 높은 사람일수록 여행을 더 많이 한다고 한다.

(7) 가치관의 변화

소득이 증가하면서 사람들의 가치관 또한 변한다. 과거에는 저축률이 높았고 저축이 미덕이었지만 지금은 소득이 발생되면 저축보다는 자기를 위해서 더 많이 투자한다. 1년에 1번 이상 국외여행을 하고, 시간이 날 때마다 국내여행을 하는 사람들이 많이 늘어나 경제적 소득이나 여가와 관계없이 여행은 이미 일상이 되었다.

(8) 소셜미디어의 확산

페이스북(Facebook), 인스타그램(Instagram), 트위터(Twitter), 유튜브(YouTube)와 같은 소셜네트워킹서비스(SNS)를 통해 여행정보를 탐색, 공유하면서 운영자와 사용자 간 관계를 넓힐 수 있는 소셜미디어의 확산은 여행 욕구를 폭발적으로 증가시키고 있다. 1인 미디어 시대는 여행 전, 중, 후 누구나 여행콘텐츠를 쉽게 생산할 수 있는 환경이 되었으며 여행을 통해서 사회적 욕구, 존경의 욕구, 자아실현 욕구를 충족시킬 수 있는 시대가 되었다.

2) 여행사 제약요인

(1) 경제적 제약

2018년 1인당 GDP가 3만 달러를 넘었지만 아직도 빈곤층에 해당되는 기초생활수급자, 차상위계층 인구는 2015년 기준 약 300만 명에 이른다. 당장 생계유지가 힘든 경제적 약자는 '여행'이라는 단어 자체를 생각하지도 못하게 된다. 정부가 여행바우처 제도를 통해 여행경비를 지원하고 있지만 연간 8만 명(2019년 기준)만이 혜택을 받고 있다.

(2) 시간적 제약

"2019년 국민여행실태조사"에 의하면 국내여행과 국외여행 모두 '여행을 하지 않는 이유' 1위는 여가시간 및 마음의 여유 부족이다. 아무리 경제적 능력과 여유가 있더라도 시간과 마음의 여유를 갖지 못하면 여행을 하기 힘들다. 대체공휴일 제도와 주52시간 근무제를 확대하고 법으로 보장된 휴가를 당당하게 누릴 수 있는 사회적 분위기를 조성해야 한다.

(3) 신체적 제약

여행은 이동을 전제로 하기 때문에 신체적으로 불편한 사람들은 여행을 부담스러워 한다. 아직까지 우리나라에서는 무장애여행(barrier free tour)이 활성화되지 않고 아직 시작단계이기 때문에 장애인, 유아가 있는 가정, 노인 등은 여행의 사각지대에 놓여 있다.

(4) 정치적 제약

정치적 이해관계로 여행송출국과 여행수용국 사이에 서로 영향을 많이 미치고 있다. 우리나라는 일본과 중국으로부터 관광피해를 보고 있는 대표적인 관광 손해(損害)국이다. 2016년부터 시작한 중국의 사드 보복은 중국 단체관광객의 한국 송객 금지(한한령, 限韓令)조치로 이어졌다. 일본 정부는 일본군 성노예와 독도 영토문제를 빌미로 일본 국민의 한국 여행을 혐한(嫌韓)으로 계속 몰아붙이고 있다. 이러한 정치적 제약으로 인해 중국인 관광객과 일본인 관광객 증가율은 감소와 정체를 수년째 반복하고 있다.

(5) 유가 상승

여행상품 구성요소 중 항공권이 차지하는 비중은 매우 크다. 항공운임은 항공료, 세금, 유류할증료(fuel surcharge), 공항이용료 등으로 구성되어 있는데 유류할증료는 싱가포르 현물시장의 항공유(MOPS) 2개월 평균가격에 따라 변동된다. 싱가포르 항공유 1개월 평균가격이 갤런당 150센트를 넘으면 단계별로 일정액을 유류할증료로 책정하며 국토교통부의 승인을 받아야 한다. 유가가 상승하면 유류할증료도 올라가기 때문에 고객의 여행경비 부담은 가중될 수밖에 없다.

참고로 2019년 2월 18일 인천공항을 출발하여 런던 히드로공항 도착, 2월 26일 인천공항에 도착하는 항공권 유효기간은 1년, 일반석 직항 왕복 기준 항공사별 유류할증료는

그림 1-7 항공권 유류할증료 부과 사례

선택한 출국편 2019-02-18(월) 직항 12시간30분 소요

인천 13:00 — KE0907 — 런던(LHR)(히··· 16:30 확정

선택한 귀국편 2019-02-25(월) 직항 00시간00분 소요

런던(LHR)(히··· 18:50 — KE0908 — 인천 14:50+1 확정

카드사 할인선택 (성인 1인) 무이자 할부

삼성2V3카드	1,549,800원	현대카드	1,570,000원
우리카드	1,574,000원	KB국민카드	1,574,000원
신한카드	1,576,700원	삼성카드	1,583,400원
성인	1,596,800원		

인원별 예상요금

구분	총요금	기본요금	유류할증료	제세공과금	발권수수료
성인 1명	1,549,800원	1,297,600원	33,600원	208,600원	10,000원
소아 0명	0원	0원	0원	0원	0원
유아 0명	0원	0원	0원	0원	0원

총 요금(왕복)

1,549,800원

유류할증료, 제세공과금, 발권수수료 252,200원 포함 (변동가능)

선택한 출국편 2019-02-18(월) 직항 12시간30분 소요

인천 10:45 — BA0018 — 런던(LHR)(히··· 14:15 확정

선택한 귀국편 2019-02-25(월) 직항 10시간55분 소요

런던(LHR)(히··· 12:55 — BA0017 — 인천 08:50+1 확정

인원별 예상요금

구분	총요금	기본요금	유류할증료	제세공과금	발권수수료
성인 1명	1,568,600원	1,015,000원	308,000원	235,600원	10,000원
소아 0명	0원	0원	0원	0원	0원
유아 0명	0원	0원	0원	0원	0원

총 요금(왕복)

1,568,600원

유류할증료, 제세공과금, 발권수수료 553,600원 포함 (변동가능)

자료: 하나투어 홈페이지 해외항공 검색

대한항공 33,600원, 아시아나항공 31,600원, 영국항공 308,000원이며 같은 조건에 이스탄불 1회 경유 터키항공 유류할증료는 438,000원이다.

(6) 환율

여행상품은 크게 항공과 지상 부문으로 나눌 수 있다. 항공과 지상 경비를 원화(KRW)가 아니라 미국 달러(USD), 일본 엔(JPY), 유럽연합 유로(EUR) 등으로 결제하기 때문에 여행항공업계는 환율을 항상 주시할 수밖에 없다. 2012년 2월 13일 100엔당 1,444.38원은 2019년 2월 12일 현재 1,017.01원으로 7년 전보다 400원 원화가 상승하고 엔화가 약화되었다. 우리나라 국민의 일본여행은 엔화 약세로 7년 전보다 훨씬 많은 이익을 보고 반대로 일본 국민의 한국여행은 원화 강세로 과거보다 많은 손해를 본다는 의미이다. 즉, 일본 아웃바운드 여행사는 외부환경이 좋아졌고, 일본 인바운드 여행사는 과거보다 영업환경이 나빠졌다는 뜻이다.

(7) 테러와 전쟁

2001년 9 · 11 테러 이후 영국, 프랑스, 스페인, 벨기에, 터키를 비롯한 유럽과 파키스탄, 인도, 스리랑카, 인도네시아 등 이슬람권 국가들은 이슬람 극단주의 세력에 의해 전 세계가 테러에 몸살을 앓고 있으며 종교, 영토, 민족 등 다양한 이유로 국지전이 끊임없이 발생하고 있다. 미국 메릴랜드대 국제 테러리즘 데이터베이스(GTD) 자료에 의하면 2010년 4,822건, 15,860명 부상자, 7,727명 사망자가 발생된 후 꾸준히 증가하다 2015년 감소추세를 이어가다 2017년 10,999건, 부상자 24,976명, 26,502명이 테러에 의해 목숨을 잃었다. 여행자는 테러와 전쟁이 빈번한 지역이나 국가의 여행을 기피할 수밖에 없다.

그림 1-8 세계 테러현황

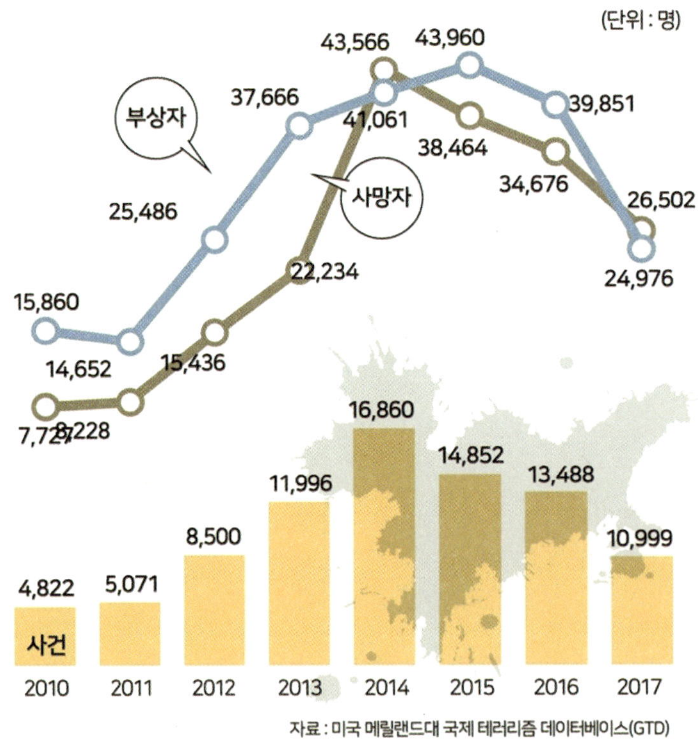

자료: 한국일보

(8) 전염병

2002년 사스(중증급성호흡기증후군, SARS), 2009년 신종플루, 2015년 메르스(중동호흡기증후군, MERS), 2020년 코로나19 등으로 인해 전 세계에서 많은 사망자가 발생하였다. 사람들의 호흡기를 통해 감염되기 때문에 여행은 위축될 수밖에 없다. 국제여행자들이 매년 증가하고 있으나 사스, 신종플루, 메르스 등이 대유행했던 해는 감소했다. 2015년 메르스 발병으로 한국을 찾은 외국인 관광객은 1,323만 명으로 2014년의 1,420만 명보다 6.8% 감소했는데 전 세계적으로 사스가 유행했던 2003년 이후 처음이다. 특히 2020년 1월 중국에서 시작된 코로나바이러스감염증-19는 2020년 4월 23일 현재 우리나라 확진환자 10,702명, 사망자 240명이며, 전 세계 환자 2,563,858명, 사망자 181,793명으로 나타나(보건복지부, 2020) 인류는 코로나19 이전과 이후로 구분되는 시대를 맞이하게 되었다.

(9) 자연재해

지속적인 가뭄, 폭염, 혹한, 지구 온난화 등 기후변화에 의해서 예측하기 힘든 지진, 쓰나미, 화산 폭발 등의 자연재해가 끊임없이 세계 곳곳에서 발생하고 있다. 2004년 인도, 태국, 인도네시아, 스리랑카 등을 강타한 쓰나미(지진해일)로 22만 명이 사망했고 2011년 일본 후쿠시마, 미야기 등 동북부 지역 지진으로 약 2만 명이 사망하거나 실종되었다. 2018년 인도네시아 아낙 그라타카우 화산 폭발로 일어난 쓰나미로 약 400명 이상이 사망했다. 지진, 화산 폭발이 잦은 관광명소는 여행자의 욕구를 위축시키며 여행을 억제하게 한다.

3) 여행사 현황

여행자 수가 증가함에 따라 여행사도 함께 발전하였다. 1988년 약 900개, 1999년 약 9,000개가 등록된 여행사는 2019년 약 2만 개가 넘는 여행사가 영업을 하고 있다. 여행사 매출액과 직결되는 항공권 발권 실적을 보면 1992년 약 5,400억 원 규모가 2017년 약 10조 7천억 원으로 25년 동안 약 20배 이상 성장하였다. 하나투어가 2000년 여행업계 최초로 코스닥에 상장된 이후 모두투어, 롯데관광개발, 레드캡투어, 참좋은여행, 세중여행, 노랑풍선 등 현재 7개 여행사가 코스닥(KOSDAQ)과 코스피(KOSPI)를 통해 기업공개(IPO)를 하고 있다.

그림 1-9 다양한 여행사 브랜드

〈표 1-1〉 국민의 국외여행(outbound) 현황

연도	출국자 수(명)	성장률(%)
2005	10,080,143	14.2
2006	11,609,879	15.2
2007	13,324,977	14.8
2008	11,996,094	-10
2009	9,494,111	-20.9
2010	12,488,364	31.5
2011	12,693,733	1.6
2012	13,736,976	8.2
2013	14,846,485	8.1
2014	16,080,684	8.3
2015	19,310,430	20.1
2016	22,383,190	15.9
2017	26,496,447	18.4
2018	28,695,983	8.3

자료: 관광지식정보시스템에서 저자 재정리

〈표 1-2〉 외국인의 외래여행(inbound) 현황

연도	입국자 수(명)	성장률(%)
2005	6,022,752	3.5
2006	6,155,046	2.2
2007	6,448,240	4.8
2008	6,890,841	6.9
2009	7,817,533	13.4
2010	8,797,658	12.5
2011	9,794,796	11.3
2012	11,140,028	13.7
2013	12,175,550	9.3
2014	14,201,516	16.6

2015	13,231,651	-6.8
2016	17,241,823	30.3
2017	13,335,758	-22.7
2018	15,346,879	15.1

자료: 관광지식정보시스템에서 저자 재정리

〈표 1-3〉 여행사 등록현황

구분	서울	부산	대구	인천	광주	대전	울산	세종	경기	강원	충북	충남	전북	전남	경북	경남	제주	합계
일반 여행업	3,493	252	129	176	117	90	50	20	596	104	68	44	122	81	61	128	366	5,897
국외 여행업	3,487	783	433	240	296	266	148	38	1,226	238	228	275	413	303	360	466	146	9,346
국내 여행업	1,233	564	387	182	246	231	141	30	852	265	231	276	373	389	411	453	603	6,867
소 계	8,213	1,599	949	598	659	587	339	88	2,674	607	527	595	908	773	832	1,047	1,115	22,110

자료: 한국관광협회중앙회(2020.3.30. 기준)

여 | 행 | 항 | 공 | 용 | 어

❶ APEX fare

Advance Purchase Excursion Fare의 줄임말로 항공운임 중 특별요금의 일종이지만, 요금수준이 가장 낮기 때문에 적용기간, 예약발권 구입기한의 제약, 예약과 일정 변경의 불가, 높은 취소수수료 등 엄격한 적용조건을 전제로 한다.

❷ Act of God clause

허리케인, 토네이도와 같은 기상변화나 전쟁과 같은 불가항력적인 요소에 의해 발생한 계약위반사항에 대해서는 쌍방 간의 책임을 묻지 않는다는 계약을 말한다.

❸ B&B

Bed and Breakfast의 줄임말. 영국과 유럽 등지에서 객실을 포함하여 콘티넨털 조식이 포함된 객실예약 형태를 의미한다.

❹ Cheap, Near, Short

여행비용은 싸게, 가까운 곳에서, 체류기간은 짧게 하는 여행의 유형으로서, 특히 일본에서의 '절약형 여행'을 나타내는 말이다.

❺ D.N.P(Do Not Post)

행사표에서 흔히 찾아볼 수 있는 것으로 게시판에 호텔의 허락 없이 부착하지 말라는 의미이다.

❻ Due Out

당일 체크아웃 시간 이후 빈 객실을 알리는 객실 상황 표시 용어이다.

❼ Duplex

호텔시설의 특이한 경우로서 응접실이 아래층에 있고 침실은 위층에 있는 스위트룸(Suite Room)의 일종이다.

❽ E/D Card(Embarkation/Disembarkation)

출입국카드라고 하며 출입국하는 여행자가 작성하는 카드로서, 여권번호, 입국목적, 탑승편명 등을 기입하게 되어 있다. 영국, 프랑스에서는 입국카드는 필요하지만 출국카드는 필요없다. 스위스, 이탈리아에서는 출입국카드 모두 제출할 필요가 없다.

❾ FET(Foreign Escorted Tour)

인솔자가 딸린 해외여행을 말하며, 해외여행의 원형이라고도 할 수 있다. 국외여행에 익숙하지 않은 여행자는 현지사정에 어둡고, 현지 언어도 자유로이 구사할 수 없기 때문에 인솔자나 현지안내인의 동행이 필수적이다. 최근에는 경험이 풍부한 전문인솔자가 호평을 받는다. 하지만 국외여행 경험자의 증대와 더불어 FIT(Free Independent Tour)가 FET를 넘어서고 있다.

❿ FFP(Frequent Flyer Program)

1981년 아메리칸 항공이 탑승거리의 누적실적에 따라 무료항공권과 교환하는 서비스를 시작한 것이 시초가 되어 현재 많은 항공사가 마케팅의 수단으로 이용하고 있다. 탑승마일리지에 따라 무료 항공권과 무료 업그레이드 서비스를 제공하고 있다.

CHAPTER ▸▸ 02

여행상품 이해

1. 여행상품 개념
2. 여행상품 차원
3. 여행상품 특성
4. 여행상품 구성요소
5. 여행일정표
6. 여행상품 기획과 개발

학습목표

1. 이론적 고찰을 통하여 여행상품의 개념을 정립할 수 있다.
2. 여행상품 구성요소를 바탕으로 여행일정표를 분석할 수 있다.
3. 여행상품 기획과 개발과정 및 전략을 이해할 수 있다.

1 여행상품 개념

상품(commodity, 商品)의 사전적 의미는 장사로 파는 물건과 매매를 한 재화(財貨)이며, 원재료를 사용하여 만들어낸 물품(物品)이라고 할 수 있다. 현상적 의미로는 '기업과 고객의 교환(exchange)을 통해 얻어지는 모든 것이며 기업의 아이디어, 서비스, 제품 등의 결합물로서 개인의 효용, 가치, 혜택, 편익 등을 포함한 매매의 대상이 되는 유무형의 총화'라고 정의할 수 있다.

상품과 제품(製品)의 용어 차이를 구분할 필요는 없으나 제품은 냉장고, 자동차, 휴대폰처럼 손으로 만질 수 있고 눈으로 볼 수 있는 제조품이며, 상품은 서비스, 용역 등 무형의 제품을 포함하는 광의적 개념이다.

항공, 숙박, 철도, 선박, 버스, 차량, 액티비티(activity), 현지여행, 음식, 휴대폰 유심칩, 여행자보험, 쇼핑, 교통패스, 관광지 입장권, 선택관광 등 여행사가 여행에서 이루어지는 모든 활동과 서비스를 판매하는 것은 여행상품이라는 포괄적 개념으로 이해할 필요가 있다. 즉 여행사가 판매하는 모든 상품은 여행상품이 될 수 있다.

여행사의 기획여행(패키지투어)부터 에어텔(항공과 숙박), 런던 내셔널 갤러리(National Gallery) 투어, 파리 오르세미술관(Musée d'Orsay) 투어, 이탈리아 토스카나 와이너리 투어, 뉴욕 브로드웨이 뮤지컬 관람권, 오사카 유니버셜 스튜디오 재팬(USJ) 입장권, 공항에서 호텔까지 픽업 서비스 등의 단품상품까지 여행상품의 분류는 복잡하고 다양하다.

2 여행상품 차원

그림 2-1 여행상품 차원

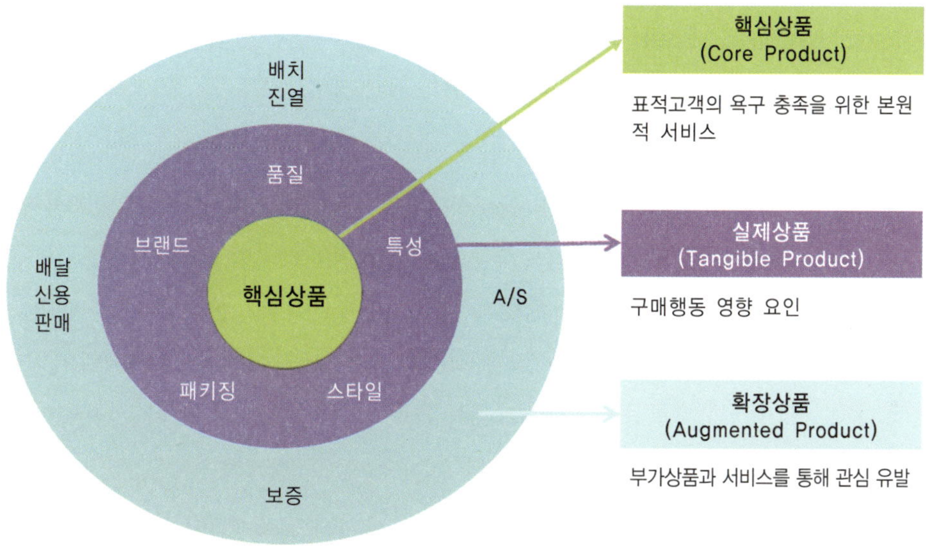

자료: 김성혁(1999)에서 저자 재작성

여행상품의 차원을 크게 3가지로 나눌 수 있다. 핵심상품, 실제(유형)상품, 확장(부가)상품이다. 핵심상품은 여행상품을 기획하고 개발할 때 가장 근본적인 것으로 표적고객의 욕구 충족을 위한 본원적 서비스 즉 고객의 혜택 또는 편익을 말한다. 여행자가 실제로 구매하는 것으로 여행상품을 구매할 때 핵심적인 문제를 해결해 주는 서비스로 구성된다. 항공사를 선택할 때 '반드시 대한항공만을 이용한다', '호텔은 힐튼호텔을 이용하며 특별한 날은 콘래드호텔에 투숙한다.' 등 여행상품을 구매하여 이용함으로써 고객이 어떤 혜택과 가치를 누릴 수 있는지가 핵심상품이 되는 것이다.

실제상품은 핵심상품을 실제상품으로 형상화시킨 것으로 품질수준, 특성, 스타일, 브랜드, 포장 등이며 핵심적인 이점을 고객에게 전달할 수 있도록 결합시켜야 한다. 더 비싸더라도 대한항공 비즈니스 클래스 이용, 최고급 리조트 상품을 구매하는 고객은 빠르고 특화된 체크인 서비스, 특별한 멤버십 혜택, 차별화된 직원 서비스 등이 있다.

확장상품은 핵심상품과 실제상품을 추가된 서비스와 이점으로 결합하여 상품을 개발하는 것으로 리조트 외관, 디자인, 공항까지 픽업서비스, 전용해변 등 부가상품과 서비스를 통해 관심을 유발하게 만든다.

핵심상품은 관광객이 유럽 역사에 관심이 많아 체험하기 위해 유럽여행상품을 구매하는 것이며, 실제상품은 유럽에 도착하여 영국박물관(British Museum), 루브르박물관(Musée du Louvre), 바티칸박물관(Musei Vaticani) 등을 관람하고 베르사유 궁전(Chalean De Versailles), 폼페이(Pompeii) 유적지 등을 방문하는 것이다. 확장상품은 도시 간 또는 관광명소 간을 이동하는 과정에서 무료 셔틀버스 등을 이용하거나 로마 시내에서 젤라또(gelato)를 사먹게 되는 것 등이 해당된다.

3 여행상품 특성

여행상품은 과거 수동적이고 단순한 알선 기능에서 점차 관광객들의 구매 욕구가 다양화되어 1990년대 중반 이후 우리나라 여행사들은 여행상품을 기획하고 개발하였다. 현재는 여행상품을 구매함으로써 관광객들이 어떤 편익과 혜택을 받을 수 있는지를 더 중요하게 생각하는 상품가치 .시대이므로 여행상품에 대한 마케팅 역할이 강화되고 있다. 2010년 이후부터는 여행사들이 공익성, 윤리성, 책임성 등 CSR(기업의 사회적 책임) 활동에 더 치중하게 되어 장기적 비전을 달성하기 위해 마케팅을 하는 추세이다.

여행상품은 무형성, 주관성, 모방성, 소멸성, 결합성, 동시성, 유통의 용이성, 수요의 계절성 등 많은 특성을 가지고 있다.

① 무형성

여행상품은 실제로 볼 수 없고 만질 수도 없는 특성으로 관광객들이 여행경험 후 기억만으로 평가하기 때문에 구전정보가 매우 중요하다.

그림 2-2 여행안내사 가이딩(guiding) 서비스

자료: 저자

② 주관성

여행상품 소비과정과 소비 후 느끼는 관광객 효용은 개인마다 다르다. 효용의 주관성으로 인한 만족도 차이는 조사와 분석 요구 및 관광시장 세분화에 기초한다. 같은 항공사, 같은 호텔, 같은 식사, 같은 가이드, 같은 관광명소를 경험한 관광객이라도 어떤 고객은 만족하지만, 어떤 손님은 불만족으로 배상을 요구하기도 한다. 중국 항주 패키지투어 상품에서는 북송시대 유명한 시인 소동파가 즐겨 먹었다는 동파육 특식을 제공하는데 이 음식은 호불호가 극명하게 나타난다. 어떤 고객은 맛있게 먹었다고 하지만 어떤 관광객은 돼지비계가 많아서 거의 먹지 못하고 남기는 경우가 많기 때문이다.

③ 모방성

무형재인 서비스가 중심이 되는 여행상품은 관광공급업자(항공사, 호텔, 관광지, 식당 등) 대상물을 활용한 조합된 단일상품이 많기 때문에 표준화가 어렵지만 쉽게 모방할 수도 있는 장단점을 가지고 있다. 매년 한국여행업협회(KATA)에서 우수여행상품 인증제를 시행하고 있지만 형식에 불과하며 다른 여행사에서 너무나 쉽게 빨리 베낄 수 있는 구조적 문제를 안고 있다. 서비스는 무형상품이기 때문에 특허를 쉽게 받을 수도 없어 우수한 여행상품을 보호받을 수 있는 제도적 장치 마련이 시급한 문제로 대두되고 있다.

④ 소멸성

여행상품은 재고 불가능하여 저장할 수 없다. 수요 예측이 불명확하고 과잉생산과 과소생산 모두 문제점이 야기된다. 객실 100실을 보유한 호텔은 오늘 100개 객실을 모두 판매해야 하며, 인천공항에서 출발하여 도쿄 하네다 공항에 도착하는 250석 항공기도 출발 당시 모두 판매해야 한다. 오늘 판매하지 못한 상품은 1개월 후, 1주일 후, 하루 후 등 창고에 쌓아두었다가 팔고 싶을 때 저렴하게 판매할 수 있는 제품이 될 수 없다.

⑤ 결합성

보완성이라고 할 수 있는 결합성은 다양한 형태의 여행상품 구성요소가 결합되어 상품을 형성하는 것이므로 대표적으로 패키지투어가 될 수 있다. 또한 보완적으로 여행상품 구매가 가능한데 방콕/파타야 3박 5일 상품 중 대한항공을 이용하지 못하면 아시아나 항공을 이용하면 된다.

⑥ 동시성

여행상품은 동일한 장소에서 생산되어 판매되고 소비된다. 즉 구매과정에서 연쇄반응이 발생하는 연속성이 특징이며 여행상품 공급자와 관광객 간에는 상호 의존적 관계가 존재한다. 제품은 공장에서 생산하고 소비자는 여러 유통 채널에서 구매하게 되지만 여행상품은 미리 구매한 후 실제 소비는 공항에서 여행사 직원을 만나 서비스를 제공받게 되는 순간부터 이루어지는 과정을 따른다. 즉 상품을 구매했다고 해서 곧바로 사용할 수 있는 것이 아니라 공항에서 출국수속을 하면서 소비가 되는 것이다.

⑦ 유통의 용이성

정보기술의 발달에 따라 유통이 점점 간소화된다. 또한 여행정보 탐색 및 여행상품 구매와 평가도 쉽게 이루어진다. 대표적 여행상품인 항공권의 경우 과거 종이항공권

(paper ticket)은 발권 후 여행사가 고객에게 직접 전달했지만 전자항공권(e-ticket)은 메시지, 메신저, 이메일 등으로 배달이 가능하기 때문에 상품 전달비용을 대폭 절감시킬 수 있었다. 종이항공권을 전달하기 위해 1시간 이상 지하철, 버스를 이용하거나 퀵서비스를 이용하여 몇 천 원에서 몇 만 원까지 비용을 들여가며 고객에게 무료로 전달하기도 하였다. 항공권, 호텔숙박권(voucher), 교통패스 등의 다양한 여행상품은 무형의 상품이기 때문에 고객에게 직접 전달할 필요가 없어 유통비용을 절감할 수 있게 되었다.

⑧ 수요의 계절성

여행상품 수요는 계절성 즉 성수기와 비수기가 존재한다. 여름방학과 휴가, 겨울방학, 명절연휴, 대체공휴일 등 관광객들이 많이 여행하는 기간에는 여행상품 가격이 비싸고, 상대적으로 여행을 하지 않는 3월, 11월 등은 비수기라고 할 수 있다. 과거에는 성수기와 비수기가 뚜렷하게 구분되었지만 지금은 항공권을 저렴하게 구하기가 힘들 뿐만 아니라 여행수요가 복잡하고 다양하여 성수기와 비수기의 의미가 많이 퇴색되었다.

그림 2-3 성수기와 비수기 여행상품 가격 비교

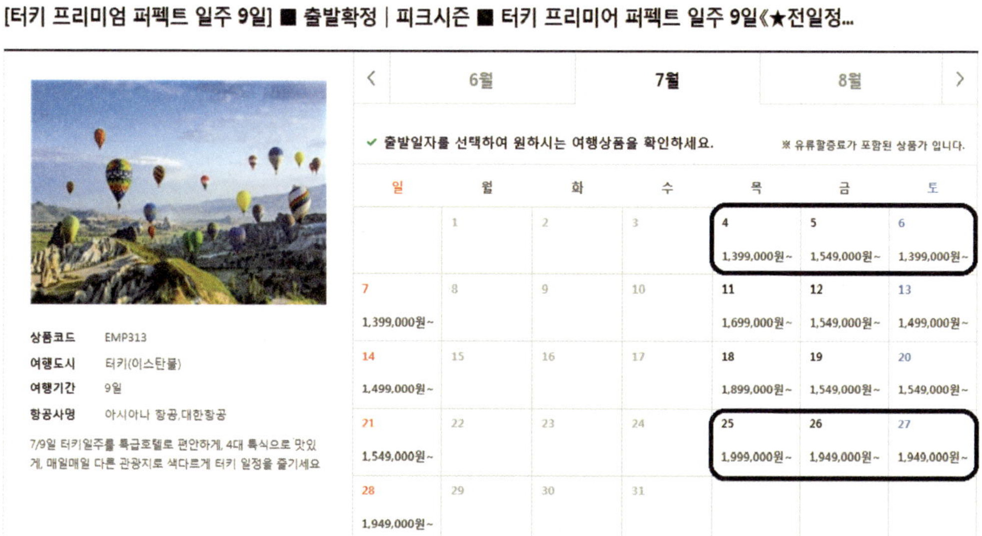

자료: 모두투어 홈페이지

2019년 7월 터키 여행상품을 검색하면 여름휴가가 시작되기 전 7월 첫째 주 상품가격은 1,399,000원이지만 여름휴가 최절정에 달하는 7월 말 상품가격은 1,999,000원으로 약 60만 원 차이가 난다.

⑨ 비용산출의 어려움

여행상품 가격 결정에 가장 크게 영향을 미치는 부분은 항공과 지상으로 나눈다. 지상은 현지 투어 중에 발생되는 비용으로 호텔, 식사, 현지가이드, 차량, 관광지 등으로 구성된다. 여행상품은 항공권과 지상비로 구성되지만 마케팅 비용, 직원의 상담비용, 상품기획과 개발에 필요한 직원 출장경비, 관광객 가치와 효용, 여러 가지 환경적 요인에 영향을 많이 받지만 무형재 속성으로 인하여 원가에 반영하지 못하는 것이 우리나라 여행업계의 현실이다.

4 여행상품 구성요소

여행상품에서 가장 큰 비중을 차지하는 것은 항공과 숙박이다. 그 외에도 교통, 여행정보, 음식, 쇼핑, 관광지, 여행매력물, 여행자보험, 여행안내사, 관광청 등 많은 관광공급자들과 관광공공기관들로 구성되어 있다.

▲ 트랙터 여행가 강기태

① 교통

여행은 이동을 함으로써 시작되는 것이기 때문에 교통의 중요성은 두말할 필요도 없다. 철도, 버스, 전용차량, 항공, 크루즈, 유람선, 캠핑카, 렌터카, 자전거 등 많은 운송수단이 있다. 여행상품 담당자가 관광교통을 선정할 때 안전성, 신뢰성, 정시성, 편의성, 이동성, 청결성 등을 고려해야 한다. 프랑스 공공교통기관 즉

SNCF 프랑스 철도공사(TGV, 유로스타, 탈리스 등)와 에어프랑스(AF) 등의 파업은 유럽 내에서 자주 일어난다. 유럽여행의 필수 아이템인 철도교통의 파업은 영국, 독일, 스위스, 이탈리아, 스페인 등과 노선이 연결되어 있어 많은 불편과 불만을 초래하기 때문에 수시로 점검하는 것이 좋다.

② 숙박

호텔, 리조트, 복합리조트(IR), 민박, 게스트하우스, 모텔, 호스텔, 콘도, 크루즈, 여객선(페리), 캠핑 등 다양한 숙박시설이 있다. 국외여행상품의 경우 많은 관광객들이 호텔을 주로 이용하는데 위치, 등급, 브랜드, 객실, 식음료, 수영장, 피트니스센터, 객실방향, 수하물처리서비스 등 항공과 함께 여행 시 가장 중요한 부문이 호텔이기 때문에 숙박 선정 시 심사숙고해야 한다.

국제적으로 통용되는 호텔 등급표기 기준이 없으며 국가마다 등급표기 기준이 다르기 때문에 여행일정표 또는 행사확정서에 표기되어 있는 호텔 등급은 현지 호텔에서 확인받은 기준으로 반영하는 것이 관례이다. 유럽에서 4성급 호텔이라도 우리나라 호텔 4성급 시설과 서비스 수준에 못 미치는 경우가 많기 때문에 동일한 서비스를 제공해 줄 것이라고 막연하게 생각하는 관광객에게 여행사 직원이 상세하게 알려줘야 한다.

③ 음식

금강산도 식후경(食後景)이라는 속담도 있듯이 아무리 좋은 경치가 있더라도 맛있는 음식을 먹어야 관광객이 제대로 여행을 할 수 있다. 여행상품은 호텔식, 현지식, 특별식, 한국식 등이 대부분을 차지한다. 아침은 주로 호텔에서 뷔페식으로 식사를 하고 점심과 저녁은 현지식, 한국식, 특별식 등이 제공된다. 식당을 선택할 때는 음식의 질, 좌석 수, 서비스 유형, 주차장 규모, 접근성, 청결성, 신속성, 친절성 등을 잘 갖추었는지 확인해야 한다.

④ 쇼핑

패키지여행에서 가장 많은 불평과 불만은 쇼핑이다. 다양한 쇼핑품목, 지역특산물, 휴식공간 등이 구비되어 있어야 하며 면세점, 쇼핑몰, 전문상품점, 공장직영점, 재래시장 등이 있다. 서민들의 생활상을 보기 위해 시장을 찾듯이 세계 어느 곳이나 시장은 있다. 관광객은 시장 방문을 원하기 때문에 자유시간이나 여행일정에 포함시키는 것도 관광객 만족을 높일 수 있는 방법이기도 하다.

⑤ 관광지

국가, 도시, 지역 등을 대표하는 관광명소로 런던의 런던아이, 파리의 에펠탑, 베이징의 자금성, 뉴욕의 자유의 여신상, 시드니의 오페라하우스, 타이페이의 101타워, 이집트의 피라미드, 아테네의 파르테논 신전, 로마의 콜로세움을 비롯하여 미술관, 박물관, 역사유적지, 세계문화유산, 축제 등의 문화관광자원과 국립공원, 세계자연유산, 산악, 바다, 호수, 강, 동굴 등의 자연관광자원이 있다. 세계적인 관광지는 항상 관광객이 많아서 관광시간이 짧고 스쳐지나가는 관광이 될 수도 있기 때문에 적절한 시간 배정이 중요하며 관광지 운영시간과 휴일을 반드시 확인해야 한다. 또한, 단체입장 가능성과 수용성, 입장시간 보장성, 쇼핑과 식사 등의 휴게시설, 전문여행안내사 유무 등을 잘 고려해서 선정할 필요가 있다.

⑥ 여행정보

지금은 정보의 홍수 시대이다. 정보가 너무 많아 어느 여행정보가 진짜인지 알 수가 없다. 포털, 블로그, SNS, 여행가이드북, 관광청, 외교부 해외안전여행, 언론 등 다양한 여행콘텐츠가 넘쳐나는 시대에 여행사가 고객으로부터 가장 신뢰받을 수 있는 분야가 여행정보이다. 그러나 여행사 직원들은 고객보다 여행경험이 풍부하지 않아 관광객들이 불신하거나 의문을 제기하기도 한다. 실제로 고객의 질문에 대한 답을 포털, 블로그 등에 의존하는 경우가 많은 것이 현실이다. 정확하고 믿을 수 있는 여행정보를 제공함으로써 관광객으로부터 신뢰받을 수 있도록 여행사는 끊임없이 교육, 훈련 프로그램을 개발하여 정기적, 장기적으로 실천하는 것이 중요하다. 하나투어(http://info.hanatour.com), 모두투어(http://story.modetour.com), 인터파크투어(http://tour.interpark.com/freeya) 등이 여행정보시스템을 운영 중이다.

⑦ 여행매력물

관광지 외에 관광명소를 여행매력물(travel attraction)이라 할 수 있다. 관광객의 욕구와 동기를 반영하면서 유인할 수 있는 관광대상 엔터테인먼트 시설로 올림픽 경기장, 유럽 3대 축구리그 경기장, 마카오와 라스베이거스 카지노, 유니버셜 스튜디오와 디즈니랜드 등의 테마파크, 싱가포르 마리나베이샌즈 등이다. 일반적으로 하나의 단위를 나타내는 것으로 특정한 장소, 소규모, 지역성을 특화시킨 관광명소이다.

⑧ 여행안내사

여행안내사는 여행을 안내하는 여행사 직원이다. 국내여행안내사, 관광통역안내사, 국외여행인솔자, 문화관광해설사 등은 우리나라 관광진흥법에 의해 일정한 자격을 갖춘 사람만이 안내할 수 있는 국가여행안내사이다. 외국에서 특정한 국가의 제도적, 법적 지위를 인정받을 수 있는 현지가이드(local guide)도 있다.

그림 2-4 여행사 게시판의 칭찬, 건의, 불만 내용

1713	답변완료	[칭찬]	최민건 가이드님 감사해요. 완전 칭찬합니다.	차*지	2019/02/18	0
1712	답변완료	[칭찬]	이지예 가이도상, 최고의 여행 안내자입니다. 짝짝짝!!!!! (2)	김*주	2019/02/18	0
1711	답변완료	[칭찬]	정선남가이드님 칭찬합니다.	주*희	2019/02/18	0
1710	답변완료	[불만]	거짓상품	윤*숙	2019/02/18	0
1709	답변완료	[칭찬]	안태현가이드님 민경은 담당자님 칭찬합니당^^	고*아	2019/02/18	0
1708	답변완료	[칭찬]	좋은 추억 감사합니다.	전*윤	2019/02/18	0
1707	답변완료	[칭찬]	하장수 가이드분 칭찬해요~~	남*우	2019/02/18	0
1706	답변완료	[불만]	15일 결항한 성회호 관련 문의합니다.	ㅇ*ㅎ	2019/02/18	0
1705	답변완료	[칭찬]	첫해외여행 다낭	홍*진	2019/02/18	0
1704	답변완료	[칭찬]	일본 규슈 패키지 최민건 가이드님 칭찬합니다..^^	차*더	2019/02/18	0
1703	답변완료	[칭찬]	온천으로 힐링~~	윤*숙	2019/02/18	0
1702	답변완료	[불만]	청도가지마세요	이*열	2019/02/18	0
1701	답변완료	[칭찬]	행복한 다낭 여행~~ 이상조 가이드님 감사합니다♡	이*화	2019/02/18	0

자료: 여행박사 홈페이지

여행상품의 질은 여행안내사에 의해 결정된다고 해도 과언이 아니다. 똑같은 여행상품이라도 어떤 국외여행인솔자(T/C)와 어떤 현지가이드가 동행하느냐에 따라 여행서비스 품질은 달라질 수 있다. 지속적인 교육과 훈련 프로그램을 만들어 실행하고 복지혜택도 제공해야 한다. 여행사 홈페이지 고객 후기는 대부분 현지가이드와 국외여행인솔자에 관한 내용이다.

⑨ 여행자보험

여행을 하다 보면 뜻하지 않은 사고를 당할 수 있다. 현지에서 감기에 걸릴 수도 있고, 다칠 수도 있으며 소매치기와 강도를 당할 수도 있다. 최악의 경우 사망 사고를 겪을 수도 있다. 여행이 일상생활이 되면서 국외에서 여러 가지 질병과 상해 사고가 증가하고 있기 때문에 여행보험 가입은 필수가 되었다. 우리나라 패키지여행상품은 기본적으로 여행보험이 가입되어 있지만 개별여행상품은 별도로 가입해야 하므로 여행사 직원은 고객상담 시 유의해야 한다. 여행보험은 실손보상 보험이기 때문에 보상한도 내에서만 지급되며 반드시 현지의 병원이나 경찰서에서 증빙서류를 발급받아야 한다. 또한 관광객 부주의에 의한 휴대폰 분실, 파손 사고 등은 보상이 불가하다. 일반적으로 국내여행은 약 2천만 원, 국외여행은 1억 원 보상이 가능한 여행자보험을 여행사에서 가입하고 있다.

⑩ 관광청

우리나라 국민의 국외여행(outbound)은 매년 10% 이상 성장하고 있으면 2019년 기준 약 2,800만 명이 출국하였다. 세계에서 인구 대비 국외여행 경험은 세계 최고 수준이다. 전 세계의 많은 관광청(NTO: National Tourism Organization)에서 우리나라에 홍보마케팅을 할 수밖에 없는 상황이 된 것이다. 일본은 인구 1억 2천만 명 중 약 1,700만 명이 국외여행 경험이 있으니 일본보다 우리나라가 외국여행 수요가 더 많은 것을 알 수 있다. 외국 관광청은 우리나라 국민들을 자국의 관광객으로 유치하기 위해 우리나라에 지사 또는 GSA 형태로 관광청을 설립하여 마케팅을 하고 있다. 여행사는 외국관광청을 통해 현지 호텔과 관광지, 음식, 문화, 축제 등 다양한 최신의 여행정보를 얻을 수 있고 여행상품 개발 시 관광청의 도움을 요청할 수 있다.

그림 2-5 주한외국 관광청 명단

	관광청	전화번호	대표자	업체명	홈페이지
일본	JNTO(일본정부관광국)	02-777-8601	구미노 노부히코 소장	지사	www.welcometojapan.or.kr
	나가사키현 서울사무소	02-733-7398	스즈키 시로 소장	지사	blog.naver.com/nagasaki_one
	니이가타현 서울사무소	02-773-3161	아베 테쓰야 소장	지방자치단체 연락사무소	www.niigata.or.kr
	대마도 부산사무소	051-254-9205	아비루 터다아키 소장	지사	www.tsushima-busan.or.kr
	미야기현 서울사무소	02-725-3978	다카하시 토미오 소장	지사	www.miyagi.or.kr
	북도호쿠3현/홋카이도 서울사무소	02-771-6191	사시키 케이 소장	지사	www.beautifuljapan.or.kr
	시즈오카현 서울사무소	02-777-1835	고세키 가쓰야 소장	지사	shizuokaseoul.com
	오키나와현 관광컨벤션뷰로	02-318-6330~1	부용범 소장	지사	www.visitokinawa.jp/kr
중국	구이저우성 한국사무소	02-6091-7149	임병연 대표	트래블비즈	www.visitguizhou.net
	신장웨이우얼자치구 한국사무소	02-363-2999	황길섭 대표	나스투어	www.nasstour.co.kr
	왕망령 한국사무소	02-6091-7151	임병연 대표	트래블비즈	www.visitguizhou.net
	중국국가여유국 서울지국	02-773-0393	리비오롱 지국장	지사	www.visitchina.or.kr
	청성한·도강언 한국사무소	02-6091-7154	임병연 대표	트래블비즈	www.visitguizhou.net
	태산 한국사무소	02-6091-7152	임병연 대표	트래블비즈	www.visitguizhou.net
	태항산 대협곡 한국사무소	02-6091-7150	임병연 대표	트래블비즈	www.visitguizhou.net
	하남성 안양시 한국사무소	02-6091-7153	임병연 대표	트래블비즈	www.visitguizhou.net
	허베이성(하북성) 한국홍보사무소	02-6925-2569	노근태 대표	헬로우팡	
	홍콩관광진흥청	02-778-4642	권용집 지사장	지사	www.discoverhongkong.com/kor
	마카오관광청	02-778-4402	유치영 대표	글로콤코리아	kr.macaotourism.gov.mo
동남아	말레이시아관광청	02-779-4422	사이드 무하질 소장	지사	www.tourismmalaysia.gov.my/ko-kr/kr
	미얀마관광청 한국대표부	02-706-1631	박종근 소장	코미투어	www.myanmar.to
	미얀마관광청 한국대표부	02-733-5674	상영민 소장	예스굿투어	www.myanmar.to
	부탄관광청 한국사무소	02-518-5012	윌리엄리(이임재) 대표	지사	www.tourismbhutan.kr
	싱가포르관광청	02-734-5570	써린 온 소장	지사	www.yoursingapore.com
	인도관광청 여행정보센터	02-2265-2235	안영수 대표	제이스티메니지먼트솔루션	
	인도관광청 한국연락사무소	02-735-0018	이상만 이사	엠벤테지	incredibleindia.org
	인도네시아관광청(부산)	070-4203-0041	김수일 대표	지사	www.tourismindonesia.com
	인도네시아관광청(서울)	070-7501-5112	박재아 지사장	지사	www.DaisyParkKorea.com
	타이완관광청	02-732-2357	황이평 소장	지사	www.tourtaiwan.or.kr
	태국관광청	02-779-5417	씨리겟아눙 뜨라이리따나송폰 소장	지사	www.visitthailand.or.kr
	필리핀관광청	02-598-2290	마리아 아포 지사장	지사	www.7107.co.kr
유럽	노르웨이관광청	02-777-5943	낸시 최 대표	CJ's world	www.visitnorway.com
	독일관광청	02-773-6430	낸시 최 대표	CJ's world	www.germany.travel
	독일바이에른주관광청	02-738-3631	이분란 소장	WATU여행기업	www.bayern.kr
	스위스정부관광청	02-3789-3252	김지언 소장	지사	myswitzerland.co.kr
	스페인관광청	02-722-9971	이은진 대표	지사	www.spain.info
	오스트리아 인스부르크관광청	02-2264-8493	고영두 대표	프리미엄월드㈜	
	이탈리아정부관광청	02-775-8806	김보영 소장	지사	www.enit.it
	조지아정부관광청 홍보사무소	02-2263-2330	안영주 대표	제이스티메니지먼트솔루션	www.facebook.com/lovegeorgiatravel
	체코관광청	02-322-4210	미카엘 프로하스카 지사장	지사	www.czechtourism.com
	터키문화관광부	02-336-3030/5330	나은경 대표	㈜나스커뮤니케이션	www.goturkey.com
	프랑스정부관광청	02-776-9142	코린 쿨키에 지사장	지사	kr.rendezvousenfrance.com
미주	LA관광청	02-2273-9268	신성인 대표	KPR&Associates	www.discoverlosangeles.com/kr
	뉴욕관광청	02-777-6939	이은경 이사	아비아렙스 코리아	www.nycvisit.com
	라스베이거스관광청	02-777-8180	이은경 이사	아비아렙스 코리아	www.lasvegas.com
	멕시코관광청	02-749-9175	루스 마리아 마르티네스 지사장	지사	www.visitmexico.com
	미국관광청	02-777-2733	이은경 이사	아비아렙스 코리아	www.discoveramerica.co.kr
	샌프란시스코관광청	02-777-8278	이은경 이사	월드마케팅코리아	www.onlyinsanfrancisco.com
	시애틀관광청	02-777-6684	이은경 이사	아비아렙스 코리아	visitseattle.org
	캐나다관광청	02-733-7708	이영숙 대표	AL마케팅&커뮤니케이션	www.keepexploring.kr
	캐나다알버타주관광청	02-725-0402	배오미 소장	(주)IDM	travelalberta.kr
	캘리포니아주관광청	02-777-6665	이은경 이사	아비아렙스 코리아	visitcalifornia.co.kr
	페루관광청	070-4323-2561	최보순 대표	GEOCM	www.promperu.gob.pe
	하와이관광청	02-777-0033	이은경 이사	아비아렙스 코리아	www.gohawaii.com/kr
	괌정부관광청	02-6325-4162	박세동 대표	HIC	www.welcometoguam.co.kr
	마리아나관광청	02-777-3252	이은경 이사	아비아렙스 코리아	www.mymarianas.co.kr
대양주	뉴질랜드관광청	02-3210-1107	권희정 지사장	지사	www.newzealand.com/kr
	사모아관광청	070-7501-5112	박재아 대표	지사	samoatravel.tistory.com
	서호주정부관광청	02-6351-5156	손병언 대표	프로액파트너십	www.westernaustralia.com
	호주정부관광청	02-399-6506	스콧 워커 지사장	지사	www.australia.com
	호주퀸즈랜드주관광청	02-399-5767	경성원 실장	지사	www.queensland.or.kr
중동, 아프리카	두바이관광청	070-4906-7227	류영미 대표	윌앤와우	www.visitdubai.com/ko
	레위니옹관광청	02-737-3238	정동창 대표	언오션M&C	www.visitreunion.kr
	세이셸관광청	02-737-3235	정동창 대표	지사	www.visitseychelles.kr
	이스라엘정부관광청	02-738-0882	핀사스 사니(현지 근무)	지사	www.goisrael.kr
	이집트정부관광청	02-2263-2330	안영주 대표	제이스티메니지먼트솔루션	blog.naver.com/allnewegypt

자료: 여행신문(2018.1.2)

5 여행일정표

여행일정표는 무형의 여행현상을 유형의 상품으로 구체화시킨 것이다. 여행일정표는 여행사 이름, 여행상품 담당자 이름과 연락처, 상담가능시간, 여행상품명 또는 행사명, 최소 출발인원과 현재 예약인원, 여행기간과 일시, 상품가격, 공항 미팅시간, 항공이용편명과 현지 교통편의 출발과 도착 시간, 호텔이름과 등급, 독실요금(single charge), 식사 횟수와 메뉴, 관광국가와 도시 및 지역, 관광지를 포함한 세부 관광일정, 포함사항과 불포함사항, 여행준비물, 여행조건, 참고사항, 쇼핑관광과 선택관광 안내, 공통사항, 여행 시 안전사고 유의사항, 해외안전여행, 예약취소 규정 등으로 구성되어 있다.

여행상품 담당자는 고객의 입장에서 상품을 구성하고 일정한 기준과 원칙을 수립해서 여행일정표를 작성해야 한다.

〈표 2-1〉 여행일정표 작성 시 유의사항

- 여행객들의 구매 취향 및 경향에 맞추어 작성한다.
- 여행객들이 희망하는 출발시간과 현지도착시간을 정확히 확인한다.
- 조기출발 및 심야도착은 가급적 피하는 것이 좋다.
- 여행출발 3시간 전에 정확한 장소에서 공항미팅이 이루어질 수 있도록 한다.(인천공항은 터미널 2개: T1, T2)
- 항공사 선정 시 환승시간을 여유 있게 배정한다.
- 호텔 선정에 신중을 기해야 하며, 객실의 고급화보다는 호텔의 고급화(호텔등급)를 택하여야 한다.
- 현지여행 중 식사는 다양한 메뉴로 선택하고 중복되지 않게 한다.
- 여행 일정에 무리가 없어야 한다.
- 무리한 쇼핑과 선택관광은 피하고 여행일정과 적절히 조화를 맞춘다.
- 관광지에서 기념촬영을 할 수 있도록 시간의 배려를 한다.
- 여행 중 기상조건에 따라 불가피한 여정변경을 고려하여 사전 대안을 마련한다.
- 주요 관광지의 휴관일정을 사전 확인한다.
- 여행일정 중 마지막 일정은 편안한 일정으로 편성한다.
- 모든 여행일정은 볼거리, 먹을거리, 즐길거리, 체험할 수 있는 기회를 제공한다.
- 여행 중 부득이 일정을 변경할 시는 확실히 공지한다.

〈표 2-2〉 약식 여행일정표 사례

서유럽 4개국 11일 여행일정표

날짜	여행지	교통편	시간	여행일정	식사
제1일 3/12 (화)	인　천 런　던	KE 907 전용 버스	10:00 13:10 16:20	인천 국제공항 집결 3층 만남의 장소 인천 출발 런던 도착 석식 후 호텔 투숙 HOTEL: ST. GILES 또는 동급	중: 기내식 석: 한　식
제2일 3/13 (수)	런　던 파　리	전용 버스 E/STAR 전용 버스	08:00 09:00 18:42 22:23	호텔 조식 전일 시내 견학 (대영박물관, 웨스트민스터 대성당, 버킹엄 궁전, 빅벤, 국회의사당, 하이드파크, 타워브리지 전경 등) 유로스타편으로 런던 출발 파리 도착 후 호텔 투숙 HOTEL: MERCURE SAINT WITZ 또는 동급	조: 호텔식 중: 현지식 석: 도시락
제3일 3/14 (목)	파　리	전용 버스	08:00 09:00 18:00	호텔 조식 전일 시내 견학 (루브르박물관, 개선문, 에펠탑, 샹젤리제 거리, 콩코르드 광장 등) 석식 후 에펠탑 3층 조망+센 강 유람선(야간) 투어 호텔 투숙 HOTEL: MERCURE SAINT WITZ 또는 동급	조: 호텔식 중: 현지식 석: 한　식
제4일 3/15 (금)	파　리	전용 버스	08:00 09:00 18:00	호텔 조식 전일 관광 (루이 14세의 궁전이었던 베르사유 궁전 및 정원 등) 석식 후 호텔 투숙 HOTEL: MERCURE SAINT WITZ 또는 동급	조: 호텔식 중: 현지식 석: 한　식
제5일 3/16 (토)	파　리 베　른 인터라켄	전용 버스 TGV 전용 버스	08:00 09:00 14:00 16:44 21:23	호텔 조식 오전 시내 관광 중식 후 역으로 이동 초고속 열차인 TGV편으로 파리 출발 베른에 도착하여 인터라켄으로 이동하여 호텔 투숙 HOTEL: MERCURE 또는 동급	조: 호텔식 중: 중국식 석: 도시락
제6일 3/17	인터라켄 융프라우	전용 버스	07:00 08:00	호텔 조식 알프스의 최고봉인 '융프라우' 등정(협궤 열차	조: 호텔식 중: 현지식

(일)	밀 라 노		 12:00 17:00 19:00	탑승) 및 얼음 동굴, 만년설 등 관광 중식 후 밀라노로 이동 밀라노 도착하여 시내 관광(두오모, 스포르체스코 성당 등) 석식 후 호텔 투숙 HOTEL: JOLLY HOTEL MILANO FIORI 또는 동급	석: 현지식
제7일 3/18 (월)	밀 라 노 베 니 스	전용 버스	08:00 09:00 13:00 18:00	호텔 조식 베네치아로 이동 도착하여 중식 후 시내 관광(산 마르코 광장, 탄식의 다리, 산 마르코 성당, 곤돌라 두칼레 궁전 등) 석식 후 호텔 투숙 HOTEL: ALEXANDER ABBANO TERME 또는 동급	조: 호텔식 중: 현지식 석: 현지식
제8일 3/19 (화)	베 니 스 피 렌 체 로 마	전용 버스	07:00 08:00 12:00 15:00 19:00	호텔 조식 피렌체로 이동 도착하여 중식 후 시내 견학 (미켈란젤로 광장, 베키오 다리, 산타크로체 교회 등) 로마로 이동 도착하여 석식 후 호텔 투숙 HOTEL: SATELITE PALACE 또는 동급	조: 호텔식 중: 중국식 석: 한 식
제9일 3/20 (수)	로 마 피 우 치 나 폴 리 폼 페 이 소 렌 토 로 마	전용 버스	07:00 08:00 19:00	호텔 조식 온천수 체험 후 세계 3대 미항 중 하나인 '나폴리', 화산 폭발로 인하여 화산재에 뒤덮인 비운의 도시 '폼페이', 노래의 도시 '소렌토' 등 로마로 귀환하여 석식 후 호텔 투숙 HOTEL: SATELITE PALACE 또는 동급	조: 호텔식 중: 현지식 석: 한 식
제10일 3/21 (목)	로 마	전용 버스 KE 928	08:00 09:00 19:30	호텔 조식 로마 시내 관광 (바티칸 박물관, 산 피에트로 대성당과 피에트로 광장, 트레비분수, 기독교도들의 지하 무덤 카타콤 내부 관람) 공항으로 이동하여 수속 후 로마 출발 HOTEL: SATELITE PALACE 또는 동급	조: 호텔식 중: 현지식 석: 기내식
제11일 3/22 (금)	인 천		13:35	인천 국제공항 도착 후 해산	

그림 2-6 **실제 여행사 일정표 사례**

롯데관광: ★출발확정★『달콤한 여행의 시작』 융프라우/친퀘테레+서유럽 5개국 10일

관광 ● 일정

▶ 프랑스 – 파리, 베르사유

– 프랑스의 자존심이자 세계 3대 박물관 중의 하나인 루브르박물관 내부 관람
– 루이 14세의 화려한 일생을 엿볼 수 있는 베르사유 궁전
– 파리 에펠탑 2층 전망대 + 센강 유람선 탑승(주간)

▶ 스위스 – 인터라켄

– 산악열차 탑승하여 알프스의 봉우리 중 가장 인기 높은 융프라우요흐(해발 3,454m) 등정

▶ 이탈리아 – 밀라노, 친퀘테레, 로마, 피렌체, 베니스

– 밀라노 시내 중심에 우뚝 솟아있는 화려하고 웅장한 고딕 건축의 걸작인 두오모
– 이탈리아의 숨은 보석 같은 마을인 친퀘테레 마을 관광
– 고대 이집트의 유물에서부터 르네상스의 걸작까지 값진 작품들을 소장하고 있는 바티칸 박물관[입장]
– 나폴레옹이 세계에서 가장 아름다운 응접실이라 극찬한 베니스의 산 마르코광장 및 성당

▶ 독일 – 하이델베르크, 프랑크푸르트

– 네카 강이 한눈에 보이는 대학도시 하이델베르크 관광

▶ 오스트리아 – 인스부르크

– 인스부르크 최대 번화가인 마리아 테레지아 거리 및 황금지붕 관광

식사 ● 특식 제공

– 파리 : 에스까르고(달팽이 전식)
– 밀라노 : 피자, 스파게티

숙박 ● 호텔

– 이태리 지역 1급 호텔 2박 업그레이드 /전일정 2급 호텔(컨티넨탈 조식)

※ 본 상품의 숙박시설은 현재 미정입니다. 출발 1일 전까지 홈페이지 일정표에 표기하겠습니다.

– 국제적으로 통용되는 호텔 등급표기 기준은 없으며 일부 국가에서는 자국 기준에 따라 등급표기를 하고 있습니다.
고객님의 선택의 편의를 위해 등급 기준을 반영한 것이므로 양해 부탁드립니다.

– 유럽 2급 호텔은 호텔 사정상 엘레베이터가 안 나오는 호텔이 수배될 수 있습니다.
– 호텔 식사는 개별 예약자 식사와 그룹 식사가 구별되어 진행될 수도 있습니다.
– 서유럽 지역 일부 도시의 경우 높은 등급의 호텔이라도 현지 지역 특성상 에어컨과 냉장고, 엘리베이

터가 없는 경우가 있으므로 이 점 양해 부탁드립니다.
- 동절기 시 유럽에서는 환경문제로 인한 중앙정부의 규제에 따라 호텔 내 객실은 정해진 온도까지만 난방이 가능하여 한국 내 호텔객실과 비교 시 다소 추울 수 있으므로 참고하시기 바랍니다.

보험

1. 계약보험사 : DB손해보험

2. 종합의료비 : 해외여행 중에 입은 상해 또는 질병으로 의료비 발생 시 최대 180일까지 보상

3. 상해/질병-사망 : 1억 원/500만 원(만 1~14세 제외)

4. 상해/질병-치료실비 : 500만 원/100만 원
- 준비서류(원본)-의사진단서, 치료비영수증

5. 휴대품도난 : 50만 원(1품목 최고한도 20만 원, 면책 1만 원)
- 준비서류(원본)-현지경찰 도난확인서

6. 보험가입 대상
1) 해외여행을 위해 주거지를 출발하면서 도착할 때까지의 구간을 담보
(국내거주가 확인되는 고객, 한국 출/도착 고객, 타국 여행기간 3개월 미만, 귀국이 확정/확인된 경우)

7. 시민권자, 이중국적자, 영주권자, 화교의 경우
1) 국내거주 확인서류(거소증 or 외국인등록증) 필요
2) 본국여행 시 보험가입 불가

8. 만 80세 이상(만 80세-99세) 보험적용 기준
1) 1억 원 단체보험 적용됩니다.(현재 개별보험은 만 80세 이상은 가입되지 않습니다)
2) 상해(해외발생 의료비) 보장금액이 일반 성인기준보다 적으며, 질병사망은 보장되지 않습니다.(보상금액 없음)

9. 기타
1) 병원입원비, 통원치료비, 처방전비 등 모든 비용에 본인부담금이 발생합니다.

기타

● 이동
- 항공 : 아시아나 항공 직항 탑승(성인/ 약 8,700마일리지, 소아/ 약 8,200마일리지 적립)
- 열차 : 파리 - 스위스 간 유럽여행의 낭만 EURAIL(유럽기차)
- 버스 : 45인승 전용 차량 이용

6 여행상품 기획과 개발

여행상품 기획은 관광객의 미래 욕구 예측, 아이디어 제안, 아이디어 평가, 여행상품 계획서 작성, 여행시장 테스트, 수정 보완 후 상품 판매 등의 과정을 거친다. 여행일정은 항공요금 결정, 랜드사 선정 또는 지상부문 직접 수배 등을 통해 기획하며 여행일정의 조화와 균형, 자유시간 활용, 나이트 라이프, 호텔과 식사 배정, 관광객 입장에서 여행일정표를 작성한다.

모두투어의 상품기획과 개발 직무를 살펴보면 각 지역의 특색있는 관광지와 호텔을 찾고, 시장에 맞는 여행상품가격을 고려하여 관광객들이 만족할 수 있는 상품을 개발하며, 여행상품을 구성하고 판매에 이르기까지 모든 업무를 관리한다. 또한 관광객의 성향에 맞게 상품을 기획하고 이익을 창출하는 작업을 하며 여행상품의 일정, 숙박, 관광지 등을 개발하고 수배, 지속적으로 관리하기도 한다.

여행상품을 기획할 때 시장성, 지속성, 수용능력, 미래성 등을 고려해야 한다. 시장성은 현재 유통경로를 그대로 이용할 수 있는지, 동일한 품질의 경쟁상품과 비교하여 우월한지, 전문성을 갖춘 상품의 특성이 있는지 등을 살펴봐야 한다. 지속성은 여행상품의 수명을 얼마나 연장할 수 있는지, 개발된 상품에 맞는 연령층은 무엇인지, 계절과 기후에 의한 영향은 없는지 등이 변수가 된다. 수용능력은 여행사가 여행상품을 기획할 때 현재의 직원 수로 가능한지, 새로운 서비스 체계가 필요하지 않은지, 어떤 서비스를 확보하고 있는지 등을 경영자가 심사 숙고해야 할 항목들이다. 마지막으로 미래성은 고객이 선호하는 상품으로 새로운 수요가 창출될 수 있는지, 이용 빈도를 얼마나 높일 수 있는지 등 여행시장의 트렌드에 부응하는 여행상품이어야 한다. 여행상품 기획은 크게 기획여행과 희망여행으로 나눌 수 있다.

① 기획여행

기획여행은 「관광진흥법」 제2조 3항에서 용어를 정의하고 있다. 기획여행이란 "여행업을 경영하는 자가 국외여행을 하고자 하는 여행자를 위하여 여행의 목적지 · 일정, 여행자가 제공받을 운송 또는 숙박 등의 서비스 내용과 그 요금 등에 관한 사항을 미리 정하고 이에 참가하는 여행자를 모집하여 실시하는 여행"을 말한다. 여행업계에서는 패키지투어(ready made tour)라고 한다. 관광객은 저가에 편리하고 안전한 여행상품을 구매할 수 있고 여행사는 규모의 경제로 수익창출을 기대할 수 있다. 기획여행 광고는「관광진흥법 시행규칙」제21조에 의거하여 기획여행을 실시하는 자가 광고를 하려는 경우에는 8가지 사항을 표시하여야 한다. 그러나 둘 이상의 기획여행을 동시에 광고하는 경우에는 8가지 내용이 동일한 것으로 공통으로 표시할 수 있다.

〈표 2-3〉 기획여행 광고 시 표시사항

1. 여행업의 등록번호, 상호, 소재지 및 등록관청
2. 기획여행명 · 여행일정 및 주요 여행지
3. 여행경비
4. 교통 · 숙박 및 식사 등 여행자가 제공받을 서비스의 내용
5. 최저 여행인원
6. 보증보험등의 가입 또는 영업보증금의 예치 내용
7. 여행일정 변경 시 여행자의 사전 동의 규정
8. 여행목적지(국가 및 지역)의 여행경보단계

기획여행상품 제외 대상 상품은 개인, 기업, 단체로부터 의뢰받은 희망관광상품, 에어텔상품(항공+숙박), 배낭여행상품(교통+숙박) 등의 자유여행상품, 유학연수상품, 견학시찰상품, 골프상품, 크루즈상품, 트레킹상품 등의 특수목적 상품, 여행자가 교통(항공, 철도, 버스, 렌트 등), 숙박(호텔, 리조트, 민박 등), 입장권 등을 개별적으로 구매하는 상품 등의 단품판매 상품, 공공기관 연수프로그램, 국제회의, 국제대회 참가상품 등의 국제행사 상품, 업체 이미지 광고 상품 등이다. 희망관광상품을 제외한 상기 상품들은 관광(여행)일정이 없어야 한다.

기획여행 실시 요건은 기획여행 사업을 시작하기 전에 기획여행과 관련한 사고로 인하여 관광객에게 피해를 준 경우 그 손해를 배상할 것을 내용으로 하는 보증보험 등에 가입하거나 업종별 관광협회(업종별 관광협회가 구성되지 아니한 경우에는 지역별 관광협회)에 영업보증금을 예치하고 그 기획여행 사업을 하는 동안(기획여행 휴업기간을 포

함) 계속하여 이를 유지하여야 한다. 보증보험 등 가입금액(영업보증금 예치금액) 기준은 여행업 종류별로 다음과 같으며 여행사는 보험 가입 후 지체 없이 관련서류를 등록관청에 제출해야 한다.

〈표 2-4〉 여행업의 보증보험 등 가입금액 기준

(단위: 천 원)

여행업의 종류(기획여행 포함) / 직전 사업연도 매출액	국내여행업	국외여행업	일반여행업	기획여행 (일반/국외)
1억 원 미만	20,000	30,000	50,000	200,000
1억 원 이상 5억 원 미만	30,000	40,000	65,000	
5억 원 이상 10억 원 미만	45,000	55,000	85,000	
10억 원 이상 50억 원 미만	85,000	100,000	150,000	
50억 원 이상 100억 원 미만	140,000	180,000	250,000	300,000
100억 원 이상 1,000억 원 미만	450,000	750,000	1,000,000	500,000
1000억 원 이상	750,000	1,250,000	1,510,000	700,000

자료: 「관광진흥법 시행규칙」 [별표 3]

그림 2-7 여행상품 신문광고

자료: 노랑풍선 홈페이지

하지만 기획여행 시장은 대량대중 판매 중심의 다양한 상품 구성보다는 정형화된 모방형 여행상품의 난립으로 여행업계의 경쟁을 심화시키기 때문에 다른 여행사와 차별화된 상품을 개발하려는 노력이 필요하다. 특정여행세분시장의 전문화와 특정상품의 전문화를 모색하여 상품경쟁력 확보와 차별화로 SIT(Special Interest Tourism: 특수관심관광) 여행상품을 지속적으로 관심을 가지고 개발할 필요가 있다.

② 희망여행

희망여행은 여행자 개인 또는 단체가 희망하는 여행조건에 따라 여행사가 교통, 숙박, 음식, 관광 등 여행에 관한 전반적인 계획을 수립하여 실시하는 여행이다. 고객의 요청에 의해 여행사가 공급업체로부터 상품을 가공하여 제공하는 상품으로 흔히 주문여행(order made tour)이라고 한다.

희망여행은 기획여행보다 상품을 기획하고 개발하기가 비교적 까다롭고 담당 여행사 직원의 높은 자질을 요구하며 여행자의 불편사항을 최소화하고 만족도를 극대화시킬 수 있어야 한다. 가격경쟁이 치열하지만 고객관계 유지가 쉬운 장점이 있어 가격보다는 서비스가 더 중요한 여행시장이다.

③ 여행상품 개발

여행상품 개발이 필요한 이유는 기업의 안정과 발전을 촉진시킬 수 있으며 기존 상품의 대체 가능성에 대한 전략적 대응수단을 제공하기 때문이다. 여행시장 구조 변화에 대한 적응력을 제공하며 여행상품 수명주기와 이익주기에 대한 대응을 통한 수익을 창출하고 저가상품 판매의 악순환을 제거할 수 있는 등 여행사에 많은 이점이 있다.

④ 여행상품 개발과정과 전략

여행상품 개발은 아이디어 단계, 협상단계, 가격결정단계, 촉진단계 등 크게 4개 과정으로 이루어진다. 아이디어 단계는 여행상품 개발 구성원들의 창의적 사고, 과거 이용고객들의 성향, 경쟁사의 성공한 상품 분석, 공급업자와 미래 잠재고객의 선별 등이다. 협상단계는 공급업자들과 요금 및 할인율 협상, 특별할인과 판촉요금 등을 협상한다. 가격결정단계는 음식 유형과 질, 숙박시설 유형과 서비스품질, 체류기간, 관광지 입장료, 관광조건 등을 고려하여 최종적으로 여행가격을 결정하는 단계이다. 마지막 단계는 촉진으로 인쇄물 제작, 유통경로 확정, 대중매체 또는 인터넷을 통한 홍보, PR, 광고 등을 집행하게 된다. 일련의 여행상품 개발과정을 거쳐 최상의 품질과 최저가를 획득하고 최대의 서비스를 확보하며 단체요금 대폭 할인, 공급업자와의 유리한 지불조건을 달성해야 한다.

그림 2-8 여행상품 개발과정

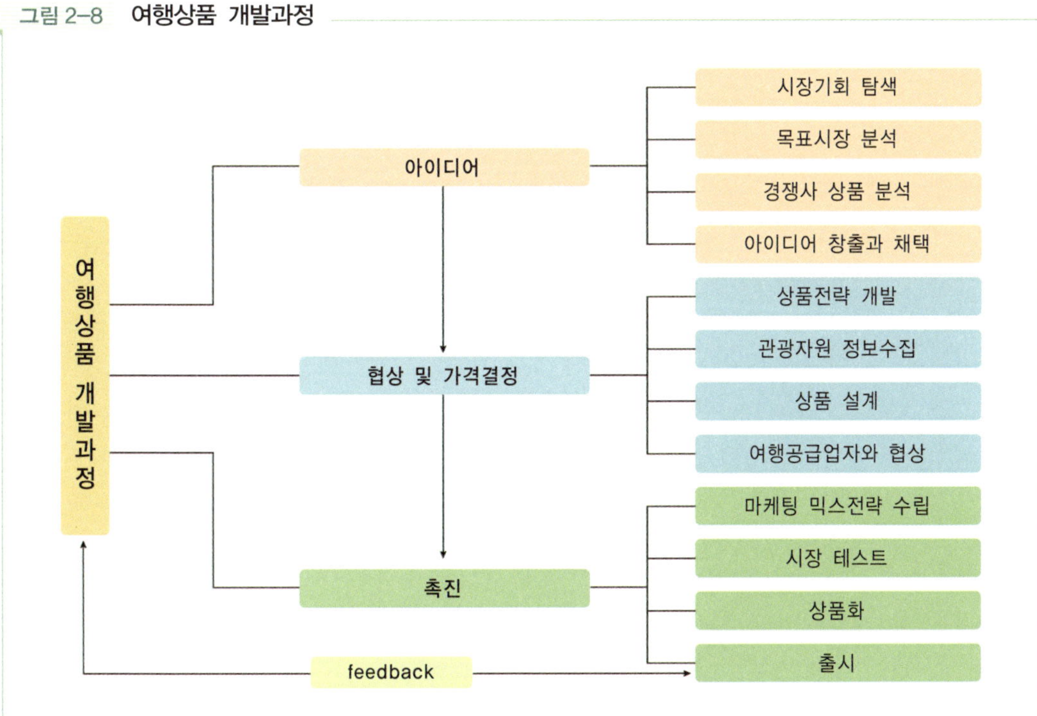

자료: 저자 작성

상품 개발 시 기업이 선택할 수 있는 여러 전략적 대안 중에서 가장 기본적으로 선택해야 하는 전략은 선제전략과 반응전략이다. 즉, 신상품 개발의 기본전략은 반응전략(수동전략, reactive strategy)과 선제전략(능동전략, proactive strategy) 중 하나를 선택해야 한다(Urban and Hauser, 1993).

선제전략은 성장을 위한 적극적인 정책을 펴는 경우, 새로운 여행시장 진출이나 신상품 출시에 기꺼이 호응하는 경우, 많은 물량이나 높은 이익을 얻을 수 있는 표적시장을 개척하는 경우, 재정적인 물적 · 인적 자원, 시기에 적절히 대응하기 위한 경우, 경쟁사에 위축되지 않고 혁신을 이루고자 하는 경우 등이다. 반응전략은 기존 여행상품을 관리하는 데 있어 강점을 이해하고 있을 때, 여행시장의 규모가 너무 작아서 개발비용을 회수할 수 없을 때, 여행시장 속에서 혁신을 활용하는 데 적지 않은 방어벽이 있을 때, 여행사가 신상품 개발에 필요한 자원을 불충분하게 보유하고 있을 때 등이다.

수동전략이란 어떤 압력을 가하는 요인이 발생한 후 이에 사후적으로 반응하는 전략으로서 여기에는 방어전략, 모방전략, 차선모방전략, 대응전략 등이 있다.

- 방어전략(defensive strategy)은 경쟁자의 신상품이 성공적으로 출시되면 자사의 기존 상품에 변화를 가함으로써 이미 성공한 경쟁사의 신상품에 대응하는 것을 의미한다. 장기적으로 이러한 전략은 성공하기 힘들지만 단기적으로는 경쟁사 신상품의 위력을 둔화시킬 수 있다.
- 모방전략(imitative strategy)은 경쟁사의 상품이 시장에서 확실한 성공에 도달하기 전에 단기간에 경쟁사의 상품을 모방하는 것을 의미한다. 이 전략은 주로 의류, 가구 등의 패션산업이나 특허권으로 보호되지 않는 생활용품 시장과 여행시장에서 자주 사용된다.
- 차선모방전략(second but better strategy)은 좀 더 정교한 전략이다. 경쟁사의 상품이 개발되어 시장에 출시될 때까지 기다렸다가 경쟁사의 상품을 모방할 뿐만 아니라 오히려 더욱 개량하는 것이다. 이는 신상품 개발에 소요되는 막대한 비용을 절감하고 경쟁사의 상품보다 우수한 신상품을 만들어낼 수 있는 장점을 가진다.
- 대응전략(responsive strategy)은 소비자의 욕구에 대해 의도적으로 대응하려는 전략으로서 사용자가 자신의 욕구를 충족시킬 모형을 개발하고 기업은 이러한 설계를 강화하고 폭넓게 시장에 인식시킨다. 이 전략은 주로 독점적인 분야에 있는 제조업자에 의해 자주 사용된다.

능동전략은 바람직하지 못한 미래의 상황하에서 경쟁적 우위를 선점하기 위해 예측에 입각하여 자원을 배분함으로써 목표를 달성하려는 전략으로 연구개발 전략, 마케팅 전략, 기업가 전략, 합병전략, 제휴전략 등이 있다.

- 연구개발 전략(research & development strategy)은 소비자나 정부가 요구를 하기 전에 기업이 스스로 문제를 인식하고 연구개발을 주도하는 것을 말한다. 이러한 전략은 기술적으로 우월한 상품을 개발하는 연구개발 노력에 근거를 두고 있으며 일반적으로 전기, 전자, 컴퓨터, 생명공학, 우주공학 등의 최첨단산업에서의 선도적인 기업들에 의해 채택되는 전략이다.
- 마케팅 전략(marketing strategy)은 고객의 욕구를 발견해서 그것을 만족시킬 수 있는 상품을 만들어내는 데 성공의 기반을 두는 것이다. 일반적으로 비내구성 소비재를 제조하는 다국적 기업들에 의해 가장 잘 실행되는 전략이다.
- 기업가 전략(entrepreneurial strategy)은 상품개발에 대한 가장 적극적인 전략 중 하나이다. 경영자가 아이디어를 가지고 모험에 대한 열정과 자원의 결합 등에 의해 아이디어를 실현하는 것이다. 이 기업가적 정신에 의해 가장 혁신적인 제품들이 창출된다.
- 합병전략(acquisition strategy)은 신상품을 자사에서 개발하기보다는 새로운 시장에 진출하기 위하여 기존 시장에 진입한 기존 기업을 흡수합병하는 것을 의미한다.
- 제휴전략(alliance strategy)은 신상품을 개발하기 위해 인적자원, 연구개발, 자금, 생산기술, 마케팅 능력 등에서 타 기업과 전략적 제휴를 하는 것을 의미한다.

여행상품은 대량판매상품, 고품질의 특이성을 가진 상품, 여행사가 정책적으로 판매하고자 하는 상품 등으로 개발하는 경우가 많고, 계절을 고려한 상품과 종교상품 등을 개발하는 경향이 있다. 또한 여행자들의 필요와 욕구를 반영하여 자사만의 특성을 갖춘 여행상품을 개발하는 경우보다 타사에서 이미 개발하여 시장에서 호응을 얻었던 상품을 모방하여 상품개발을 하거나 계절적인 변화를 고려한 상품 등이 주류를 이룬다. 그러나 일부 선제적인 여행사는 여행시장을 세분화·차별화하고, 표적시장을 선별한 후 여행상품을 정위화하여 개발하는 사례가 많아지고 있다.

여 | 행 | 항 | 공 | 용 | 어

❶ FIT(Free Individual Tour)

인솔자나 안내원의 동행 없이 개인적으로 또는 소규모로 자유롭게 여행하는 형태

❷ Heritage Tourism

역사적 유산을 지니고 있는 문화유산뿐만 아니라 자연유산까지 포함하여 인류의 유산을 답사하는 관광이다. 유네스코의 세계유산, 국가지정문화재 및 시도지정문화재 등을 그 대상으로 한다.

❸ IOSA

IATA Operational Safety Auditing의 줄임말로 국제항공운송협회(IATA)가 소정의 엄격한 과정을 거쳐 안전품질기준을 통과한 항공사에 수여하는 것이다. IOSA프로그램은 항공사의 안전품질 관리 및 운영에 관한 표준화된 국제적 평가기준을 수립하기 위해 국제민간항공기구(ICAO), 항공사, 항공 감독기관 및 항공안전 관련 각 분야 전문가들이 공동으로 연구한 결과 2003년 7월에 공식 출범한 항공사 평가제도이다.

❹ IT(Inclusive Tour)

포괄여행운임이라고 하며, 항공여행 및 지상여행, 호텔, 관광을 포함한 포괄여행을 기획하여 홍보와 판촉을 위하여 여행업자가 사용할 수 있는 항공운임을 말한다.

❺ Les Conges Payes

유급휴가라고 하며 노동자의 장기 연속휴가의 취득을 보장한 제도를 의미하며 1936년 프랑스에서 가장 먼저 제정되었고 이것이 발단이 되어 프랑스인의 장기체재형 여행이 확산되었기 때문에 일반적으로 '바캉스법'이라 불리고 있다.

❻ NTO(National Tourism Organization)

국가 수준의 관광홍보기관을 '관광청'이라고 한다. 그러나 그 성격과 위상은 국가마다 차이가 있어서 관광업무를 담당하는 정부 부처가 직접 홍보사업을 실시하는 행정기관형, 국가의 예산과 관련 민간기업으로부터의 기부금을 받아 운영되는 반관반민의 특수법인형, 호텔, 카지노, 여행업, 면세토산품점 등 일부 영리사업을 경영하는 공사형 등의 세 종류로 분류된다.

❼ PCO(Professional Congress Organizer)

국제회의 산업의 전문성과 다양성으로 인해 국제회의는 전문용역업체의 출현과 발전을 가져왔으며 대규모 국제회의가 빈번하게 개최되는 나라에서는 이들 용역업체들이 국내 유치를 위한 판촉활동은 물론 회의 준비 및 운영업무를 주최측으로부터 위임받아 수행함으로써 시간 및 비용 절약과 함께 효과적인 회의 진행을 유도하고 있다. 우리나라는 1987년부터 국제회의기획업을 관광사업에 포함시키고 있다.

❽ Pax

원래는 우의, 친구라는 뜻이나 여행사, 항공사, 호텔에서는 통상적으로 단체의 인원수를 의미한다.

❾ SIT(Special Interest Tour)

단순한 명소 관람 이외의 특별한 목적을 가진 관광으로서 특정한 관심을 충족시키기 위한 투어를 말한다. SIT는 기존의 패키지 투어에 만족하지 않는 여행자의 다양한 수요를 흡수함과 동시에 정형화된 상품에 대한 차별화로서 기획되어 왔다. 최근에는 자연 그 자체의 탐사에 그치지 않고 자연보호에 대한 관심을 높이는 생태관광, NGO에 의한 개발 도상국가의 농촌체험을 위한 스터디 투어도 넓은 의미에서의 SIT에 포함된다.

❿ T/C(Tour Conductor)

'국외여행인솔자'라고 하며 내국인을 외국으로 송객할 때 이들을 안내하는 여행안내사를 말한다. 관광목적지 국가에 도착하면 현지가이드에게 관광안내와 관련된 업무를 위탁하지만 현지여행을 관리감독한다.

CHAPTER ▸▸ 03

지상수배

1. 지상수배 개념
2. 지상수배 업무
3. 행사확정서 개념과 업무
4. 원가계산서와 단체정산서

학습목표

1. 지상수배 업무를 이해하여 OP 능력을 함양한다.
2. 행사확정서 개념과 구성요소를 파악하여 그 내용을 작성할 수 있다.
3. 여행원가계산서를 작성할 수 있다.

1 지상수배 개념

지상수배의 개념을 이해하기 위해서는 여행업계에서 유통구조상 중요한 위치에 있는 랜드사(land operator)부터 이해해야 한다. 랜드사, 지상수배업은 법률 용어는 아니며 여행업계에서 자체적으로 불리는 명칭으로 법인세법에 의하면 '외국 여행사의 국내연락사무소'로 표현하고 있다. 랜드사는 여행사로부터 여행 업무 중 현지 지상수배 업무만을 의뢰받아 이를 전문적으로 수행하며 여행업을 상대로 현지정보의 수집, 관리, 관광지와 호텔 수배, 상담, 견적, 안전사항 등의 기능을 수행하는 기업이다.

여행사는 관광수요에 맞추어 적합한 호텔, 관광지, 가이드, 쇼핑 등을 직접 수배할 수 있지만 국외여행의 경우 로컬가이드, 호텔, 식당, 버스 등 현지 수배를 개별적으로 직접 찾아서 예약하는 것은 도중의 변경, 추가사항이 빈번한 상황에서는 간단한 문제가 아니다.

한국 여행사의 신뢰문제(실적, 지상비 지불 문제 등)가 발생할 경우에는 계약 자체도 지키기 어려울 뿐만 아니라, 만약 계약을 했더라도 거액의 예약보증금(deposit)을 예치해야 한다. 특히, 한국과의 시차와 고객의 다양한 요구(호텔, 차량, 식사, 관광지, 가이드 등)를 일괄적으로 현지에 전달시켜 여행사의 지상수배 업무를 간편하게 처리하기 위한 것으로 현지 지상수배업자를 이용하는 측면이 크다. 여행사로서는 실적이나 신용이 있고, 현지에 사무소(영업소)를 가지고 있는 대리인(agent)의 존재가 필요해진다. 지상수배업자는 여행사가 고객과의 업무를 개시하기 전 단계인 생산자와 도소매 업자와의 사이에서 업무를 수행하게 된다.

지상수배업은 현지 정보 제공 측면에서 여행사보다 우위에 있으며, 각 지역에 사무소를 두고 있으므로 현지 관광상품공급업자(suppliers)에 대해서 여행정보의 원활한 공유와 협조가 가능하다. 한국에서 여행상품 모객은 집중 송객으로 원가를 절감할 수 있으며 현지에서 문제가 발생했을 때 신속한 대응이 가능하고 발생된 문제에 대해서 사후처리도 원활하게 할 수 있다.

이러한 다양한 장점을 가진 랜드사 덕분에 우리나라의 많은 여행사에서는 랜드사에 상품개발, 현지 행사 진행뿐만 아니라 항공까지 위임하는 기이한 유통구조를 초래하기도 한다. 일부 소규모 여행사는 대형 랜드사의 랜드팩(land package)을 통해 모객하여 랜드사로부터 일정 수수료를 받아서 이익을 창출하는 특이한 구조가 있기도 하다.

여행목적지에서 발생되는 호텔, 식당, 교통, 가이드, 관광지, 관광관련 활동 등을 수배하는 지상수배업은 해외법인으로 영업하는 해외직영지점, 외국여행사 지입형, 외국여행사와의 제휴를 통한 계약, 한국인이 해당 국가에서 여행업을 설립하는 등 랜드사는 다양한 형태로 영업을 하고 있다. 외국여행사가 국내에 연락사무소를 설치하고 시장조사, 정보수집, 광고, 선전 등에 국한한 예비적, 보수적 활동만을 수행하거나 국내 여행사들과 외국 본사 간의 영업 활동에 관한 업무 연락, 여행자 모집 활동, 국내에서 모집된 여행자에 대한 현지 여행일정 조정, 여행관련 입출국 편의 지원, 여행프로그램 공동추진에 관한 업무연락 등 랜드사의 설립형태에 따라 다양하게 직간접으로 관여하기도 한다.

그림 3-1 랜드팩 여행상품 광고

자료: 세계여행신문 홈페이지

지상수배를 담당하는 랜드사는 여행사와 거의 동일한 업무를 하고 있으나 유통구조상 관광객과 직접 거래는 하지 않는다. 하지만 최근 인터넷의 발달로 랜드사가 개발한 여행상품을 여행객과 직접 거래하는 비율이 점차 증가하는 추세이다.

여행사에서 지상수배를 담당하는 직원을 OP(operator)라고 하며 주요 업무는 상품기획, 판매, 판매관리, 수배, 상담, 인솔, 정산 등 여행사의 중요한 업무를 수행하고 있다.

대형여행사는 직무가 전문화되어 있지만 중소형 여행사는 규모가 작아 다재다능한 인재를 요구한다. OP는 정확한 여행정보, 이해력, 판단력을 갖추어야 하며 판매부서 및 항공부서와의 유기적인 협력을 통해 행사를 진행한 후 정산업무까지 하므로 여행사에서 매우 중요한 역할을 담당하고 있다.

2 지상수배 업무

지상수배는 현지의 정확한 여행정보를 바탕으로 이루어져야 하며 해당 국가와 지역에서 일어나는 정치, 경제, 문화, 사회 현상 등 가장 최근의 소식을 여행자와 여행사를 위해 반드시 확인해야 한다.

고객이 희망하는 여행을 의뢰하면 여행사는 여행일정과 조건을 확인한 후 2~3개 복수의 랜드사에게 견적서를 요청한다. 각 랜드사가 제시한 견적서와 일정표를 확인한 후 지상비와 호텔, 가이드, 여행일정, 전용차량 등의 수배력, 여행업계 인지도와 평판, 행사진행능력, 신속하고 정확한 피드백 제공력 등 여러 가지 기준을 평가하여 랜드사를 선정한 후 여행상품 원가를 산출하여 상품가격을 결정하고 고객에게 일정표와 여행견적서를 제공한다.

지상수배 과정을 살펴보면 여행사가 고객과 계약을 하게 되면 랜드사에게 정식으로 견적서를 바탕으로 현지 지상수배를 요청하게 되며 항공좌석 확보도 함께 병행하게 된다. 랜드사로부터 지상비 청구서(invoice)와 확정서를 수령하며 여행 출발 전 고객으로부터 여행경비를 완납처리한 후 고객에게 여행확정서를 보내고 지상비를 랜드사에게 입금한다. 이후 수배담당자는 수배확정서를 근거로 하여 행사를 진행하도록 랜드사에게 의뢰하며, 현지에서 여행이 잘 수행되는지도 수시로 확인해야 한다.

그림 3-2 랜드사와 여행사 거래

〈견적서_랜드사〉

태국 & 필리핀 리조트 전문

CLUB COREA

SEOUL OFFICE / Tel:02-774-1818 Fax:02-774-3845
서울특별시 중구 다동 131번지 삼덕 빌딩 811호

BANGKOK OFFICE / Tel:66-2-238-2301-2 Fax:66-2-238-2303
160/186-7 32F 1TF BLDG SOI SURITAWONG NARATHWATRACHANAKARIN BANGRAK BANGKOK 10500

MANILA OFFICE / Tel:02-525-9650 Fax:02-521-7953
UNIT 23A 3TH FLOOR LEGASPI TOWER 300 LOXAS BLVD COR VITO CURZ METRO MANILA PHILIPPINES

CEBU OFFICE / Tel:032-341-3441 Fax:032-341-3442
#207 LILANG'S BUILDING M.L QUEZON NAT'L HIGHWAY PAJO LAPU-LAPU CITY CEBU 6015 PHILIPPINES

견 적 서

수신 : 백석관광 / 공윤주 과장님 귀하
발신 : 클럽 코리아 / 변준호 소장, OP 권용미 드림
DATE : 2018. 11. 23

TOUR NAME	푸켓 (3N5D) - 휴양형	PERIOD	2018. 12. 11 - 12. 15
NO.OF PAX	2+0	RM TYPE	1DBL ROOMS
TRANSPORTATION	국제선, 전용차량	항 공 료	420,000+W37,000TAX(변동가능, 예상가) 15일 요금 : 440,000+370,000 P/P
HOTEL	푸켓 - 쉐라톤 라군룸 리조트 (3박) - 740,000 P/P 1박 추가 요금 : 170,000 P/P		

DATE	CITY	TRANS	TIME	ITINERARY	MEALS	
제1일	인 천 푸 켓	 OZ747 전용차량	 19:35 00:15	인천 국제 공항 3층 출국장 집결 인천 국제공항 출발 푸켓 국제 공항 도착 푸켓 도착하여 푸켓 가이드와 미팅 리조트로 이동 리조트 부대 시설 이용 및 편안한 휴식을 즐기세요	석	기내식
제2일	푸 켓	전용차량	오 전	리조트 조식 후 리조트 전일 자유 시간 및 휴식 리조트 부대시설 이용 *리조트 부대시설 및 리조트내 무동력 해양 스포츠 환타씨쇼 관람 및 디너 포함 (세계 최대의 뮤지컬 쇼) 파통 야시장 석식 후 리조트로 이동	조 중 석	리조트 리조트 환타지씨 디너
제3일	푸 켓	전용차량	오 전 오 후	리조트 조식 후 유람선을 이용하여 피피섬 관광 해변자유시간 및 선택관광으로 해양스포츠를 즐겨보세요 중식(현지식) 후 푸켓으로 귀환 코끼리트렉킹(사진포함) 씨푸드 전문 레스토랑으로 이동(*랍스터가 포함된 디너) 리조트 투숙	조 중 석	리조트 현지식 씨푸드
제4일	푸 켓	전용차량 OZ748	오 전 23:30	리조트 조식 후 오전 자유시간 12시 체크 아웃 후 타이난 레스토랑으로 이동 *전세계 음식을 한곳에서 웰빙스파 2시간 30분 (아로마 오일맛사지/바디스크럽/허브사우나) 태국 토산품점 방문 석식 후 공항으로 이동 푸켓 출발	조 중 석	리조트 타이난 뷔 페 한 식
제5일	인 천		07:35	인천국제공항 도착(안녕히 가십시요)	조	기내식

- 상기 일정은 현지사정으로 인하여 변경될 수 있습니다.
- 포함 사항 : 전일정노팁(한국,현지,기사), 웰빙스파2시간30분(아로마 오일맛사지/바디스크럽/허브사우나), 와인쿨러, 환타씨쇼(VIP) 관람 및 디너, 코끼리트렉킹(사진포함), 랍스터 포함된 씨푸드 타이난 뷔페, 열대과일바구니 리조트에서 자유시간 및 리조트식, 리조트에서 무동력 해양스포츠 및 부대시설 무료이용, 현지공항세, 객실내 커피, 티 무료제공, 유람선을 이용한 피피섬 관광, 파통야시장
- 불포함 사항 : 개인경비,
- 현지 연락처 : 푸켓 사무실 001-6676-235-177 곽은숙 실장님

고객감동 제일주의 CLUB COREA

〈청구서_랜드사〉

태국 & 필리핀 리조트 전문
CLUB COREA

SEOUL OFFICE / Tel:02-774-1818 Fax:02-774-3845
서울특별시 중구 다동 131번지 삼덕 빌딩 811호

BANGKOK OFFICE / Tel:66-2-238-2301~2 Fax:66-2-238-2303
160/186-7 32F 1TF BLDG SOI SURITAWONG NARATHWATRACHANAKARIN BANGRAK BANGKOK 10500

MANILA OFFICE / Tel:02-525-9650 Fax:02-521-7953
UNIT 23A 3TH FLOOR LEGASPI TOWER 300 LOXAS BLVD COR VITO CURZ METRO MANILA PHILIPPINES

CEBU OFFICE / Tel:032-341-3441 Fax:032-341-3442
#207 LILANG'S BUILDING M.L QUEZON NAT'L HIGHWAY PAJO LAPU-LAPU CITY CEBU 6015 PHILIPPINES

ATTN : 백석관광 / 공윤주 과장님 귀하
FROM : CLUB COREA 변준호 소장, OP 권용미 드림
DATE : 2018. 12. 06

★★★INVOICE★★★

PTY	PERIOD	TOUR FEE	TOTAL	PEMARK
1	2018. 12. 11 - 12. 16 4박 6일 푸켓 직항 허니문	지상비 : 910,000 × 2명 = 1,820,000 항공료 : 502,000 × 2명 = 1,004,000	2,824,000	
NAME		HEO/WON JOON MR JEN/EUN KYUNG MS		
여행지		ICN/HKT/ICN	항공편수	OZ747/OZ748
미팅 장소		인천공항 제1청사 3층 K/L사이 8번 테이블 앞 서울샌딩 최동식 실장 HP 011-271-1236		
미팅 시간		16:30		

GRAND TOTAL : 2,824,000
12월 08일까지 영문 체크와 여권 카피본, 연락처, 입금을 부탁드립니다.

*** 상기 금액 청구하오니 아래의 구좌로 입금하여 주시기 바랍니다. ***

국민 은행 : 344-01-000413 클럽꼬레아

감 사 합 니 다.

〈확정서_랜드사〉

태국 & 필리핀 리조트 전문
CLUB COREA

SEOUL OFFICE / Tel:02-774-1818 Fax:02-774-3845
서울특별시 중구 다동 131번지 삼덕 빌딩 811호

BANGKOK OFFICE / Tel:66-2-238-2301~2 Fax:66-2-238-2303
160/186-7 32F 1TF BLDG SOI SURITAWONG NARATHIWATRACHANAKARIN BANGRAK BANGKOK 10500

MANILA OFFICE / Tel:02-525-9650 Fax:02-521-7953
UNIT 23A 3TH FLOOR LEGASPI TOWER 300 LOXAS BLVD COR VITO CURZ METRO MANILA PHILIPPINES

CEBU OFFICE / Tel:032-341-3441 Fax:032-341-3442
#207 LILANG'S BUILDING M.L QUEZON NAT'L HIGHWAY PAJO LAPU-LAPU CITY CEBU 6015 PHILIPPINES

확 정 서

수신 : 백석관광 / 공윤주 과장님 귀하
발신 : 클럽 코리아 / 변준호 소장, OP 권용미 드림
DATE : 2004. 12. 06

TOUR NAME	푸켓 (4N6D) - 휴양형	PERIOD	2018. 12. 11 - 12. 16
NO.OF PAX	2+0	RM TYPE	1DBL ROOMS
TRANSPORTATION	국제선, 전용차량	NAME	HEO/WON JOON MR JEN/EUN KYUNG MS
HOTEL	푸켓 - 쉐라톤 오션뷰 리조트 (4박)		

DATE	CITY	TRANS	TIME	ITINERARY	MEALS	
제1일	인 천 푸 켓	 OZ747 전용차량	16:30 19:30 00:15	인천국제공항 제1청사 3층 K/L 사이 8번 테이블 앞 서울샌딩 (최동식 실장님 HP 010-271-1236) 인천 국제공항 출발 푸켓 국제 공항 도착 후 손님(허원준, 전은경님)이름으로 가이드 미팅하여 리조트로 이동 리조트 부대 시설 이용 및 편안한 휴식을 즐기세요	석	기내식
제2일	푸 켓	전용차량	오 전	리조트 조식 후 리조트 전일 자유 시간 및 휴식 리조트 부대시설 이용 *리조트 부대시설 및 리조트내 무동력 해양 스포츠 환타씨쇼 관람 및 디너 포함 (세계 최대의 뮤지컬 쇼) 파통 야시장 석식 후 리조트로 이동	조 중 석	리조트 리조트 환타지씨 디너
제3일	푸 켓	전용차량	오 전 오 후	리조트 조식 후 유람선을 이용하여 피피섬 관광 해변자유시간 및 선택관광으로 해양스포츠를 즐겨보세요 중식(현지식) 후 푸켓으로 귀환 코끼리트레킹(사진포함) 씨푸드 전문 레스토랑으로 이동(*랍스터가 포함된 디너) 리조트 투숙	조 중 석	리조트 현지식 씨푸드
제4일	푸 켓	전용차량	오 전 오 후	리조트 조식 후 리조트 전일 자유 시간 및 휴식 리조트 부대시설 이용 *리조트 부대시설 및 리조트내 무동력 해양 스포츠 석식 후 리조트로 이동	조 중 석	리조트 현지식 한정식
제5일	푸 켓	전용차량 OZ748	오 전 23:30	리조트 조식 후 오전 자유시간 12시 체크 아웃 후 타이난 레스토랑으로 이동 *전세계 음식을 한곳에서 웰빙스파 2시간 30분 (아로마 오일맛사지/바디스크럽/허브사우나) 태국 토산품점 방문 석식 후 공항으로 이동 푸켓 출발	조 중 석	리조트 타이난 뷔 페 한 식
제6일	인 천		07:35	인천국제공항 도착(안녕히 가십시요)	조	기내식

\# 상기 일정은 현지사정으로 인하여 변경될 수 있습니다.
\# 포함 사항 : 전일정노팁(한국,현지,기사), 웰빙스파2시간30분(아로마 오일맛사지/바디스크럽/허브사우나), 와인쿨러, 환타씨쇼(VIP) 관람 및 디너, 코끼리트레킹(사진포함), 랍스터 포함된 씨푸드 타이난 뷔페, 열대과일바구니 리조트에서 자유시간 및 리조트식, 리조트에서 무동력 해양스포츠 및 부대시설 무료이용, 현지공항세, 객실내 커피, 티 무료제공, 유람선을 이용한 피피섬 관광, 파통야시장, 항공, 관광진흥금
\# 불포함 사항 : 개인경비, 여행자 보험
\# 현지 연락처 : 푸켓 사무실 001-6676-235-177 곽은숙 실장님

고객감동 제일주의 CLUB COREA

그림 3-3 수배업무 과정

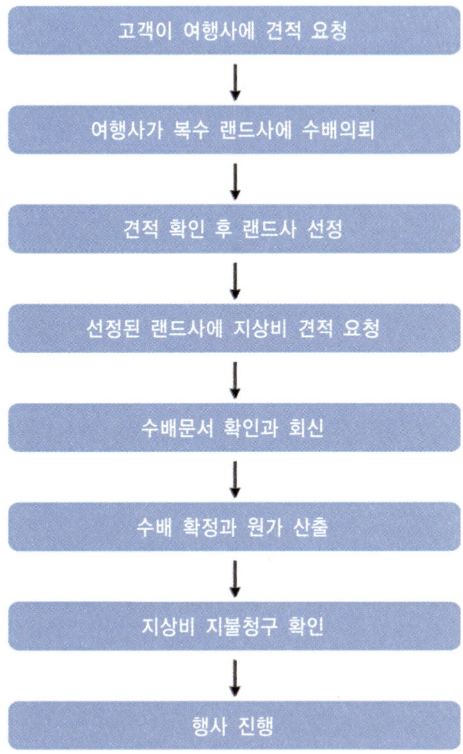

지상수배를 담당하는 OP는 업무 강도가 매우 높다. 대형여행사의 경우 전문화, 분업화가 잘 되어 있지만 중소형 여행사 OP는 다양한 업무를 담당하고 있다. 지상수배, 여행정보 탐색 및 수집과 제공, 현지답사(inspection), 여행상품개발, 일정표 작성, 지상경비 산출, 공항미팅과 센딩, 항공수배 요청, 정산처리, 고객상담과 사후관리 등 항공업무를 제외한 대부분의 직무를 수행하는 것이 현실이다.

3 행사확정서 개념과 업무

행사확정서는 여행상품 구성요소가 모두 확정되어 더 이상 변동이 불가한 상태로 결정되었음을 나타내며, 행사를 위해 관광공급업자(지상수배, 항공수배, 현지 행사진행 등)들과의 확정된 계약사항을 담고 있는 서류를 말한다. 항공권, 호텔, 관광지, 식사, 가이드, 현지교통 등 여행에 필요한 제반사항이 완벽하게 확정되었다는 의미이다. 여행인원의 증가 또는 감소, 항공사와 호텔 이용 날짜와 시간, 식사 메뉴 등이 변경되면 기본적으로 추가요금이 발생되는 상황이다. 여행사가 국외여행인솔자(T/C: Tour Conductor)에게 행사 내용을 총괄하여 전달하는 업무 지침서이기 때문에 행사지시서라고도 한다. 여행사와 랜드사 간 거래뿐만 아니라 여행사와 고객 간 거래에서도 행사확정서가 반드시 필요하다. 대체로 기획여행 상품일 경우 출발 2~3일 전 또는 하루 전에 여행사는 고객에게 여행에 필요한 항공권, 숙박, 국외여행인솔자와 현지가이드, 차량, 식당, 관광명소 등을 확보하였음을 전화, 문자메시지, 이메일 등을 이용해서 최종 통보한다.

여행사는 항공수배, 지상수배, 행사 진행과 관련한 내용이 확정되어 정확한 출발일과 귀국일, 항공편 출도착 시간과 편명, 투숙할 호텔의 이름과 연락처, 현지 행사의 모든 일정과 내용이 확정되었을 때 행사확정서를 작성한 후 고객에게 전달한다.

행사확정서는 항공수배서에 따른 전자항공권(e-ticket)과 지상수배 확정서를 바탕으로 작성하며 이용하는 항공편명, 현지 호텔명과 연락처, 행사를 담당하는 국외여행인솔자, 현지여행사, 현지가이드, 현지 차량 및 연락처 등을 기재한다.

최종일정표와 비슷하게 보이지만 행사의 내용이 확정되어 구체적인 명칭, 시간, 장소, 담당자 및 연락처 등이 기재된다. 이런 내용은 여행상품 행사를 진행하기 위한 공급업자들과의 계약을 전제로 한다.

〈표 3-1〉 행사확정서 구성요소

행사확정서 구성요소	
① 상품명(행사명)과 여행가격	⑨ 숙박 정보(호텔명, 주소, 전화번호 등)
② 여행 기간과 일시	⑩ 식사 정보(식당명, 주소, 전화번호, 메뉴 등)
③ 여행 인원	⑪ 선택관광과 쇼핑정보
④ 객실 유형과 개수 및 독실사용료	⑫ 해외 안전정보
⑤ 여행 국가와 지역	⑬ 국외여행 약관 안내
⑥ 국외여행인솔자와 현지가이드 이름과 연락처	⑭ 여행자보험 안내
⑦ 현지 관광명소와 관광정보	⑮ 포함 내역과 불포함 내역
⑧ 교통편(항공/선박/철도/버스 등)의 출도착 및 소요시간	

〈표 3-2〉 여행사가 고객에게 보내는 행사확정서

모두투어

예약확인서

• 단체정보

예약번호	1976	예약일시	20 -07-06
출발일자	20 -07-27	상품코드	CJP501OZ1
상품명	★출발확정★ [미식기행] 【팁포함】 장사 장가계 원가계 + 천문산 6일		
출발정보	OZ321 20:50 현지도착시간 : 23:00	도착정보	OZ322 한국도착시간 : 04:20
여행기간	4박6일 [기내숙박 : 0]	여행경비	₩2,516,800
미팅정보	[17:50] 인천국제공항 3층 출국장 F와G 카운터 사이 중앙엘리베이터 옆 모두투어 1번~8번 전용테이블 앞		
인솔자	해당단체는 인솔자가 동반하지 않습니다		

• 예약사항

No	예약자	여권번호/ 여권만료일	종류	생년월일	판매금액 추가금액	비고사항
1	/HONG SEOK.MR(홍석)	M3666 2022-04-06	패키지	50****	1,199,000 59,400	
2	LEE/KYUNG .MS(이경)	M2903 2022-09-27	패키지	56****	1,199,000 59,400	

★ 고객님께서 소지하고 계신 여권의 내용(영문/여권번호)과 '예약확인서'에 기재된 내용이 일치하는 지 반드시 확인 하시기 바랍니다.
감사합니다.

4 원가계산서와 단체정산서

1) 여행요금 구성요소

여행요금 산출방법은 원가계산서와 단체정산서로 구분한다. 원가계산서는 여행상품 담당자(OP)가 가격을 결정할 때 작성하며, 단체정산서는 모든 행사가 끝난 후 수익을 최종 정산하는 것을 말한다. 원가계산서는 직접비용, 간접비용, 수익으로 구성되어 있으며 직접비용은 항공료, 지상경비, 여행자보험, 국외여행인솔자(T/C) 수당 또는 출장비이며, 간접비용은 프로모션 비용, 예비비 등이다. 구체적으로 살펴보면 항공권 비용은 순수 항공료와 Tax(세금), 유류할증료로 구성되어 있는데 세금은 우리나라에서 출발하는 공항 이용료, 출국세라고 하는 관광진흥개발기금, 현지공항이용료, 전쟁보험료 등이다.

현재 우리나라 인천공항이용료는 17,000원, 출국납부금 10,000원, 국제질병퇴치기금 1,000원 등 인천공항을 통해 출국할 경우 총 28,000원을 고정으로 징수하고 있으며 전쟁보험료는 9 · 11 테러 이후 전쟁과 테러 등의 위험이 높아져 보험사들이 항공기 혹은 선박의 이용에 대하여 인명과 재산에 대한 보험 납입금을 올리면서 부과되었다. 유류할증료는 국제유가의 단기 급등 시 항공사의 원가 상승 부담을 덜어주기 위하여 항공운임과 별도로 유가 변동에 따라 일정금을 부가하는 것으로 싱가포르 현물시장의 항공유(MOPS) 2개월 평균가격에 따라 변동된다. 항공유 가격이 배럴당 63달러, 갤런당 150센트가 넘으면 단계별로 일정액을 유류할증료로 책정한다. 국토교통부의 승인사항이며 유류할증료가 0원이 되는 경우도 있다.

여행경비 중 항공료만큼 많은 비중을 차지하는 지상경비(land fee)는 현지에서 관광활동에 들어가는 비용으로 숙식비, 현지교통비, 관광지입장료, 현지가이드 경비 등이다.

간접비용은 실제로 여행요금을 산출할 때 적용되는 것은 아니지만 상황에 따라 반영되는 경우도 있다. 여행사 마케팅 비용 중 광고, 판촉비, 상품브로슈어 제작비와 고객모집 또는 여행 중 돌발상황에 대비하기 위한 예비비 등으로 구성되어 있다.

직접비용과 간접비용의 합계가 여행상품의 원가가 되며 여기에 여행사의 수익을 더하면 여행경비가 최종 결정된다. 여행사 수익은 여행사에 따라, 성수기와 비수기에 따라,

어떤 특수한 경우에 따라 다르게 적용되지만 대체로 원가의 10% 내외로 정해진다.

여행요금 산출 구성을 그림으로 나타내면 다음과 같다.

그림 3-4 여행요금 산출 구성요소

직접비용	+	간접비용	+	수익
• 항공료 - 순수항공료 - 인천공항세, 출국세 - 현지공항세, 전쟁보험료 - 유류할증료 • 지상경비 - 숙식비 및 현지교통비 - 관광지 입장료 - 현지가이드 비용 - 차량기사 비용 • 여행자보험 • T/C 출장비(수당)		• Promotion 비용 - 광고, 판촉비, 브로슈어 제작 등 • 예비비 - 고객 모집 시 - 여행 중 긴급상황		• 판매원가의 10% - 계절에 따라 변동 - 성/비수기 따라 변동 - 평균 10~30%

자료: 저자 작성

2) 여행요금 영향요인

여행요금을 결정짓는 요인은 직접요인과 간접요인으로 나눌 수 있다. 직접요인은 여행기간, 여행거리, 수요공급의 유동성, 공급자 결합, 여행자 규모, FOC 적용여부 등이며, 간접요인은 브랜드 이미지, 항공권 판매 실적, 서비스 수준, 환율 변동, 마케팅 비용 등이다. 좀 더 구체적으로 설명하면 여행기간이 길수록, 여행거리가 멀수록 여행요금은 비싸진다. 여행상품 공급보다 관광객이 선택하는 수요량에 따라 여행요금은 달라지며 여행상품 공급자(항공사, 호텔, 식당, 관광지, 현지교통)를 어떻게 결합시키느냐가 가격결정에 상당한 영향을 미친다. 규모의 경제에 따라 여행자 수가 많을수록 가격은 싸지며 과거에 비해 FOC가 많이 없어졌지만 항공사가 제공하는 무료항공권 또는 할인항공권을 어떻게 적용하느냐에 따라 요금은 항상 변동될 수 있다.

그림 3-5 여행요금 결정 영향요인

	직접요인	간접요인
가격결정 요인	• 여행기간 • 여행거리 • 수요공급의 유동성 • 공급자 결합 • 여행자 규모 • FOC 적용여부	• 브랜드 이미지 • 판매 실적 (항공/호텔/관광지) • 서비스 수준 • 환율 변동 • 여행사 신뢰도 • 마케팅 비용

자료: 저자 작성

3) 원가계산서

(1) 원가계산서 이해

여행상품 가격을 산출하기 위해서는 여행상품의 원가에 일정한 이익과 비용을 합산하는 원가계산서를 작성해야 한다. 항공사로부터 받은 확정된 항공요금, 랜드사가 제시한 견적서에 따라 산출된 지상비, 여행요금에 포함시킬 부대비용, 알선 수수료를 합산하여 가격을 산출한다. 이렇게 산출된 여행상품 요금을 경쟁사의 유사한 여행상품 가격과 비교한 후 여행사의 전략을 반영하여 최종적으로 여행상품 요금을 결정하는 방법이 일반적이다.

(2) 원가계산서 작성 시 유의사항

① 원가계산서는 날짜, 인원, 기간 등 숫자를 잘못 기입하면 가격이 달라진다. 단체명, 출발일자, 여행지역, 여행기간, 인원수, 주중과 주말, 비수기과 성수기, 연휴에 따라 요금의 차이가 발생하므로 정확한 여행시기와 기간을 기초로 하여 요금을 산출한다.

② 성인, 어린이, 유아에 따라 항공료가 달라지며 여행 인원에 따라 교통편, 인솔자경비, 관광지 입장료 등 많은 부분에서 차이가 생기기 때문에 인원수를 정확히 파악해야 하며 특히 FOC(Free Of Charge)의 경우도 고려하여 원가를 계산한다.

③ 지상경비 계산 시 환율 적용을 확인한다.

④ 항공사 및 호텔은 등급별로 서비스와 요금 차이가 있으므로 주의해야 하며, 세금(공항세 · 유류할증료 · 봉사료 등)의 포함 여부도 확인해야 한다.

⑤ 관광목적지의 비자 유무를 확인하여 포함과 불포함 사항을 결정한다.

⑥ 관광지에 따라 대형 또는 중형 버스를 이용하는지를 인원수와 함께 확인한다.

⑦ 호텔, 차량, 관광지 입장료 등 공급자로부터 받은 요금이 1인 요금인지, 2~3인 요금인지, 단체요금인지 등을 정확하게 파악한다.

⑧ T/C 동행 여부와 인솔 시 출장비를 여행사 규정에 따라 책정한다.

⑨ 여행요금은 전체 인원 요금을 기준으로 반영된 항목과 1인 요금 기준으로 산출된 항목으로 구성되어 있다. 이 항목들을 별도로 정리하여 전체 인원을 기준으로 작성된 항목을 한번에 합산하여 전체 인원수로 나누어 1인 요금을 산출하는 방법이 있다.

⑩ 항공요금 산출 시 유류할증료와 TAX를 모두 포함한다.

⑪ 전체 인원의 항공요금 산출 시 T/C의 유류할증료 및 TAX를 합산한다.

⑫ 여행자보험료 산출 시 T/C 보험료 금액도 반영한다.

⑬ T/C의 항공료와 지상비는 무료로 제공해야 하기 때문에 랜드사와 항공사에 FOC 규정을 반드시 확인해야 한다.

(3) 원가계산서 작성방법

① 1인 요금 기준으로 여행요금 산출

① 1인 항공료: 순수항공료, TAX, 유류할증료 포함

② 1인 숙박비: TWIN Room 기준이므로 객실 1개 요금 ÷ 2를 한다.

③ 1인 식비: 조식, 중식, 석식의 1인 요금에 횟수를 각각 곱한다.

④ 1인 관광지 입장료: 방문 관광지의 입장료를 모두 더한다.

⑤ 1인 교통비: 전체 버스차량비용을 인원수로 나눈다.

⑥ 1인 가이드 경비: 인원수로 나눈다.
⑦ 팁: 전체 가이드와 기사 팁을 인원수로 나눈다.
⑧ 여행자보험료: 1인당 여행자보험료를 계산한다.
⑨ T/C 경비: [(1일 출장비×여행기간)+항공료+유류할증료 및 TAX+여행자보험료] ÷인원수
⑩ ①~⑨를 합산한 요금을 기준으로 알선수수료 산출
⑪ ①~⑩을 합산한 요금으로 1인 여행요금 산출

② 총여행요금÷인원수로 여행요금 산출

① 1인 항공요금 × 여행자 수를 계산하여 전체 항공요금 산출
② 지상비 견적서에 의한 지상비 합계 산출
③ 여행자 보험료 × 총 인원수 요금 산출
④ 인솔자 1일 출장비 × 관광일수 계산하여 요금 산출
⑤ ①~④를 합한 금액을 기준으로 알선수수료 산출
⑥ ①~⑤를 합한 금액을 여행자 인원수로 나누어 1인 여행요금 산출

(4) 원가계산서 작성하기

다음 여행조건과 랜드사에서 제출한 지상비 세부내역서를 바탕으로 원가계산서를 실제로 작성한다.

여행조건
① 여행 목적지 및 여행기간: 방콕/파타야 3박 5일
② 항공 요금(15 + 1FOC): 340,000원+38,100원(유류할증료)+33,000원(TAX)
③ 여행자 보험료(1인 기준): 5,500원
④ 인솔자 출장비(1일 기준): US$50
⑤ 알선 수수료: 원가의 12%

지상비 세부내역서

단체명: 백석예술대학교 관광학부 방콕/파타야 3박 5일 졸업여행

기간: 2019년 5월 1일 ~ 2019년 5월 5일

구분			pax size		16+0		비고
항목	지역	세부내역	rate	총수	N	소계	
호텔	방콕	콘래드	$100	8	1	$800	
	파타야	로얄클리프	$120	8	2	$1,920	
소계			**$2,720**				
식사비	조식	호텔식	$0	16	3	$0	호텔비에 포함
	중식	일반식	$4	16	3	$192	tip 포함
	석식	일반식	$7	16	2	$224	tip 포함
		특식	$10	16	1	$160	tip 포함
소계			**$576**				
입장료	새벽사원		$2	17	1	$34	가이드 동행
	미니시암		$3	17	1	$51	
	농눅빌리지		$2	17	1	$34	
	악어농장		$5	17	1	$85	
소계			**$204**				
차량			$100	1	5	$500	전일
소계			**$500**				
가이드			$50	1	4	$200	전일
소계			**$200**				
팁(가이드&기사)			$40	16	1	$640	전일
소계			**$640**				
지상비 합계			**$4,840**				

총지상경비		
항목	total tour fee	1인당 경비
지상비 합계	**$4,840**	**$303**

그림 3-6 원가계산서 양식

상품명:
여행기간: 년 월 일 ~ 년 월 일
여행인원:
작 성 일: 년 월 일
환 율:

항목	내역	산출내역	계
항공요금	항공요금		
	유류세		
	세금(TAX)		
	①소계		
지상비	숙박료		
	식사료		
	교통비(전용버스)		
	관광지 입장료		
	②소계		
부대비용	여행자보험료		
	인솔자 경비		
	현지가이드 경비		
	팁(가이드, 기사)		
	③소계		
원가소계		①+②+③	
서비스 수수료		원가소계의 12%	
상품가격			

결 재	담 당	과 장	차 장	부 장	이 사	사 장

여 | 행 | 항 | 공 | 용 | 어

❶ Thomas Cook

패키지투어라고 하는 현대적 단체여행 개념을 처음으로 적용한 인물이다. 1808년 영국에서 태어나, 1892년에 성공한 사업가로 생을 마감했다. 1841년 토마스 쿡 여행사가 설립된 후 2019년 9월 23일 약 2조 원에 달하는 막대한 부채를 견디지 못하고 파산하였다.

❷ UNWTO

'세계관광기구(UNWTO: UN World Tourism Organization)'는 1964년에 설립된 IUOTO의 후신 기구로 국제연합 및 국제연합개발계획 그리고 기타의 전문기관과 밀접한 협력관계를 유지하며 활동한다. 관광분야의 중심적 역할을 다하고 있는 국제기구로서 세계의 정부기관(우리나라는 문화체육관광부)이 정회원이 되고 관광기관(한국관광공사)이 준회원이 된 정부관광기구를 말한다. 각국의 관광정책을 조정하고 정보를 교환하며 세계관광진흥을 위하여 각국의 정부기관이 협의하는 기구이다.

❸ World Tourism Day

UN산하 관광분야 국제기구인 세계관광기구가 사회 · 문화 · 정치 · 경제적 측면에서 관광의 중요성을 국제사회에 인식시키기 위해 제정한 국제기념일로 '세계관광의 날'은 매년 9월 27일 행사를 개최한다.

❹ advertised tour

광고여행이라고 하며 여행사가 주최가 되어 여정 · 여행조건 · 여행비용을 사전에 정해두고 관광객을 모집하는 단체여행을 말한다. 우리나라는 관광진흥법에서 기획여행이라고 한다.

❺ air fare

항공사가 여객과 여객의 수하물을 출발지로부터 목적지까지 항공기로 운반하는 것을 항공운송이라 하며, 그 운송료로서 여객이 지불하는 대금을 '항공요금(air fare)'이라고 한다. 항공요금은 보통요금과 특별요금으로 나누어진다. 보통요금은 여행조건이 가장 느슨한 여객운임으로서, 일등석-비즈니스석-일반석 등으로 나뉘며 여행을 시작한 날부터 1년간 유효하다. 특별운임은 보통요금보다 싸게 책정되어 있는데 여러 가지 여행상의 제약이 있다.

❻ airport hotel

공항과 바로 연결되어 있거나 공항 주변에 위치한 호텔로 공항과의 거리 근접성이 높아서 경유하는(stop over) 관광객들에게 인기가 높다.

❼ alternative tourism

대안관광이라고 하며 대량(대중)관광을 의미하는 매스(mass)투어리즘에 대응한 관광이다. 대중관광의 폐해를 최소화하여, 관광의 경제적 효과를 그 지역에 미치게 함으로써 관광객도 충분히 만족할 수 있는 관광형태의 총칭으로 사용되는 경우가 많다. 녹색관광(green tourism), 농촌관광(rural tourism), 생태관광(eco tourism), 공정관광(fare tourism) 등이 지속가능한 대안관광의 여러 형태이다.

❽ amenity

서비스의 일환으로 추가요금 지불 없이 투숙 고객의 안락함과 편리함을 위해 객실에 비치하거나 고객에게 제공되는 품목으로 호텔에서의 amenity란 고객에 대한 일반적이고 기본적인 서비스 외에 '부가적인 서비스의 제공'을 의미한다. 주로 객실에 비치된 비누, 샴푸, 생수, 차(tea) 등을 말한다.

❾ auto-camp

호텔이나 모텔을 이용하지 않고 텐트나 자동차 내 또는 트레일러 등에서 숙박하는 자동차 여행, 그리고 그것을 위한 시설을 말한다. 유럽, 북미에서는 고속도로 주변에 많은 시설이 있어서 욕실과 취사를 위한 가스 · 수도시설이 정비되어 있다.

❿ back packer

1980년경 호주에서 배낭을 짊어진 여행자를 묘사하는 데 사용하기 시작한 용어이다. 호주에서는 이들이 장기간 여행을 하기 때문에 경제적으로도 무시할 수 없다고 하여 정부가 적극적으로 관심을 기울이고 있다.

CHAPTER ▸▸ 04

여행안내

1. 여행안내사의 개념
2. 여행안내사의 종류
3. 여행안내사의 자격기준
4. 여행안내사의 업무

학습목표

1. 여행안내사 개념, 종류, 자격기준 등을 이해할 수 있다.
2. 여행안내사 업무를 이해하여 가이드 자격증을 취득할 수 있다.

1 여행안내사의 개념

여행안내사의 정확한 개념은 아직 정립된 것이 없다. 흔히 관광가이드로 지칭되며 「관광진흥법」에는 국내여행안내사, 국외여행인솔자, 관광통역안내사, 문화관광해설사 등 총 4개로 직군을 정하고 있는데 본서에서는 관광가이드를 여행안내사로 통일하여 새로운 용어로 규정하고자 한다.

2 여행안내사의 종류

우리나라 현행 관광진흥법상 여행안내사(tour guide)는 국내여행안내사, 국외여행인솔자, 관광통역안내사, 문화관광해설사 등 총 4개로 규정하고 있다. 먼저 국내여행안내사는 우리나라 사람이 우리나라 영토에서 여행할 때 안내자 역할을 하는 가이드이다. 예를 들면 B대학 관광전공 대학생 100명이 버스 3대로 대한민국 테마여행 10선 중 '1권역 평화역사이야기여행'에 해당되는 인천, 파주, 수원, 화성 등을 관광답사할 때 안내해주는 가이드가 국내여행안내사이다.

국외여행인솔자는 우리나라 사람이 국외여행할 때 안내자 역할을 하는 가이드이다. 참좋은여행의 '동유럽 5개국(오 · 체 · 슬 · 독 · 헝) 9일 여행상품을 20명이 여행할 때 인솔하는 가이드가 국외여행인솔자이다. 관광통역안내사는 외국인이 우리나라 영토에서 여행할 때 안내자 역할을 하는 가이드이다. 인도네시아 관광객 20명이 우리나라 평화안보 관광을 목적으로 경기도 파주 임진각에서 DMZ 투어를 할 때 안내하는 가이드가 관광통역안내사이다. 문화관광해설사는 기초자치단체 시군구 지역관광 안내를 담당하는 가이드를 말한다. 서울시 서초구에서 진행하는 역사와 생태자원 주제로 매헌윤봉길의사기념관과 양재시민의 숲을 도보관광할 때 해설하는 가이드이다.

그림 4-1 여행안내사별 업무 영역

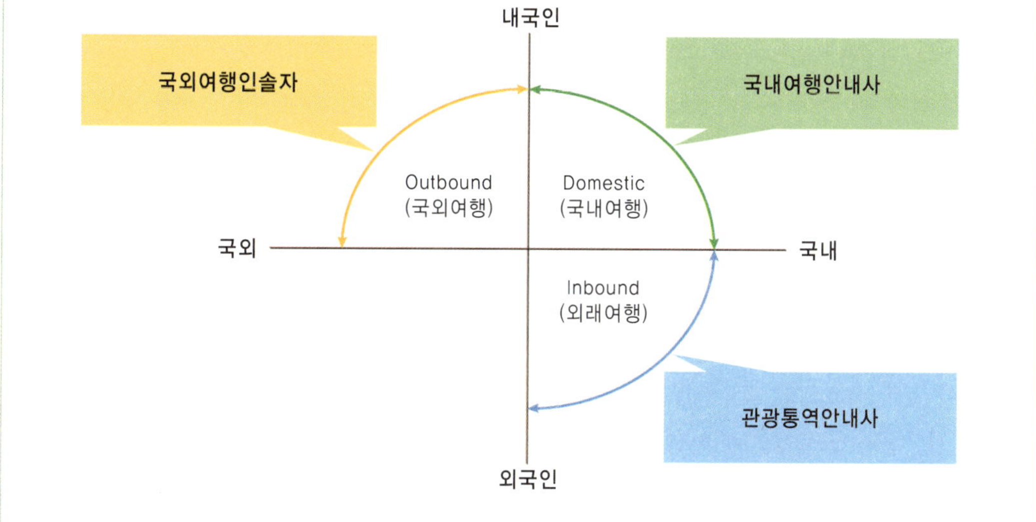

자료: 저자 작성

3 여행안내사의 자격기준

1) 국내여행안내사

국내여행안내사(domestic tour guide)는 국내를 여행하는 국민관광객을 대상으로 여행 일정 계획, 여행비용 산출, 숙박시설예약, 명승지나 유적지 안내 등 여행에 필요한 각종 서비스를 제공하는 사람이다. 관련부처는 문화체육관광부이며, 시행기관은 한국산업인력공단이다. 특별한 사유가 없는 한 매년 1회 시험이 있으며 일반적으로 9월부터 접수를 시작해서 최종 합격자 발표는 12월까지 진행된다. 응시자격은 제한이 없으며 시험과목과 배점, 합격기준은 다음 표와 같다.

〈표 4-1〉 국내여행안내사 시험과목, 배점, 합격기준

<table>
<tr><th>구분</th><th>시험과목</th><th>배점비율</th><th>문항수</th><th>시험시간</th><th>시험방법</th></tr>
<tr><td rowspan="2">제1차 시험</td><td>1. 국사(근현대사 포함)
2. 관광자원해설
3. 관광법규
4. 관광학개론</td><td>30%
20%
20%
30%</td><td>15
10
10
15</td><td>100분
(09:30~11:10)</td><td>객관식
4지선택형</td></tr>
<tr><td colspan="5">합격: 매 과목 4할 이상이고 전 과목 점수가 배점 비율로 환산하여 6할 이상</td></tr>
<tr><td rowspan="2">제2차 시험</td><td colspan="4">국가관, 사명감 등 정신자세, 전문지식과 응용능력, 예의품행 및 성실성, 의사발표의 정확성과 논리성 등</td><td>면접형</td></tr>
<tr><td colspan="5">합격: 총점의 6할 이상을 득점한 자 합격</td></tr>
</table>

자료: www.q-net.or.kr

시험 면제 대상자는 경력과 전년도 1차 시험 합격자 등은 필기시험이 면제이다. 경력 인정은 「고등교육법」에 따른 전문대학 이상의 학교에서 관광분야를 전공하고 졸업한 자(졸업예정자 및 관광분야 과목을 이수하여 다른 법령에서 이와 동등한 학력을 취득한 자를 포함), 여행안내와 관련된 업무에 2년 이상 종사한 경력이 있는 자, 「초·중등교육법」에 다른 고등학교나 고등기술학교를 졸업한 자 또는 다른 법령에서 이와 동등한 학력이 있다고 인정되는 교육기관에서 관광분야의 학과를 이수하고 졸업한 자(졸업예정자를 포함)에 대하여 필기시험을 면제하고 있다. 전년도 1차 시험 합격자는 1차 시험에 합격하고 2차 시험에 불합격한 자에 대하여 다음 회 시험에만 필기시험을 면제한다. 응시수수료는 1, 2차 통합하여 20,000원이다. 최근 5년간 응시율과 합격률은 다음 표와 같다.

〈표 4-2〉 국내여행안내사 응시율과 합격률

구 분		2014	2015	2016	2017	2018
1차	대상	768	808	776	1,058	1,680
	응시	431	455	399	586	601
	응시률(%)	56.1%	56.3%	51.4%	55.4%	35.77%
	합격	227	235	284	355	421
	합격률(%)	53%	52%	71.2%	60.6%	70.05%
2차	대상	2,354	1,795	1,625	1,708	1,830
	응시	1,430	970	992	1,130	1,178
	응시률(%)	61%	54%	61%	66.2%	64.3%
	합격	1,096	709	781	914	981
	합격률(%)	77%	73%	78.7%	80.9%	83.2%

자료: www.q-net.or.kr

2) 관광통역안내사

관광통역안내사(tourist guide)는 국내를 여행하는 외국인에게 외국어를 사용하여 관광지 및 관광대상물을 설명하거나 여행을 안내하는 등 여행의 편의를 제공하는 사람이다. 관련부처는 문화체육관광부이며, 시행기관은 한국산업인력공단이다. 특별한 사유가 없는 한 매년 1회 시험이 있으며 일반적으로 7월부터 접수를 시작해서 최종 합격자 발표가 12월까지 진행된다. 응시자격은 제한이 없으며 시험과목과 배점, 합격기준, 외국어시험 등은 다음 표와 같다.

〈표 4-3〉 관광통역안내사 시험과목, 배점, 합격기준

구분	교시	시험과목	배점비율	문항수	시험시간	시험방법
제1차 시험	1	1. 국사(근현대사 포함) 2. 관광자원해설	40% 20%	25	50분 (09:30~10:20)	객관식 4지선택형
	2	3. 관광법규 4. 관광학개론	20% 20%	25	50분 (10:50~11:40)	
	합격: 매 과목 4할 이상이고 전 과목 점수가 배점 비율로 환산하여 6할 이상					
제2차 시험	1. 국가관, 사명감 등 정신자세 2. 전문지식과 응용능력 3. 예의, 품행 및 성실성 4. 의사발표의 정확성과 논리성				1인당 10~15분 내외	면접형
	합격: 총점의 6할 이상을 득점한 자 합격					

자료: www.q-net.or.kr

〈표 4-4〉 관광통역안내사 외국어시험 공인어학성적 기준

영어	TOEIC	TEPS		TOEFL		G-TELP (Level 2)	FLEX
		구TEPS	신TEPS	CBT	IBT		
	760점 이상	677점 이상	372점 이상	217점 이상	81점 이상	74점 이상	776점 이상

일본어	JPT	일검(NIKKEN)	FLEX	JLPT
	740점 이상	750점 이상	776점 이상	N1 이상

중국어	HSK	FLEX	BCT		CPT	TOP(TOCFL)
	5급 이상	776점 이상	듣기/읽기 601점 이상	듣기/읽기/쓰기 181점 이상	750점 이상	5급(유리) 이상

기타	불어		독일어		스페인어		러시아어		이탈리아어		그외
	FLEX	DELF	FLEX	독일어능력 검정시험	FLEX	DELE	FLEX	TORFL	CILS	CELI	FLEX
	776점 이상	DELF B2 이상	776점 이상	Goethe-Zertificat B1(ZD) 이상	776점 이상	B2 이상	776점 이상	1단계 이상	Livello Due-B2 이상	CELI 3 이상	600점 이상

※ 시험은 정기시험만 인정하며 응시원서접수 마감일 기준 2년 이내에 시행된 시험에서 취득한 점수에 한함
※ FLEX는 듣기, 읽기 영역만 포함
자료: www.q-net.or.kr

시험 면제 대상자는 필기시험 및 외국어시험에 합격하고 면접시험에 불합격한 자에 대하여는 다음 회의 시험에만 필기시험 및 외국어시험을 면제, 「고등교육법」에 따른 전문대학 이상의 학교 또는 다른 법령에서 이와 동등 이상의 학력이 인정되는 교육기관에서 해당 외국어를 3년 이상 계속하여 강의한 자에 대하여 해당 외국어시험을 면제, 4년 이상 해당 언어권의 외국에서 근무하거나 유학을 한 경력이 있는 자 및 「초·중등교육법」에 따른 중·고등학교 또는 고등기술학교에서 해당 외국어를 5년 이상 계속하여 강의한 자에 대하여 해당 외국어 시험을 면제, 「고등교육법」에 따른 전문대학 이상의 학교에서 관광분야를 전공하고 졸업한 자(졸업예정자 및 관광분야 과목을 이수하여 다른 법령에서 이와 동등한 학력을 취득한 자를 포함한다)에 대하여 필기시험 중 관광법규 및 관광학개론 과목을 면제, 관광통역안내사 자격증을 소지한 자가 다른 외국어를 사용하여 관광안내를 하기 위하여 시험에 응시하는 경우 필기시험을 면제, 문화체육관광부장관이 정하여 고시하는 교육기관에서 실시하는 60시간 이상의 실무교육과정을 이수한 사람에 대하여 필기시험 중 관광법규 및 관광학개론 과목을 면제한다. 응시수수료는 1, 2차 통합하여 20,000원이다. 최근 5년간 응시율과 합격률은 다음 표와 같다.

〈표 4-5〉 관광통역안내사 응시율과 합격률

구 분		2014	2015	2016	2017	2018
1차	대 상	11,465	14,680	12,171	5,231	4,027
	응 시	10,418	13,096	10,575	4,276	3,356
	응시율(%)	90.9%	89.2%	86.9%	81.7%	83.3%
	합 격	4,260	3,481	3,046	2,144	1,503
	합격률(%)	40.9%	27.0%	28.8%	50.1%	44.8%
2차	대 상	6,233	5,441	4,504	3,361	2,467
	응 시	5,730	4,879	3,997	2,861	2,041
	응시율(%)	91.9%	90.0%	88.7%	85.1%	82.7%
	합 격	3,198	2,522	2,145	1,610	1,251
	합격률(%)	55.8%	52.0%	53.7%	56.3%	61.3%

자료: www.q-net.or.kr

3) 국외여행인솔자

국외여행인솔자(tour conductor)는 여행사가 기획하고 주최하는 국외 단체관광객의 안전과 편의를 위하여 동행해서 관광객들이 쾌적하고 보람있는 관광을 할 수 있도록 도와주는 인솔자이다. 관련부처는 문화체육관광부이며, 시행기관은 한국여행업협회(KATA)이다.

국외여행인솔자 자격에 관한 법률은 1998년 6월 7일 제정된 후 2011년 10월 18일에 개정된 문화체육관광부고시 제2011-37호 "국외여행인솔자 교육기관 지정 및 교육과정 운영에 관한 요령"에 의하면 국외여행인솔자 교육은 소양교육과 양성교육으로 나눈다. 소양교육은 여행업체에서 6개월 이상 근무하고 국외여행경험이 있는 자를 대상으로 국외여행인솔에 필요한 지식 및 실무를 가르치는 교육과정을 말하며, 양성교육은 관광관련 중등교육(관광고등학교 교육과정)을 이수한 자 및 고등교육(전문대학 이상의 교육과정)를 이수했거나 이수예정인 자를 대상으로 국외여행인솔에 필요한 지식 및 실무를 가르치는 교육과정이다. 그 외에도 관광통역안내사 자격증을 취득한 사람은 별도의 교육 없이 절차에 따라 자격증 등록을 하면 국외여행인솔자 자격증을 취득하게 된다.

교육기관 지정은 한국관광공사 관광아카데미, 관광사업자 단체 또는 관광사업자가 운영하는 교육시설, 「고등교육법」 제2조에 규정된 학교(원격대학 제외), 「평생교육법」 제2조에 규정된 평생교육시설(단, 원격대학형태 제외) 등이다. 교육의 내용은 필수교육내용으로 여행사실무, 관광관련법규, 국외여행인솔자실무, 관광서비스실무, 세계관광문화, 해외여행 안전관리 중 선택하며, 선택교육내용은 교육기관 자유선택이지만 국외여행인솔자 교육과정과 관련된 교과과정으로 편성해야 하며, 외국어 교육은 실무영어, 실무일어, 실무중국어 등으로 구성하면 된다.

교육기관은 위의 필수교육, 선택교육, 외국어교육을 기반으로 교과과정을 편성하며 필수 50%, 선택 30%, 외국어 20%의 비중으로 구성하고, 교육시간은 양성교육 80시간 이상, 소양교육 15시간 이상, 출석률 80% 이상, 평가는 양성교육과정 과목별 1회 이상, 소양교육과정 종합시험 1회 이상으로 하고 있다. 위와 같은 규정에 의거하여 문화체육관광부장관이 지정한 교육기관은 전국에 54개가 있으며 다음 표와 같이 2019년 8월 현재 74,039명이 국외여행인솔자 자격증을 취득하여 등록하였다.

〈표 4-6〉 국외여행인솔자 자격증 취득현황

	성별	연령대별	내/외국인별	교육과정별	연도별			
					연도	명	연도	명
남	29,404				2019	2,380	2004	3,013
여	44,635				2018	4,412	2003	2,548
10대		14			2017	4,220	2002	2,323
20대		15,169			2016	4,821	2001	2,109
30대		27,553			2015	6,218	2000	1,944
40대		19,193			2014	4,727	1999	3,151
50대		8,965			2013	4,699	1998	3,408
60대		2,589			2012	4,097	1997	1
70대 이상		553			2011	2,818	1996	1
기타		3			2010	2,733	1995	4
내국인			71,561		2009	2,366	1986	2
외국인			2,478		2008	3,388	1983	1
소양				32,834	2007	2,603		
관광통역				9,826	2006	2,814		
양성				31,379	2005	3,013		
합계	74,039							

자료: 국외여행인솔자 인력관리시스템(http://tchrm.or.kr)에서 저자 재정리

4 여행안내사의 업무

여행안내사 업무는 복잡하고 다양하기 때문에 수많은 역할과 책임이 따른다. 국외여행인솔자(T/C)는 여행사의 대표, 여행관리자, 현지행사 관리감독, 예산집행과 관리, 해설사, 현장판매, 관광연출자, 여행일정 관리자, 민간외교관, 관광문화 전령사 등의 역할을 해야 한다. 또한, 고객의 입장에서 관광객의 욕구를 이해하고 의견을 반영하여 경청하는 자세가 필요하며, 관광객의 안전과 이익보호, 계약서와 행사확정서 내용과 일치하는 서비스를 제공해야 하며, 관광일정 동안 원만한 분위기 조성과 서비스를 균형있게 유지한

다. 또한 고객의 입장은 물론 여행사의 수익도 관리해야 하므로 여행원가를 항상 의식하고 여행상품 외에 추가로 수익을 창출할 수 있도록 끊임없이 고민해야 한다.

여행안내사가 갖추어야 할 자세는 인성, 외향적 성격과 친절, 자신감, 주도적 자질, 외국어, 상황대처 능력, 리더십, 상식과 전문지식, 단정한 용모, 화술, 유머감각, 건강, 열정 등으로 많은 것을 요구하고 있다.

여행안내사 중 국외여행인솔자의 업무는 출장 전, 출장 중, 출장 후 등 크게 3가지로 나눌 수 있다. 출장 전 업무는 국외여행안내 사전 정보 및 행사확정 확인, 출장 중 업무는 출입국 업무, 기내 업무, 국외여행 행사관리, 국외여행 시 안전관리, 귀국 업무, 출장 후 업무는 국외여행 정산과 보고 등이다. 좀 더 구체적으로 살펴보면 국외여행안내 사전 정보 확인은 현지정보 수집, 예약사항 재확인 등이며 국외여행안내 행사확정 확인은 고객정보, 여행목적, 특이사항 확인과 일정확인 및 조정 등이 있다. 출국 업무는 고객맞이, 출국장 이용 안내, 출국수속(CIQ), 탑승과 환승 업무 등이 있다. 기내 업무는 고객 좌석 확인, 입출국 서류 안내, 고객 상태 수시 점검 등이며 입국 업무는 입국수속, 수하물 수취와 입국장 안내, 현지가이드 미팅 등이 있다. 국외여행 행사관리는 호텔 업무 확인, 일정 협의, 현지교통 확인, 현지가이드 지원, 고객요구사항 지원, 비정상 상황 관리 등이며, 국외여행 시 안전관리는 환자 발생 위기관리, 천재지변 위기관리, 분실과 도난 대처, 사건사고 위기관리 등이 있다. 귀국 업무는 현지공항 출국수속, 면세 확인과 탑승, 입국수속 및 해산 등이 있으며 마지막으로 국외여행 정산과 보고 업무는 행사결과 보고서 작성, 정산(영수증) 처리, 결과 보고 등이다. 국가직무능력표준(NCS, National Competency Standards)을 바탕으로 국외여행인솔자의 업무를 작성하면 다음 표와 같다.

〈표 4-7〉 NCS기반 국외여행안내 직무

번호	능 력 단 위	업무수준	능 력 단 위 요 소
1	국외여행안내 사전 정보 확인	3	현지정보 수집하기
			예약사항 재확인하기
2	국외여행안내 행사확정 확인	3	고객정보 확인하기
			여행목적 확인하기
			일정확인 · 조정하기
			특이사항 확인하기
3	출국 업무	3	고객 맞이하기
			출국장 이용 안내하기
			출국수속(CIQ) 업무하기
			탑승 업무하기
			환승 업무하기
4	기내 업무	3	고객 좌석 확인하기
			입 · 출국 서류 안내하기
			고객 상태 수시 점검하기
5	입국 업무	3	입국수속 업무하기
			수하물 수취 · 입국장 안내
			가이드 meeting하기
6	국외여행 행사관리	5	호텔 업무 확인하기
			일정 협의하기
			현지교통 확인하기
			현지가이드 지원하기
			고객요구사항 지원하기
			비정상상황 관리하기
7	국외여행 시 안전관리	5	환자 발생 위기관리하기
			천재지변 위기관리하기
			분실 · 도난 대처하기
			사건 · 사고 위기관리하기

8	귀국 업무	3	현지공항 출국수속 업무하기
			면세 확인 및 탑승 업무하기
			입국수속 및 해산 업무하기
9	국외여행 정산 · 보고	3	행사결과 보고서 작성하기
			정산(영수증) 처리하기
			결과 보고하기

자료: 공윤주(2019)에서 저자 재정리

현재 여행업계에 종사하고 있는 대표, 직원, 전문 T/C들을 대상으로 전문가포커스그룹(Expert Focus Group) 인터뷰를 실시(공윤주, 2019)한 결과 고객만족도 조사하기, 서비스품질 관리하기, 고객 불편 처리하기 등과 행사물품 준비하기 등은 현지에서 발생하지 않는 이상 대부분 여행상품담당자(OP)의 업무 영역이며 이 부분은 전문가 패널이 주로 대형패키지 여행사에서 근무하는 10년차 경력자들이 응답하였다.

주목해야 할 점은 패키지 여행사 여행상품 담당자들은 전문 T/C들에게 행사결과 보고서만 요구할 뿐 정산(영수증)처리하기, 결과 보고하기 등은 불필요한 업무라고 하였다. 인센티브 전문 여행사는 직원들이 대부분 인솔하기 때문에 정산과 결과 보고를 필수 업무로 판단하지만 패키지 여행사는 T/C와 별도로 정산을 하지 않으며 T/C는 공통경비, 쇼핑, 선택관광 등을 현지여행사와 정산하는 것으로 나타났다. 일부 전문가는 면세점 안내와 탑승 업무하기는 꼭 필요한 사항이 아니기 때문에 수정하거나 삭제하자는 의견을 제시하였다. 업무 수준에 대해서도 일부 전문가들은 적합하지 않다고 하였다. 현재 국외여행안내 직무는 2-3수준으로 정해져 있으나 실제로 국외여행안내는 출장지역에 따라 다르기 때문에 유럽, 남미 지역은 8수준까지 높여야 한다는 의견도 있었다. 또한 과거에는 T/C와 현지가이드의 업무 분장이 구분되어 있었지만 지금은 여행사의 원가 절감 일환으로 일부 국가 또는 지역에서 현지가이드가 없는 구간이 많이 생겨 T/C가 현지가이드 업무도 해야 하는 상황이며 호텔 체크인과 체크아웃, LDC(Long Disctance Coach) 체크, 노가이드(no guide) 구간 투어 진행 등을 예로 들었다(공윤주, 2019).

여 | 행 | 항 | 공 | 용 | 어

❶ **Budget Hotel**

숙박은 저렴한 호텔에서 하고 식사와 관광은 알차고 고급스럽게 하는 계층을 겨냥해 개발된 호텔이다. 일반호텔의 객실요금에 비하여 20~50% 정도 저렴하며 기본적인 서비스 기능(숙박, 식사, 전화, 욕실, TV)을 강조하고 고급서비스는 제공하지 않는다.

❷ **Business Casual**

정장 수트와 넥타이, 드레스셔츠 차림의 전통적인 비즈니스 차림보다 좀 더 자유롭고 비공식적인 옷차림을 뜻한다.

❸ **Buzz Session**

소수 인원으로 구성된 비공식회의를 뜻한다. 어떤 문제에 관해 총체적으로 자문하도록 구성된 협의체로서 한 회기 동안 여러 번 개최되기도 하며 이때 본회의 진행은 중단되고 여러 소위원회로 나누어진다. 각 소위원회는 위원장을 선임하여 제기된 문제를 논의한 뒤 각 위원장은 소위원장의 의견에 관하여 본회의에 보고하는 절차를 취한다.

❹ **Cabotage**

한 국가 영토 내 상업적인 운송규약을 말한다. 원칙적으로 외국 항공사는 타국의 국내 운항구간의 운송은 허용되지 않음을 뜻한다. 예컨대 외국 국적의 항공사가 우리나라의 부산과 서울 간 국내선 구간에서는 상업적인 운항이 금지된다.

❺ **Catering**

식음료의 출장연회 서비스를 말하는데 호텔 케이터링은 호텔 내에서 이벤트, 호텔 밖에서 하는 행사들의 음식을 제공하는 것을 의미한다. 그러나 더 넓은 의미로 해석하면 호텔 음식을 어떤 이벤트를 위해 파는 것부터 Subway 샌드위치 가게에서 케이터링용, 단체용 사이즈로 샌드위치를 테이크아웃하는 것까지 모두 케이터링이라고 한다.

❻ **Commercial Rate**

호텔과 정기적으로 거래하는 업체 사이에 체결된 할인요금률을 말한다. 특정한 업체와의 계약에 의해 일정한 요금으로 할인하는 요금제도로 외국회사와의 협정에 따라 10~30%의 할인을 해주거나, 대기업이 경영하는 호텔들이 계열기업이나 자회사에 대해서 이 제도를 적용하기도 한다.

❼ **Comp**

무료 제공 객실을 의미하며, 'Complimentary on Room'의 약어로 주로 식음료가 포함되지 않고 객실만 무료로 제공하는 것이다.

❽ **Concierge**

각종 상담, 수배 업무를 종합적으로 담당하는 호텔 직종을 가리키는 용어이다. 보통 로비 안에 있는 데스크 또는 카운터에 상주하면서 객실에 투숙하는 손님들을 대상으로 안내 · 상담 · 수배 업무 등을 담당한다. 업무내용은 상담부터 교통수단, 극장 관람 수배, 관광안내에 이르기까지 매우 다양하며 광범위한 지식과 경험이 요구된다.

❾ **Conference**

컨벤션과 거의 같은 의미의 용어로서, 통상적으로 컨벤션에 비해 회의의 진행상 토론회가 많이 열리고 회의 참가자들에게 토론회 참여 기회도 자주 주어진다. 또 컨벤션은 다수의 주제를 다루는 업계의 정기회의에 자주 사용되는 반면, 컨퍼런스는 주로 과학 · 기술 · 학문 분야의 새로운 지식습득 및 특정 주제의 연구를 위한 회의에 사용된다.

❿ **Congress**

컨벤션과 같은 의미를 지닌 용어로서, 유럽 지역에서 빈번히 사용되며 주로 국제적인 규모의 회의를 의미한다. 컨벤션이나 콩그레스는 본 회의와 사교행사, 그리고 관광행사 등의 다양한 프로그램으로 편성되며 참가 인원은 수천 명 이상이다. 연차로 개최되며 상설 국제기구가 주관한다.

⓫ **Continental Breakfast**

주스, 커피, 차, 패스트리, 크루아상, 시리얼, 토스트 등으로 이루어진 셀프 서비스 형식의 간소한 아침식사를 가리킨다.

⓬ **Dark Tourism**

휴양과 관광을 위한 일반 여행과 달리 재난과 참상지를 보며 반성과 교훈을 얻는 여행. 미국 뉴욕 9 · 11 테러사건의 '그라운드 제로', 유대인 대학살 현장인 폴란드의 '아우슈비츠 수용소', 수백만 명이 학살된 캄보디아 '킬링필드', 원자폭탄이 투하됐던 일본의 나가사키에 세워진 '평화공원'이 대표적인 사례다.

CHAPTER ▸▸ 05

항공수배

1. 항공권 이해
2. 항공예약발권 업무
3. 항공사, 공항, 도시 코드

학습목표

1. 항공운임의 구조를 이해할 수 있다.
2. 항공사, 도시, 공항의 IATA 코드를 설명할 수 있다.
3. 항공권을 해독하고 항공수배 업무를 파악할 수 있다.

1 항공권 이해

국외여행상품에서 가장 중요하고 가장 많은 비용을 차지하며 가장 우선 확보해야 하는 것이 항공관련업무이다. 항공요금은 여행요금에서 가장 높은 비중을 차지하고 있으며, 여행 조건, 인원, 목적지, 시기, 여행자 신분과 연령, 항공권 사용 기간, 직항과 경유 여부, 이용 항공사에 따라 복잡하고 다양하게 나타난다. 항공 담당 직원은 고객에게 유리한 항공요금 산출을 위해 끊임없이 노력하고 고민해야 하며 경쟁사보다 합리적이고 저렴한 항공요금을 제시할 수 있어야 한다.

항공운임은 항공권의 판매 조건에 따라 다양하게 분류되는데 정상운임(normal fare), 특별운임(special fare), 할인운임(discount fare)으로 구분된다. 여행자 인원에 따라 개인운임(individual fare)과 단체운임(group fare)으로 나뉜다.

1) 일반적인 항공운임의 종류

(1) 정상운임(normal fare)

최대 체류 허용일(maximum day)이 항공권 개시일 기준 1년인 항공권이며 주로 비즈니스와 일등석 좌석이 해당된다.

(2) 특별운임(special fare)

여행자의 여행기간, 예약조건 등에 따라 stopover와 transfer의 가능 횟수 및 허용 여부, 여정변경 가능 여부, 환불에 대한 제약 등 다양한 제한조건을 설정하는 대신 가격 할인 혜택이 많은 항공권이다.

(3) 할인운임(discount fare)

소아, 유아, 학생 등 나이 또는 신분에 따라 할인되는 항공권이다.

① 소아운임(CH: Child Fare)

출국일 기준 만 2세 이상 만 12세 미만으로 성인판매운임의 70~80% 요금이 적용된다.

② 유아운임(IN: Infant Fare)

출국일 기준 만 14일 이상~만 2세 미만으로 성인정상운임의 10%를 적용하며 좌석을 점유하지 않고 사전에 아기바구니(bassinet)를 신청하여 이용할 수 있다.

③ 여행사 직원 운임(AD: Agent Discount)

항공사와 대리점 계약을 체결하고 IATA에 가입한 여행사에 1년 이상 근무한 임직원 및 그 배우자에게 적용되는 항공운임으로 정상운임의 25%, 배우자는 정상운임의 50%가 적용된다.

④ 항공사 직원 운임(ID: Identity of Industry Discount)

항공사 임직원은 항공사 상호 간에 계약된 항공사에 한하여 정상운임의 10%가 적용된다.

⑤ 비동반소아 운임(UM: Unaccompanied Minor)

성인보호자 없이 혼자 탑승하는 출국일 기준 만 5세 이상~만 12세 미만 소아승객으로 항공운임은 적용 가능한 성인운임이 부과된다.

2) 여행자 인원에 따른 항공운임의 종류

(1) 개인운임(individual fare)

개인운임은 여행자 인원이 9명 이하로 구성원 경우로 흔히 FIT(Free Individual Tour)라고 한다.

(2) 단체운임(group fare)

단체운임은 보통 성인 10명 이상으로 구성되며 항공권 판매가 부진한 노선인 경우, 판매활성화를 위해 기준 인원수를 낮추는 경우도 있다. 단체인원수에서 소아는 2명을 성인 1명으로 간주, 유아는 인원수에서 제외되며 최대 체류 허용일이 15일이며 귀국일 변경은 원칙적으로 불가능하며, 수수료를 징수하고 최대 체류 허용일 이내에서 변경 가능하다. 단체인원수가 15명 이상인 경우는 FOC(Free Of Charge) 항공권을 지급하는데 순수항공운임을 기준으로 할인되어 Tax는 지불해야 한다.

일반적으로 항공사들은 그룹 구성원의 인원수에 따라 인솔자를 위한 FOC(Free Of Charge)항공권이나 할인요금을 적용해 주며, 이는 항공권상에 CG00(100% 할인), CG50(50% 할인), AD75(정상요금의 75% 할인), AD50(정상요금의 50% 할인) 등으로 기재되어 구분이 가능하다. 하지만 항공사들은 비용을 절감하기 위해 FOC제도를 없애는 추세이며 일부 항공사, 일부 노선에서만 한정적으로 운용되고 있다.

3) 항공운임의 구성과 유효기간

항공운임은 순수항공운임과 세금(tax), 유류할증료(fuel surcharge)로 구성되며 순수항공운임은 항공사에서 책정하는 요금이며, 세금은 국가별 공항시설이용료가 대부분을 차지한다. 유류할증료는 유가의 변동에 따라 부가되는 수수료로 유가가 일정수준 인상되면 부가되며 항공권 유효기간은 일(day), 월(month), 연(year)으로 적용된다. 항공요금에 포함되는 구성 내용은 다음과 같으며, 항공권 발권 시 항공요금에 포함되어 산출된다.

〈표 5-1〉 항공요금의 종류

기준	내용	비고
판매단위	그룹(group)/개인(FIT)	10명 이상 GRP
서비스등급	일등석(first class)/이등석(business class)/일반석(economy class)	
여행시기	성수기(high season)/준성수기(shoulder season)/비수기(low season)/주말/주중	
승객연령	성인(ADT)/소아(CHD)/유아(INF)	탑승시점 만 12세 이상 성인
여행사임직원	CG(Tour Conductor)/AD(Agent Discount)	

자료: 저자 작성

(1) 항공운임

항공사별로 상이한 조건 및 다양한 종류의 운임이 적용된다.

(2) 공항시설이용료

인천공항과 김포항에서 출발하는 국제선 항공편을 이용하는 승객이 납부 대상(면제자 제외)이며, 인천공항 기준으로 공항이용료 17,000원, 출국납부금 10,000원, 국제질병퇴치기금 1,000원으로 구성되어 총액 28,000원이 원천징수된다.

(3) 출 · 입국세(TAX)

방문 국가에서 징수하는 출국 및 입국 세금으로 주로 유럽, 미국, 캐나다 등의 국가에서 징수하며, 항공권 요금 산출 시 자동으로 반영된다. 항목별로 내용이 다르며, 내용에 따라 항공권에 2자리 코드로 기재되나, 항목이 많을 경우 XT 코드로 합산되어 기재된다.

(4) 유류할증료(fuel surcharge)

항공사가 유가 상승에 따른 손실을 보전하기 위해 운임에 부과하는 할증료이다. 유류할증료는 출발 국가에 따라 다르게 적용되며, 동일한 출발 국가의 항공사들은 동일한 유류할증료를 적용하는 것이 일반적이나, 이는 항공사에 따라 차이가 날 수 있다. 우리나라 출발 항공요금에 부과되는 유류할증료는 싱가포르 항공유를 기준으로 유가 수준에 따라 여러 단계로 산출되어 적용되고, 한 달에 한 번씩 조정되며, 국토교통부의 승인을 받아야 한다. 항공권에 일반적으로 2자리 코드인 YR이나 YQ로 기재된다.

4) 국제항공운송협회(IATA)

항공권 운임은 국제항공운송협회(IATA: International Air Transport Association), 중립화폐단위(NUC: Neutral Unit of Construction), 항공환율(ROE: Rate Of Exchange) 등의 용어와 항공권 사용 기본 규정을 이해하는 것부터 시작된다. 모든 항공운임은 최초 국제선 출발지 국가의 통화로 공시되어야 하며, 운임에 따라 사용할 수 있는 유효기간이 다르며 첫 구간 여행 개시일에 유효한 운임을 적용받게 된다. 타인에게 양도가 절대 불가하며 항공권상에 명시된 승객에게만 모든 권한이 주어지며 항공권 사용은 어떠한 경우라도 명시된 여정 순서에 따라 사용되어야 하고 이를 변경하는 것도 허용되지 않는다.

IATA는 항공사들의 이익을 대변하기 위해 조직된 국제민간기구이며 전 세계 항공사의 82%를 대표하는 약 290개 항공사들의 이익집단이다. 다양한 항공 활동분야를 지원하고 중요한 항공산업 정책을 수립하며 항공운임을 결정한다. 항공운송산업에서의 안전과 신뢰, 항공사 간의 협력과 전 세계 관광객의 경제적 이익을 도모하기 위해 126개국의 240여 개 회원사를 보유한 민간항공기구이다. IATA는 여객 및 화물 운송과 관련된 규정의 표준화를 목표로 항공운임의 결정과 관련 규정을 제정하며 IATA 회의에서 결정되는 운임과 서비스의 조건, 운송절차, 대리점에 관한 규정 등은 전 세계 IATA 항공사와 대리점에 대하여 구속력이 있으며 각국 정부가 이를 인정하고 있다. IATA는 국제선 항공권 판매대금 정산을 위한 BSP(Billing Settlement Plan)와 대리점 인가 업무를 수행하고 있다.

5) 전자항공권 해독

항공담당자뿐만 아니라 여행사 직원들은 전자항공권을 기본적으로 해독할 수 있는 능력을 갖추어야 한다. 항공사 편명, 여정, 출도착 시간, 비행시간, 현지시간과 한국시간,

예약등급(booking class), 예약번호, 공동운항(code share), 항공좌석 상태, 항공권 유효기간, 무료수하물 허용량, 운임기준(fare basis), 항공권 제한사항, NUC와 ROE에 따른 운임산출내역과 운임, 세금 수수료, 유류할증료, 항공권 결제 수단, 항공권 발권 대행사 등이 이해해야 할 내용이다. NUC는 항공운임을 산출하는 가상의 화폐단위로 항공운임의 결합과 설정여부를 표기할 때 공통으로 사용한다. ROE는 NUC를 출발지 국가의 화폐단위로 공시할 때, 공시된 운임을 NUC로 환산할 때 적용되는 환율이다. 환율은 IATA Clearing House에서 1년에 4회(1월, 4월, 7월, 10월) 고시하며 발권일에 유효한 ROE를 적용하게 된다. ROE는 소수점 이하 여섯째 자리까지 표기하며 출발지 국가의 통화운임 계산식은 NUC×ROE이다.

그림 5-1 전자항공권

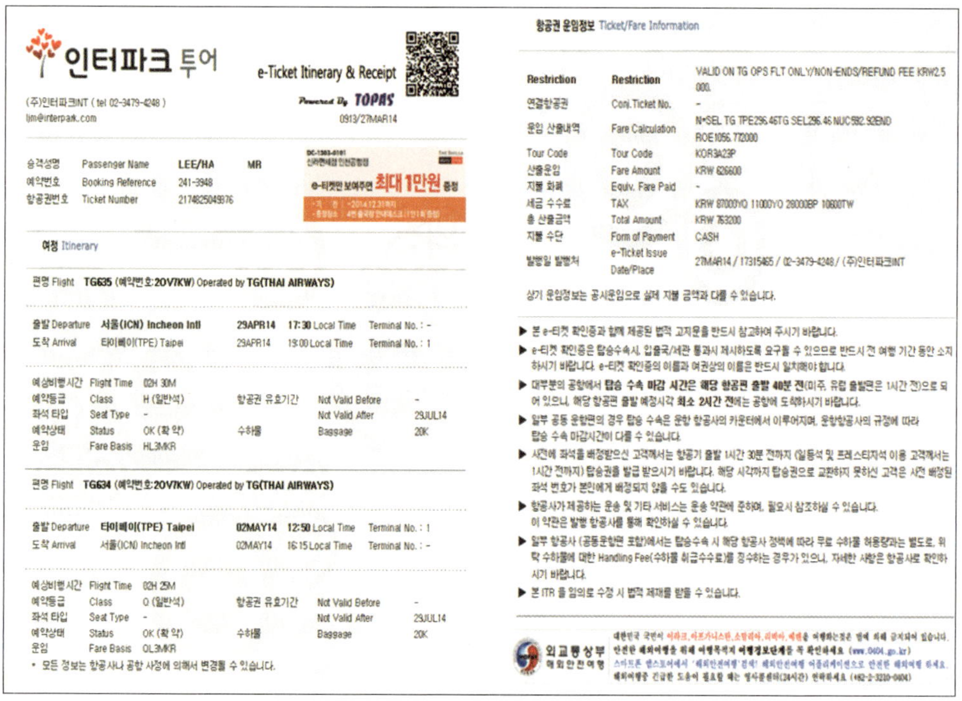

인터파크 투어
e-Ticket Itinerary & Receipt
Powered By TOPAS
(주)인터파크INT (tel 02-3479-4248)
ljm@interpark.com
0913/27MAR14

승객성명	Passenger Name	LEE/HA	MR
예약번호	Booking Reference	241-3948	
항공권번호	Ticket Number	2174825049976	

e-티켓만 보여주면 최대 1만원 증정

여정 Itinerary

편명 Flight TG635 (예약번호:20V7KW) Operated by TG(THAI AIRWAYS)

출발 Departure	서울(ICN) Incheon Intl	29APR14	17:30 Local Time	Terminal No. : -
도착 Arrival	타이베이(TPE) Taipei	29APR14	19:00 Local Time	Terminal No. : 1

예상비행시간	Flight Time	02H 30M			
예약등급	Class	H (일반석)	항공권 유효기간	Not Valid Before	-
좌석 타입	Seat Type	-		Not Valid After	29JUL14
예약상태	Status	OK (확 약)	수하물	Baggage	20K
운임	Fare Basis	HL3MKR			

편명 Flight TG634 (예약번호:20V7KW) Operated by TG(THAI AIRWAYS)

출발 Departure	타이베이(TPE) Taipei	02MAY14	12:50 Local Time	Terminal No. : 1
도착 Arrival	서울(ICN) Incheon Intl	02MAY14	16:15 Local Time	Terminal No. : -

예상비행시간	Flight Time	02H 25M			
예약등급	Class	Q (일반석)	항공권 유효기간	Not Valid Before	-
좌석 타입	Seat Type	-		Not Valid After	29JUL14
예약상태	Status	OK (확 약)	수하물	Baggage	20K
운임	Fare Basis	QL3MKR			

• 모든 정보는 항공사나 공항 사정에 의해서 변경될 수 있습니다.

항공권 운임정보 Ticket/Fare Information

Restriction	Restriction	VALID ON TG OPS FLT ONLY/NON-ENDS/REFUND FEE KRW25 000.
연결항공권	Conj.Ticket No.	-
운임 산출내역	Fare Calculation	N*SEL TG TPE296.46TG SEL296.46 NUC592.92END ROE1056.772000
Tour Code	Tour Code	KOR3A23P
산출운임	Fare Amount	KRW 626600
지불 화폐	Equiv. Fare Paid	-
세금 수수료	TAX	KRW 87000YQ 11000YO 28000BP 10600TW
총 산출금액	Total Amount	KRW 763200
지불 수단	Form of Payment	CASH
발행일 발행처	e-Ticket Issue Date/Place	27MAR14 / 17315465 / 02-3479-4248 / (주)인터파크INT

상기 운임정보는 공시운임으로 실제 지불 금액과 다를 수 있습니다.

▶ 본 e-티켓 확인증과 함께 제공된 법적 고지문을 반드시 참고하여 주시기 바랍니다.
▶ e-티켓 확인증은 탑승수속시, 입출국/세관 통과시 제시하도록 요구될 수 있으므로 반드시 전 여행 기간 동안 소지하시기 바랍니다. e-티켓 확인증의 이름과 여권상의 이름은 반드시 일치해야 합니다.
▶ 대부분의 공항에서 **탑승 수속 마감 시간은 해당 항공편 출발 40분 전**(미주, 유럽 출발편은 1시간 전)으로 되어 있으니, 해당 항공편 출발 예정시각 **최소 2시간 전**에는 공항에 도착하시기 바랍니다.
▶ 일부 공동 운항편의 경우 탑승 수속은 운항 항공사의 카운터에서 이루어지며, 운항항공사의 규정에 따라 탑승 수속 마감시간이 다를 수 있습니다.
▶ 사전에 좌석을 배정받으신 고객께서는 항공기 출발 1시간 30분 전까지 (일등석 및 프레스티지석 이용 고객께서는 1시간 전까지) 탑승권을 발급 받으시기 바랍니다. 해당 시각까지 탑승권으로 교환하지 못하신 고객은 사전 배정된 좌석 번호가 본인에게 배정되지 않을 수도 있습니다.
▶ 항공사가 제공하는 운송 및 기타 서비스는 운송 약관에 준하여, 필요시 참조하실 수 있습니다. 이 약관은 발행 항공사를 통해 확인하실 수 있습니다.
▶ 일부 항공사 (공동운항편 포함)에서는 탑승수속 시 해당 항공사 정책에 따라 무료 수하물 허용량과는 별도로, 위탁 수하물에 대한 Handling Fee(수하물 취급수수료)를 징수하는 경우가 있으니, 자세한 사항은 항공사로 확인하시기 바랍니다.
▶ 본 ITR 을 임의로 수정 시 법적 제재를 받을 수 있습니다.

외교통상부 해외안전여행
대한민국 국민이 이라크, 아프가니스탄, 소말리아, 리비아, 예멘을 여행하는것은 법에 의해 금지되어 있습니다.
안전한 해외여행을 위해 여행목적지 여행경보단계를 꼭 확인하세요 (www.0404.go.kr)
스마트폰 앱스토어에서 '해외안전여행' 검색! 해외안전여행 어플리케이션으로 안전한 해외여행 하세요.
해외여행중 긴급한 도움이 필요할 때는 영사콜센터(24시간) 연락하세요 (+82-2-3210-0404)

2 항공예약발권 업무

1) 항공예약발권 담당자의 자세와 직무

여행사 규모에 따라 다르지만 대부분의 중소여행사는 항공카운터 직원이 2~3명으로 구성되며, 총책임자는 그룹예약과 발권이 주 업무이고, 그 외 항공담당자는 개별항공권, 업무보조 직원은 PNR(Passenger Name Record) 작성, BSP(Billing Settlement Plan) 보고 및 DSR(Daily Sales Report) 작성을 담당하고 있다.

항공예약발권 담당자는 복장과 용모에 특별히 관심을 가져야 하며, 세련된 언어를 사용하고 친절과 환대정신이 투철해야 한다. GDS 운영능력을 갖춘 숙달된 업무지식을 보유하고 있으며 고객을 유인할 수 있는 상담능력도 갖춰야 하고 평소 항공사, 랜드사, 관광청, 호텔 등 관광공급업자들과 두터운 인맥을 잘 유지하는 것이 좋다.

항공권을 발권하기 위해서는 항공사 대리점으로 가입하는 것을 원칙으로 한다. 또한 여행사에서 자체적으로 항공권 발권 가능 유무에 따라 BSP 여행사, ATR(Air Ticket Request) 여행사로 구분된다.

항공 담당자의 기본 직무는 CRS, GDS를 통한 항공권 예약, 요금산출 및 발권, 선박, 호텔, 렌터카, 철도패스권 등 여행에 필요한 관광교통수단 등의 예약, 발권 및 관리를 한다. 특히 항공예약발권을 할 때는 도시와 공항 등 여행 목적지 코드 숙지, 정확한 출발일과 도착일의 날짜와 현지 시간 기준의 날짜, 항공사 동맹체와 선호 항공사 확인, 다양하고 복잡한 항공요금에서 고객에게 가장 적합한 요금 산출, 여권 영문과 동일한 성명, 고객이 선호하는 좌석 위치와 등급, 여권과 비자의 유무와 유효기간 확인, 노인, 장애인, 비동반소아 등의 특별고객과 기내 특별식, 항공사 마일리지 확인과 입력, 발권 시한 준수 등을 반드시 확인해야 한다.

항공영업은 항공권의 안정적 확보를 위한 연간 수요예측, 판매실적 통계 및 분석, 프로모션 기획 및 항공사 대상 영업을 하며, 항공예약발권 담당자는 항공스케줄 확인 및 좌석 관리, 항공권 예약과 발권 및 요금을 산출하게 된다.

직군	직무	직무리뷰
항공	항공수배	항공사와 여행상품담당자의 어시스턴트
		여행상품 좌석 수급의 권리와 수익 창출
		여행상품 출발에 가장 기초가 되는 직무
		많은 송객 인원을 창출하기 위한 첫 단계
	그룹발권	항공권 발권
		여행사 업무의 가장 기본이면서 중요한 업무
	상용발권	항공도우미
		최상의 운임으로 빠른 처리와 정확성을 요구하는 업무
	항공기획	항공관련 정산 및 항공시스템
		항공실적 관리
		여행업의 뼈대인 항공업무(항공영업)

자료: 모두투어 홈페이지

항공기획은 항공권 매출 목표를 달성하고 생산성을 높이기 위한 기획 업무이며 항공영업은 항공사와의 원활한 관계를 유지하고 안정적인 항공좌석 공급을 통해 매출 달성에 기여하는 업무이다. 항공발권은 고객의 항공권 구매 상담과 판매 업무를 통해 수익을 창출해야 한다.

3 항공사, 공항, 도시 코드

전 세계 도시와 공항은 암호화되어 있어 항공권 기재사항을 이해해야 한다. 출입국 시 공항에서 수시로 항공편 출도착 상황판을 참고하여 비행편의 정보를 확인해야 하기 때문에 항공 담당자뿐만 아니라 여행사 직원들은 반드시 항공코드를 숙지해야 한다. ICAO 음성 알파벳, 월별 코드, 항공사 코드(IATA 2 letter), 도시와 공항 코드(3 letter) 및 복수공항 코드 등을 기본적으로 이해해야 한다. 항공사 코드에서 ICAO는 3 letter code, IATA는 2 letter code를 사용하고 있는데 본서에서는 IATA 코드만을 표기하기로 한다.

〈표 5-2〉 국제민간항공기구(ICAO) 음성 알파벳

LETTER	PHONETIC ALPHABET	LEETTER	PHONETIC ALPHABET
A	ALPHA	N	NOVEMBER
B	BRAVO	O	OSCAR
C	CHARLIE	P	PAPA
D	DELTA	Q	QUEBEC
E	ECHO	R	ROMEO
F	FATHER	S	SIERRA
G	GOLF	T	TANGO
H	HOTEL	U	UNIFORM
I	INDIA	V	VICTOR
J	JULIET	W	WHISKEY
K	KILO	X	XRAY
L	LIMA	Y	YANKEE
M	MIKE	Z	ZULU

〈표 5-3〉 월별 코드

CODE	MONTH	CODE	MONTH
JAN	JANUARY	JUL	JULY
FEB	FEBRUARY	AUG	AUGUST
MAR	MARCH	SEP	SEPTEMBER
APR	APRIL	OCT	OCTOBER
MAY	MAY	NOV	NOVEMBER
JUN	JUNE	DEC	DECEMBER

〈표 5-4〉 항공사 코드

항공사	코드	항공사	코드	항공사	코드
대한항공	KE	AIR CANADA	AC	CHINA SOUTHERN AIRLINES	CZ
아시아나항공	OZ	CHINA AIRLINES	CI	GARUDA INDONESIA AIRWAYS	GA
제주항공	7C	JAPAN AIRLINES	JL	LUFTHANSA	LH
티웨이	TW	VEITNAM AIRLINES	VN	MALAYSIA AIRLINES	MH
에어부산	BX	CATHAY PACIFIC	CX	FINN AIR	AY
진에어	LJ	ALL NIPPON AIRWAYS	NH	THAI AIRWAYS	TG
에어서울	RS	PHILIPPINE AIRLINES	PR	UNITED AIRLINES	UA
이스타항공	ZE	SINGAPORE AIRLINES	SQ	AIR CHINA	CA
플라이강원	4V	TURKISH AIRLINES	TK	CHINA EASTERN AIRLINES	MU
에어프레미아	YP	CEBU PACIFIC AIR	5J	K.L.M ROYAL DUTCH AIRLINES	KL
에어로K	RF	AIR FRANCE	AF	AIR NEWZEALAND	NZ

항공사	코드	항공사	코드	항공사	코드
AEROFLOT RUSSIAN	SU	UZBEKISTAN AIRLINES	HY	US AIRWAYS	US
AERO MEXICO	AM	ETIHAD AIRWAYS	EY	SHENZHEN AIRLINES	ZH
AERO FLOT	SU	DRAGON AIR	KA	HAWAIIAN AIRLINES	HA
VIETJET AIR	VJ	SAKHALINSKIE AIRLINES	HZ	ALITALIA	AZ
AERO MEXICO	AM	KENYA AIRWAYS	KQ	AIR ASTANA	KC
EVA AIR	BR	EGYPT AIR	MS	XIAMEN AIRLINES	MF
DELTA AIRLINES	DL	AIR MACAU	NX	SOUTH AFRICAN AIRWAYS	SA
CONTINENTAL AIRLINES	CO	CZECH AIRLINES	OK	AIR CALIN	SB
EMIRATES AIRLINES	EK	MONGOLIAN AIRLINES	OM	SHANDONG AIRLINES	SC
CHINA HAINAN AIRLINES	HU	QATAR AIRWAYS	QR	VIET JET AIR	VJ

〈표 5-5〉 도시와 공항 코드

도시명 및 공항	코드	도시명 및 공항	코드	도시명 및 공항	코드
TOKYO	TYO	BANGKOK	BKK	WASHINGTON D.C	IAD
FUKUOKA	FUK	BALI	DPS	VANCOUVER	YVR
OSAKA	OSA	HO CHI MIN	SGN	TORONTO	YYZ
LONDON	LON	KUALA LUMPUR	KUL	AUCKLAND	AKL
MIYAZAKI	KMI	MANILA	MNL	SYDENY	SYD
BEIJING	PEK	PHUKET	HKT	GUAM	GUM
GUILIN	KWL	SINGAPORE	SIN	SAIPAN	SPN
HONG KONG	HKG	TAIPEI	TPE	FRANKFURT	FRA
SHANGHAI	SHA	HONOLULU	HNL	ROME	ROM
YANJI	YNJ	LOS ANGELES	LAX	MOSCOW	SVO
YANTAI	YNT	NEW YORK	NYC	PARIS	PAR

도시명 및 공항	코드	도시명 및 공항	코드	도시명 및 공항	코드
NAGOYA	NGO	HANGZHOU	HGH	CLARK	CRK
NIIGATA	KIJ	HARBIN	HRB	HANOI	HAN
AOMORI	AOJ	MACAU	MFM	JAKARTA	CGK
KUMAMOTO	KMJ	NANJING	NKG	KAOHSIUNG	KHH
HIROSHIMA	HIJ	QINGDAO	TAO	KOTA KINABALU	BKI
SENDAI	SDJ	SANYA	SYX	MUMBAI	BOM
KAGOSHIMA	KOJ	SHENYANG	SHE	PHNOMPENH	PNH
CHANGCHUN	CGQ	SHENZHEN	SZX	SIEMREAP	REP
CHANGSHA	CSX	TIANJIN	TSN	TASHKENT	TAS
DALIAN	DLC	WEIHAI	WEH	VLADIVOSTOK	VVO
GUAANGZHOU	CAN	CEBU	CEB	BRISBANE	BNE

도시명 및 공항	코드	도시명 및 공항	코드	도시명 및 공항	코드
MELBOURNE	MEL	CHICAGO	ORD	OKINAWA	OKA
AMSTERDAM	AMS	DALLAS	DFW	SAPPORO	CTS
DOHA	DOH	LASVEGAS	LAS	SHIZUOKA	FSZ
DUBAI	DXB	SANFRANCISCO	SFO	TAKAMATSU	TAK
ISTANBUL	IST	SEATTLE	SEA	TOYAMA	TOY
MADRID	MAD	HANEDA	HND	YONAGO	YGJ
MUNICH	MUC	AKITA	AXT	CHONGQING	CKG
PRAGUE	PRG	KOMATSU	KMQ	CHENGDU	CTU
VIENNA	VIE	KITAKYUSHU	KKJ	JINAN	TNA
ZURICH	ZRH	MATSUYAMA	MYJ	KUNMING	KMG
ATLANTA	ATL	OKAYAMA	OKJ	WUHAN	WUH

도시명 및 공항	코드	도시명 및 공항	코드	도시명 및 공항	코드
XIAMEN	XMN	VLADIVOSTOK	VVO	NAIROBI	NBO
XIAN	SIA	YUZHNO SAKHALINSK	UUS	JOHANNESBURG	JNB
ZHENGZHOU	CGO	IRKUTSK	IKT	CAIRO	CAI
MUDANJIANG	MDG	ALMATY	ALA	PALAU	ROR
HUANGSHAN	TXN	ULAANBAATAR	ULN	DETROIT	DTW
HEFEI	HFE	SAO PAUIO	GRU	BOSTON	BOS
KATHMANDU	KTM	HELSINKI	HEL	COPENHAGEN	CPH
DELHI	DEL	NADI	NAN	HOUSTON	IAH
CHIANGMAI	CNX	NOUMEA	NOU	BUDAPEST	BUD
ST.PETERSBURG	LED	ABUDHABI	AUH	SANTIAGO	SCL
KHABAROVSK	KHV	TELAVIV	TLV	LIMA	LIM

〈표 5-6〉 복수공항 코드

도시명	공항코드	공항명
NYC	JFK	JOHN F KENNEDY
	EWR	NEWYARK
	LGA	LA GUARDIA
PAR	CDG	CHARLES DE GAULLE
	ORY	ORLY
LON	LHR	LONDON HEATHROW
	LGW	LONDON GATWICK
OSA	ITM	ITAMI
	KIX	KANSAI
TYO	NRT	NARITA
	HND	HANEDA
WAS	IAD	DULLES
	DCA	NATIONAL
SEL	ICN	INCHEON
	GMP	GIMPO

여 | 행 | 항 | 공 | 용 | 어

❶ Deluxe Type

이코노미 타입에 반대되는 개념이다. 보통 딜럭스형 여행이란 항공기는 1, 2등석을 이용하고, 숙박은 최고급 호텔을 이용하는 럭셔리여행을 가리킨다. 신혼여행, SIT(Special Interest Tour)의 일부에 이러한 타입이 많으며, 학생이나 젊은이들의 여행에는 이러한 유형을 찾아보기 힘들다. 최근에는 객실이나 식사에만 중점적으로 신경을 쓰는 선택형 딜럭스형도 볼 수 있다.

❷ Demi-Pension

숙박요금제도 중 하나로 미국에서는 객실료에 아침식사와 저녁식사가 포함된 것을 말하고, 유럽에서는 객실료와 컨티넨탈 조식, 중식이나 석식 중 하나를 고객이 선택하도록 하는 방식이다(객실료+2식).

❸ Departure Tax

출국 시에 부과되는 조세로서, 공항세와 함께 징수되기도 한다. 체제시간이 24시간 미만인 경우와 수개월 이상 머무르게 된 경우에 따라 금액에 차등을 두는 국가도 있다. 지불장소와 시점은 항공권 발행 시에 징수되는 경우(미국, 이탈리아, 프랑스, 독일, 한국 등), 체크인 카운터에서 항공사 직원에게 지불하는 경우(싱가포르, 태국 등), 전용 창구에서 지불하는 경우(중국 등)가 있다.

❹ Double Booking

한 명의 승객이 동일 노선 1회의 여행에 대하여 두 번 이상 중복예약을 하거나 한 명의 투숙객이 객실을 2회 이상 동일한 호텔에 대하여 예약하는 경우에 사용되는 예약용어로 흔히 이를 'duplicated reservation'이라고도 한다.

❺ Eco Tour

자연환경, 문화유산, 생활양식을 포함하여 그 지역의 생태계를 보호할 목적으로 자연관찰과 문화체험을 한데 엮은 여행형태로 '생태관광'이라고 한다.

❻ Ethnic Tourism

원주민 및 그들의 생활습관 · 예능 · 건축 · 복식 · 공예품 등의 문화적 이국정서를 주된 흥미거리로 하는 관광활동의 주요한 형태 중 하나로 '민속관광'이라고 한다.

❼ Fam Tour

Familiarization Tour를 줄인 말로, 항공사나 여행업체, 지방자치단체, 기타 공급업자들의 관광상품이나 특정 관광지를 홍보하기 위하여 여행업자, 언론기자, 유관인사 등을 초청하여 실시하는 일종의 사전답사여행을 말한다.

❽ Flat Rate

객실요금은 본래 등급에 따라 요금이 달라지는 것인데, 여기에 일률적인 요금을 적용하여 판매하는 것을 말한다. 여행사나 단체에 대하여 대량으로 객실을 판매할 때 이용된다.

❾ Front Clerk

프런트 데스크에서 접객을 관장하는 직종의 총칭이다. 체크인 수속에 관한 업무, 숙박예약의 접수 및 관리, 숙박객에 관한 문의사항 처리, 안내업무, 숙박객 앞으로 오는 우편물의 관리, 객실 열쇠의 관리 등 숙박에 수반되는 여러 가지 업무를 담당한다. 직종에 따라 리셉션 클럭, 인포메이션 클럭, 메일 클럭, 리저베이션 클럭 등으로 세분된다. 숙박대금의 수수를 주요 업무로 하는 프런트 캐셔(front casher)에 대하여는 일반적으로 이 명칭을 사용하지 않는다.

❿ Full Package Type

필요한 여행소재를 최대한 빠짐없이 갖추어 기획한 여행상품이다. 왕복교통수단 · 숙박 · 식사 · 관광 등 모든 것이 이미 수배가 끝남과 동시에 전일정에 탑승원, 안내원이 함께 여행하는 형태이다.

⓫ Go Show

사전에 좌석을 확보하지 못한 사람이 공항에 나가서 만약 공석이 있으면 그 좌석을 이용하고 싶다고 희망하는 상태를 말한다. 노쇼(no show)의 반대 개념이며, 국제선에서는 매우 드문 경우지만 많은 항공편을 운항하는 국내선에서는 빈번하게 이루어지고 있다. 그리고 사전예약을 받지 않는 편도 있는데 여기에서는 모두 고쇼가 된다.

⓬ Grand Tour

16세기 후반 영국 귀족들은 자녀들을 국제적인 신사로 키우기 위해 앞다투어 문화 선진국을 방문하게 했는데 이러한 영국의 귀족 자제들이 활발하게 행한 유럽여행을 가리켜 그랜드 투어라 한다. 그랜드 투어를 통해 유럽 대륙의 선전문화를 경험한 후 영국은 '해가 지지 않는 나라'로 등극하여 세계를 지배하였다.

⓭ Happy Hour

호텔 식음료장에서 (라운지, 칵테일 바 또는 펍) 하루 중 고객이 붐비지 않는 시간대(보통 오후 4시에서 6시 사이)를 이용하여 저렴한 가격으로 또는 무료로 음료 및 스낵 등을 제공하는 호텔 프로모션 상품 중 하나이다.

CHAPTER ▸▸ 06

여행수속

1. 여권수속 업무
2. 비자수속 업무
3. 공항수속 업무

학습목표

1. 여권과 비자의 의미를 알고 국가별 비자 대행 절차를 이해할 수 있다.
2. 공항의 개념을 파악하여 공항 수속 업무를 설명할 수 있다.

1 여권수속 업무

여권은 영어로 Passport이며 그 어원은 pass와 port의 합성어이다. 항공기가 없던 20세기 이전에 선박을 이용하여 외국을 방문했던 시대에는 항구를 통과한다는 의미로 해석될 수 있다. 여권은 외국 여행자의 신분과 국적을 증명하고 그 보호를 국가가 의뢰하는 문서이다. 우리나라「여권법」제2조에는 여권은 소지자의 국적 등 신분을 증명하는 공문서의 일종으로서, 외국을 여행하려는 국민은 여권을 소지할 의무가 있고,「여권법」제4조에 의하면 여권의 종류로는 일반여권, 관용여권, 외교관여권이 있으며 이를 각각 1회에 한하여 외국여행을 할 수 있는 단수여권과 유효기간 만료일까지 횟수에 제한 없이 외국여행을 할 수 있는 복수여권으로 구분할 수 있다.

일반여권은 대한민국 국적을 보유하고 있는 국민이 발급대상자이며 여권법 제12조에 의하면 법령에 의한 여권발급 거부 또는 대상이 아닌 자이어야 한다. 여권은 예외적인 경우(의전상 필요한 경우, 질병과 장애 경우, 만 18세 미만 미성년자)를 제외하고는 본인이 직접 방문하여 신청해야 한다. 여권사무대행기관은 시청, 구청, 군청, 도청을 포함한 253개 정부기관과 지방자치단체, 175개 재외공관 등으로 여권을 신청할 수 있다.

구비서류는 접수비용 수수료, 여권발급신청서, 여권용 사진 1매(6개월 이내 촬영사진, 전자여권이 아닌 경우 2매), 신분증, 25~37세 병역 미필 남성은 국외여행허가서 등이 필요하다.

관용여권과 외교관여권은 공무상 국외여행을 위해 발급되며(개인적 국외여행에는 일반여권 사용), 발급대상자 가족의 경우에는 공무상 동반 시에만 발급받을 수 있으므로 가족에 대한 관용 · 외교관여권 발급 요청 시 관계부처에서는 그 필요성을 상세히 소명해야 한다. 대리신청이 불가능하여 직접 방문신청해야 하며 소지하고 있는 유효한 일반여권은 반납 또는 보관을 해야 신청이 가능하다. 외교관여권 신청은 외교부 여권과, 관용여권은 일반여권 신청기관과 동일하다.

관용여권 발급 대상자는 ① 공무원과 공공기관, 한국은행 및 한국수출입은행의 임원 및 직원으로서 공무로 국외에 여행하는 자와 관계기관이 추천하는 그 배우자, 27세 미만의 미혼인 자녀 및 생활능력이 없는 부모 ② 공공기관, 한국은행 및 한국수출입은행의 국외주재원과 그 배우자 및 27세 미만의 미혼인 자녀 ③ 정부에서 파견하는 의료요원, 태권도사범 및 재외동포 교육을 위한 교사와 그 배우자 및 27세 미만의 미혼인 자녀 ④ 대한민국 재외공관 업무보조원과 그 배우자 및 27세 미만의 미혼인 자녀 ⑤ 외교부 소속 공무원 또는 외무공무원법 제31조의 규정에 의하여 재외공관에 근무하는 공무원이나 현역군인이 그 가사 보조를 위하여 동반하는 자이다.

외교관여권 발급 대상자는 ① 전현직 대통령/국회의장/대법원장/헌법재판소장/국무총리/외교부장관 본인, 그 배우자 및 27세 미만 미혼인 자녀 ② 특명전권대사/국제올림픽위원회위원 본인, 그 배우자 및 27세 미만 미혼인 자녀, 생활능력이 없는 부모 ③ 외교부 소속 공무원 및 그 배우자, 27세 미만 미혼인 자녀, 생활능력이 없는 부모(단, 배우자, 27세 미만 미혼 자녀, 생활능력이 없는 부모는 외교부 소속 공무원이 공무로 국외여행을 하는 경우에 한하여 외교관여권 발급 가능) 등이다. 구비서류는 일반여권 서류와 공무원증 또는 재직을 증명하는 신분증, 관계기관 공문 등이다.

여행증명서는 정규여권을 발급받을 시간적 여유가 없고 긴급히 여행해야 할 필요가 있는 경우 예외적으로 발급하는 여권에 갈음하는 증명서로서, 1년 이내의 유효기간이 부여되며 유효기간이 남아 있더라도 여행증명서에 기재되지 않은 국가를 여행하거나 여행증명서에 지재될 국가를 여행하여 해당여행 목적 달성 시 효력이 상실된다. 발급대상자는 여권법 제14조, 시행령 제16조, 제17조에 의거하여 ① 출국하는 무국적자 ② 국외에 체류하거나 거주하고 있는 사람으로서 여권을 잃어버리거나 유효기간이 만료되는 등의 경우에 여권 발급을 기다릴 시간적 여유가 없이 긴급히 귀국하거나 제3국에 여행할 필요가 있는 사람 ③ 국외에 거주하고 있는 사람으로서 일시 귀국한 후 여권을 잃어버리거나 유효기간이 만료되는 등의 경우에 여권발급을 기다릴 시간적 여유가 없이 긴급히 거주지

국가로 출국하여야 할 필요가 있는 사람 ④ 해외입양자 ⑤ “남북교류협력에 관한 법률” 제10조에 따라 여행증명서를 소지하여야 하는 사람으로서 여행증명서를 발급할 필요가 있다고 외교부장관이 인정하는 사람 ⑥ 국외에 체류하거나 거주하고 있는 사람으로서 여권의 발급 · 재발급이 거부 또는 제한되었거나 외국에서 강제 퇴거된 경우에 귀국을 위하여 여행증명서의 발급이 필요한 사람 ⑦ “출국관리법” 제46조에 따라 대한민국 밖으로 강제 퇴거되는 외국인으로서 그가 국적을 가지는 국가의 여권 또는 여권을 갈음하는 증명서를 발급받을 수 없는 사람 ⑧ 상기 ①부터 ⑦까지의 규정에 준하는 사람으로서 긴급하게 여행증명서를 발급할 필요가 있다고 외교부장관이 인정하는 사람 등이며 구비서류는 일반인은 일반여권 구비서류와 동일하나 여권용 사진이 2매이다. 무국적자는 기존 일반여권 신청 서류와 여권용 사진 2매, 무국적자임을 증명하는 서류가 더 추가된다. 접수처는 외교부 여권과, 재외공관이며 소정의 수수료를 납부해야 한다.

여권 신청 시 사진 규격은 국제민간항공기구(ICAO)에서 정한 기준을 따르고 있다. 여권은 국외여행 시 인정되는 유일한 신분증으로 여권사진은 본인임을 확인하는 데 매우 중요한 요소이므로 여권사진은 6개월 이내에 촬영된 사진으로 각 나라의 출입국 심사(자동출입국 시스템 포함) 시 본인임을 확인할 수 있도록 실제 소지인을 그대로 나타내어야 하며, 변형하여서는 안 되며 여권접수가 지연되거나 거부되지 않도록 기준에 맞는 사진을 제출해야 한다. 사진크기는 가로 3.5cm, 세로 4.5cm인 천연색 상반신 정면 사진이어야 하며 머리길이(정수리부터 턱까지)가 3.2~3.6cm, 여권발급 신청일 전 6개월 이내에 촬영된 사진이어야 한다. 또한 품질과 배경, 얼굴방향과 표정, 눈동자와 안경, 의상과 장신구, 24개월 이하 영유아 등도 사진 촬영 시 각별히 주의가 필요하다.

그림 6-1 여권사진 규격

외교부
www.mofa.go.kr
여권사진 규격 안내
(2018. 1. 개정)
여권사진의 규격은 국제민간항공기구(ICAO)에서 정한 기준을 따르고 있습니다. 여권은 해외 여행시 인정되는 유일한 신분증으로 여권사진은 본인임을 확인하는데 매우 중요한 요소입니다. 여권사진은 6개월 이내 촬영된 사진으로 각 나라의 출입국 심사(자동출입국 시스템 포함)시 본인임을 확인할 수 있도록 실제 소지인을 그대로 나타내어야 하며, 변형하여서는 안됩니다. 여권접수가 지연되거나 거부되지 않도록 아래 기준에 맞는 사진을 제출하여 주시기 바랍니다.
사진크기
• 가로 3.5cm, 세로 4.5cm인 천연색 상반신 정면 사진이어야 합니다.
• 머리길이(정수리부터 턱까지)가 3.2 ~ 3.6cm 이어야 합니다.
• 여권발급 신청일 전 6개월 이내 촬영된 사진이어야 합니다.
외교부
표준사진
성 인
영 아
4.5cm
3.5cm
3.2cm ~ 3.6cm
○ 품질 · 배경
• 일반 종이에 인쇄된 사진은 사용할 수 없으며, 인화지에 인화된 사진으로 표면이 균일하고 잉크자국이나 구겨짐 없이 선명해야 합니다.
• 포토샵 등으로 수정한 사진은 사용할 수 없습니다.
• 배경은 균일한 흰 색이어야 하고, 테두리가 없어야 합니다.
• 다른사람 및 사물이 노출된 사진은 사용할 수 없습니다.
• 인물과 배경에 그림자나 빛 반사가 없어야 합니다.
저품질 사진
부적절한 조명
(인물 및 배경) 그림자
○ 얼굴방향 · 표정
• 얼굴과 어깨는 정면을 향해야 합니다.(측면포즈 불가)
• 입은 다물어야하며 웃거나 찡그리지 않은 자연스러운 표정(무표정)이어야 합니다.
• 얼굴을 머리카락이나 장신구 등으로 가리면 안되고 얼굴 전체(이마부터 턱까지)가 나와야 합니다.
측면포즈
웃음
얼굴 가림

자료: 외교부 여권 안내 홈페이지

여권의 용도는 환전, 비자 신청과 발급, 우리나라와 외국의 출입국 수속과 항공기 탑승, 국제운전면허증 신청, 여행자수표로 대금지급이나 현지 화폐로 환전, 여행자수표를 도난 또는 분실한 후 재발급 신청, 국외여행 중 한국으로부터 송금된 돈을 찾을 때, 렌터카 계약, 호텔 투숙 등 여행 준비와 여행 중에 반드시 여권이 필요한 경우가 많다.

현재 우리나라는 특별한 경우를 제외하고는 전자여권을 발급하고 있다. 전자여권(ePassport)은 여권 내에 칩과 안테나를 추가하고 개인정보와 바이오정보를 칩에 저장한 기계판독식 여권을 말한다. 전자여권에는 여권 커버의 빨간 동그라미 안에 전자여권 로고가 있으며 여권번호가 M으로 시작된다. 전자여권을 도입한 기본 취지는 여권 위·변조 및 여권 도용 방지를 통해 여권의 보안성을 극대화하여, 궁극적으로 국외를 여행하는 우리 국민들의 편의를 증진시키는 데 있다. 전자여권에 내장되는 칩에는 기존 여권에 수록된 정보가 한 번 더 수록되며, 각종 보안기술이 적용된다. 따라서 신원정보면과 칩을 동시에 조작하는 것이 사실상 불가능해지며, 설사 조작한 경우라고 해도 출입국 과정에서 자동적으로 적발된다. 우리나라는 2008년 3월 31일부터 관용 및 외교관 여권을, 2008년 8월 25일부터 일반여권을 전자여권 형태로 발급하고 있다.

그림 6-2 **대한민국 여권의 종류**

자료: 외교부 여권안내 홈페이지(www.passport.go.kr)

현재 보유하고 있는 여권이 전자여권이 아니더라도 유효기간이 남았다면 계속 사용할 수 있다. 그러나 미국비자면제프로그램(VWP)을 이용하기 위해서는 반드시 전자여권을 발급받아야 한다. 전자여권이 아닌 여권도 여행 목적에 맞는 사증(비자)을 받으면 문제가 되지는 않지만 전자여권이 있으면 별도의 사증(비자)을 받지 않고, 대신 미국의 '전자여행허가제(ESTA)'를 이용할 수 있으므로 편리하다. 미국의 '전자여행허가제(ESTA)'는 90일 이내 단기여행을 대상으로 한다.

그림 6-3 여권 발급 수수료

종류	구분				여권발급수수료		국제교류기여금		합계	
					국내	재외공관	국내	재외공관	국내	재외공관
전자여권	복수여권	10년 이내※ (18세 이상)		48면	38,000원	38불	15,000원	15불	53,000원	53불
				24면	35,000원	35불			50,000원	50불
		5년 (18세 미만)	8세 이상	48면	33,000원	33불	12,000원	12불	45,000원	45불
				24면	30,000원	30불			42,000원	42불
			8세 미만	48면	33,000원	33불	-	-	33,000원	33불
				24면	30,000원	30불			30,000원	30불
		5년 미만[1] (24면)		24면	15,000원	15불	-	-	15,000원	15불
	단수여권	1년 이내			15,000원	15불	5,000원	5불	20,000원	20불
비전자여권	단수여권	1년 이내			48,000원	48불	5,000원	5불	53,000원	53불
기타	여행증명서	사진부착식			5,000원	5불	2,000원	2불	7,000원	7불
	남은 유효기간 부여 여권[2] (48면, 24면 선택)			48면 / 24면	25,000원	25불	-	-	25,000원	25불
	기재사항변경				5,000원	5불	-	-	5,000원	5불
	여권사실증명				1,000원	1불	-	-	1,000원	1불

그림 6-4 여권 발급 신청서

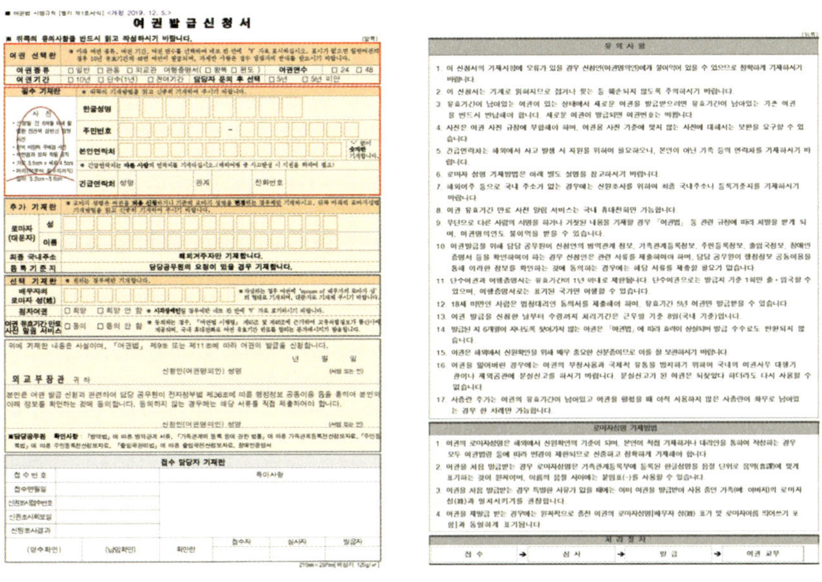

② 비자수속 업무

비자(VISA, 사증)의 어원은 보증하다, 보장하다, 확인하다 등의 포괄적, 규범적, 법률적 의미의 용어로 방문하고자 하는 상대국의 정부에서 입국을 허가해 주는 허가증이다. 국가 간 이동을 위해서는 원칙적으로 사증(입국허가)이 필요하다. 사증을 받기 위해서는 상대국 대사관이나 영사관을 방문하여 방문국가가 요청하는 서류 및 사증 수수료를 지불해야 하며 경우에 따라서는 인터뷰도 거쳐야 한다. 2019년 5월 현재 우리나라 국민들은 149개 국가와 지역을 제외한 나머지 국가들은 반드시 사증을 받아야 그 나라 입국이 가능하다. 이러한 번거로움을 없애기 위해 국가 간 협정이나 일방 혹은 상호 조치에 의해 사증 없이 상대국에 입국할 수 있는 사증면제제도를 체결하고 있다. 여권의 종류에 따라 무사증 입국 가능 여부가 다르고 사증(비자) 취득은 해당 국가의 주권 사항이므로 여행사 수속 담당자는 반드시 해당 주한대사관을 통해 확인을 거쳐 올바른 내용을 관광객에게 안내해야 한다. 특별히 사증 없이 그 국가에 입국 가능한 나라가 있으나 사전에 주의가 필요한 곳이 있는데 미국은 출국 전 전자여행허가(ESTA) 신청, 캐나다는 출국 전 전자여행허가(eTA) 신청, 호주는 출국 전 전자여행허가(ETA) 신청, 괌 · 북마리아나연방(수도: 사이판)은 45일간 무사증입국이 가능하며, 전자여행허가(ESTA) 신청 시 90일 체류가 가능하다.

사증면제제도는 대체로 관광, 상용 목적으로 방문할 때 적용되며 사증면제기간 이내에 체류할 계획이라 해도 국가에 따라서는 방문 목적에 따른 별도의 사증을 요구하는 경우가 많기 때문에 여행사는 방문할 국가의 주한공관 홈페이지 등을 통해 확인해서 관광객에게 안내해야 한다.

1) 중국비자

중국비자는 2018년 8월 20일부터 주한중국대사관 영사부, 주부산총영사관, 주광주총영사관, 주제주총영사관 영사 인증의 경우 중국비자신청 서비스센터에서 대행 업무를 하고 있다. 본인 혹은 대리인(여행사) 신청이 가능하며 비자센터 선택 후 구비서류를 준비하여 인증을 신청한다. 비자센터는 서울(2곳), 부산, 광주, 제주 등 5곳에 개설되어 있다. 인증 대행 업무 실행 후 비자센터는 안내, 접수, 수납, 발급 등의 업무만을 대행하며, 인증 심사 및 신청인 제출서류에 대한 인증 가능 여부는 중국영사부에서 결정한다. 비자센터에서 지불해야 하는 비자비용은 다음 표와 같으며 별도로 서비스 수수료를 받고 있다.

(1) 중국비자 발급 소요기간과 요금

〈표 6-1〉 중국비자 발급 소요기간과 요금

비자 종류	보통 (영업일 4일)	급행 (영업일 3일)	특급 (영업일 2일)
1차	35,000	59,000	70,000
2차	53,000	77,000	88,000
반년 복수	70,000	94,000	105,000
1년 및 1년 이상 복수	100,000	124,000	135,000
단체비자	15,000	27,000	32,500

*중국비자신청서비센터 서비스 요금은 보통 20,000원(인당), 급행 30,000원(인당), 특급 40,000원(인당) 추가 지불
자료: 중국대사관 영사 및 비자업무(http://kr.china-embassy.org/kor/lshyw/lsk_qz/t1676193.htm)

(2) 중국비자 종류별 구비서류

여권은 신청일로부터 유효기간이 6개월 이상 남아 있고 빈 사증면이 있는 여권 원본 및 여권사진과 인적 사항을 확인할 수 있는 여권면 사본 1부, 비자 신청서 및 사진은 기재 완료 후 서명한 “중화인민공화국비자신청서” 1부 및 최근(6개월 이내)에 정면으로 촬영한 모자를 쓰지 않은 컬러 사진 1장과 비자 신청 수수료가 필요하다.

〈표 6-2〉 중국비자 종류별 구비서류

<table>
<tr><th>비자 종류</th><th>구비서류</th></tr>
<tr><td>L비자
(관광)</td><td>다음 자료 중 하나 제출
1. 왕복비행기표 예약확인서 및 호텔예약확인서 등 관광스케줄 관련 서류
2. 중국 국내기관 혹은 개인이 작성한 초청장. 개인이 작성한 초청장은 초청인의 신분증 사본을 첨부. 초청장은 반드시 아래 사항 포함
• 피초청인의 개인정보: 성명, 성별, 생년월일 등
• 피초청인의 관광스케줄 정보: 중국 입·출국 예정일, 방문지역 등
• 초청기관 및 초청인 정보: 초청기관명칭 혹은 초청인의 성명, 연락처, 주소, 기관 도장, 법정대표 혹은 초청인의 서명 등
* 과거 2년간 2번 이상 중국 다녀온 출입국 기록을 제출하면 복수비자 가능</td></tr>
<tr><td>단체 L비자
(5인 이상
관광)</td><td>각 단체별 다음 자료 중 하나 제출
1. 권한을 부여받은 관광기관에서 발급한 단체비자용 "관광초청장"
2. 중국 국내 접대여행사(첫 방문목적지 접대여행사 혹은 기타 주요 접대여행사)가 발급한 초청장 및 한국 초청 여행사가 발급한 서한
• 중국 국내 접대여행사 초청장에는 반드시 다음 내용을 포함: 접대여행사 명칭, 연락처, 주소, 기관 도장, 법정대표 혹은 수권인 서명 등, 또한 단체관광자의 명단 및 구체적인 성명, 성별, 생년월일, 국적, 직업, 여권번호 등의 정보
• 한국 초청여행사의 서한에는 반드시 다음 내용 포함: 단체여행사 명칭, 연락처, 주소, 기관 도장, 법정대표 서명 혹은 서명도장 등, 또한 단체관광 스케줄 등</td></tr>
<tr><td>M비자
(상용)</td><td>중국 국내 무역협력회사에서 발행한 비즈니스 활동 증명, 경제·무역거래회의 초청장 등 관련서류. 상기 관련서류에는 아래의 내용을 반드시 포함
• 피초청인의 개인정보: 성명, 성별, 생년월일 등
• 피초청인의 방문정보: 방문사유, 중국 입·출국 예정일, 방문지역, 초청기관 혹은 초청인과의 관계, 여행경비 부담 주체 등
• 초청기관의 정보: 초청기관명칭, 주소, 연락처, 기관 도장, 법정대표 혹은 기관 초청인의 서명 등
* 이전에 발급받은 중국비자 복사본(새 여권으로 신청하는 경우 구여권의 사진과 인적 사항을 확인할 수 있는 여권면 사본 및 구여권상에 있는 중국비자의 사본)을 제출하면 복수비자 발급 가능</td></tr>
</table>

그림 6-5 중국비자 사진규격

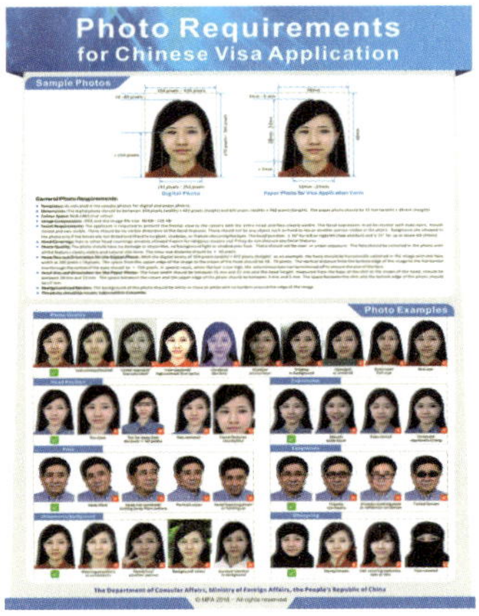

그림 6-6 중국 단체비자

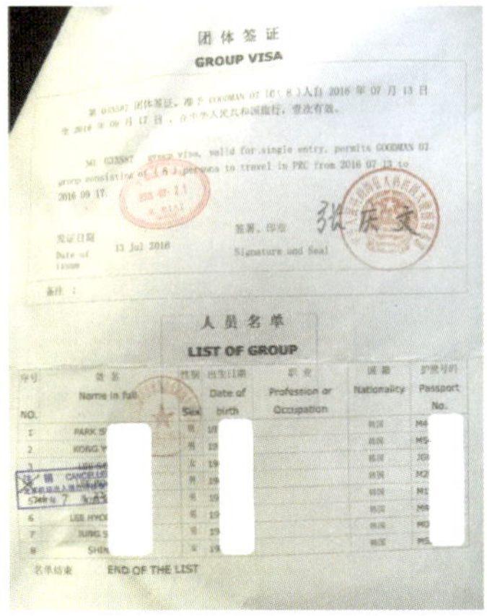

그림 6-7 중국비자 신청서

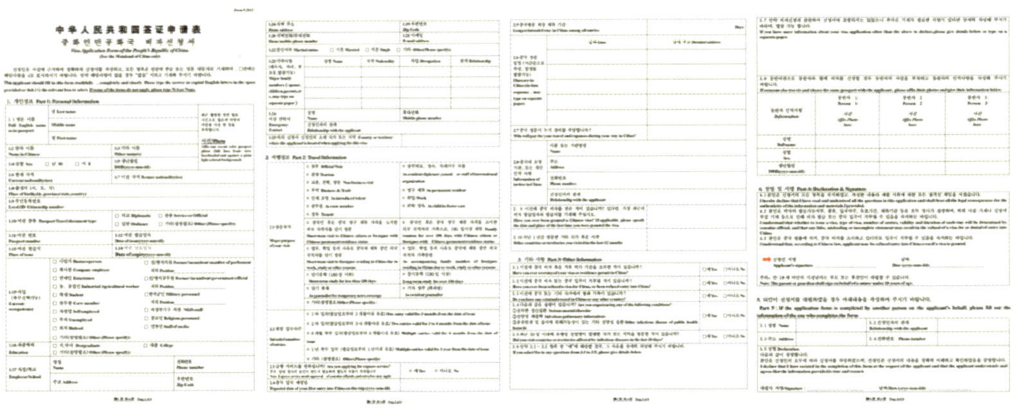

2) 미국 무비자 입국

미국을 방문하기 위해서는 비자를 발급받거나 "전자여행허가(ESTA: Electronic System of Travel Authorization)"를 취득해야 하며, ESTA(https://esta.cbp.dhs.gov)에 접속해서 절차에 따라 작성한 후 신청 수수료 US$14를 지불해야 한다.

2008년 이전에는 미국을 방문하기 위해서는 주한미국대사관을 방문, 인터뷰 등의 복잡한 절차를 거쳐 비자를 발급받아야 했지만 2008년 11월 17일 우리나라가 미국의 "비자면제프로그램(VWP: Visa Waiver Program)"에 가입함으로써 우리 국민은 인터넷에서 간단한 등록절차를 거쳐 ESTA를 발급받는 것만으로 비자 없이 미국을 방문할 수 있게 되었다. 단, ESTA는 전자여권에만 적용되며, 전자여권이 아닌 여권은 별도의 비자를 받아야 한다. VWP는 미국 정부가 국경보안, 출입국관리, 비자거부율 등을 감안하여 약 30~40개국에게 90일간 관광 · 상용 등의 목적으로 비자 없이 입국과 체류할 수 있는 가입국 지위를 부여하고 있는 제도로, 우리나라는 2008년 11월 17일부터 VWP가 적용되어 우리 국민의 무비자 미국 방문이 가능해졌다. VWP 가입국이 되었다고 해서 그 지위가 계속 유지되는 것은 아니며, 미 정부에서 2년마다 가입국의 대테러 대책, 출입국관리 및 여권관리 현황, 불법체류와 입국거부자 숫자 등을 감안하여 지위 연장 여부를 결정하게 된다.

3) 쉥겐협약

쉥겐협약(Schengen agreement)은 유럽지역 26개 국가들이 여행과 통행의 편의를 위해 체결한 협약으로서, 쉥겐협약 가입국을 여행할 때는 마치 국경이 없는 한 국가를 여행하는 것처럼 자유로이 이동할 수 있다. 쉥겐협약에 가입한 26개 국가로는 그리스, 네덜란드, 노르웨이, 덴마크, 독일, 라트비아, 룩셈부르크, 리투아니아, 리히텐슈타인, 몰타, 벨기에, 스위스, 스웨덴, 스페인, 슬로바키아, 슬로베니아, 아이슬란드, 에스토니아, 오스트리아, 이탈리아, 체코, 포르투갈, 폴란드, 프랑스, 핀란드, 헝가리 등이 있다. 쉥겐협약에 가입국가에서 비쉥겐국가 국민이 체류할 수 있는 기간은 쉥겐국가 최종 출국일(단속일*) 기준으로 이전 180일 이내 90일간 쉥겐국 내 무비자 여행이 가능하다. 최장 체류 가능일수인 90일은 쉥겐국 내에서 여행하였던 모든 기간(이전 출국일과 입국일 포함)을 합산하며, 출국 시마다 이전 180일 기간 중 체류일을 출국일을 기준으로 출국심사관이 계산한다. 예를 들면 1월 1일부터 6월 29일까지 180일 기간 중 90일간 체류하여, 6월 30일 재입국하여 9월 27일에 쉥겐국을 출국하는 경우(90일 체류), 출국일 9월 27일 기준 역산하여 이전 180일(3월 31일~9월 27일) 기간 동안 체류일수를 계산하게 되므로 3월 31일~6월 29일 사이의 체류 시 쉥겐협정 위반이다. 즉 출국 예상일을 기준으로 여권의 유효기간이 3개월 이상 남아 있어야 한다.

쉥겐협약 가입국 여행 시 유의사항은 유럽지역 내에서는 별도의 출입국 심사가 없기 때문에 체류 사실이 여권상에 표기되지 않는다는 것이다. 따라서 체류사실 증명자료인 체류허가서/교통/숙박/신용카드 영수증 및 관련 서류 등을 반드시 여행이 끝날 때까지 보관하고 여행 중 및 출국 시 휴대해야 한다. 쉥겐협약 내 규정된 기간(최종 출국일(단속일)로부터 이전 180일 내 90일)보다 체류기간이 초과된 경우, 향후 쉥겐국가 입국 시 불이익을 받을 수 있다. 따라서 허용기간 안에 여행을 마칠 수 있도록 적절히 계획을 세우는 게 좋다.

결론적으로 쉥겐 회원국 외의 국민은 쉥겐조약 가입국에 입국하고자 할 경우 처음 입국한 국가에서만 심사를 받고, 일단 역내에 들어서면 6개월 이내 최대 90일까지 회원국의 국경을 자유롭게 넘나들 수 있다. 즉, 첫 입국일을 기준으로 하여 6개월(180일) 이내에는 최대 90일을 초과하면 쉥겐 조약국 내의 입국이 허용되지 않으므로, 해당 국가의 비자를 받아야 한다.

4) 워킹홀리데이

워킹홀리데이(Working Holiday)는 협정 체결국 청년들이 상대 체결국을 방문하여 일정기간 동안 여행, 어학연수, 취업 등을 하면서 그 나라의 문화와 생활을 체험할 수 있는 제도이다. 우리나라는 현재 23개 국가 및 지역과 워킹홀리데이 협정 및 1개 국가와 청년교류제도(YMS) 협정을 체결하고 있다. 네덜란드, 뉴질랜드, 대만, 덴마크, 독일, 벨기에, 스웨덴, 아일랜드, 오스트리아, 이스라엘, 이탈리아, 일본, 체코, 칠레, 캐나다, 포르투갈, 프랑스, 헝가리, 호주, 홍콩, 스페인, 아르헨티나, 폴란드 워킹홀리데이와 영국 청년교류제도(YMS)에 참여할 수 있다. 워킹홀리데이 비자를 통해 상대 국가/지역 방문 시 통상 12개월 동안 체류가 가능하고, 호주 같은 경우 특정 업무에 일정기간 동안 종사할 경우 추가로 12개월 연장해서 체류할 수 있는 비자를 발급한다. 참가자 쿼터는 우리나라와 협정을 맺은 국가/지역별로 차이가 있다. 참가자가 무제한인 국가도 있지만 최대 100명만 참가할 수 있는 국가도 있다. 워킹홀리데이 참가자격은 대부분 18-30세의 청년, 부양가족이 없고, 신체가 건강하며, 범죄경력이 없을 것 등을 자격조건으로 두고 있지만, 언어능력으로 참가자격의 제한을 두고 있지 않다.

워킹홀리데이에 참가하기 위해서는 해당 대사관 (또는 총영사관) 또는 이민국 등에서 워킹홀리데이 비자를 신청해야 한다. 이 비자는 해당 국가 및 지역에 체류하는 동안 여행과 일을 할 수 있는 '관광취업비자'로서 현지에서 관광경비 조달을 위해 합법적으로 임시취업을 할 수 있도록 허용하는 비자이다. 체결 국가 및 지역별로 요구하는 비자발급조건, 구비서류, 신청기간 등이 상이하기 때문에 해당 국가 및 지역에 대한 비자정보를 꼼꼼히 살펴봐야 한다.

워킹홀리데이 비자는 각 국가별로 평생 단 한번만 받을 수 있는 비자이며, 학생비자나 관광비자와 같이 어학연수와 관광도 할 수 있으면서 합법적으로 단기취업이 가능한 비자이다. 우리나라 외교부는 워킹홀리데이 인포센터를 운영하고 있으며, 워킹홀리데이에 참가하고자 하는 청년들에게 일자리 정보, 안전 정보, 어학연수 정보, 관광 정보 등 각 나라별로 다양한 정보를 홈페이지(whic.mofa.go.kr)를 통해 제공하고 있다.

〈표 6-3〉 워킹홀리데이 참가자 현황 (단위: 명)

연도	호주	캐나다	뉴질랜드	일본	프랑스	독일	아일랜드	스웨덴
2005	17,706	800	797	1,800	-	-	-	-
2006	24,007	800	1,071	3,600	-	-	-	-
2007	28,562	800	2,050	3,600	-	-	-	-
2008	32,635	2,010	1,901	3,600	-	-	-	-
2009	39,505	4,020	1,901	7,200	154	188	-	-
2010	34,870	4,100	1,800	7,200	185	582	400	-
2011	30,527	3,913	1,881	6,319	152	839	359	38
2012	34,234	4,069	1,803	5,856	205	1,084	400	44
2013	33,284	3,373	1,805	5,102	284	1,074	400	42
2014	24,146	3,751	1,803	3,254	335	1,510	400	46

2015	24,568	3,792	1,801	3,194	400	2,037	400	47
2016	21,854	3,800	2,953	3,681	429	2,146	400	99
2017	22,241	4,708	3,119	5,101	490	2,332	600	104
2018	22,118	4,053	2,973	6,534	458	2,099	600	94

연도	덴마크	홍콩	대만	체코	영국	오스트리아	헝가리	포르투갈
2005	-	-	-	-	-	-	-	-
2006	-	-	-	-	-	-	-	-
2007	-	-	-	-	-	-	-	-
2008	-	-	-	-	-	-	-	-
2009	-	-	-	-	-	-	-	-
2010	-	-	-	-	-	-	-	-
2011	36	62	152	-	-	-	-	-
2012	68	127	214	2	386	4	-	-
2013	60	120	216	5	965	30	3	-
2014	79	505	367	21	957	43	45	12
2015	71	500	400	31	924	34	37	18
2016	53	339	600	15	952	38	26	13
2017	150	559	546	49	943	67	28	26
2018	집계 중	286	377	100	990	114	19	40

연도	네덜란드	이탈리아	이스라엘	벨기에	칠레	스페인	폴란드	계
2005	-	-	-	-	-	-	-	**21,103**
2006	-	-	-	-	-	-	-	**29,478**
2007	-	-	-	-	-	-	-	**35,012**
2008	-	-	-	-	-	-	-	**40,146**
2009	-	-	-	-	-	-	-	**52,968**
2010	-	-	-	-	-	-	-	**49,137**
2011	-	-	-	-	-	-	-	**44,278**
2012	-	-	-	-	-	-	-	**48,496**

2013	-	-	-	-	-	-	-	46,763
2014	96	1	-	-	-	-	-	37,373
2015	98	123	-	-	-	-	-	38,475
2016	33	211	6	12	11	-	-	37,671
2017	83	217	26	27	43	-	-	41,459
2018	51	228	26	28	37	14	11	41,250

3 공항수속 업무

출입국관리법 제1조에 의하면 "대한민국에 입국하거나 대한민국에서 출국하는 모든 국민 및 외국인의 출입국관리를 통한 안전한 국경관리, 대한민국에 체류하는 외국인의 체류관리와 사회통합 등에 관한 사항을 규정함을 목적으로 한다."라고 목적을 말하고 있다. 같은 법령에서 출입국을 하려는 국민은 유효한 여권을 가지고 출입국항에서 출입국관리공무원의 입국심사를 받아야 한다. 어느 국가든지 출입국은 C.I.Q. 절차를 거쳐야 하는데 세관심사(C: customs), 출입국심사(I: immigration), 검역심사(Q: quarantine)라고 한다. 인천국제공항은 2018년 1월 18일 제2터미널이 완공되어 여객청사가 2개로 운영되므로 특별히 출입국 수속에 주의해야 한다. 가장 중요한 점은 1청사(T1)와 2청사(T2) 출도착 항공사가 정해져 있다는 것이다. T2는 대한항공(KE)을 비롯하여 Sky Team 항공사 동맹체 중 델타항공(DL), 에어프랑스(AF), KLM네덜란드항공(KL), 아에로멕시코(AM), 알리탈리아(AZ), 중화항공(CI), 가루다인도네시아(GA), 샤먼항공(MF), 체코항공(OK), 아에로플로트(SU) 등 현재 총 11개 항공사가 제2여객 청사를 이용하고 있다. T1은 아시아나항공(OZ), 저비용항공사, 외국항공사 등이 제1청사를 이용하고 있으며 여행사는 관광객이 혼동하지 않도록 이용항공사를 잘 파악하여 여객터미널을 안내해야 한다.

그림 6-8 우리나라 공항 출국절차

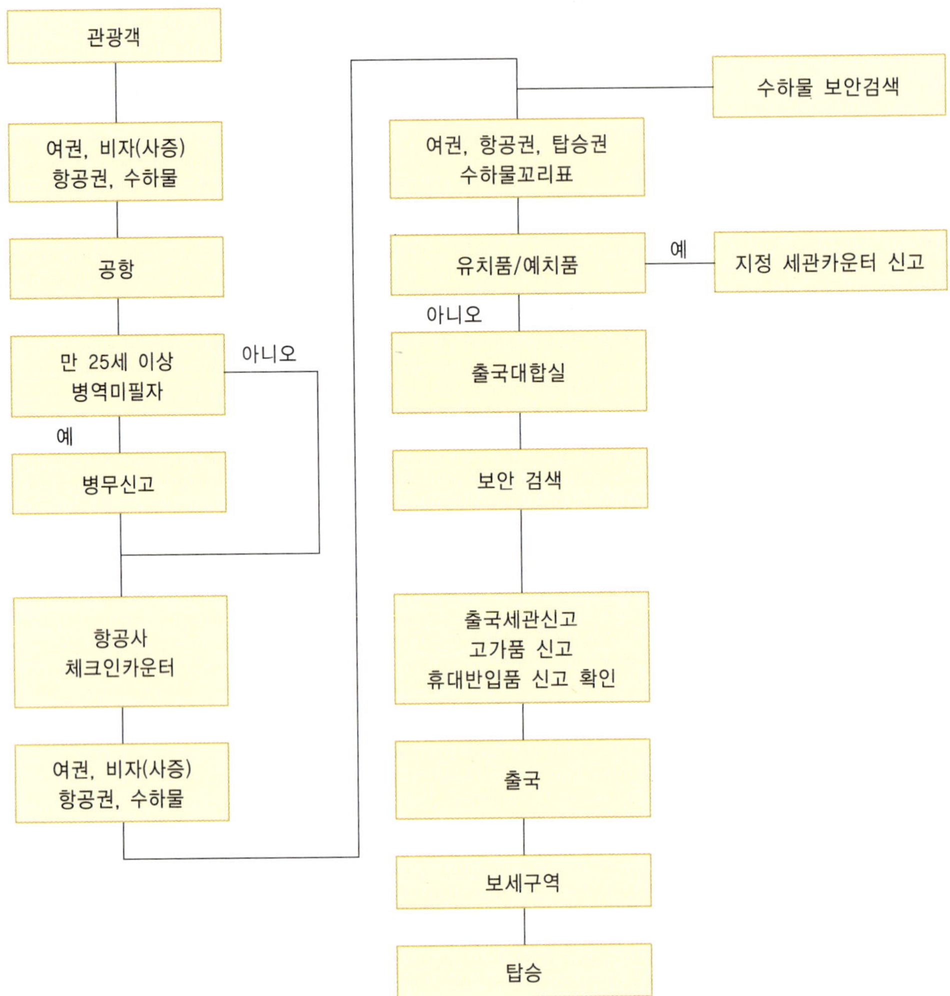

자료: 저자 작성

먼저 인천국제공항 터미널에 도착하면 출국장 3층으로 이동한다. 이용항공사 체크인카운터에 가서 탑승권 발급과 수하물을 위탁하며, 병무허가, 검역증명서 발급 및 세관신고 대상자는 별도로 신고해야 한다. 출국장 진입 전 환전, 출금, 휴대폰 로밍, 여행자보험 등 필요한 용무는 처리한 후 제1터미널은 1번부터 6번 출국장, 제2터미널은 1번과 2번 출국장 중 원하는 곳으로 출국하면 된다. 그 다음은 보안검색 과정으로 항공기에 탑승하기 전 모든 승객들은 반드시 보안검색을 받아야 한다. 여권과 탑승권을 출국장 입장 시 보안요원에게 제시하며 휴대물품(가방, 코트 등)을 엑스레이 검색대 벨트 위에 올려 놓고 소지품(휴대폰, 지갑, 열쇠, 동전 등)은 바구니에 넣고 제1여객터미널은 문형탐지기를 통과하고 제2여객터미널은 원형검색기를 통과한 후 검색요원이 검색한다. 이때 주의할 점은 기내반입 금지물품과 위탁수하물을 잘 구분하여 인지하고 있어야 한다는 것이다. 액체류, 위해물품, 공구류 등 해당 물품의 기내 반입이 불가능할 때는 위탁수하물로 대체해야 한다. 기내 반입물품 허용기준은 액체가 담긴 100mℓ 이하의 용기는 1ℓ 이하의 비닐봉투에 담고 입구를 닫아 밀봉된 경우 반입 가능하며, 면세점 구매물품에 한정하여 액체물 면세품 전용봉투에 넣은 경우에만 용량에 관계없이 반입 가능하며 최종 목적지행 항공기 탑승 전까지 미개봉 상태를 유지해야 한다.

그림 6-9 기내 반입 금지물품

자료: 인천국제공항 홈페이지

보안검색을 마친 후 출국심사를 하게 되는데 자동출입국심사(SES)와 유인출국심사 중 한 가지를 선택하여 출국하면 된다. 유인출국심사는 출국심사대 앞 대기선에서 기다리며 모자, 선글라스는 벗어야 하며 휴대폰 통화는 자제한다. 심사관에게 여권을 제시하며 필요한 경우 심사관이 탑승권 확인을 요청하는 경우도 있다. 심사가 끝나면 여권을 받고 출국심사대를 통과하면 된다. 자동출입국심사는 우리나라 국민일 경우 만 19세 이상은 사전등록절차 없이 바로 이용할 수 있으며 만 7세에서 만 18세 이하는 부모 동반과 가족관계 확인 서류를 제출하면 사전등록 후 이용 가능하다. 출국심사가 끝나면 면세구역이 나타나는데 보안검색과 출국심사를 마치고 면세구역으로 진입하면 일반구역으로 되돌아갈 수 없다.

면세구역에서 탑승구 번호와 위치를 확인 후 해당 탑승구로 이동하는데 1~50번 탑승구 승객은 제1여객터미널, 101~132번 탑승구 승객은 제1여객터미널에서 셔틀트레인을 타고 탑승동으로 이동한다. 한번 이동 후에는 다시 돌아갈 수 없으며 230~270번 탑승구 승객은 제2여객터미널에서 탑승한다. 비행기 이륙 30~40분 전까지 탑승구로 이동하여 탑승하면 출국절차가 모두 완료된다. 제1여객청사를 기준으로 출국절차를 살펴보면 다음 그림과 같다.

그림 6-10 인천국제공항 T1 출국절차

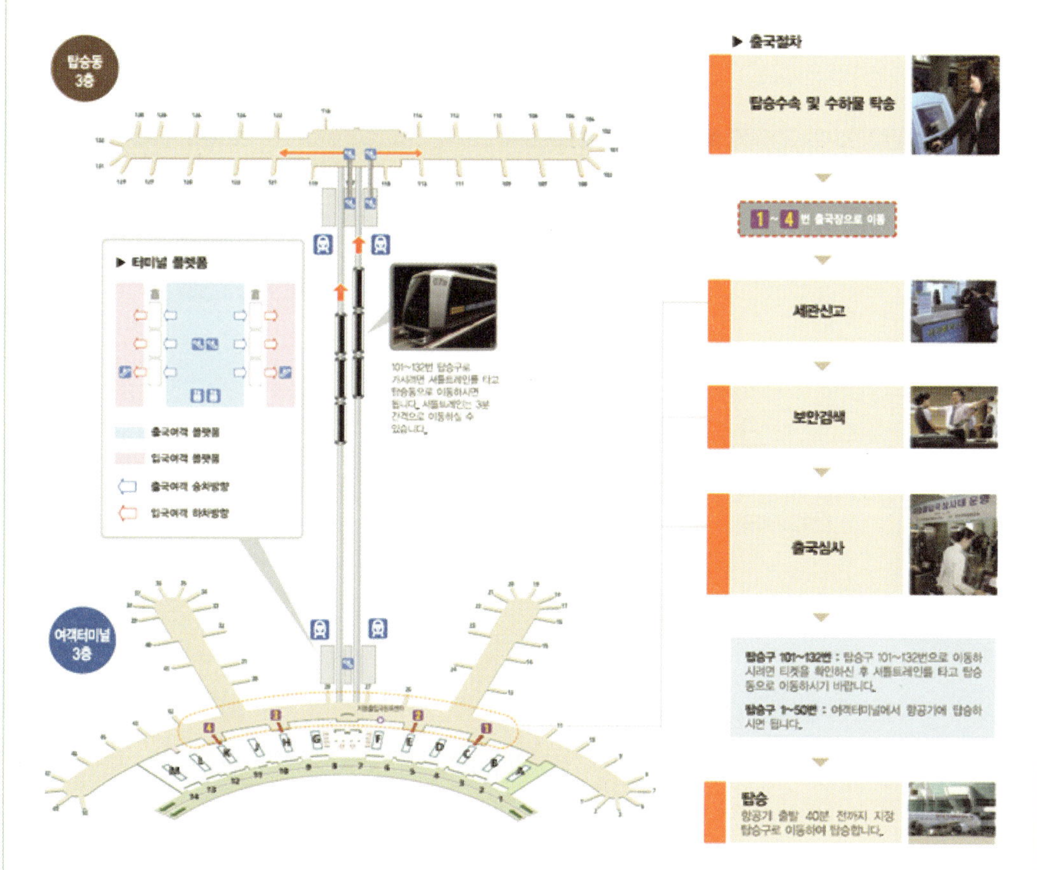

자료: 인천국제공항 홈페이지

그림 6-11 인천국제공항 제1여객터미널

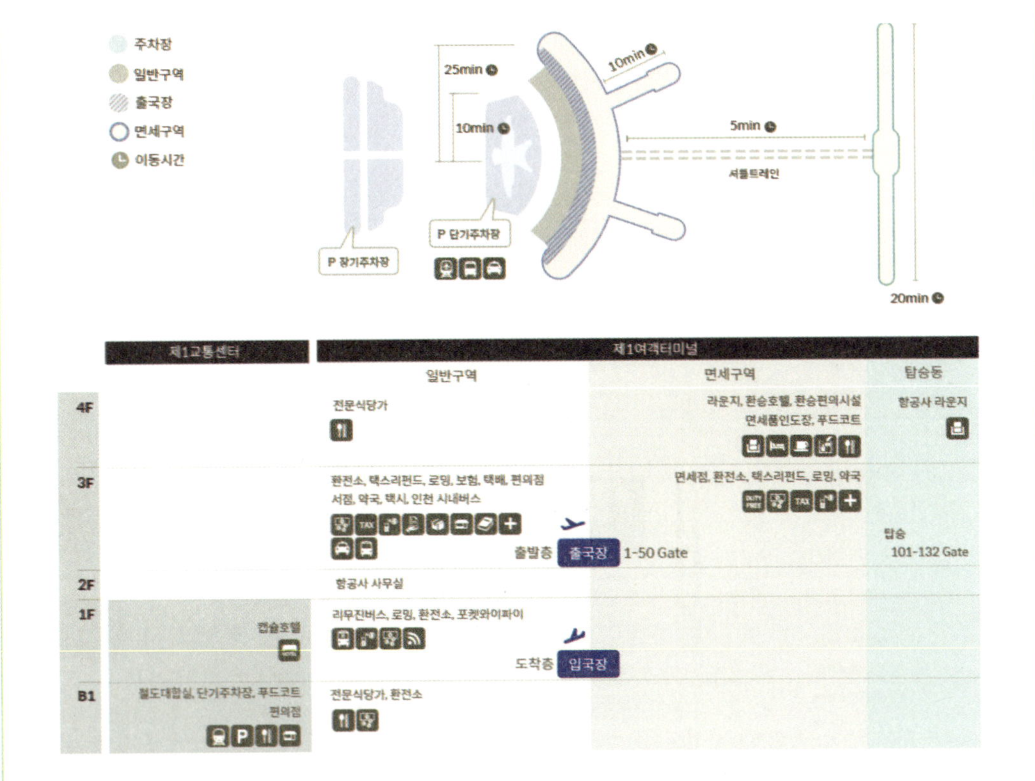

자료: 인천국제공항 홈페이지

그림 6-12 인천국제공항 제2여객터미널

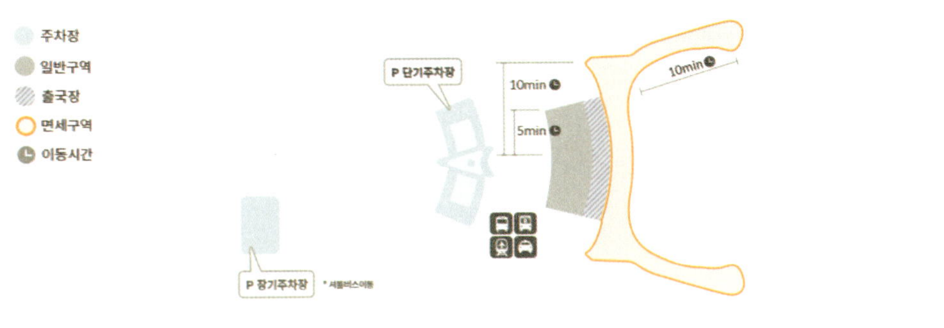

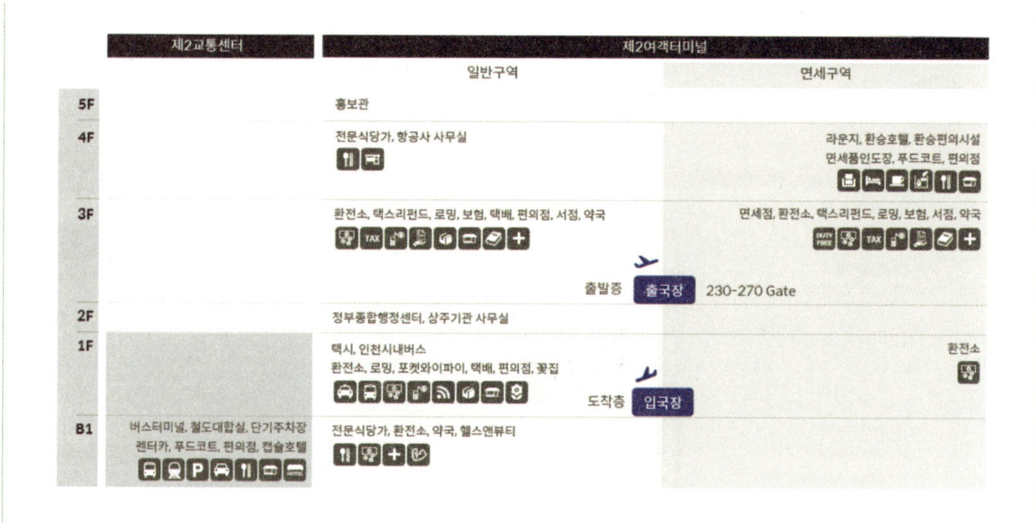

자료: 인천국제공항 홈페이지

그림 6-13 터미널 간 공항셔틀버스 이동

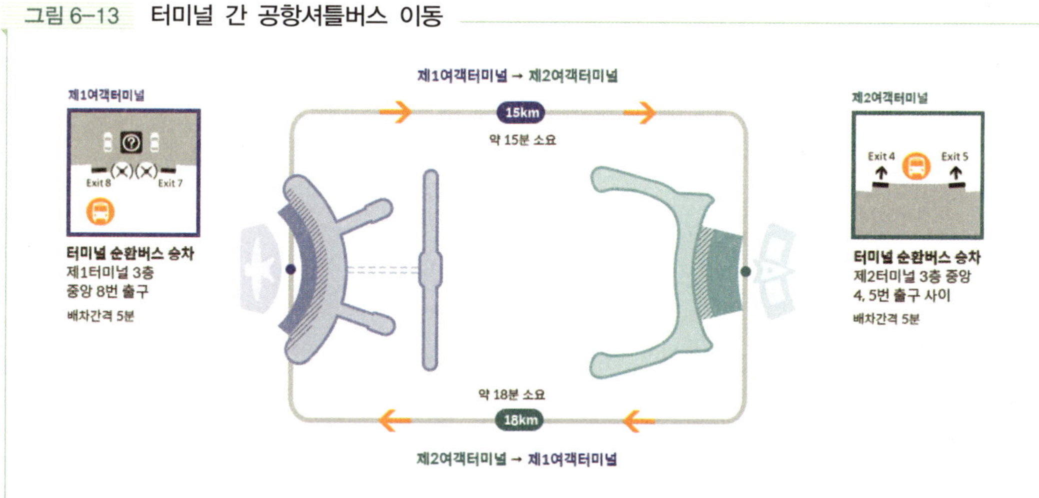

자료: 인천국제공항 홈페이지

그림 6-14 인천국제공항 T1 입국절차

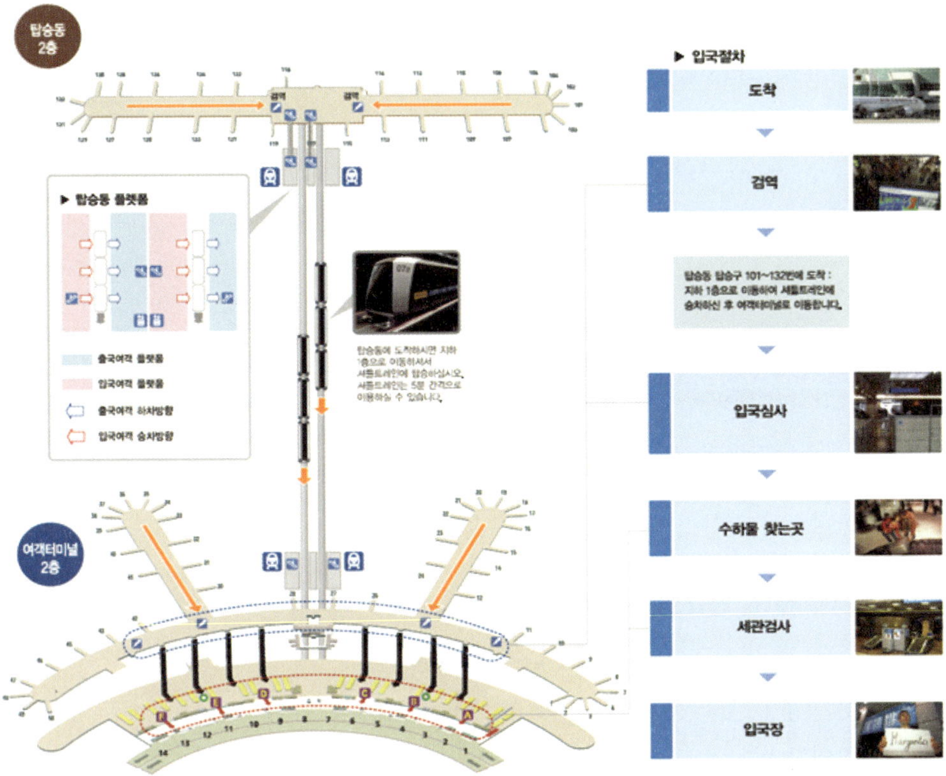

자료: 인천국제공항 홈페이지

그림 6-15 인천국제공항 출국절차

▲ 출국장 항공사 체크인 카운터(T1)

▲ 여행사 카운터(만남의 광장)

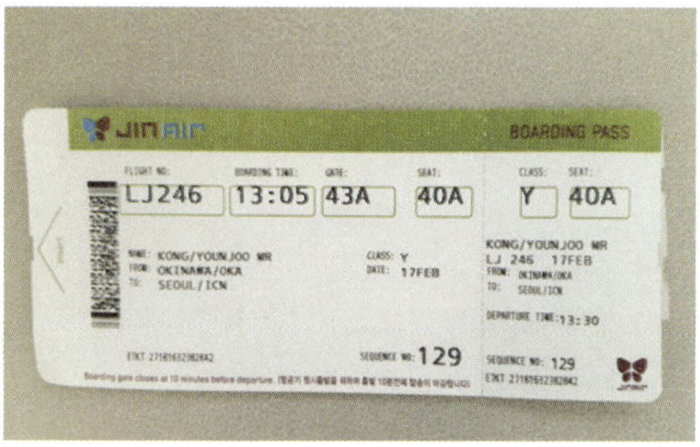

▲ 탑승권(boarding pass)

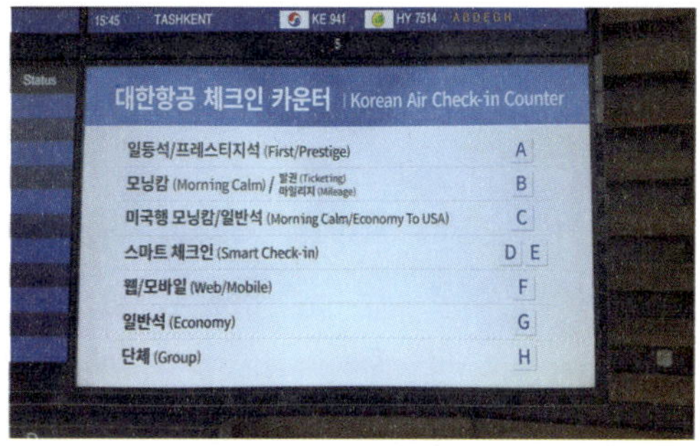

▲ 항공사 전용 체크인 카운터(T2)

▲ T2 자동수하물위탁(Self Bag Drop)

▲ T1 자동수하물위탁(Self Bag Drop)

▲ 위탁수하물 검사실

▲ 항공사 출국대기 상황판

▲ 자동탑승권 발급(KIOSK)

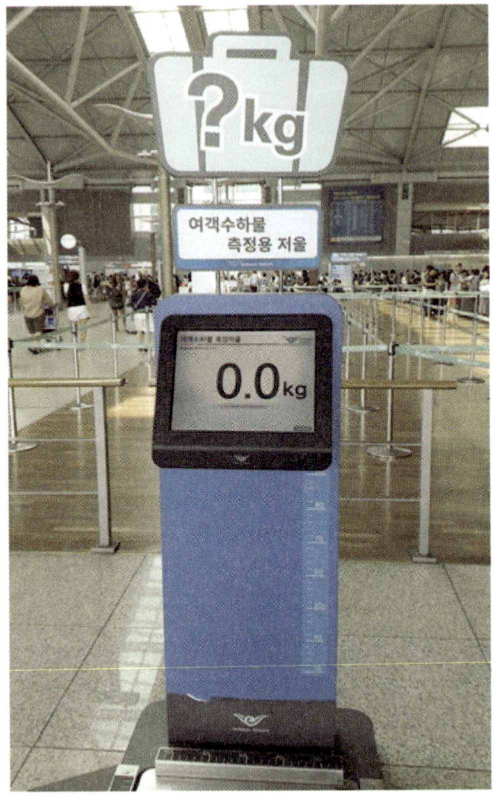

▲ 여객수하물 측정용 저울

▲ 대형수하물 카운터

▲ 부가가치세 환급소

▲ 보안검색 구역 앞

▲ 세관신고와 보안검색 X-ray 앞

▲ 자동출국사열

▲ 면세점 인도장

▲ 보세구역

▲ T1에서 탑승동으로 이동하는 곳

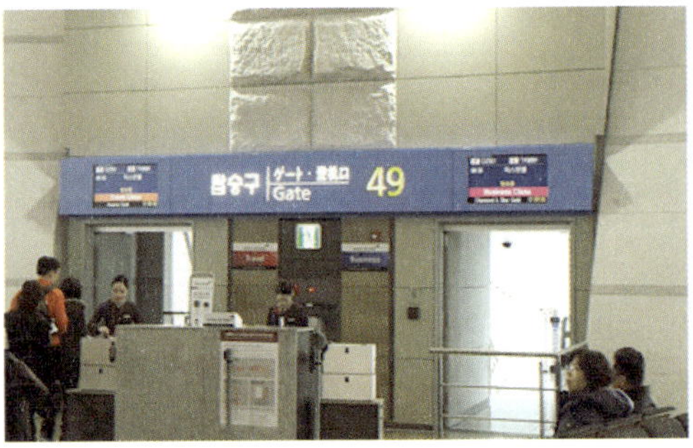

▲ 탑승구(boarding gate)

▲ 탑승

자료: 저자

여 | 행 | 항 | 공 | 용 | 어

❶ **Hub Airport**

차바퀴의 구조를 본떠서 이름을 붙인 것으로, 중심축에 해당하는 공항에서 각각의 도시를 향하여 지선처럼 노선이 전개되는 항공 네트워크에 있어 중심이 되는 '거점공항'을 말한다.

❷ **Island Hopping Tour**

동남아시아를 중심으로 맑고 깨끗한 한적한 섬으로 배를 타고 정박한 후 스노클링(snorkeling), 스쿠버 다이빙(scuba diving), 패러세일링(parasailing) 등의 해양스포츠와 함께 간단한 식사를 할 수 있는 해양체험프로그램이다.

❸ **Key Note Speaker**

기조연설자라고 하며 국제회의에서 가장 중요한 주제를 발표하는 사람을 말한다.

❹ **Land Operator**

여행업자의 의뢰를 받아서 지상부문의 수배를 하는 업자로 랜드사 또는 지상수배업자라고도 한다.

❺ **Mass Tourism**

대중관광 또는 관광의 대중화라는 의미로 경제적 부와 시간적 여유를 가진 특권층만이 가능했던 관광의 시대가 지나고 1950년대 이후 여행의 상품화에 따라 대중에게 싼 값으로 보급되었다. 관광의 대중화 과정은 1)당일치기 여행에서 숙박을 수반하는 여행 2)남성 중심의 여행에서 여성이나 어린이도 참가할 수 있는 여행 3)단체여행에서 가족이나 소그룹도 참가할 수 있는 여행 4)국내여행에서 국외여행 5)아주 드물게 갈 수밖에 없었던 여행에서 일상적인 여행 등 여러 측면에서 여행이 대중화되었다.

❻ **Normal Fare**

국제선 항공의 기준요금으로서 정상요금을 말한다. 1등석, 비즈니스석, 일반석 등 3종이 있으며 IATA(국제항공운송협회)의 요금회의에서 결의되어 각 회원국 정부의 인가를 획득한 요금을 말한다. 이것은 도중에 내리는 것(stop over), 갈아타는 횟수, 탑승편 변경이 자유롭다. 정상요금과는 달리 상대적으로 적용조건에 제약이 따르지만 가격이 저렴한 특별왕복운임(excursion fare)이 우리가 흔히 알고 있는 항공운임이다.

❼ No Show

예약을 하고 항공권도 구입한 승객이 사전 예고 없이 예약한 좌석을 이용하지 않는 것을 말한다. 미스 커넥션(miss connection: 접속편이 늦었거나 미도착)인 경우는 제외한다. 호텔 객실을 예약한 손님이 사전 연락 없이 방을 사용하지 않는 경우에도 노쇼라고 한다.

❽ Optional Tour

기본 여행 일정에는 포함되지 않는 투어로서 현지에서 일정한 값을 지불하고 신청하는 여행을 말하며 선택관광이라고 한다. 옵션투어는 지정된 투어가 아니라 자유시간이 많은 투어를 좋아하는 여행수요가 강해짐에 따라 그 종류도 많아졌다. 그런데 어떤 면에서는 여행사들의 기본 상품 중 관광이나 식사 비용을 싸게 함으로써 여행상품의 가격을 낮추어 현지의 선택관광에서 보충하려는 측면이 있다.

❾ Over Booking

항공사 또는 호텔에서 판매 가능한 항공권이나 객실보다 초과해서 예약을 받는 것으로 예약이 취소되는 경우와 고객이 아무 연락도 없이 나타나지 않는 경우(no show)에 대비하여 초과예약을 받게 된다. 오버 부킹의 기준은 예약취소율과 노쇼(no show)율을 감안하여 설정하게 된다.

❿ Paging Service

호텔의 고객이나 외부고객의 요청에 의해 호텔 내부에 있는 고객을 찾아주고 메시지를 전달해 주는 서비스를 말한다.

CHAPTER ▸▸ 07

여행상품 상담

1. 고객응대
2. 여행계약

학습목표

1. 고객응대의 중요성과 유형별 응대방법을 설명할 수 있다.
2. 여행계약에 필요한 서류를 분류하고 고객상담 기술을 이해할 수 있다.

1 고객응대

1) 고객 개념

고객은 상품(서비스와 제품)의 생산, 전달, 수요와 기타 과정에 기여하는 또는 관계된 주체 또는 이해당사자라고 할 수 있으며 협의적 의미는 내부 구성원(임직원)으로부터 넓게는 유통업자, 잠재적인 소비자, 현재 소비자, 유관 기관, 거래처 등을 포함한다.

2) 고객 접점

여행상품은 '진실의 순간' 즉 고객과 만나는 접점(MOT: Moment Of Truth)이 중요하다. 고객이 여행사 직원과 느끼는 순간이다. 고객 창구, 담당 직원, 고객이 마주치는 모든 환경(사이버 공간, 사무실 상태, 분위기, 직원의 태도, 말투, 인상 등)이 바로 고객 접점이다. 결국 고객응대의 최일선인 접점에서 고객에게 특별한 순간을 만드는 것은 직원의 말 한마디에 달려 있기도 하다.

3) 전화응대

여행사마다 조금씩 응대하는 방법은 다르지만 패키지 여행상품을 판매하는 많은 대형여행사들은 전화응대가 상담과 밀접하게 관련되어 있다. 경력 1년 이내 직원이나 신입 직원들을 대상으로 전화응대에 대한 교육과 훈련을 수시로 체계적으로 시행해야 한다. 전화응대가 중요한 이유는 고객 접점의 최일선이며, 여행사 이미지의 첫인상을 형성하여 결정짓기 때문이다. 전화기 근처에는 항상 메모, 필기도구를 두고, 타 부서 담당자의 연락처를 쉽게 찾을 수 있도록 항상 온라인 상태를 유지한다. 통화 중 급한 일이 생겼을 경우라도 가급적 통화를 끝낸 뒤에 일을 처리하는 것이 좋지만 통화가 오래 걸려서 급한 일을 먼저 처리해야 하는 경우에는 고객에게 사정을 설명하고 양해를 구하는 것이 좋다.

벨소리가 울리면 지체 없이 받으며, 친절한 인사와 함께 "안녕하십니까? 동남아팀 공백석입니다."라고 담당자의 소속과 성명을 밝힌다. 다른 직원에게 연결할 경우에는 그 사유와 연결할 직원의 소속부서, 이름, 전화번호를 안내 후 바로 연결한다. 문의 및 상담 내용에 대하여는 가급적 전문용어보다 고객이 알기 쉬운 단어를 사용하여 성실하게 답변한다. 담당자가 부재중인 경우에는 용건과 함께 고객의 이름, 연락처 등을 메모하여 전달하고, 담당자는 업무 복귀 후 곧바로 고객에게 연락한다. 통화 종료 시에는 인사를 한 다음, 고객이 전화를 끊은 후에 수화기를 내려놓는다.

전화응대 3요소는 친절, 신속, 정확이다. 여행서비스에서 가장 중요한 고객 접점 중 하나가 전화응대이므로 친절해야 한다. 밝은 마음과 바른 자세는 보이지는 않지만 느낄 수는 있고, 웃는 표정과 웃는 목소리는 밝은 이미지를 심어주며, 상대가 누구라도 차별하지 말고 경어를 사용하도록 하며, 적절한 동감 표현으로 고객을 기분좋게 만들어주도록 한다. 전화벨이 3번 울리기 전에 신속하게 받아야 하며 전달한 내용은 요약 정리해서 간단하면서도 명료해야 한다. 아직도 많은 고객은 전화를 통해 1차적인 의문을 해소하기 때문에 정확해야 한다. 발음은 또박또박 명확하게 하며, 중요한 내용은 복창하고 되풀이하여 확인하며, 고객에게 100% 집중하고 내용을 메모하며 고객의 말을 끝까지 경청한다.

〈표 7-1〉 전화응대 사례

전화응대 시 좋은 방법 8가지	
① 전화 빨리 받기	"벨소리는 3번 이내" "모든 전화는 내게 맡겨라."
② 먼저 인사하기	"인사말, 소속, 이름을" "밝은 목소리로"
③ 충분히 경청하기	"통화는 듣는 것부터" "듣고 나면 해결된다."
④ 전화내용 정확하게 전달하기	"순간의 무성의가 기회손실이 될 수도 …"
⑤ 통화는 명료하게	"용건을 요령 있게" "명료한 목소리로"
⑥ 친절하게, 약간 High Tone으로	"명랑하고 상냥한 말씨로"
⑦ 통화 중인 주위에서는 조용히	"동료와 고객을 위한 배려"
⑧ 끝인사 후 상대보다 늦게 끊기	"감사합니다!" "2초 늦게 끊기"
전화응대 시 나쁜 방법 8가지	
① 내 전화만 잘 받는 것	"누군가 받겠지? 음! 음! 누가 이기나 보자"
② 충실하지 못한 답변	"적당히 답변" "전화 건 사람의 용건을 무시"
③ 용건이 끝나자마자 전화를 끊는 것	"그래 알았어! 딸깍!"
④ 메모 대신 구두로 전달하는 것	"메모보다는 기억력을 신뢰"
⑤ 무성의한 전화응대	"지금 없어요. 잘 몰라요."
⑥ 양해도 없이 오래 기다리게 하는 것	"1분, 3분, 5분 뚜뚜뚜뚜"
⑦ 통화 중 옆사람과 이야기를 하는 것	"어디까지 이야기했죠?"
⑧ 불친절하게 응대하는 것	"사무적이고 서두르는 목소리" "상대와의 말다툼"

전화응대 시 나쁜 표현	전화응대 시 올바른 표현
기다리세요	잠시만 기다려주시겠습니까?
모르겠는데요	잘 모르는 부분이 있습니다. 좀 더 알아보고 알려드려도 될까요?
못해요	지금은 할 수 없지만 도와드릴 수 있는 방법이 있는지 찾아보겠습니다.
없어요	다른 용무로 지금 자리에 없습니다. 메모를 남겨드릴까요?
아니에요	• 죄송합니다만, 담당자가 아니라서 제가 잘 알지 못하는 내용이니 전화를 돌려드려도 되겠습니까? • 담당자 전화번호는 333-1234입니다. 바로 연결해 드리겠습니다. 끊지 말고 기다려주십시오.
예? 뭐라고요?	죄송합니다만, 다시 한 번 말씀해 주시겠습니까?
말씀하세요	감사합니다. 정성을 다하는 백석투어입니다.
수고하세요	예, 고맙습니다. 안녕히 계십시오.

고객이 싫어하는 전화응대 상황	
항상 통화 중이거나 빨리 받지 않는다.	조금 기다리라 한 후 응답이 없다.
똑같은 말을 반복하게 한다.	전화해 준다고 한 후 소식이 없다.
전화를 여기저기 돌리거나 사람을 바꾼다.	고객의 말을 막거나 중간에 끼어든다.
말의 속도가 알아듣기 어렵다.	웃거나 잡담, 시끄러운 소리가 들린다.

〈표 7-2〉 전화응대 MOT 서비스 표준

MOT	세부항목	서비스 표준항목	
경청	적극적 경청	행동	• 어떤 정보를 원하는지 몰입하며 귀 기울인다. • 고객의 말을 끊지 않고 끝까지 듣는다. • 맞장구치면서 수긍자세를 취한다.
		말	• "아", "네", "그러시군요" 등의 공감표현을 한다.
	반복 확인	행동	고객의 요청사항을 반복하며 재확인한다.
		말	• "대한항공 말씀이십니까?" • "관광보다는 휴양이라고 이해하면 되겠습니까?"
	반응하기	행동	정확한 답변을 위해 알아야 하는 사항을 구체적으로 질문한다.
		말	"고객님, 신속한 처리를 도와드리기 위해 몇 가지 여쭤봐도 괜찮겠습니까?"
상세 정보 제공	설명	행동	• 상담 고객의 눈높이에 맞추어 설명한다. • 이해하고 있는지 중간중간 살펴본다 • 상담 목소리 톤의 고저, 강약을 적절하게 맞춘다.
		말	"고객님, 현지호텔에 대해서 설명해 드리겠습니다."
	정보제공	행동	일정표, 설명회 자료 등 관련 정보자료에 대해 설명하고 안내한다.
		말	"고객님, 이번 여행과 관련된 정보자료를 제공해 드리겠습니다. 어떤 방법으로 전달해 드리면 좋을까요?"
마무리	이해도 확인	행동	궁금한 사항에 대한 설명이 충분히 이해되었는지 확인한다.
		말	"제가 말씀드린 내용이 도움이 되셨습니까?"
	추가 질문	행동	여유 있게 밝은 목소리와 표정으로 말한다.
		말	"더 궁금한 사항이 있으십니까?"

〈표 7-3〉 전화응대 고객 서비스 매뉴얼

구 분	고객 서비스 응대요령
첫 수신	• 전화벨이 울리면 3회 이내에 받는다. • 활기차고 호감을 주는 밝은 목소리로 즉시 응대한다. – "안녕하십니까? 일본팀 공백석입니다. 무엇을 도와드릴까요?" • 전화벨이 4회 이상 울려서 받았을 경우, – "늦게 받아 죄송합니다. 중국팀 김백석입니다. 무엇을 도와드릴까요?"
연결	• one-stop으로 처리가 불가능한 상담 건에 대하여 다른 직원에게 연결할 때에는 이유를 말하고 양해를 구한 다음 전화받을 사람을 알려야 한다. – "그 업무를 담당하고 있는 동남아팀의 송백석 대리에게 연결해 드리겠습니다. 혹시 연결과정에서 전화가 끊어지면 333-1234번으로 다시 걸어주십시오. 좋은 하루 보내십시오." • 잘못 걸려온 전화를 받았을 때는 – "대양주팀으로 돌려드리겠습니다. 혹시 연결과정에서 전화가 끊어지면 333-5555번으로 다시 걸어주시기 바랍니다."
담당자 수신	• 다른 직원에게서 전화 연결을 받았을 경우, – "전화 바꿨습니다. 미주팀 이백석입니다. 무엇을 도와드릴까요?" – "고객님의 문의 내용이 ~~~~라고 들었습니다. 내용이 맞는지요?" 하며 다시 한 번 수신내용이 맞는지 확인한다.
업무지식	• 문의한 내용에 대하여 확인 후 답변을 해야 할 때, – "죄송합니다. 잠시만 기다려주시겠습니까? 정확한 내용을 확인 후 말씀드리겠습니다." – "괜찮으시다면 제가 바로 확인 후 30분 후에 전화드려도 괜찮겠습니까?"
끝인사	• 문의한 내용에 대하여 충실히 답하고 반드시 끝맺음 인사 전 필요한 사항이 있는지 확인 – "고객님, 더 궁금하신 점이 있으십니까?" – "고객님, 더 필요하신 점이 있으십니까?" – "고객님, 더 도와드릴 일이 있으십니까?" – "좋은 상담 되셨는지요? 문화탐방팀 박백석입니다. 이후에도 궁금하신 점이 있으시면 저에게 문의해 주시기 바랍니다." • 끝인사를 하고 고객보다 먼저 전화를 끊지 않고, 3초 후에 수화기를 살며시 내려놓는다.

〈표 7-4〉 여행사 전화응대 평가기준표

<table>
<tr><th colspan="2">평가항목</th><th>점수</th><th>평가기준</th></tr>
<tr><td rowspan="9">응대태도</td><td rowspan="3">전달력</td><td>5</td><td>속도가 적당하고 어떤 내용을 전달하는지 정확히 알아들을 수 있음</td></tr>
<tr><td>3</td><td>중간중간 전달이 명확하지 않으나 이해하는 데 어려움은 없음</td></tr>
<tr><td>0</td><td>말이 빠르고 어떤 내용을 전달하는지 전혀 알아들을 수 없음</td></tr>
<tr><td rowspan="3">예의범절</td><td>10</td><td>존댓말을 잘 사용하고 매너 있는 어조</td></tr>
<tr><td>5</td><td>중간중간 추임새로 반말을 사용하거나 다소 저돌적인 어조</td></tr>
<tr><td>0</td><td>고객의 입장을 무시하는 듯한 어조 혹은 지나치게 공격적인 어조</td></tr>
<tr><td rowspan="2">응대친절성</td><td rowspan="2">15</td><td>불쾌함——보통(사무적/전문용어)——밝고 상냥</td></tr>
<tr><td>0 1 2 3 4 5 6 7 8 9 10 11 12 13 14 15</td></tr>
<tr><td rowspan="4">판매노력</td><td rowspan="4">예약노력도</td><td>10</td><td>적극적인 예약 의지를 보이면서도 고객입장을 존중하는 태도</td></tr>
<tr><td>7</td><td>일반적인 상담에도 예약을 받고자 하는 의지가 보임</td></tr>
<tr><td>3</td><td>형식적인 응대로 적극성이 약함</td></tr>
<tr><td>0</td><td>고객문의에 관심을 전혀 보이지 않음</td></tr>
<tr><td rowspan="8">전문성</td><td rowspan="3">응대적절성</td><td>5</td><td>문의한 내용을 이해하기 쉽고 충분하게 설명함</td></tr>
<tr><td>3</td><td>대체적으로 설명에 대해 만족하나 일부 이해하기 어렵거나 동문서답하는 경우</td></tr>
<tr><td>0</td><td>문의한 내용을 이해하지 못하고 답변을 전혀 못함</td></tr>
<tr><td rowspan="4">현지숙지도</td><td>10</td><td>현지 관광지 및 치안, 날씨, 지리, 화폐 등 총체적인 지역정보를 꿰뚫고 있음</td></tr>
<tr><td>7</td><td>문의사항에 대한 전반적인 설명이 가능함</td></tr>
<tr><td>3</td><td>질문에 잘 대답하지 못하며, 어려운 질문에 대한 대답 회피(홈페이지 확인요구 등)</td></tr>
<tr><td>0</td><td>현지 사정에 대한 정보 전혀 없음</td></tr>
<tr><td>특수문의만족도</td><td>30</td><td>취소와 환불 규정, 홈쇼핑 비교, 항공관련, 숙소관련, 가이드 문의, 타사 비교문의, 할인/요금 문의, TASF, 노약자/임산부/아동 문의, 결제수단 문의</td></tr>
</table>

자료: 세계여행신문

4) 방문응대

여행사에 고객이 방문하여 응대한 직원의 첫인상은 고객만족과 여행사 이미지에 중요한 역할을 하기 때문에 방문 응대 시의 인사, 안내, 용모, 복장 등의 기본 매너를 숙지하는 것은 당연하다.

중대형 패키지 여행사는 전화응대가 주를 이루지만 강소전문여행사와 많은 소규모 여행사는 아직도 창구판매(counter sales)를 통해 고객을 응대하고 있다. 규모가 큰 여행사는 고객이 회사에 방문하면 고객안내센터에서 약속 유무, 내방 목적 등을 파악한 후 담당 직원과의 상담을 안내해 주지만 대부분 많은 여행사는 이런 장소와 시스템을 갖추지 못한 상황이다. 여행사로 직접 찾아오는 손님(walk-in guest)을 상대로 카운터 직원이 상담을 통해 여행상품을 판매하는 방법을 카운터 판매라고 하며 창구판매를 위해서는 고객이 접근하기 쉬운 곳에 위치해야 하며 고객이 머무르면서 상담할 수 있도록 간단한 다과를 할 수 있는 중소형 회의실이 있어야 한다.

(1) 방문고객 서비스 응대자세

〈표 7-5〉 방문고객 응대 체크리스트

항목		내용
맞이인사		"안녕하세요. 무엇을 도와드릴까요?"로 고객의 눈을 마주치고 밝게 웃는다.
자리안내		"이쪽으로 앉으시겠습니까?"로 자리를 안내한다.
명함 교환		명함 보관은 명함지갑을 사용한다.
		명함을 줄 때는 자신의 소속과 이름을 확실하게 말한다.
		받은 명함은 반드시 읽어(소리 안 나게) 소속, 이름을 확인한다.
필기도구 준비		응대 시 노트와 필기도구를 준비한다.
응대 매너	예의	껌을 씹거나, 혀를 내민다거나, 비스듬히 앉거나, 턱을 괴지 않는다.
	경청	고객의 말을 끊지 않는다.
	용어	지시어, 부정어를 사용하지 않는다.
	방향안내	손가락으로 가리키지 않고, 손바닥으로 가리킨다.
	어려운 용어	고객이 이해하기 어려운 용어를 사용하지 않는다.
	응대집중	응대 전반에 고객문의에 집중하면서 응대한다.

	시선처리	고객과의 시선은 지속적으로 맞추며 이야기하고, 고객을 아래위로 훑거나, 내려보지 말아야 한다.
업무처리		필요사항을 짚어가며 안내하고, 응대 전반에 적극적으로 응대한다.
		불필요한 행동 없이 업무를 집중적으로 신속히 처리한다.
		전반적으로 고객의 질문에 "네, 그러셨어요?"라고 호응을 한다.
		생동감 있는 어조로 업무 처리를 한다.
		중요한 내용을 질문으로 확인하거나 복창한다.
만족확인 및 추후 안내		"혹시 여행 준비 중에 궁금하신 부분이 있으시면, 저에게 전화 주십시오. 성실히 안내해 드리겠습니다." 등의 만족 확인 및 추후 안내를 한다.
배웅인사		"또, 뵙겠습니다. 안녕히 가십시오." 하며 정중하게 인사한다.

〈표 7-6〉 방문고객 서비스 응대 매뉴얼

구 분		고객 서비스 응대요령
고객 맞이		• 기본적 에티켓과 매너를 갖춘 단정한 용모로 고객을 맞이한다. • 고객 입장 시 가벼운 목례를 하고 활기차고 호감을 주는 밝은 목소리로 즉시 응대한다. • 환영하는 응대자세로 임한다. – "안녕하십니까? 일본팀 공백석 과장입니다. 무엇을 도와드릴까요?" • 상담하는 지정장소로 안내한다.
도움 주기	업무 응대 단계	• 방문 목적을 확인한다. • 상대를 확인하고 용건을 잘 경청한다. • 고객의 질문 요지를 판단하고 설명한다. • 고객에게 처리 과정 및 제출 서류 등을 알려준다. – "예, 고객님 여행상품 경비 입금 말씀이십니까?" – "제가 확인 후 바로 처리해 드리겠습니다."
	추가 용건	• 설명한 내용에 대하여 만족하였는지, 추가 요구사항은 없는지 확인한다. – "고객님, 더 궁금하신 점이 있으십니까?" – "고객님, 더 필요하신 점이 있으십니까?" – "고객님, 더 도와드릴 일이 있으십니까?" – "좋은 상담 되셨는지요? 일본팀 공백석 과장입니다. 이후에도 궁금한 점이 있으시면 저에게 문의해 주시기 바랍니다."
배웅 하기		• 일어서서 정중히 인사한다. – "이용해 주셔서 감사합니다. 안녕히 가십시오."

〈표 7-7〉 불만고객 서비스 매뉴얼

<table>
<tr><th>구 분</th><th colspan="2">고객 서비스 응대요령</th></tr>
<tr><td>경 청</td><td colspan="2">• 고객이 불만족한 이유를 듣는다.
– 끝까지 전부 듣는다, 반드시 메모한다, 절대로 피하지 않는다, 변명하거나 논쟁하지 않는다.</td></tr>
<tr><td>업무적 측면</td><td colspan="2">• 불만과 불평의 원인을 알아야 한다.
– 원인의 파악이 충분하지 못하면 불평하는 고객을 납득시킬 수 없으며, 그 대책을 세울 수가 없다.</td></tr>
<tr><td rowspan="2">해결책 강구</td><td>• 담당 직원이 직접 처리(감정 노출과 표현은 피하고, 냉정하게 검토 처리)

• 책임자가 별도 공간에서 처리</td><td>• 불만이 심한 경우(3가지를 바꾼다)
– 응대자: 윗사람을 내세워 다시금 처음부터 들어보고 정중하게 사과한다.
– 장소: 고객이 큰 소리로 불만을 늘어놓게 되면 다른 고객에게도 영향을 미치므로, 별도 공간으로 안내하여 원만하게 이야기를 주고받는다.
– 시간: 차를 대접하고 시간적인 여유를 가진다. 감정을 다스릴 수 있는 시간과 함께 불평불만 해소 대응책 강구의 여유도 가진다.</td></tr>
<tr><td colspan="2">• 고객의 불편에 관심을 나타내 입장을 이해하려 노력한다.</td></tr>
<tr><td>불만 해소</td><td colspan="2">• 반드시 성의 있는 태도로 불평을 해소시킨다.
– 어떤 이유를 설명하거나 감정을 표시하지 않고 조용히 성의 있는 태도로 대한다.
– "일단 화를 푸세요, 제가 지금 곧 확인해서 처리해 드리겠습니다."</td></tr>
<tr><td>종결</td><td colspan="2">• 처리 결과를 알려주고 효과를 검토한다.
– 잠정적으로 적당히 처리하여 넘어가는 임시방편이 되어서는 안 된다.
피드백하여 업무에 반영하도록 한다.</td></tr>
</table>

(2) 용모와 복장

단정한 복장과 세련된 용모는 그 사람의 교양과 수준을 나타냄은 물론 다른 사람에 대한 예의이다. 또 자신을 유쾌하게 해줌과 동시에 고객으로 하여금 첫인상을 좋게 하는 결정적인 요소가 된다. 따라서 단정한 복장과 세련된 용모는 성공적인 고객응대의 첫째 조건이다. 업무 시작 전 거울 앞에 서서 자신의 복장과 용모를 점검하는 습관을 길러두면 좋다.

고객에게 불쾌감을 주는 몸가짐은 충혈된 눈, 덥수룩한 수염, 지저분한 손톱, 입냄새, 술냄새, 담배냄새, 잠을 잔 흔적이 있는 머리, 빠져 나온 코털, 삐뚤어진 넥타이, 단정하지 않은 옷차림 등이다. 간단하지만 기본적으로 갖추어야 할 용모와 복장 체크리스트는 다음과 같다.

〈표 7-8〉 용모와 복장 체크리스트

구분	기준
머리	• 머리는 잘 정돈하고 깨끗이 한다. • 비듬은 없도록 하고, 냄새가 안 나도록 한다. • 수염, 코털은 면도를 하여 깔끔히 하도록 한다.
얼굴	• 이는 깨끗하고 입냄새는 안 나도록 한다. • 눈이 충혈돼 있거나 안경은 더럽지 않도록 한다.
복장	• 상의는 정장, 콤비, 점퍼, 남방, T셔츠, 니트 등을 입고 넥타이는 자율적으로 착용한다. • 하의는 정장바지와 면바지를 착용한다.(지나치게 화려한 색상은 피함) • 지나친 개성 표출로 불쾌감이나 거부감을 주는 복장은 자제한다. • 과다하게 노출되거나 화려한 복장은 피한다.
구두	• 잘 닦아서 깨끗이 한다. • 굽이 많이 닳아 있지 않도록 한다. • 색상이나 형태는 의상과 맞추도록 한다.

5) 온라인 응대

온라인 여행서비스 구매가 일반화됨에 따라, 고객은 온라인을 통해 여행정보를 취합해 비교한 후 구매하는 합리적인 소비를 하는 경향이 점점 증가하고 있다. 이에 따라 대부분의 여행사들이 인터넷 홈페이지를 구축하고 이 홈페이지를 통해 상품 판매 및 다양한 상담 서비스를 제공하고 있으므로, 여행 상담 담당자들은 온라인 매체를 적절히 잘 활용하여 업무의 효율성을 높이고 고객을 만족시킬 수 있어야 한다.

최근에는 많은 여행사들이 소셜미디어 채널을 활용하는 사례가 증가하고 있다. 특히 페이스북 팬페이지를 통한 고객응대가 늘어나고 있다. 이러한 소셜미디어는 단기성 프로모션 홍보나 고객과의 소통 측면에 있어 각광받는 채널인데 실시간으로 댓글 문의도 많아지고 있다. 고객이 댓글을 달 경우 해당 고객과 친구를 맺은 이들에게 업체의 브랜드가 노출되며 자연스러운 홍보 효과를 도모할 수 있다. 하지만 고객이 여행사의 답변에 불만족해 악의적인 댓글을 남길 경우, 부정적인 내용이 그대로 노출되어 여행사 이미지와 브랜드에 악영향을 미칠 수 있는 단점도 있다.

일반적으로 고객의 게시판은 회사의 홈페이지 관리자 또는 인터넷 마케팅 팀에서 관리해서 상담 내용에 따라 해당 담당자에게 글을 배정하고, 게시판에 올라오는 부적절한 내용은 보는 즉시 삭제하여 홈페이지 관리를 해야 한다.

인터넷 등 컴퓨터에 의하여 처리되는 고객의 개인 정보는「정보통신망 이용촉진 및 정보보호 등에 관한 법률」상의 개인 정보 보호 규정과「표준 개인정보 보호지침」에 따라 회사의 '개인 정보 취급 방침'을 홈페이지에 게시하며, 고객이 제공하는 개인 정보가 어떠한 용도와 방식으로 이용되는지를 고지하여야 한다.

그림 7-1 여행박사 홈페이지 고객 게시판

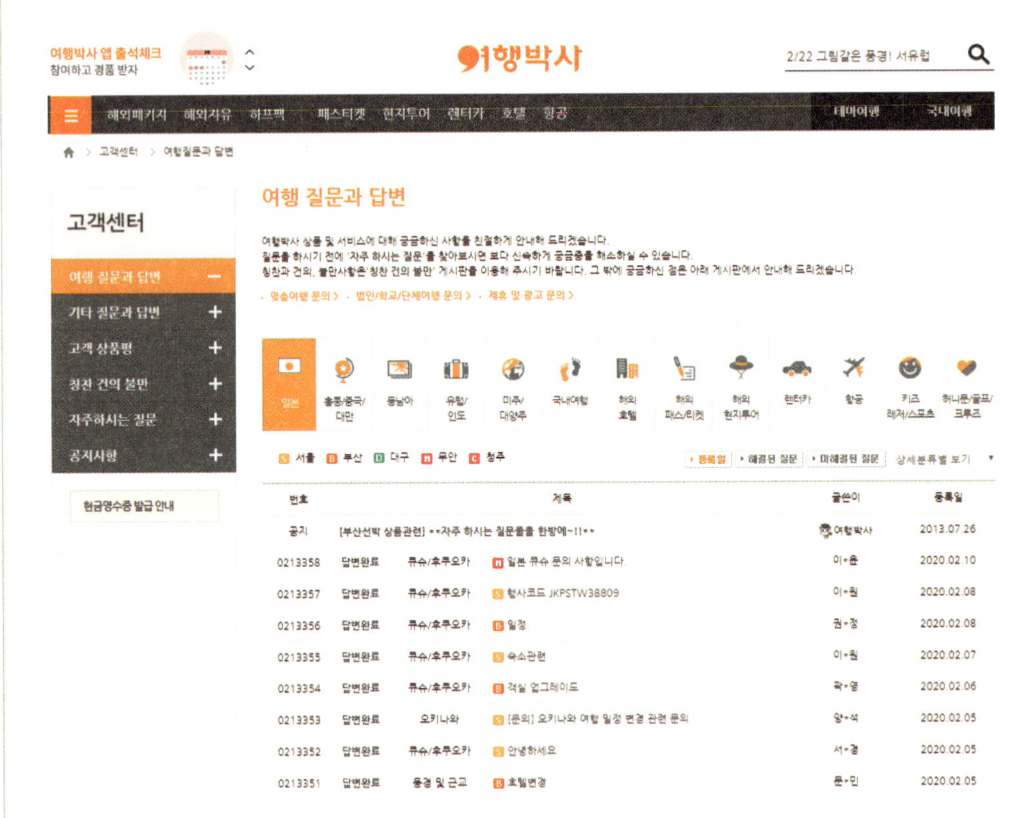

그림 7-2 여행박사 홈페이지 FAQ

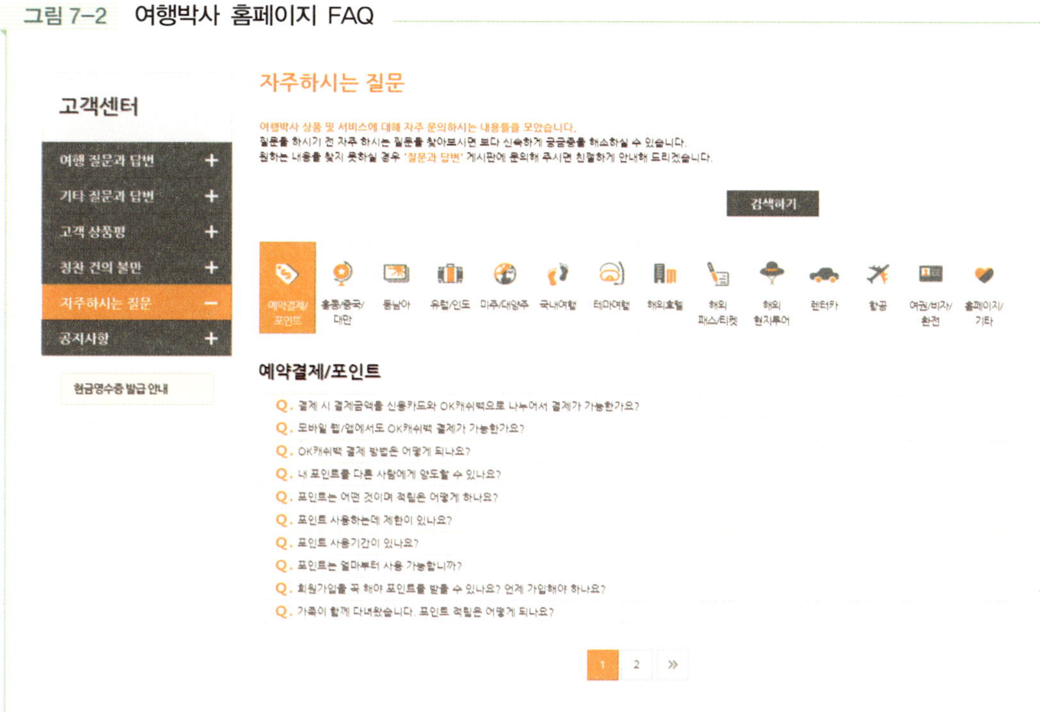

여행사 온라인 채널 즉 홈페이지, 페이스북 등을 활용한 고객응대는 시공간을 초월하기 때문에 신속하면서도 정확한 여행정보를 제공해야 하며 고객의 익명성이 보장되어 있기 때문에 주의해서 응대할 필요가 있다. 게시판 상담내용을 확인하여 해당 담당자에게 글을 배정하고 가능한 24시간 이내에 답변을 한다. 기존 게시판에 올라온 상담 답변을 참고하여 기본 형식을 맞춘다. 회사 규정에 따라 온라인 매뉴얼에 따라 기본 형식에 맞추어 답변을 하며, 이전에 게시판에 올라온 내용과 중복되거나 '자주 묻는 질문'에 해당하는 경우는 웹 페이지로 링크를 걸어 놓을 수도 있다. 게시판의 문의에 답변하기 전에 글을 반복적으로 몇 번 읽어보고 고객이 궁금해 하는 정확한 내용을 파악하여 정성껏 답변하도록 한다. 답변할 경우에는 반드시 답변 첫머리에 담당자의 소속과 성명을 밝힌다.

〈표 7-9〉 이메일 구성요인

항목	내용
수신인 정보	메일을 누구에게 어떤 형태로 전송할지에 대한 내용을 담고 있다. 메일을 받게 될 사람은 크게 수신인, 참조인, 비밀참조인의 형태로 구성된다.
제목	업무상 보내는 메일은 제목이 매우 중요하다. 대부분 사람들이 '제목'을 보고 메일을 열어볼 것인가, 보류할 것인가를 결정하기 때문이다. 상대의 관심을 끄는 제목이어야 한다.
호칭과 도입부	많은 사람들이 메일의 첫 시작으로 어떤 말을 쓸지, 상대를 어떻게 불러야 할지, 너무 딱딱하지 않으면서 예의 없어 보이지 않는 호칭은 무엇인지 고민한다. 자연스럽게 이야기를 꺼내기 힘들 때는 적절한 도입부 사례를 참고하는 것도 하나의 방법이다.
본문	상대에게 전달하고 싶은 핵심 메시지가 담기는 부분이다. 본문을 통해 나의 메시지가 상대에게 잘 전달되기를 바란다면, 말하고자 하는 핵심을 한눈에 알 수 있도록 한다. 본문 내용은 짧고 간결할수록 좋다. 본문의 첫 문단은 간단한 인사말과 함께 보내는 사람의 이름과 소속을 밝힌다. "안녕하세요? 김소망 과장님!!! 일전에 인사드린 자유여행사의 이목양입니다. 갑자기 더워진 날씨에 건강하게 잘 지내시죠?" 첨부파일이 있으면 최대한 압축하여 용량을 최소화하는 것이 좋다. 또 첨부파일이 여러 개인 경우 첨부 파일의 개수와 제목 등을 기재해 전달 항목을 정확히 명시하는 것이 좋다.
끝인사와 발신자 정보	본문에서 비즈니스에 관한 이야기를 했더라도, 끝인사는 항상 인간미가 드러나도록 훈훈하게 마무리한다. 업무력이 뛰어난 전문가, 전략가로서의 이미지를 어필하고, 상대가 나의 이름을 기억할 수 있도록 한다.
발신자명	발신자명은 제목과 함께 상태의 수신 메일함에서 제일 눈에 띄는 항목이다. '누가 보냈는지'를 드러내어 받는 이의 궁금증을 해소하기 때문이다.
서명 활용	끝인사를 마치고 자신의 이름을 적는 공간을 서명란이라고 한다. 서명에는 메일 발송자의 소속, 직급, 연락처 등의 기초 정보를 필수적으로 기재하고 최근에는 이미지나 짧은 문구 등을 이용해 자신을 표현하는 경우도 많아지고 있다. 회사의 서명 양식이 있다면 그것을 이용해서 회사의 이미지뿐만 아니라 자신의 인지도까지 높일 수 있다.
발송하기 전	아무리 공들여 쓴 메일이라 할지라도 띄어쓰기, 오타 등의 기본적인 실수가 있다면 비즈니스 문서의 신뢰성은 급격히 떨어진다. 무심코 쓰는 약어 표현이 없는지, 내부 용어를 사용하여 수신자로 하여금 이해가 안 되는 부분이 있지 않은지, 파일 첨부는 제대로 했는지 등을 최종 검토 후 발송 버튼을 누르도록 한다.

그림 7-3 인터파크투어 페이스북 팬페이지

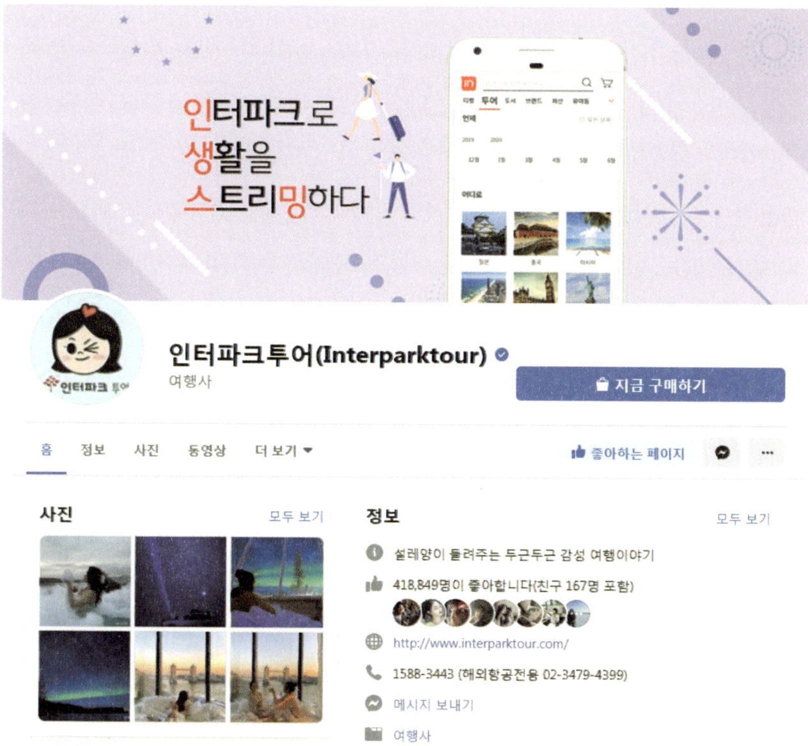

2 여행계약

관광진흥법 제14조에 의하면 여행사는 여행자와 여행업자가 여행계약을 체결할 경우 여행일정표와 여행약관을 포함한 여행계약서, 보험가입 증명서, 목적지 안전정보, 여행일정과 선택관광 변경에 관한 여행자의 사전 동의 등을 반드시 포함한 내용을 여행자에게 알려줘야 한다고 규정하고 있다.

1) 안전정보

안전정보는 외교부의 "해외안전여행(http://0404.go.kr)"에 나타난 국가별 안전수준을 고려하여 지정하며, 국외여행을 하는 국민에게 안전행동 요령을 제시한다. 여행경보제도는 특정 국가(지역) 여행과 체류 시 특별한 주의가 요구되는 국가 및 지역에 경보를 지정하여 위험수준과 이에 따른 안전대책(행동지침)의 기준을 안내하는 제도이다. 국민의 안전에 대한 위험(위협)을 중요한 기준으로 해당 국가(지역)의 치안과 위험요인을 종합적으로 판단하여 안전대책의 기준을 판단할 수 있도록 중·장기적 관점에서 여행경보를 지정·공지하고 있으며 이미 미국, 영국, 캐나다, 호주, 뉴질랜드 등의 국가에서 유사한 제도를 운영하고 있다.

여행사는 여행계약을 할 때 목적지의 여행경보 단계를 알려줄 의무가 있다. 일반적인 단계는 여행유의(남색경보), 여행자제(황색경보), 철수권고(적색경보), 여행금지(흑색경보) 등이 있으며 특별여행경보로 1단계 특별여행주의보, 2단계 특별여행경보 등이 있다.

방문 및 체류가 금지된 국가나 지역으로 고시된 사정을 알면서도 정부의 허가를 받지 아니하고 해당 국가나 지역에서 여권 등을 사용하거나 해당 국가나 지역을 방문하거나 체류한 사람은 관련법에 의거하여 처벌(1년 이하 징역 또는 1,000만원 이하 벌금)을 받게 된다.

취소수수료 징수 문제 등 여행계약에 관한 모든 사항은 여행사와 고객 사이의 개인적인 계약에 관한 사항이며, 결정인 만큼 국가가 개입할 여지가 전혀 없다. 즉 고객 판단에 따른 여행취소로 여행사로부터 입게 되는 손해에 대해 배상과 환불 관련 문제에 개입하지 않는다.

〈표 7-10〉 여행경보단계별 행동지침

여행경보단계	국외여행 예정자	국외체류자
남색경보(여행유의)	-	신변안전 유의
황색경보(여행자제)	여행필요성 신중 검토	신변안전 특별유의
적색경보(철수권고)	가급적 여행취소와 연기	긴급용무가 아닌 한 철수

흑색경보(여행금지)	방문 금지	즉시 대피와 철수
특별여행주의보(철수권고)	가급적 여행취소와 연기	긴급용무가 아닌 한 철수
특별여행경보(즉시대피)	방문 금지	즉시 대피

그림 7-4 하나투어 장가계 여행상품 안전정보 사례

여행지 안전정보

중국

여행 경보단계		여행지(국가 or 지역)
남색경보	여행유의 (일부)	중국 · 북한 국경지역 : 단둥시, 관전만족자치현, 집안시, 백산시, 임강시, 장백조선족자치현, 안도현, 화룡시, 용정시, 도문시, 훈춘시
황색경보	여행자제 (일부)	티벳, 신장위구르자치구
적색경보	철수권고	-

※ 여행경보단계는 여행유의 / 여행자제 / 철수권고 / 여행금지 4단계로 구분되며, 외교부 '해외안전여행'사이트(www.0404.go.kr)에서 상세정보를 확인 할 수 있습니다.

2) 여행계약서

(1) 여행계약서

여행계약서는 국외여행 표준계약서에 따라 여행상품명과 여행기간, 여행사의 공제보험, 여행자보험, 여행 인원 및 행사 최저 인원, 여행지역, 여행요금, 출발 일시 및 장소, 교통수단, 숙박시설, 식사 횟수, 인솔자(T/C) 및 현지안내사 유무, 현지교통 종류, 현지여행사 유무, 여행경비에 포함된 사항, 기타 사항 등이다. 국외여행 표준계약서는 2003년 공정거래위원회의 심의에 따른 것이므로 이를 기준으로 하지만, 현재 여행사에서 사용하는 계약서는 최근의 법령 개정 사항이나 권고 사항, 소비자 분쟁 방지 등을 고려하여 항목을 추가하여 사용하고 있다.

〈표 7-11〉 국외여행 표준계약서 사례

여 행 계 약 서 (회사보관용)

(주)모두투어네트워크와 여행자는 아래와 같이 (□기획, □희망)여행 계약을 체결하고 계약서와 여행약관(계약서 이면 첨부), 여행일정표(또는 여행설명서)를 교부한다.

여행상품명		여행기간	. . . ~ . . . (박 일) (기내 숙박 ( )일 포함)
보험가입등	□영업보증 □공제 □예치금, 보험기간 : 2020. 11. 01.~2021. 10. 31.		계약금액 : 5억원 피보험자 : (사)한국여행업협회
여행자보험	보험가입(□여 □부), 보험회사 : 보험기간 : . . . ~ . . .		계약금액 : 까지, 피보험자 :
여행인원	명 최저행사인원 명	여행지역	*여행 일정표 참조
여행요금	1인당 : 원 계약금 원 총 액 : 원 *계약과 동시 납부		잔액 완납일 : . . . 잔 액 : 원
	계좌번호 : 국민은행 (312-01-*****), 예금주 : (주)모두투어네트워크 ※ 영수증, 지로용지, 은행계좌 등의 가입자는 여행사명이나 대표자일때만 유효함		
출발(도착) 일.시및장소	출발 : . . 시 분. 에서 도착 : . . 시 분. 에서	교통수단	항공기 (등석), 기차 (등석) 선박 (등실), 기타 :
숙박시설	□관광호텔 ( )등급 □일반호텔 □여관 □여인숙 □기타, 1실 투숙인원(명)		
식사회수	□일정표에 표시 / 조식( )회, 중식 ( )회, 석식 ( )회 * 기내식 포함		
여행인솔자	□유 □무	현지안내원	□유 □무 *일정표참조
현지교통	□버스 □승용차 □기타	현지여행사	□유 □무 *일정표참조
여행경비	필 수 포 함 항 목		기 타 선 택 항 목
	□항공기,선박,철도 등 운임 □숙박, 식사료 □안내자경비 □국내외 공항,항만세 □관광진흥개발기금 □제세금 □일정표내 관광지입장료 ※희망여해인 경우 해당란에 체크로 표기		□여권발급비 □비자발급비 □봉사료 □포터비 □쇼핑 □선택관광 (※선택관광은 강요될수 없으며, 전적으로 여행자의 의사에 따름) * 여행일정표 참조 □기타( )
기타사항		여권발급비	원
		비자발급비	원

(주)모두투어네트워크와 여행자는 위 계약내용과 약관을 상호 성실히 이행 및 준수할 것을 확인하며, 아래와 같이 서명,날인한다.
※본계약과 관련한 다툼이 있을 경우 문화체육관광부 고시에 의거 운영되는 여행불편처리센터(전화 1588-8692) 또는 여행사 본사 소재 시,도청(시,군,구 포함) 문화관광과로 중재를 요청할 수 있음

작성일 : 2020. . .

여행업자
상 호 : (주)모두투어네트워크
주 소 : 서울시 중구 을지로 1가 188-3 백남빌딩 5층
대 표 자 : 우 종 웅 (인) 전화 :
등록번호 : 202-81-45295 담당자 :

대리판매 여행사
상 호 :
주 소 :
대 표 자 : (인) 전화 :
등록번호 : 담당자 :

여행자
이 름 : (서명) 전화 :
주 소 :

〈표 7-12〉 국외여행 표준계약서 작성방법

항목	작성방법
여행상품명	일정표상의 여행상품명을 그대로 기입한다.
여행기간	일정표상의 여행기간을 그대로 기입한다. 항공편을 확인하여 기내 숙박일수와 현지 숙박일수를 구분해야 한다.
보험가입	여행사의 영업보증보험 가입 내용을 확인하고 기입한다. 공제 가입과 예치가 있으며, 그 기준 금액은 여행업 종류에 따라 다르다.
여행자보험	보험회사명, 최대 보상금액 기준의 금액을 기록한다. 보험기간은 여행기간과 같다. 피보험자는 계약자가 아니고 여행자이다.
여행인원	여행계약을 체결하는 인원, 즉 여행하는 고객의 인원이다.
행사인원	행사 진행을 약속할 수 있는 최저인원과 최대인원의 규모이다.
여행지역	기록란이 작아서 자세히 작성할 수 없으므로 '일정표 참조'라고 표기한다.
여행요금	1인당 요금과 총액으로 나누어서 기입한다. 1인 계약인 경우 두 요금은 같지만, 동반자가 있을 경우 1인 요금×인원수로 총액을 계산한다. 총액의 10%를 계약금으로 하고, 나머지를 잔액으로 해서 잔액 완납일을 기록한다. 입금계좌번호는 회사 법인 통장 계좌번호를 기입한다(여행사명이나 대표자일 때만 유효하다).
출도착 일시와 장소	일정표 및 원가계산서를 확인하고 기입한다.
교통수단	일정표 및 원가계산서를 확인하고 기입한다.
숙박시설	일정표 및 원가계산서를 확인하고 기입한다.
식사횟수	일정표 및 원가계산서를 확인하고 기입한다.
인솔자(T/C)	일정표 및 원가계산서를 확인하고 기입한다.
현지안내사	일정표 및 원가계산서를 확인하고 기입한다.
여행요금 포함사항	필수 항목 및 기타 선택 항목에 대해 일정표와 원가계산서를 확인하고 기입한다.
기타 사항	일정표 및 원가계산서를 확인하고 기입한다.
비자 발급비	일정표 및 원가계산서를 확인하고 기입한다.

자료: NCS 학습모듈(여행상품계약)에서 저자 재작성

(2) 여행약관

약관은 계약의 한쪽 당사자가 여러 명의 상대방과 계약을 체결하기 위하여 일정한 형식으로 미리 마련한 계약의 내용을 말한다. 여기서 한쪽 당사자는 사업자를 말하며 여러 명의 상대방은 고객을 뜻한다. 여행약관은 여행업자와 여행을 하고자 하는 관광객이 계약을 체결하기 위한 문서이다. 현재 국내여행 표준약관과 국외여행 표준약관이 있는데 대체로 공정거래위원회에서 개정 승인된 표준약관을 사용하고 있다.

국외여행 표준약관은 2019년 8월 30일 개정된 것으로 제1조 목적부터 제22조 기타 사항으로 구성되어 있다. 그중 중요한 내용만 설명하기로 한다. 제2조 용어의 정의는 기획여행, 희망여행, 해외여행 수속대행이 있다. 기획여행은 패키지투어를 말하며 희망여행은 기획여행과 대비되는 개념으로 여행자가 여행사에 조건에 따라 주문하는 여행을 말한다. 수속대행은 사증, 재입국 허가 및 각종 증명서 취득에 관한 수속, 출입국 수속서류 작성 등을 말한다.

제3조는 여행사와 여행자의 의무를 규정한 것으로 여행사는 여행자에게 안전하고 만족스러운 여행서비스를 제공하기 위하여 여행알선 및 안내, 운송, 숙박 등 여행계획의 수립 및 실행과정에서 맡은바 임무를 충실히 수행해야 하며, 여행자는 안전하고 즐거운 여행을 위하여 여행자 간 화합도모 및 여행사의 여행질서 유지에 적극 협조해야 한다.

제4조 계약의 구성은 여행계약서, 여행약관, 여행일정표(또는 여행설명서) 등이다. 여행계약서에는 여행사의 상호, 소재지 및 보증보험 등의 가입 내용이 포함되어야 하며, 여행일정표에는 여행일자별 여행지의 관광내용, 교통수단, 쇼핑횟수, 숙박장소, 식사 등 여행실시일정 및 여행사 제공 서비스 내용과 여행자 유의사항이 포함되어야 한다.

제5조 계약체결의 거절은 여행사가 여행자에게 계약체결을 거절할 수 있는 사유를 명시하고 있는데 질병, 신체 이상 등의 사유로 개별관리가 필요하거나, 단체여행(다른 여행자의 여행에 지장을 초래하는 등)의 원활한 실시에 지장이 있다고 인정되는 경우, 계약서에 명시한 최대행사인원이 초과된 경우 등이다.

제9조는 여행사의 책임을 규정했다. 여행사는 여행 출발 시부터 도착 시까지 여행사 본인 또는 그 고용인, 현지여행사 또는 그 고용인 등이 제3조 제1항에서 규정한 여행사 의무와 관련하여 여행자에게 고의 또는 과실로 손해를 가한 경우 책임을 진다. 여기서 여행의 출발과 도착의 의미를 정확하게 규정한 것은 제19조 여행의 시작과 종료에 잘 나타나 있다. 즉 여행의 시작은 탑승수속(선박인 경우 승선수속)을 마친 시점으로 하며, 여행의 종료는 여행자가 입국장 보세구역을 벗어나는 시점으로 한다. 계약내용상 국내이

동이 있을 경우에는 최초 출발지에서 이용하는 운송수단의 출발시각과 도착시각으로 하고 있다.

여행사와 여행자 간 가장 많은 분쟁은 "계약 해제"에 관한 것이다. 여행자 입장에서는 출발 전에는 여행을 시작하지 않았기 때문에 100% 환불받을 수 있다고 생각할 것이며 여행사 입장에서는 항공좌석, 호텔객실 등을 관광공급업체와 일정한 거래에 의하여 미리 관광대금을 지급했기 때문에 100% 환불받을 수 없다고 판단한다. 이러한 여행사와 여행자의 간극을 미리 해소하기 위해 제16조 여행 출발 전 계약해제에 관한 내용을 명시하였다. 즉 여행사 또는 여행자는 여행출발 전 여행계약을 해제할 수 있는데 발생하는 손해액은 2019년 4월 3일 개정된 공정거래위원회 고시 제2019-3호의 '소비자분쟁해결기준'에 따라 배상한다. 여행사의 귀책사유로 여행사가 취소하는 경우와 여행자의 여행계약 해제 요청이 있는 경우 모두 동일하게 손해배상 비율을 적용하고 있다.

그러나 여행참가자 수의 미달로 여행개시 7일 전까지 여행계약 해제 통지 시 여행사는 여행자에게 계약금만 환급해 주면 된다. 이러한 내용은 여행자보다는 여행사에게 좀 더 유리하게 적용된다.

여행사와 여행자는 여행출발 전 손해배상액을 지급하지 아니하고 여행계약을 해제할 수 있는 예외규정도 있다. 먼저 여행사가 해제할 수 있는 경우는 제12조 여행조건의 변경 요건 및 요금 등의 정산에서 ① 여행자의 안전과 보호를 위하여 여행자의 요청 또는 현지사정에 의하여 부득이하다고 쌍방이 합의한 경우 ② 천재지변, 전란, 정부의 명령, 운송 · 숙박기관 등의 파업 · 휴업 등으로 여행의 목적을 달성할 수 없는 경우 ③ 여행자가 다른 여행자에게 폐를 끼치거나 여행의 원활한 실시에 현저한 지장이 있다고 인정될 때 ④ 질병 등 여행자의 신체에 이상이 발생하여 여행에의 참가가 불가능한 경우 ⑤ 여행자가 계약서에 기재된 기일까지 여행요금을 납입하지 아니한 경우 등이다.

여행자가 해제할 수 있는 경우는 ① 여행자의 안전과 보호를 위하여 여행자의 요청 또는 현지사정에 의하여 부득이하다고 쌍방이 합의한 경우 ② 천재지변, 전란, 정부의 명령, 운송 · 숙박기관 등의 파업 · 휴업 등으로 여행의 목적을 달성할 수 없는 경우 ③ 여행사가 공제 또는 보증보험에 가입하지 아니하였거나 영업보증금을 예치하지 않은 경우 ④ 여행자의 3촌 이내 친족이 사망한 경우 ⑤ 질병 등 여행자의 신체에 이상이 발생하여 여행에의 참가가 불가능한 경우 ⑥ 배우자 또는 직계존비속이 신체이상으로 3일 이상 병원(의원)에 입원하여 여행 출발 전까지 퇴원이 곤란한 경우 그 배우자 또는 보호자 1인 ⑦ 여행사의 귀책사유로 계약서 또는 여행일정표(여행설명서)에 기재된 여행일정대로의 여행실시가 불가능해진 경우 ⑧ 여행요금의 증액으로 인하여 여행 계속이 어렵다고 인정될 경우 등이다.

〈표 7-13〉 국외여행 소비자분쟁 해결기준

분 쟁 유 형	해 결 기 준
① 여행사의 귀책사유로 여행사가 취소하는 경우 ② 여행자의 여행계약 해제 요청이 있는 경우	
여행개시 30일 전까지(~30) 통보 시	계약금 환급
여행개시 20일 전까지(29~20) 통보 시	여행요금의 10% 배상
여행개시 10일 전까지(19~10) 통보 시	여행요금의 15% 배상
여행개시 8일 전까지(09~08) 통보 시	여행요금의 20% 배상
여행개시 1일 전까지(07~01) 통보 시	여행요금의 30% 배상
여행 당일 통보 시	여행요금의 50% 배상
③ 여행참가자 수의 미달로 여행개시 7일 전까지 여행계약 해제 통지 시	계약금 환급
④ 여행참가자 수의 미달로 인한 여행개시 7일 전까지 통지 기일 미준수	
여행개시 1일 전까지 통지 시	여행요금의 30% 배상
여행출발 당일 통지 시	여행요금의 50% 배상
⑤ 천재지변, 전란, 정부의 명령, 운송·숙박기관 등의 파업과 휴업 등으로 여행의 목적을 달성할 수 없는 사유로 취소하는 경우	계약금 환급

(3) 여행자보험

여행자보험은 여행사에서 반드시 가입해야 할 의무사항이다. 보증보험과는 별개이며 국외여행 중 상해와 질병 의료비, 휴대품 손해, 항공기 수하물 지연 등은 여행자보험을 통해서 보상받을 수 있다. 여행자보험이란 여행을 위해 주거지를 출발하여 여행을 마치고 주거지에 도착할 때까지 불의의 사고로 인한 상해, 질병, 배상 책임, 휴대품 손해 등 모든 사고를 보상해 주는 여행종합보험으로, 여행자들은 여행 중 발생할 수 있는 다양한 사고에 대비하여 국외여행을 떠나기 전에 해외여행자보험에 가입해야 한다. 고객이 여행자보험의 가입을 원할 경우에는 회사의 여행자보험 판매 담당자와 연결해 주거나, 회사가 거래하는 여행자보험회사와 연결하도록 한다.

여행자보험은 여행, 출장, 나들이 등 일상생활이 아닌 외출 여가 중에 발생한 상해, 질병, 사망 등의 신체사고나 휴대품 손해, 타인에 대한 배상책임까지 보장해 주는 보험상품이다. 거주지 출발시점부터 거주지 복귀 시까지 전 과정을 보장하는 소멸식 보험으로 기본적으로 손해보험의 일종이다. 여행자보험은 인터넷 다이렉트 보험으로 가장 많이 판매되는데, 선불제, 1회성, 소멸식 등이 특징이다. 즉, 일정기간의 여행에 대한 보상을 받기 위해서는 여행 출발 전에 가입해야 한다. 국외여행자 수가 3,000만 명에 육박하는 최근에는 해외 여행자보험에 여러 가지 편의 서비스를 제공하는 경우도 있다. 특히 질병이나 상해 등으로 긴급히 병원에 가야 할 때 언어가 통하지 않을 경우 전화 혹은 영상통화를 통해 일정한 의료지식이 있는 통역사가 의사와 피보험자를 통역해 주는 서비스를 갖춘 경우도 있다(https://namu.wiki/w/여행자보험).

〈표 7-14〉 여행자보험 보장내용

구분		보장내용	보상한도
상해	사망/후유장애	해외여행 중 우연한 사고로 1년 이내에 사망하거나 신체상에 후유장해를 입었을 경우 보험가입금액 전액 또는 후유장해 정도에 따라 보험가입 금액의 3~100%를 보상	1억 원 (15세 미만, 심신상실자, 심신박약자 해당 없음)
	의료비	해외여행 중 우연한 사고로 상해를 입어 의사의 치료를 받는 경우, 1사고당 보험가입금액 한도 내에서 진찰비, 수술비, 약제비, 입원비 등 최고 180일까지의 실제로 부담한 의료비를 지급 (단, 입원비 10%, 통원의료비 1~2만 원, 약제비 8천 원 공제 후 지급) ※ 비급여 도수치료/체외충격파치료/증식치료 - 1회당 2만 원과 의료비의 30% 중 큰 금액을 공제(1년 350만 원/50회 한도) ※ 비급여주사료 - 1회당 2만 원과 의료비 30% 중 큰 금액(1년 250만 원/50회 한도) ※ 비급여자기공명진단(MRI/MRA) - 1회당 2만 원과 의료비 30% 중 큰 금액(300만 원 한도) ※ 상세 공제내역은 반드시 약관 참고 부탁드립니다.	300만 원

<table>
<tr><td rowspan="2">질병</td><td>사망</td><td>해외여행 중 발생한 질병으로 사망하였거나 그 질병으로 인해 보험기간 만료 후 30일 이내에 사망한 경우 보험가입금액 전액을 보상</td><td>1,000만 원
(15세 미만,
79세 6개월 이상,
심신상실자,
심신박약자 해당 없음)</td></tr>
<tr><td>의료비</td><td>해외여행 중 우연한 사고로 상해를 입어 의사의 치료를 받는 경우, 1사고당 보험가입금액 한도 내에서 진찰비, 수술비, 약제비, 입원비 등 최고 180일까지의 실제로 부담한 의료비를 지급 (단, 입원비 10%, 통원의료비 1~2만 원, 약제비 8천 원 공제 후 지급)
※ 비급여 도수치료/체외충격파치료/증식치료 - 1회당 2만 원과 의료비의 30% 중 큰 금액을 공제(1년 350만 원/50회 한도)
※ 비급여주사료 - 1회당 2만 원과 의료비 30% 중 큰 금액 (1년 250만 원/50회 한도)
※ 비급여자기공명진단(MRI/MRA) - 1회당 2만 원과 의료비 30% 중 큰 금액(300만 원 한도)
※ 상세 공제내역은 반드시 약관 참고 부탁드립니다.</td><td>100만 원</td></tr>
<tr><td colspan="2">배상책임 손해</td><td>해외여행 중 우연한 사고로 타인에게 신체장해(상해, 질병, 후유장해)를 입히거나, 타인의 재물을 멸실, 훼손시킴으로써 법률배상책임을 부담하게 될 경우 보상한도액에서 실제 소요된손해배상액을 보상 (단, 자기부담금 1만 원 공제)</td><td>100만 원</td></tr>
<tr><td colspan="2">휴대품 손해</td><td>해외여행 중 우연한 사고(도난, 파손, 화재 등)로 휴대품에 손해가 생길 경우 1조(또는 1쌍, 1개)에 대하여 20만 원을 한도로 보험가입금액 내에서 실제손해액을 보상 (단, 자기부담금 1만 원 공제)</td><td>50만 원</td></tr>
<tr><td colspan="2">특별비용 손해</td><td>여행도중 탑승한 항공기나 선박이 조난 (또는 행방불명) 당하거나 상해나 질병으로 인하여 사망 또는 14일 이상 계속 입원한 경우 보험계약자, 피보험자 또는 피보험자의 법정 상속인이 부담하는 수색구조, 구원자의 항공운임 등 왕복교통비, 숙박비(2명×14일 한도), 사망유체 이송비, 기타 제잡비</td><td>200만 원</td></tr>
</table>

항목	본인부담금	비고
국내발생 입원의료실비 (상해, 질병)	10%	
국내발생 외래의료실비 (상해, 질병)	1. 의원 - 1만 원 2. 종합병원, 병원, 한방병원 등 - 1만 5천 원 3. 종합전문요양기관, 상급종합병원 - 2만 원	1일, 1회당
국내발생처방조제의료실비 (상해, 질병)	8천 원	8천 원

자료: 모두투어 홈페이지

〈표 7-15〉 여행사를 통한 여행자보험 보상 확인과 참고사항

항목	내용
보험접수	여행 종료일 다음날부터 2년 이내 접수
보험기간	일정 종료 후 보험기간은 개별 연장 불가하며 보장기간은 종료일로부터 90일 이내
보상 제한	15세 미만, 79세 6개월 이상 및 임산부는 보상 불가부분 존재
보험계약	15세 미만자, 심실상실자 또는 심신 박약자의 사망을 보험사고로 한 보험계약은 무효
비례보상	여행자보험은 실손실 보상 보험으로 보상한도 안에서 심사지급되며 타 보험사와 중복 가입 시 비례보상
보험금 지급	보험한도 내에서 지급되며 본인부담금 공제 후 지급
보상 제외	- 진료와 무관한 제비용(제증명료, 의료보조기구 구입비), 입원 및 국내 통원 치료 시 치과치료, 한방치료에서 발생한 비급여 의료비는 보상 제외 - 진료기관 방문 시 발생되는 통원비용 및 업무 손실비용 등에 대해서는 보상 제외
장애 판정	상해사고로 인한 장애 판정은 사고일로부터 6개월 이후 대학병원급의 의료기관에서 후유장애를 진단 신청
보상 불가	- 본인 부주의에 의한 휴대품 분실/파손 사고 - 현금 및 유가증권, 신체보조장구(치아, 틀니, 콘택트렌즈) - 흠 또는 기스에 의한 파손 - 기존 병력으로 인해 여행기간 중 발생되는 사고
기타	교통사고 등 국민건강보험공단의 적용을 받지 못하는 경우 치료비의 40% 이내에서 보상

〈표 7-16〉 보상 시 필요 서류

사고 종류		구비서류
공통		본인명의 통장사본
상해/질병	사망	사망진단서(또는 사체검안서), 피보험자의 호적등본, 위임장(필요시)
	치료비	보험금청구서, 입-퇴원확인서, 진단명 기재되어 있는 초진 차트, 현지병원 영수증, 국내병원 영수증, 약국영수증, 지급결의서(교통사고 피해 시), 등본 또는 주민증사본(미성년자의 경우)
배상책임	대인	사고경위서, 제3자의 진단서 및 치료비 영수증
	대물	사고경위서, 손해증빙서류 및 손상물 수리견적서, 여행사-통장, 사업자등록증(여행사에서 선지급)

여행 중 휴대품 손해	사고증명서(도난증명서, 현지경찰확인서 등), 손해명세서(손상물 수리견적서, 파손된 휴대품의 사진 등), 피해품의 구입가격, 구입처 등이 적힌 서류, 여권(입출국도장, 사진부분), 등본-주민증사본(미성년자 경우), 경찰신고 안 되었을 경우-목격자확인서, 문답서, 목격자 여권사본
여행 중 중대사고 구조송환비용	사고증명서(사망진단서, 입원확인서 등), 지출된 비용의 명세서 및 영수증
휴대폰 도난사고 발생: 도난사고 발생사실을 인근 경찰서에 신고/호텔에서 도난사고 발생 시 프런트에 신고하여 확인증 수령	

자료: 모두투어 홈페이지

3) 보증보험 가입

여행업자는 여행과 관련하여 사고가 발생하거나 관광객에게 손해가 발생하면 피해자에게 보험금을 지급할 것을 내용으로 하는 보험 또는 공제에 가입하거나 영업보증금을 예치해야 한다. 여행알선과 관련한 사고로 인하여 관광객에게 피해를 준 경우 그 손해를 배상할 것을 내용으로 하는 보증보험 또는 공제에 가입하거나 업종별 관광협회(업종별 관광협회가 구성되지 아니한 경우에는 지역별 관광협회)에 영업보증금을 예치하고 그 사업을 하는 동안(휴업기간 포함) 계속하여 이를 유지해야 한다.

국외여행업 또는 일반여행업을 하는 여행업자 중에서 기획여행을 실시하려는 자는 국외여행업 또는 일반여행업에 따른 보증보험 등에 가입하거나 영업보증금을 예치하고 유지하는 것 외에 추가로 기획여행에 따른 보증보험 등에 가입하거나 영업보증금을 예치하고 유지해야 한다. 보증보험 등의 가입금액은 직전 사업연도의 매출액에 따라 다르게 금액을 가입해야 한다.

〈표 7-17〉 여행업 종류에 따른 보험 가입금액 (단위: 천 원)

직전 사업연도 매출액 \ 여행업의 종류 (기획여행 포함)	국내여행업	국외여행업	일반여행업	기획여행 추가
1억 원 미만	20,000	30,000	50,000	200,000
1억 원 이상 5억 원 미만	30,000	40,000	65,000	
5억 원 이상 10억 원 미만	45,000	55,000	85,000	
10억 원 이상 50억 원 미만	85,000	100,000	150,000	
50억 원 이상 100억 원 미만	140,000	180,000	250,000	300,000
100억 원 이상 1,000억 원 미만	450,000	750,000	1,000,000	500,000
1,000억 원 이상	750,000	1,250,000	1,510,000	700,000

4) 사전동의

여행사의 부득이한 사정에 의해 여행일정과 선택관광이 변경되는 경우 여행자의 사전동의를 받아야 한다. 여행상품은 현지 상황에 따라 여행사와 관계없이 언제든지 변동될 수 있다. 과거에는 현지가이드나 인솔자(T/C)가 왜 일정이 변경되는지 그 이유를 설명하고 고객들에게 구두로 동의를 구하고 변경된 일정을 진행해도 무방했다. 그러나 지금은 인솔자나 현지가이드가 일정이 변경되었을 경우 그 상황을 설명하고 모든 고객들에게 자필서명을 받아야 한다. 물론 선택관광도 마찬가지다.

여행일정은 계약 체결 시 예상하지 못한 부득이한 사정이 발생할 경우 여행자의 사전동의절차를 거쳐 변경될 수 있다. 여행사가 계약서 등에 명시된 여행일정을 변경하는 경우에는 해당 날짜의 일정이 시작되기 전에 여행자의 서면동의를 받아야 하며 이때 서면동의서에는 변경일시, 변경내용, 변경으로 발생하는 비용이 포함되어야 한다. 그러나 천재지변, 사고, 납치 등 긴급한 사유가 발생하여 여행자로부터 여행일정 변경 동의를 받기 어렵다고 인정되는 경우에는 일정변경 동의서를 받지 않을 수도 있다. 다만, 여행사는 사후에 서면으로 그 변경 사유 및 비용 등을 설명해야 한다.

여행항공용어

❶ Shoulder Season

여행업계에서 성수기(peak season)와 비수기(low season) 사이의 기간으로 성수기 직전 또는 직후로 성수기보다 요금이 저렴하나 여전히 정상가격보다는 요금이 높다.

❷ Sustainable Tourism

지속가능한 개발이라는 개념에서 출발한 관광형태를 말한다. 환경과 관광개발이 서로 상반되는 것이 아니라 상호 보완적인 것으로 파악하여 환경을 보전함으로써 미래세대까지 관광유산을 남겨주는 논리이다.

❸ Tariff

보통 항공-선박-철도 등 교통기관의 공시운임요금표를 말한다. 각 교통회사의 개별적인 것 이외에도 항공요금표 등 기관 업종별로 정리된 것도 있다. 국제항공 여객운송에서 흔히 사용되는 요금표는 'OAG(Official Airline Guide)'이다. 호텔 요금표는 객실료 및 기타 시설의 요금표로 이용되고 이 밖에도 여행업계에서는 비자대행 요금표, 관광요금표 등과 같이 광범위하게 사용되고 있다.

❹ Technical Visit

첨단기술과 산업시스템, 또는 현대적 공업시설 등의 시찰을 목적으로 외국 또는 다른 지역을 방문하는 것을 말한다. 기술시찰의 여행계획을 작성하여 그 전문분야에 정통한 안내자를 동행시켜 기술 개발이나 생산성 향상을 기하고자 외국을 방문하는 여행형태가 그 대표적인 예라고 할 수 있다. 최근에는 방문 목적이 패션, 의료, 교육 등 보다 넓은 분야로 확대되고 있다.

❺ Through Check In

2개 구간 이상을 탑승하는 경우, 최초 출발지의 공항에서 환승편까지 포함하여 최종 목적지까지의 탑승수속을 하는 것으로서 복수의 탑승권이 발행된다. 직항편을 이용할 수 없는 항공승객에 대한 탑승수속의 간소화가 도모되어 편리성과 접속 면에 있어 안심할 수 있다. 항공사도 환승시간의 단축, 지상비의 절감에 효과가 있다.

❻ Tour Operator

불특정 다수의 여행자를 대상으로 여행을 기획하여 수배(준비)하는 업자를 가리킨다. 오로지 상품을 만들기만 할 뿐 판매를 하지 않는 도매전문 여행사와 소매까지를 겸업하는 업체도 있다. 도소매의 분업체제가 명확한 유럽에서는 도매전문인 여행사를 투어 오퍼레이터라고 한다.

❼ **Voucher**

호텔 고객이 호텔에서 요금 대신 지불하는 보증서 및 증명서 개념으로 여행사와 항공사에서 발행하는 것이다. 다시 말하면 단체관광, 숙박, 식음료비 등의 비용을 미리 지불하여 호텔계산서를 발행하는 데 유통되는 양식이다. 이 바우처는 가격할인 형태의 구매이면서 동시에 호텔의 판매촉진 방법 중 하나이다.

❽ **Walking Guest**

호텔 객실 예약을 하지 않고 프런트 데스크에 직접 찾아와 객실을 요청하는 손님을 말한다.

❾ **Wholesaler**

주최여행의 기획 · 조성과 소매업자에 대한 도매만을 하는 여행업자를 말한다. 따라서 기획상품의 판매 확대를 위해서는 여행상품의 브랜딩, 가격전략, 프로모션 등으로 경쟁사와의 차별화를 도모하여 대리점에게 판매향상을 위한 인센티브 제공 등 다양한 판매촉진이 실행되어야 한다.

❿ **Working Holiday**

관광 목적으로 입국하는 경우 취업 등 보수를 목적으로 하는 활동을 할 수 없으나, 청소년에 한하여 여행비용을 조달하기 위하여 일정한 조건으로 취업을 허용하는 제도이다.

CHAPTER ▸▸ 08

여행사 고객관리

1. 여행사 고객만족
2. 여행사 CRM
3. 여행사 서비스품질
4. 불평불만과 여행피해구제

학습목표

1. 고객만족을 이해하여 고객관계를 발전시킬 수 있는 여행사 CRM의 중요성을 설명할 수 있다.
2. 여행사 서비스품질의 개념과 구성요소를 이해하여 고객 불평불만 문제를 해결할 수 있다.
3. 여행피해구제의 의의와 절차 및 사례를 분석할 수 있다.

1 여행사 고객만족

만족은 상대적인 개념으로 표준에 대한 평가로 판단된다. 표준은 전의 경험에서 도출된 개인적 기대일 수도 있고(시간적 비교), 다른 곳에서의 개인적 성취일 수도 있으며(공간적 비교), 다른 사람들의 행동으로부터 파악된 만족수준(사회적 비교)일 수도 있다. 만족은 상대척도로 보통 기대와 실제 상황 사이의 차이로 정의된다. 기대치에 못 미치면 불만족하게 되고, 기대와 유사하거나 더 나을 경우는 만족하게 된다(표성수 · 장혜숙, 1998: 82).

1976년 고객만족과 불만족(CS/D, Consumer Satisfaction and Dissatisfaction) 개념이 처음으로 미국 문헌에 등장한 이후 이에 관한 많은 연구와 관심이 학계와 실무에서 있어 왔다. 그 이유는 바로 고객만족과 불만족 수준이 기업마케팅 활동의 성과 또는 공공정책의 건전성 여부를 측정하는 하나의 중요한 척도가 되고 있었기 때문이다.

고객만족(CS: Customer Satisfaction)이란 고객의 욕구(needs)와 기대에 최대한 부응하여 그 결과로서 상품과 서비스의 재구입이 이루어지고, 아울러 고객의 신뢰감이 연속적으로 이어지는 상태를 말한다. 즉 기대에 대한 실제 서비스가 만족을 느낄 만큼의 수준에 이르렀을 때 고객이 받는 감정상태인 것이다. 피터 드러커 교수는 기업의 목적은 이윤 추구에 있는 것이 아니라 고객 창조에 있으며, 기업의 이익이란 고객만족을 통해서 얻는 부산물이라고 강조하면서 기업의 절대적 사명이 고객만족임을 강조했다.

고객만족과 불만족의 정의에 대한 학자들의 공통점은 고객들이 상품이나 서비스를 탐색하는 과정에서 구매 후 처분에 이르기까지 지니게 되는 인식적 상태, 즉 인식된 성과로서 그것이 기대와 긍정적으로 불일치되느냐 되지 않느냐에 따라 만족 혹은 불만족이 각각 초래된다는 것이다.

관광자 만족을 정의함에 있어서는 두 가지로 대별하여 접근할 수 있는데, 관광소비경험에서 발생한 결과(outcome)와 평가과정(process)에 초점을 두고 개념을 정의할 수 있다. 먼저, 관광소비경험에서 발생한 결과로 보는 입장에서 관광자 만족을 정의하고 있는 Lounsbury and Polik은 "관광자 자신이 관광경험 총체에 대한 사후 이미지를 평가하는 것으로서 관광경험 총체에 대한 일종의 태도"(Lounsbury, J.W., & Polik, J.R., 1992: 105-106)로 보고 있다.

Pizam, Newman & Reichel의 이론에서는 "관광지에 대해 관광자가 가졌던 기대와 관광자 경험과의 상호작용의 결과"로 정의되고 있으며, Dann은 "기대에 대해 불일치를 경험하는 경우의 감정과 관광소비경험에 대해 사전적으로 관광자가 갖는 감정이 복합적으로 야기시키는 전체적인 심리적인 상태" 등으로 정의하고 있다.

관광자 만족은 그 대상(관광상품, 서비스)의 구매와 관광활동이 관광자 자신의 경험에 근거하고 있으며, 관광자가 관광활동에 있어서 얻을 수 있는 행동에 대한 기대수준과 실제로 얻어진 지각수준과의 비교, 평가에 의해 생긴 주관적인 심리상태이다(박승영, 2000: 104).

관광산업에서 고객을 만족시키는 것은 다음과 같은 이유 때문에 중요하다. 첫째, 관광자가 만족하면 친구나 친척들에게 구전 추천을 통해서 새로운 고객을 창출한다. 둘째, 상품을 처음 이용한 고객을 만족시킴으로써 고객을 재창출하여, 추가적인 마케팅 비용을 들이지 않고 꾸준한 수익원을 만들어낼 수 있다. 셋째, 고충처리 비용은 많이 들고, 시간을 소비하며, 회사의 명성에 도움이 되지 않는다. 더욱이 불만족으로 인해 보상비용은 직접적인 비용이 될 수 있다. 고객을 만족시키면 이와 같은 추가적인 비용을 줄일 수 있다(박시사, 2001: 148).

여행상품에서 관광자 지향적인 개념은 관광자의 관점으로부터 여행상품 구성요소의 검증을 필요로 한다. 다시 말하면, 여행상품은 항공기 좌석, 호텔 객실, 해변에서의 휴양

등과 같은 것이라기보다는 관광과 관련된 많은 요소들의 혼합이라는 시각이 더 중요하다. 결국 모든 관광자는 여행상품의 여러 가지 다양한 구성요소들을 경험하는 것이다. 또한, 관광자 만족은 체험의 후속평가단계를 구성하는 심리적인 개념으로서 관광자가 관광하는 동안 자신의 체험을 평가하는 것을 의미한다. 따라서 관광자 만족은 사전기대와 현장체험 간의 상호작용하에 결정되는 기대-성과 간의 관계에 따라 달라질 수 있다. 실제로 관광행동 체험과정에서 관광자의 사전사후평가를 실시해 보면 실제와는 많은 차이점이 있다(윤대순, 2004: 459-460).

관광자 만족은 만족이 가지고 있는 함축성만큼이나 다양하게 나타나고 있다. 즉, 만족은 어떤 관광자들에게는 허용 가능한 최소 수준을 의미할 수 있지만, 다른 사람들에게는 거의 완벽함을 의미할 수도 있는 것이다. 또한 같은 관광자에 있어서도 만족의 의미가 시간이 지나감에 따라 달라질 수도 있다. 이러한 관점에서 관광자 만족에 대한 연구를 진행시키기 위해서는 좀 더 명확한 정의가 요구된다. 즉, 관광자 만족은 전체적 평가 또는 구성요소들에 대한 평가에 따라 결과가 달라진다.

〈표 8-1〉 여행사와 여행상품 만족과 불만족

만족	기대	불만족
- 여행상품뿐만 아니라 다양한 지식으로 여행상품 선택에 도움을 주었다. - 여행일정과 현지사정에 대한 안내가 친절했다. - 공항에서의 모든 수속을 인솔자(T/C)가 대행해 주었다. - 비행기 연착 시 이유를 알아 고객에게 정확한 이유를 말한 뒤 고객의 뜻에 따라 적절하게 대처해 주었다. - 여행국 입국신고서 작성을 인솔자(T/C)가 대신 작성해 주었다.	- 담당자가 여행상품에 대한 이해를 충분히 숙지하고 있다. - 비자수속을 대행하여 준다. - 여행일정에 대하여 자세한 안내를 해준다. - 공항에서의 수속(출국, 세관, 병무, 검역) 시 옆에서 도와준다. - 인솔자(T/C)가 현지까지 동행하여 준다. - 여행일정에 맞게 여행안내가 이루어지고 있다. - 여행일정과 여행안내가 다를 경우 고객에게 그 이유를 설명해 준다. - 귀국 후에도 필요한 정보를 고객에게 제공한다.	- 담당자가 불친절하며 여행상품에 대해 잘 모르고 있었다. - 비자 수속을 고객에게 부담시켰다. - 출발 당일 약속장소에 인솔자(T/C)가 늦게 나왔다. - 안내 여행일정과 실제 여행일정이 서로 달랐다. - 인솔자(T/C)가 현지 사정에 대해 잘 모르고 있었다. - 여행 중 가이드가 자주 없어져서 당황해 했다. - 가이드가 자신의 취향대로 여행을 안내했다.

- 동행한 인솔자(T/C) 외에 현지가이드가 같이 안내를 해 주었다. - 선택관광에 대한 안내가 자세하고 적절하게 이루어졌다. - 쇼핑 시 가이드가 값이 싸고 품질이 좋은 상점을 많이 알고 있었다.	- 사전 여행설명회를 갖는다 - 예정된 일자에 출발한다. - 인솔자(T/C)가 기내좌석 배정 시 일행끼리 앉도록 도와준다 - 인솔자(T/C)가 현지정보에 대하여 잘 알고 있다.	- 비행기의 연착이 잦았으며 그 이유를 모르고 한없이 인솔자(T/C)가 기다리게 했다. - 여행 중 추가요금을 요구했다. - 동행한 인솔자(T/C)와 가이드가 팁을 강요했다. - 여행 중 다른 일행 팀을 합류시켰다.

자료: 저자 작성

인솔자(T/C)는 행사를 모두 마치고 고객의 인적 사항, 취향, 향후 여행계획 등을 데이터베이스화하여 사후관리를 하는 것이 좋다. 회사 차원에서 관광객의 재창출이라는 수익성 측면과 폭넓은 인간관계로 사회생활에 윤활유가 되는 개인적 측면에서 간과할 수 없는 부분이다. 귀국 후 고객들에게 e-mail, 전화, SNS, 메시지 등 다양한 수단을 통해 다시 한 번 감사와 안부 인사말을 전함으로써 고객과의 연결고리를 구축하는 것이 바람직하다. 이는 고객재창출을 위한 자료로서 신상품이 나왔거나 권장할 만한 상품이 출시되었을 경우 안내책자를 보내거나, 고객 기념일에 감사의 인사를 전하는 등 고객관리 자료로 활용할 수 있다. 또한 사진 교환회 명목으로 고객들과 재회하여 이를 정기적인 모임으로 발전시켜 지속적으로 관리할 수 있다.

〈표 8-2〉 불만고객 응대 시 3변의 법칙

장소를 바꾼다	• 다른 고객들까지 불만이 터져 나올 수 있다. • 오래 있으면 화가 난다. • 다른 고객 선동을 미연에 방지할 수 있다.
시간을 바꾼다	• 흥분한 고객이 진정할 시간을 준다. • 직원 역시 진정할 시간을 준다. • 고객에게 확인 후 연락을 드린다고 한다. • 진행상황에 대한 중간 보고를 한다.
사람을 바꾼다	• 불만고객의 최초 응대자를 교체한다. • 선배, 상사나 전문부서에서 응대한다. • 우리나라 문화에 의해 남자가 응대하는 것도 고려한다.

1) 고객 감동 연출

(1) 개념 전환

회계적 개념의 서비스를 버리고, 서비스는 고객만을 위한 것이라는 생각도 버리고, 서비스는 나 자신을 즐겁게 하고 내가 속한 조직과 고객의 삶의 질을 높여준다는 사고로 전환해야 한다. 일방적 희생의 강요는 있을 수 없다. 쌍방의 만족 개념으로 전환하고 베풂이 받음보다 더 행복하다는 평범한 진리를 적용한다면 감동은 시작될 것이다.

고객 감동은 기술 개발과 함께 최우선 정책의 반열에 올려 놓아야 한다. 서비스는 더 이상 하위정책을 메우는 수단이나 장식물이 아니기 때문이다. 아무리 좋은 기술, 좋은 품질의 상품이 있어도 서비스가 따라주지 않으면 판매가 일어나지 않는 반면, 질 좋은 서비스를 제고하면 상품의 질도 좋을 것이라는 인식을 한다. 무엇이 우선인가를 곰곰이 생각해 보아야 한다.

(2) 섬세함 찾기

새로운 것을 찾아서 서비스를 강조하다 보면 기본적인 것을 망각하기 쉽다. 오히려 게을리했거나 잊고 있었던 것들을 우선 실천하는 것이 더 현명하다.

- 모두가 친절하게 전화를 잘 받고 있나?
- 잊지 않고 인사는 잘 하고 있나?
- 걸음걸이는 예절에 맞게 실천하고 있나?
- 지속적인 청결상태가 잘 지켜지는가?

이런 작고 기본적인 것부터 찾아낸 뒤에 다음을 생각해야 한다. 사람들은 생활 주변에 광범위하게 널려 있는 보편성에 익숙해 있다. 또 그만큼의 기대심리를 가지고 그 기대가 충족되면 대체로 만족한다. 그리고 그 보편적 개념을 조금만 뛰어넘어 기대하지 못했던 또 다른 만족을 경험할 때 감동은 시작된다. 감동 서비스를 찾아내는 것은 커다란 충격적 느낌을 주는 것도 있지만, 아주 사사로운 것에서도 충분한 효과가 있음을 알아야 한다. 예를 들어 대다수 고객관리를 하는 업체에서는 방대한 고객 신상정보를 데이터베이스화하고 있다. 직업이 무엇이고, 취미는 무엇이며, 어디에서 누구와 함께 사는지, 결혼기념일은 언제인지, 소득은 어느 수준인지 등을 알고 있다. 그러나 그 정보를 실제로 활용하는 것은 홍보물 DM에 불과하다. 그리고 자신의 정보를 노출시킨 고객 또한 그 이상의 기대를 하지 않는다.

(3) 고객지향적인 습관

고객은 비교하고 평가하는가 하면 의외로 많은 정보를 가지고 있을 수 있다. 그러나 조직 내부의 정보에는 한계가 있을 수 있고, 자기도취적인 매너리즘에 빠져 있을 수 있다. 조직의 상위정책 혹은 경영철학에는 늘 고객이 자리 잡고 있어야 하며, 각 부서의 경영방침이나 목표는 그 상위정책을 수행하는 데 즉 그 타깃에 맞춰져야 한다. 무엇이 고객에게 편리한가, 고객이 얻을 수 있는 이익은 무엇인가, 어떤 상품을 고객에게 전달하는 데 있어서 최적의 서비스 절차는 어떻게 강구해야 하나 등을 생각해야 한다.

2 여행사 CRM

1) 여행사 CRM의 개념

최근의 마케팅은 '거래'에서 '관계'로 변하고 있고 고객은 기업의 파트너로 간주되어야 하고 기업은 품질, 서비스, 혁신 등을 통해 고객과 장기적인 관계를 유지하는 데 몰입해야 하는 시점에 와 있다. CRM 마케팅 개념은 1990년대 들어 경영관리의 핵심적인 주제로 등장하였고 개념의 중요성이 인식됨으로 인하여 관광자와 직원 상호 간의 여러 변수가 어떻게 작용하는지에 관한 연구가 활발하게 진행되고 있다(임헌국, 2003: 372).

과거의 마케팅은 관광자와의 일회성 교환이 중심이었으나 관계마케팅은 신규고객의 획득보다는 기존 관광자의 유지와 향상에 초점을 두고 유대관계를 강화함으로써 관광자와의 거래나 교환이 장기적으로 지속되어 기업과 관광자 모두에게 이익을 보호하자는 개념이다(이정학, 2001: 275).

CRM(Customer Relationship Management)은 고객에 대한 정확한 이해를 바탕으로 고객이 원하는 상품과 서비스를 지속적으로 제공함으로써 고객과의 관계를 지속적으로 유지시키고 결과적으로 고객의 LTV(Life-Time Value)를 극대화함으로써 수익성을 높일 수 있는 고객관계관리 프로세스를 효과적으로 운영하는 것을 목적으로 하는 통합시스템이다. 단순히 시장점유율 확보를 위한 고객유도 활동을 넘어 양질의 서비스와 경험을 제공함으로써 반복구매와 충성고객을 유지하여 고객점유율을 향상시키기 위한 기업의 장기적이고 전력적인 노력이라고 할 수 있다.

그림 8-1 CRM 개념도

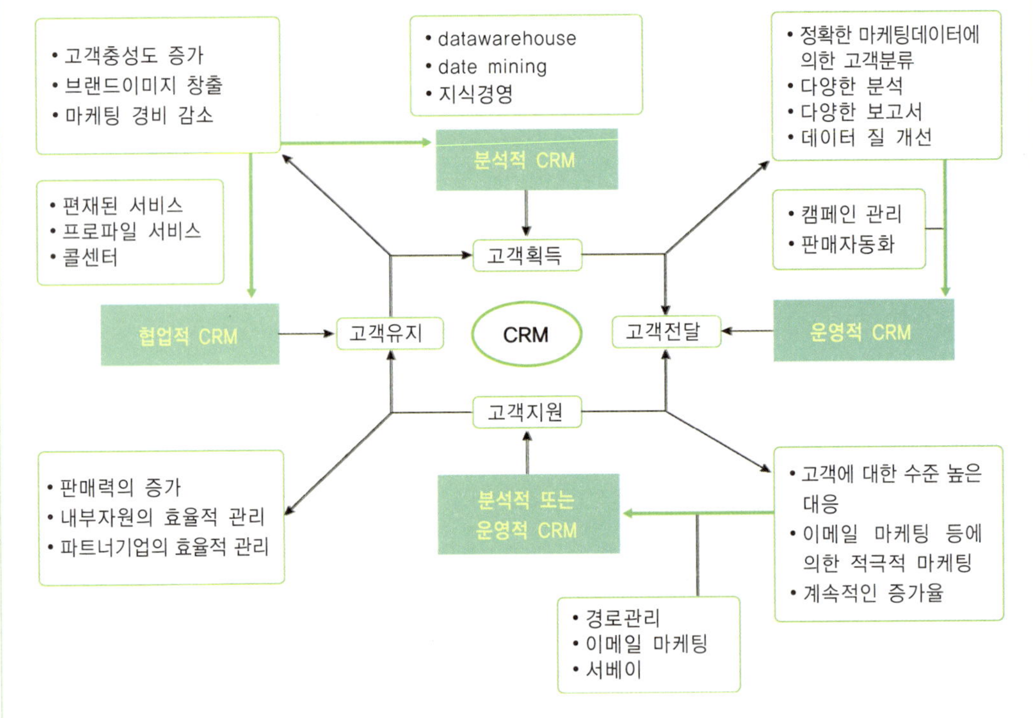

자료: 이종호 외 4인, 2002: 181에서 저자 재구성

CRM은 다양한 채널을 통한 고객과의 커뮤니케이션으로부터 수집된 정보를 기반으로 고객과의 관계성을 유지발전하는 과정이다. 즉, 신규고객 획득, 우수고객 유치, 고객가치 증진, 잠재고객 활성화 및 평생고객 확보를 목표로 고객분석을 통해 고객을 이해하고, 이를 통해 고객과 지속적인 관계를 유지하고 부가가치를 끊임없이 제공함으로써 고객가치를 극대화하기 위한 일련의 과정이라 할 수 있다. CRM은 관광자의 행동양식에 대한 깊은 이해를 바탕으로 기업경영의 질을 높이기 위한 전략, 조직, 프로세스 및 기술상의 변화과정을 의미한다. 따라서 여행사는 CRM을 통해 관광자에 대한 정보를 수집하고, 수집된 정보를 효과적으로 활용해 매출과 수익을 증대시킬 수 있다.

2) 여행사 CRM의 목적과 효과

기업에서 CRM을 도입하는 목적은 고객과의 관계를 강화하여 고객평생가치(Customer Lifte-time Value)를 최대한 활용함으로써 장기적인 관계유지에 필요한 마케팅 전략과 판매 및 서비스 제공 프로세스를 개선하는 것이다. 이러한 CRM의 구체적인 목적과 효과는 다음 표와 같다.

〈표 8-3〉 CRM의 목적

항 목	내용
고객 애호도	고객과의 관계를 단기적 관점에서 장기적 관점으로 개선하고, 이를 기반으로 고객을 유지하며, 잠재고객을 창출하고, 지속적인 관계를 통하여 고객 애호도를 높인다.
경쟁우위 확보	상품과 서비스의 차별화를 통한 경쟁우위를 확보한다. 신속하고 정확한 피드백을 통해서 개인화 마케팅을 실현
지식경영	고객의 정보를 모든 사원이 관리함으로써 한 고객에 대한 DB를 구축하고 담당직원이 없어도 누구나 쉽게 볼 수 있도록 프로그램을 시스템화한다.

자료: 양정영, 2001: 27-58에서 저자 재작성

〈표 8-4〉 CRM 효과

항 목	내용
수익성 제고	장기적이고 지속적인 고객과의 관계를 형성함으로써, 고객유지율을 향상시키고 고객애호도를 향상시킨다.
고객관리 비용 절감	기존 1대 다수의 고객관리는 마케팅 비용의 증가요인이 되지만 CRM은 개별마케팅방법을 이용하기 때문에 마케팅 비용 절감
고객가치 최적화	획득한 정보를 이용하여 고객만족과 상품 및 서비스의 품질향상을 도모할 수 있다.

자료: 저자 작성

CRM을 도입함으로써 여행사가 얻을 수 있는 기대효과는 크게 두 가지 관점에서 볼 수 있다. 즉 비즈니스 관점과 IT 관점이다. 먼저 비즈니스 관점에서 얻을 수 있는 기대효과는 수익성 제고, 수익지향적 영업과 마케팅 활동 가능, 콜센터, 사이버트레이딩 등의 새로운 채널과의 연계를 통한 통합마케팅 활동 가능 등이다. IT 관점에서 얻을 수 있는 기대효과는 최종사용자 부문, IT 담당자 부문, 정보기반 부문으로 나눌 수 있으며 이는 다음과 같다.

〈표 8-5〉 CRM의 기대효과

구 분	기대효과	세부내용
비즈니스 관점	수익성 제고	• 우수관광자의 이탈 방지 • 가망관광자 프로필의 전략적 영업 정보화 • 고객정보분석을 통한 target 마케팅 활동 가능
	수익지향의 영업과 마케팅	• 고객지향 상품개발 • 교차판매를 통한 수익성 제고 • 영업과 마케팅 활동의 효과분석 가능
	신채널과의 통합마케팅	• 효과적인 1:1 마케팅 활동 가능

IT 관점	최종사용자	• IT부서 의존도 감소와 신속한 분석 가능 • 다양한 분석 가능 • 부서 간 연계한 데이터 활용
	IT 담당자	• 새로운 시스템화 요구 수용 가능 • 보고서 작성 업무의 감소 • 유지보수 비용절감 • 검증된 솔루션을 통한 빠른 구축
	정보기반	• 관리되지 못한 데이터에 대한 재해석과 사용 • 정보자산의 효율적 활용 • 전략경영을 위한 기술 축적

자료: 이화직, 2000: 66; 송지영, 2001: 28-29에서 저자 재작성

3) 여행사 CRM 단계와 프로세스

여행사의 CRM은 단계적으로 도입해야 한다. 관광자 확보, 관광자 유지, 그리고 전략적 관광자 관리이다. 첫째, 관광자 확보단계는 여행사가 관광자 확보에만 신경쓰는 상황이다. 이 단계의 여행사들은 관광자 유치에만 관심을 기울일 뿐 관광자를 어떻게 지켜 나갈지에는 관심이 없다. 둘째, 관광자 유지단계는 여행사가 관광자 확보에서 한 걸음 나아가 관광자와의 관계형성, 그리고 관광자를 어떻게 대하고 관광자들과의 비즈니스를 어떻게 할 것인지에 관심을 기울인다. 마지막으로 전략적 관광자 관리단계는 여행사가 관광자를 자산으로 보고 전략을 수립 시행한다. 관광자를 세분화시킨 다음 그에 맞도록 관광자를 분류해 여행상품정보를 관광자에게 보낸다(윤대순, 2004: 478).

〈표 8-6〉 관광자 관리단계

단계별	내용
관광자 선별단계	관광자 세분화를 통해서 수익성을 얻을 수 있는 고객, 기업에 최고의 평생가치와 지속적인 관계를 원하는 고객 등을 분류하여 관광자를 선별한다.
⬇	
관광자 확보단계	새로운 시장의 개척, 신규관광자의 개척 및 신규수요의 개척 여행사가 관광자 확보에만 신경쓰는 상황 판매와 서비스에 대한 정확한 채널을 설정하고, 신규고객유치, 고객 재유치, 교차판매, 고객유지 등을 위한 캠페인을 창출한다.
⬇	
관광자 개발단계	여행사는 고객이 원하는 것, 원하는 방법으로 적시에 상품을 제공해야 한다. 따라서 고객의 요구사항과 기대수준에 대해 정확히 알고 있어야 한다.
⬇	
관광자 유지단계	관광자의 이탈방지 관광자와의 관계형성, 관광자를 어떻게 대하고 관광자들과의 비즈니스를 어떻게 할 것인지에 관심, 피드백관리 철지 즉, 고객의 기호, 가치, 요구사항, 차별화된 서비스를 지속적으로 제공한다.
⬇	
고정관광자 단계	관광자의 연속적인 애용고객의 네트워크화와 커뮤니케이션 확보 여행사가 관광자를 자산으로 보고 전략 수립시행, 관광자를 세분화시킨 다음 그에 맞도록 관광자를 분류해 여행상품정보를 관광자에게 보낸다
⬇	
우수관광자 단계	관광자를 분류하여 여행사의 VIP 관광자를 선정하고 특별회원으로 관리한다.

자료: 김봉관, 2000: 23; 김경회, 2000: 15-16; 윤대순, 2004: 478에서 저자 재작성

성공적인 여행사 CRM의 수행을 위해서는 관광자와 접촉하는 순간부터 관광자를 유지하는 단계까지 전 과정에 있어서 관광자 데이터를 획득하고 활용하는 프로세스의 정립이 필요하다. 여행사 CRM 프로세스는 먼저 각 채널을 통해 발생하는 관광자와의 접촉정보를 수집하여 관광자 평생가치, 관광자 이익기여도, 이탈 가능성 및 교차판매 가능성 등을 점수화하고 이를 기반으로 관광자를 세분화한다. 관광자를 세분화한 후에 마케팅 대상 관광자를 선별한다. 마케팅 대상 관광자가 선별되면 신규가망 관광자, 우수 관광자,

휴면 관광자관리, 설문조사, 광고와 판촉예산책정 및 전략 수립 등의 마케팅 계획을 수립한다. 마케팅 계획이 수립되면 DM, TM, 광고 등을 통한 마케팅을 실행한 후 판촉 및 광고에 대한 반응을 분석한다. 이 분석자료는 다시 관광자 정보에 피드백되어 관광자 관리의 자료로 활용된다.

그림 8-2 여행사 CRM 프로세스

자료: 이화직, 2000; 고창배, 2003: 8에서 저자 재작성

여행사가 새로운 관광자를 유치하는 데 소요되는 비용이 기존의 관광자를 만족시키기 위해 소요되는 비용보다 5배 이상이 필요하다. 그 이유는 만족하는 관광자를 현재의 공급자로부터 멀리 떠나도록 유인하는 데는 너무나 많은 노력과 비용이 요구되기 때문이다. 한 연구에 의하면 여행사들이 관광자 이탈률을 5% 줄임으로써 25%에서 85%까지 이익을 향상시킬 수 있다고 한다. 오늘날 여행사들은 관광자 이탈률에 대해 세심한 주의를 기울여야 하며, 또한 그것을 줄이기 위한 조치를 강구해야 한다. 관광자가 이탈하는 과정은 일순간에 이루어지는 것이 아니라, 점차적으로 여행상품에 대한 재구매 선호도가 줄어드는 경향이 있기 때문에 세심한 관찰이 필요하다.

〈표 8-7〉 단골관광자 이탈률 방지조치단계

단계	내용
유지율 정의와 측정	유지율은 여행상품의 재구매율에 해당된다.
⬇	
원인규명	관광자 감소의 원인들을 구분하여 관리 잘못된 서비스, 불량여행상품, 과다한 가격 등으로 인하여 이탈한 관광자들에 대해서는 여러 사항들이 검토되어야 한다.
⬇	
이익상실 예측	관광자를 상실했을 때 얼마만큼의 이익이 상실되는지 정확한 수치로 예측 가능해야 한다.
⬇	
관광자 상실비용 예측	여행사가 관광자 이탈률을 줄이기 위해서 얼마만큼의 비용이 소요되는지 예측가능해야 한다.

자료: 윤대순, 1999: 305

따라서 관광자들의 이탈률 측정과 이탈 관광자의 개별적인 확인작업이 필요하며, 관광자 관리카드의 실용도를 잘 활용하여 항상 여행상품의 재구매 타이밍을 전후하여 확인하고 관광자가 선호하는 취향을 잘 메모하고 상기하여 신선한 정보를 자주 전달하여야 한다(윤대순, 2004: 463-464). 그 조치는 유지율 정의와 측정, 원인 규명, 이익상실 예측, 관광자 상실비용 예측 등의 4단계로 구분할 수 있다.

4) 여행사 eCRM

CRM과 eCRM은 고객과의 접촉경로가 다를 뿐, 고객과의 관계를 중요시하고, 고객을 유치하고 관계를 유지하고 강화시켜 수익성을 극대화시키는 목적은 동일하다. 그것은 바로 오프라인의 고객과 온라인 고객이 동일한 존재이기 때문이다. 마케팅 전략을 상품 중심에서 고객 중심으로 바꾸고, 모든 프로세스를 고객 중심으로 한다. 즉 고객의 시각에서 출발하여 업무를 재설계하는 것이며, 이러한 CRM을 강력하게 지원할 수 있는 정보시스템을 발전시켜야 한다.

〈표 8-8〉 CRM과 eCRM의 비교

항목	여행사 CRM	여행사 eCRM
고객접촉채널	영업원 방문, TM, DM 등 복수의 분산된 채널	인터넷을 활용한 단일 통합채널
data 분석	고전적 통계기법, 데이터 마이닝	실시간 고객성향과 고객행동패턴 분석
고객요청처리 과정	복잡하고 처리과정에 오류 개입 가능성	on-demand access로 단순한 절차와 실시간 처리
data 활용	마케팅 캠페인, 영업강화, 프로모션	1:1마케팅, 웹사이트 개인화, 실시간 추천시스템
비용	신규고객 유치와 관리비용 상대적으로 높음	초기 set-up 비용이 높은 반면 유지 · 관리비용 무시할 수준
on line 서비스 내용	주로 TM을 이용한 단순한 질의 응답	음성, 동영상멀티미디어, FAQ, 기타 고객 관심분야 정보제공
시간과 공간적 범위	제한된 영업시간, 지역적 한계 존재	1년 365일 전 세계를 대상으로 가능

자료: LG경제연구소, 2000; 양정영, 2001, 69에서 저자 재작성

〈표 8-9〉 여행사 e-CRM 구성요인

항목	하위항목	내용
e-marketing	온라인회원 고객관리	• 포털사이트의 배너광고 제공 • 프로모션활동(광고, 판매촉진, PR 등) 실시 • 마일리지, 포인트 적립제도 등 온라인 회원제도 • 특별한 날 이벤트(생일, 기념일 등)
e-sales	구매주문활동	• 이벤트 정보와 할인판매 정보 제공 • 상품예약과 구매 변경 • 구매절차 용이 • 예약/구매상태 고객 제공
e-service	지불결제서비스	• 바우처 발급(e-ticket, 모바일티켓, 호텔바우처 등) • 매출전표 출력 • 다양한 지불결제(가상계좌, 상품권, 신용카드 등)
e-communication	고객소통관리	• 다양한 문화생활정보 제공 • 온라인 뉴스레터 발행/커뮤니티 활동 제공

e-system	고객DB구축기능	• 상품과 서비스에 대한 검색의 용이성 • 상품과 서비스로 신속한 이동
e-support	고객불편사항관리	• 고객 불만 접수 시 고객응대 시스템 • 고객 문의사항 게시 및 응답 기능 • 편리하고 신속한 여행상품 변경과 환불정책

자료: 김성혁 · 황수영, 2010: 235-236에서 저자 작성

5) 여행사 관광자관리프로그램(TMP)

여행사 관광자관리프로그램에서 반드시 들어가야 할 내용들은 기본정보 항목으로, 한글이름, 성별, 주민등록번호, 생년월일, e-mail 주소, 집전화, 휴대전화, 집주소, 종교, 결혼기념일, 여권과 부가항정보 항목으로 여권의 유무상황, 여권을 발급한 경험이 있으면 여권발급일, 여권번호, 여권만료일, 영문성, 영문이름, 여권형태(단수, 복수), 비자유무(중국 등), 항공사 마일리지번호, 소득수준, 관광자의 신용등급(여행사 자체평가), 고객성향 항목으로 항공좌석 선호 좌석타입, 선호 객실타입, 좌석열수, 선호 침대타입, 선호 관광지역(중국, 일본, 동남아시아, 유럽, 아프리카, 북미, 중동, 남태평양, 중남미), 선호하는 상품형태(FIT, 패키지, 비즈니스, 박람회, 성지순례), 선호 관광패턴(쇼핑, 음식, 혼자여행, 골프, 스키, 해양스포츠, 문화유적, 휴식과 휴양, 주여행시기(봄, 여름, 가을, 겨울, 상관없음), 1인 여행경비, 선호 항공사, 선호 호텔체인, 선호 숙박형태, 취미, 직장정보항목으로 직업, 직위, 부서명, 직장명, 직장전화번호, 직장주소 등으로 구성된다. 이런 내용들을 정리하면 다음 표와 같다.

〈표 8-10〉 여행사 관광자관리프로그램(기본정보안)

한글이름	공윤주	성별	남
영문이름	Kong, Youn Joo	주민번호	7*****-1******
생년월일	2002년 6월 24일		
전화번호	031-816-****	휴대전화	010-8931-****
주 소	경기도 파주시 와석순환로 333 **아파트 210동 504호		
이메일주소	tour71@****.com		
직 업	회사원	직책	부장
종 교	기독교	결혼기념일	2003년 2월**일
최종학력	경기대학교 관광경영학과 졸업		

자료: 저자 작성

관광자관리프로그램에서 기본정보안은 관광자의 가장 기초가 되는 사항이기 때문에 가장 중요한 부분을 차지한다. 영문이름은 여권에 있는 영문과 반드시 일치해야 하며, 휴대전화는 SMS서비스 즉, 비자발급, 여권유효기간, 항공권 예약 등을 문자서비스로 보낼 수 있으므로 관광자와의 관계를 더욱 강화시킬 수 있는 방법 중 하나이다.

여권정보 또한 여행사에서 가장 중요하게 다루어지는 내용들이다. 항공권 발권 시 여권번호, 생년월일, 성별 등은 반드시 사전에 입력하게 되어 있다. APIS(Advanced Passenger Information System)는 항공사에서 승객의 정보를 탑승수속 때 수집해 이를 목적지 이민국에 미리 통보함으로써 탑승객 신분을 사전에 검사하도록 하는 제도이다. 현재 많은 국가들이 사용하는 제도로 관광자는 이러한 시스템을 통해 입국하도록 되어 있다.

〈표 8-11〉 관광자관리프로그램(여권 및 부가정보안)

여권유무	⊙ 유(有) ○ 무(無)	여권번호	M123****
여권발급일	2014년 7월 21일	여권만료일	2024년 7월 21일
영문 성	Hong	영문이름	Gil Dong
비자	중국비자 ⊙ 유(有) ○ 무(無) 만료일 2020년 11월 14일		
항공사마일리지	대한항공 SKYPASS : BK3595**** 아시아나항공 ABC : 32000****		
소득수준	연소득 7000만 원 이상		
신용등급	★★★★	고객등급	골드회원
추가정보	겸손하고 예의가 바르며 애호도가 높음. 대한항공 Business Class 이용 시 마일리지 up grade 필수 파악 요망		

자료: 저자 작성

APIS의 장점은 입국심사업무가 간소화되어 승객의 편의를 높일 수 있다는 점인데, 사실 원래 목적은 블랙리스트에 오른 사람들, 또는 테러리스트 등을 사전에 색출해 내기 위함이다. 즉 항공사에서 여행사에게 요청하는 사항이므로 이 내용 등을 입력하지 않을 경우 예약 자체가 취소될 수도 있다.

여권의 종류도 일반여권 중 단수여권(PS)과 복수여권(PM)로 나눌 수 있는데 단수여권을 발급받은 관광자들은 반드시 주의 깊게 확인해야 한다. 복수여권 발급자들은 여권유효기간이 보통 10년이기 때문에 여권 만료일에 신경을 써야 한다. 10년은 상당히 긴 시간이기 때문에 여행사가 잊어버리는 경우가 많기 때문이다. 따라서 여행사는 관광자들의 여권 유효기간을 항상 주시해야 하며 여권만료일이 다가올 때는 빨리 신규 여권을 발급받도록 유도한다.

여행사에서 비자발급을 가장 많이 대행하는 국가는 중국이다. 중국비자 같은 경우는 정치적, 외교적 상황에 따라 그 절차가 까다롭고 복잡하기 때문에 여행사 수속 담당자도 어려워하는 업무이다. 따라서 수시로 변경되는 중국비자 제도를 항상 숙지해야 한다.

항공사마일리지 제도는 관광자에게 가장 중요한 부분이다. 즉 마일리지도 경제적 비용에 해당되기 때문에 항공권 발권 후 대한항공과 아시아나항공 마일리지를 소유한 관광자들에게 여행사에서 사전에 입력을 해야 하는 부분이다. 특히 단체관광자일 경우 관광자 수가 많은 관계로 항공발권카운터에서 무시하거나 잊어버리는 경우가 있는데 담당 영업사원들은 반드시 카운터 담당자에게 확인을 하고 협의를 요청해야 한다. 물론 공항에서 마일리지를 적립해도 상관없지만 여행사가 조금만 주의를 가지고 업무를 진행하면 충분히 쉽게 할 수 있는 일이기 때문에 사전에 항공사 마일리지를 입력하는 것이 좋다.

신용등급과 고객등급은 여행사가 자체적으로 관광자의 등급을 결정하는 것이기 때문에 여행사의 수익에 기여할 수 있는 등급을 일반, 실버, 골드, 다이아몬드 등으로 구분하여 등급을 결정하고, 신용등급 또한 여행상품 대금을 사전에 결제하느냐 또는 미수로 남겨져 여행사 수익에 악영향을 미치는 정도에 따라 등급을 별로 표시하는 것도 좋다. 또한 신용등급도 좋고 고객회원 등급이 좋아 VIP로 등급이 되어 있는 관광자의 경우 여행사에 요구사항이 상당히 많고 여행서비스의 특별한 대우를 희망한다. 관광일정은 수시로 변경되거나 취소되기 쉽고 여행사 직원의 서비스와 비용, 시간이 상당히 많이 소요된다. 그러나 이러한 VIP 관광자들은 여행사 수익에 많은 영향을 미치기 때문에 특별서비스 전담직원을 여행사에서 별도로 지정해야 한다.

추가정보의 경우 관광자의 특별한 성향을 기입하도록 한다. 예를 들면 대한항공 마일리지를 많이 보유하고 있는 관광자는 business up grade class를 요청하는 경우가 많다. 대한항공의 경우 일반, 모닝캄, 모닝캄 프리미엄, 밀리언 마일러 등으로 구분하고 있는데 모닝캄 회원은 대한항공 탑승 실적을 5만 마일 이상 적립하거나, 대한항공을 3만 마일 이상 탑승하고, 제휴사 마일리지를 포함하여 총실적 5만 마일 이상 적립 또는 대한항공 40회 이상 탑승한 회원에게는 2년 유효기간의 모닝캄클럽 회원자격을 유지시켜 준다.

모닝캄 프리미엄은 대한항공과 스카이팀을 포함하여 이용한 마일리지가 50만 마일 이상이 되는 회원을 모닝캄 프리미엄 클럽 회원자격을, 모닝캄 프리미엄 클럽 회원자격에 100만 마일 이상이 되는 회원에게는 밀리언 마일러 클럽 회원자격을 주고 있다. 이러한 항공사 마일리지를 많이 보유한 승객들은 본인 마일리지를 이용해서 항공요금은 일반석 요금으로 결제하고 실제 탑승은 비즈니스 좌석을 이용하는 경우가 많다. 여행사는 이러한 승급좌석이 한정되어 있어 항공좌석을 예약할 때 대부분 대기상태로 들어가기 때문에 수시로 좌석을 확인하거나 항공사 담당자에게 계속 접촉해서 요청해야 한다.

그림 8-3 대한항공 회원등급

회원등급 한눈에 보기

구분	모닝캄 클럽	모닝캄 프리미엄 클럽	밀리언 마일러 클럽
회원 구분			
스카이팀	엘리트	엘리트 플러스	엘리트 플러스
자격조건	다음의 어느 한 조건을 충족할 경우 1) 대한항공 5만 마일 이상 탑승 2) 대한항공 40회 이상 탑승(*) 3) 대한항공 탑승실적이 3만 마일 이상이면서 제휴사 이용 실적과 합하여 5만 마일 이상 적립	대한항공 (스카이팀 포함) 50만 마일 이상 탑승	대한항공 (스카이팀 포함) 100만 마일 이상 탑승
자격기간	자격 취득일로부터 2년	자격 취득일로부터 평생	자격 취득일로부터 평생
자격 유지 조건	자격기간 중 다음의 어느 한 조건을 충족할 경우 연장 1) 대한항공 3만 마일 이상 탑승 2) 대한항공 20회(*) 이상 탑승 3) 대한항공 탑승실적이 2만 마일 또는 15회(*) 이상이면서 제휴사 이용실적과 합하여 3만 마일 이상을 적립	조건 없음	조건 없음

(*) 마일리지 적립이 가능한 항공권 탑승조건이며, 국내선은 0.5회로 계산됩니다. 회원등급보기 : 표 구성 - 구분, 모닝캄 클럽, 모닝캄 프리미엄 클럽, 밀리언 마일러 클럽

자료: 대한항공 홈페이지

그림 8-4 **관광자관리 프로그램(관광자성향안)**

선호좌석타입	Business Class	좌석열수	8A
선호객실타입	Double Room	선호침대타입	King Bed
선호여행지역	유럽	선호상품형태	비즈니스관광
선호여행패턴	골프관광	여행시기	방학
선호항공사	대한항공(모닝캄 프리미엄 회원)		
선호호텔체인	HYATT		
선호숙박형태	특급호텔		
여행금액	5백만 원 이상	박람회 분류	관리행정
여행동반자	동료	취미	등산

자료: 저자 작성

관광자관리 프로그램의 관광자성향안은 관광자가 선호하는 여행상품에 대한 정보를 수집해야 한다. 특히 관광자가 비즈니스 클래스를 예약했을 경우 대부분의 항공사는 사전좌석을 지정할 수 있다. 여행사 입장에서 항공권을 비즈니스 클래스로 이용하는 관광자는 매우 중요한 VIP가 되기 때문에 선호하는 좌석열을 미리 파악하여 먼저 좌석을 예약할 수 있도록 한다. VIP 관광자의 경우는 항공기의 기종에 대해서 여행사보다 더 잘 알고 있으므로 그 항공편에서 가장 좋은 좌석을 예약할 수 있도록 항공사 판매원과 협조하여 좌석을 확보하여야 한다.

그림 8-5 **관광자관리 프로그램(직장정보안)**

직 업	회사원(금융)	직장이름	**캐피탈
부서이름	마케팅	직위	부장
직장전화	02-774-****	팩스	02-775-****
직장주소	서울특별시 영등포구 여의도동 ***번지 **빌딩 705호		

자료: 저자 작성

관광자관리 프로그램 직장정보안 또한 중요하게 다루어야 할 항목이다. 직장정보가 쉽게 변하는 관광자가 있고, 직위도 승급했을 경우 간단한 축하인사를 할 수 있는 시스템이 구축되어 있음을 모든 여행사 직원이 인식하고 있어야 한다. 특히 마케팅 수단으로 DM을 많이 이용하는 여행사들은 항상 직장정보에 관심을 기울여야 한다. 보통 여행사가 DM을 발송하면 30% 정도는 주소불명, 이사 등 다양한 이유로 전달이 되지 않아 중요한 관광자를 놓치는 경우가 많기 때문에 여행사는 관광자와 자주 연락을 취해서 최신의 정보를 갖추고 있어야 한다.

관광자 관리프로그램에서 관광자의 범위를 세 가지로 나눈다. VIP, 온라인 관광자, 휴면관광자 등으로 구분하는데 VIP는 여행사에서 가장 중요하다고 생각되는 관광자 또는 단체 내에서 영향력이 있는 사람이며, 온라인 고객은 여행사 홈페이지를 통해서 가입한 관광자, 휴면관광자는 오랫동안 거래가 없었던 관광자(기간은 여행사 직원이 임의로 정한다)로서 휴면관광자의 관리를 특히 잘 해야 한다.

휴면관광자는 한번 여행사를 방문한 후 거래가 이루어지지 않는 관광자이기 때문에 분명히 여행사의 어떤 실수로 인해서 관광자가 불평하지 않고 거래를 단절시키는 경우가 많다. 이런 관광자들은 여행사에서 조금 더 관심을 가지고 관광자와 접촉하여 단절의 원인을 찾아 휴면관광자에서 애호관광자로 등급을 높일 방법을 여행사가 강구해야 한다.

3 여행사 서비스품질

서비스품질은 고객이 기대한 품질과 비교하여 기업이 제공한 상품 서비스의 전반적 우수함에 대한 고객의 판단이라고 할 수 있다. 여행 후 만족하여 홈페이지에 가이드 칭찬글을 게시하는 경우는 결과 품질, 여행상담은 상호작용 품질, 여행사 인테리어는 물리적 환경 품질이다. 서비스품질의 속성은 1985년 PZB의 연구가 많이 활용되고 있는데 10개 요인을 분류하고 명명하였다.

〈표 8-12〉 서비스품질 구성요소

속성	내용
신뢰성(reliability)	처음부터 서비스를 올바르게 수행하는 것을 의미하며, 약속한 것을 존중하는 것을 나타낸다.
대응성(responsiveness)	서비스를 제공하는 종업원이 가진 열의와 준비성을 말한다.
능력(competence)	서비스 수행에 필요한 기술과 지식의 소유를 말한다.
접근성(access)	접근성, 접촉의 용이성을 의미한다.
예의(courtesy)	고객접촉 종업원의 공손함, 존경심, 배려, 친절성을 나타낸다.
소통(communication)	고객이 이해할 수 있는 언어로 정보를 제공하며, 고객에게 귀기울이는 것을 말한다.
진실성(credibility)	신뢰할 수 있는지, 믿을 수 있는지 혹은 정직한지를 나타낸다.
안전(security)	위험성, 의구심 등으로부터 자유로운 것을 말한다.
이해(understanding)	고객의 요구를 이해하려고 노력하는 것을 말한다.
유형성(tangibles)	서비스가 지닌 물리적 증거를 나타낸다.

1) 여행사 서비스품질 구성요소

여행사 서비스품질 요인은 기존 연구들 사이에 약간의 차이를 나타내는데, 이러한 이유는 연구자의 연구관점과 분석방법 그리고 조사대상 및 조사대상 유형 등의 차이에서 초래된 결과라고 할 수 있다. 본서에서는 여행사 서비스품질에 대해 연구한 국내외 문헌을 중심으로 여행사 경력 10년 이상 되는 전문가 집단의 의견을 수렴하여 다음과 같이 최종 도출하였다.

〈표 8-13〉 여행사 서비스품질

속성	내용
유형성	여행사 외형, 실내장식, 종사원의 복장, 관광지 안내서, 팸플릿, 브로슈어 구비, 사무실 공간배치와 크기, 서류와 자료 정돈, 편안하고 안락한 분위기
신뢰성	정확한 서비스제공, 약속한 시간에 업무 이행, 고객문제 발생 해결 노력, 첫 번에 제대로 서비스 제공, 예약과 계약의 명확성, 여행사의 업무처리 과정 중 실수가 있을 때 어떤 형태로든 보상, 전담직원의 유무, 예정된 일정대로의 관광진행, 각종 거래의 비밀유지

적시성	즉각적인 서비스제공, 전화응답의 신속성, 고객불평불만에 대한 적절한 조치, 종사원의 서비스조건에 대한 세심한 정보제공, 종사원은 고객을 언제나 도우려고 한다, 요금지불 방식의 다양성(현금, 카드, 상품권 등), 아무리 바빠도 고객의 요청에 응하는 직원, 수신자부담 전화의 유무, 사무실 내에서의 대기시간, 여행 후의 조치, 영업시간 외 도움
확신성	직원의 행동에 대한 고객의 확신, 여행사와 직원에게 안정감 정도, 직원의 예의 지속성, 직원의 여행상품에 대한 충분한 지식 보유, 고객의 질문에 대답할 수 있는 서비스 제공, 항공권과 각종 서류(여권비자) 전달, T/C와 가이드의 전문성
공감성	직원의 개인적 호의, 개인적인 관심사에 대한 적절한 안내, 여행기간 중 개인적인 선호에 대한 이해와 필요한 조치, 여행기간 동안 개인적인 요구에 대한 친절함, 근무시간의 융통성, 고객에게 편리한 시간대 조정
여행사 이미지	여행업계에서의 평판, 충분한 인적 · 물적 자원, 여행사의 지명도, 양질의 서비스를 제공할 수 있는 능력과 상품의 보유, 고객의 기대와 욕구를 만족시킬 수 있는 여행사의 수용력, 과거에 고객의 욕구를 만족시켜 주었던 정도

자료: 저자 작성

2) 여행사 e-서비스품질

e-서비스품질의 경우 웹사이트 판단 시 고객이 이용하는 4가지 속성이 있는데 효율성, 실행성, 신뢰성, 보안성 등이다. 효율성(Efficiency)은 고객이 웹사이트까지 찾아가고, 그들이 원하는 상품 및 그것과 관련된 정보를 찾아내고 검사할 수 있는 최소한의 노력으로 가능한지의 여부이다. 실행성(Fulfillment)은 서비스 약속의 정확성, 상품의 보유, 약속한 시간에 상품 전달 등이 해당된다. 신뢰성(Reliability)은 사이트의 기술적인 기능, 특히 상품의 구입가능성과 제대로 작동되는지의 여부 등이며, 보안성(Privacy)은 구매행동 자료는 공개되지 않으며, 신용정보가 안전하다는 보장을 의미한다. 또한 e-서비스품질은 고객이 회복서비스를 판단할 때 사용하는 3가지 속성이 있는데 이는 응답성, 배상, 접촉 등이다. 응답성(Responsiveness)은 고객에게 문제가 발생했을 때 적절한 정보를 제공하는 능력, 환불 메커니즘, 온라인 보증을 제공하는 능력이며, 배상(Compensation)은 고객이 돈을 돌려받고 선적이나 물류비용에 대한 배상 정도이며, 접촉(Contact)은 온라인이나 전화를 통한 고객과 생생하게 만나는 고객서비스 직원의 존재여부 등이다. 이러한 e-서비스품질을 바탕으로 하여 여행사에 적용해 보면 다음과 같다.

〈표 8-14〉 여행사 e-서비스품질

구성요인	세부항목
이용편리성	• 정기적인 여행상품 정보 업데이트 • 여행상품과 정보검색의 빠른 편리성 • 충분한 여행상품과 서비스의 다양한 정보 • 예약과 구매확인 이메일 발송 • 구매 시 다양한 결제방법의 제공 • 예약, 변경, 취소의 용이성 • 사이트 메뉴구조의 편리성 • 해당 여행상품의 구매가능여부 확인 • 꼭 필요한 정보만 구성 • 여행상품과 서비스 이해하기 쉬운 설명
신뢰성	• 사이트와 실구매 내용의 동일성 • 정확한 예약사항의 접수와 처리 • 약속의 정확한 이행 • 추가비용부담이 없음
접근성	• 다양한 수단을 통한 질문 응답 • 여행사의 깊은 관심과 배려 • 상담의 용이성 • 여행사와의 연락 용이성
가격	• 많은 무료 서비스 • 다른 사이트보다 저렴한 가격 • 특별 보상 또는 할인혜택의 제공
사이트디자인	• 시각적으로 즐거운 사이트 구조 • 깔끔한 디자인 구조 • 경쟁사와 비교되는 독창적인 디자인
개인화 서비스	• 나에게 맞추어진 다양한 정보제공 • 나에게 맞추어진 상품과 서비스 구성
인지도	• 잘 알려진 사이트 여부 • 사이트 운영회사의 좋은 평판 • 추천상품과 서비스에 대한 신뢰성
구매안정성	• 구매 시 간단한 신상정보만을 요구 • 개인정보 유출에 대한 안심

최근 소셜미디어 중 페이스북은 온라인 광고와 마케팅 도구로써 가장 주목받고 있으며 특히 기업들은 페이스북에서 제공하는 광고 관련 기능 중에서 페이스북 팬페이지의

활용에 집중하고 있다. 대형여행사, 중견여행사, 강소전문여행사 등 규모와 상관없이 많은 여행사들이 페이스북 팬페이지를 마케팅으로 활용하고 있는데 이는 오락성, 정보성, 상호작용성, 디자인, 인터페이스, 유희성, 신뢰성, 사용용이성, 유용성, 프라이버시 염려도 등 다양한 특성요인으로 구성되어 있다. 그중 정보성은 페이스북 팬페이지가 상품과 서비스를 알림으로써 고객을 만족시킬 수 있는 능력, 오락성은 고객의 재미와 흥미를 불러일으킬 수 있는 긍정적 태도, 디자인은 미적 조화, 독창성, 색상, 이미지 등의 적절함을 의미한다.

페이스북 팬페이지를 활용한 단기적인 매출, 광고효과, 브랜드 가치를 향상시키기보다는 여행사가 고객들에게 팬과의 장기적인 관계를 유지하기 위해 정보, 오락, 디자인 등을 갖춘 양질의 콘텐츠를 지속적으로 제공하고 서로 간의 상호작용을 높이기 위하여 고객 참여에 대한 즉각적인 피드백으로 반응을 보여줘야 한다(공윤주, 2017).

4 불평불만과 여행피해구제

1) 불평불만

(1) 컴플레인의 개념

컴플레인(complaint)이란 고객이 불만을 말하는 것으로 개선을 요구할 때 내는 소리이다. 불만이 없으면 개선도 발전도 없다는 자세와 기업이 내부에서 가지고 있지 않은 외부지식의 도입이라는 개념으로 접근해야 한다. 고객의 불만, 오해, 편견 등을 풀어주는 일을 컴플레인 처리라고 하며, 이것은 서비스기업인 여행사의 중요한 임무 중 하나이다. 컴플레인 처리는 귀찮은 일, 판매 후의 뒤치다꺼리로 인식하는 경우가 있는데, 이는 잘못된 생각이다. 성의를 다하는 컴플레인의 처리는 회사의 신용을 더 높여주고 고객과의 관계를 효과적으로 유지시켜 주는 지름길이 되기도 한다.

담당직원의 부주의, 무성의로 인한 고객 컴플레인이 점차 증가하는 추세지만, 사실은 소비자 의식이 변화하고 요구가 점차 다양해지는 데서 그 원인을 찾을 수 있다. 고객

스스로 소비생활을 보호하고 권리를 주장, 관철하려는 소비자 의식의 변화와 함께 정부의 정책이 공정거래법 및 소비자보호법에 의거 소비자보호운동에 주력하고 있기 때문이다. 여행사는 컴플레인 발생 원인과 처리방법 및 예방책을 숙지하여 컴플레인의 발생에서 마무리까지 최선을 다해야 한다.

고객 불평이 발생했을 때에는 항상 최일선에서 우선 해결하려는 자세가 필요하며, 중차대한 과오나 과실 등은 담당직원에서 해결이 안 될 경우 고객상담 전담부서, 상급자, 임원 등이 직접 나서서 문제를 풀어나가야 한다.

일반적인 소비자 피해구제 사례에 준하여 처리할 수도 있지만 계약의 불이행에 따른 정신적 피해구제 등의 사안은 해결하기 어려운 것 중의 하나이다. 심지어 여행사를 대상으로 이런 유형의 사건을 유도하여 보상을 받는 사례도 있다.

평가서나 설문서에서도 일종의 고객의 불편을 관리하는 것이 있다. 불만이 많은 사람은 평가서도 작성하지 않지만, 대부분의 고객은 평가서를 받으면 관광을 다시 연상하게 되어 질문에 답을 한다. 여행사에서는 여행 후 평가서, 설문지 등을 보내는 것에 그치지 말고 평가서에 따른 적절한 조치를 취하고 고객에게 서면이나 전화를 통해 전달해 줄 수 있어야 한다.

(2) 컴플레인의 발생 및 유형

① 컴플레인 발생

관광객 불만의 발생은 다음과 같은 여행상품의 여러 특성에 기인한다.

첫째, 여행상품은 숙박, 교통, 정보, 관광자원 등 여러 상품의 조합으로 이루어지며, 어느 한 부분에서 불만족한 고객은 여행 전체를 불만족스런 상품이라고 치부하는 성향이 있고, 여행사의 입장에서는 여행목적지가 원거리에 위치해 시간적, 지리적 제약과 여행상품의 구성요소인 관광공급업자의 통제가 어려워 불만족이 발생하기도 한다.

둘째, 관광객들은 꿈과 경험을 구매한다. 즉 여행사는 숙박, 교통, 기타 필요한 상품에 관광객들의 여행경험인 무형성을 부각시켜 상품화한다. 그러나 여행경험의 무형성 때문에 여행사의 입장에서 고객을 만족시키기 위해 최선을 다했음에도 불구하고 불평불만

발생의 여지는 여전히 남아 있다.

셋째, 여행상품은 노동집약적 서비스의 특성을 가지고 있다. 고객과의 인간적 상호작용이 불가피한 상품이기 때문에 여행상품에 대한 만족 혹은 불만족이 발생한다. 특히 여행사의 입장에서는 관광공급업체의 서비스 종사원이 제공하는 인적 서비스의 수준을 완벽하게 통제하기가 어렵다는 점도 불만족의 원인이 될 수 있다.

넷째, 날씨, 기온 등 외부 환경적 요소들도 여행상품에 대한 불평 발생의 원인이 된다. 여행 도중에 하루 종일 비가 오거나, 너무 덥거나, 너무 추울 경우 자연스럽게 고객의 불평과 불만이 나올 수 있다.

② 컴플레인 유형

불만족한 고객이 취하는 행동은 4가지로 유형화할 수 있다. 첫째, 여행사에 직접 말하는 고객(voicer: 37%)이다. 둘째, 수동적인 고객(passive: 14%)이다. 자신의 불평을 적극적으로 표현하지 않는 경우로 불평하지 않고 운명의 결과로 수용하는 것이다. 셋째, 분노하는 고객(irates: 21%)이다. 즉 실질적인 불평 강도가 정도를 넘는 경우라고 할 수 있다. 넷째, 불평뿐 아니라 적극적으로 불평행위를 취하는 고객(activists: 28%)이다.

불만족한 경우는 대부분 불평을 외부에 표출하게 되는데, 이렇게 불평하는 고객의 유형은 크게 3가지로 구분된다. 첫째, 해당 업체에 직접 항의를 한다. 즉 기업에 직접 배상을 요구한다. 둘째, 친지나 가족, 개인적으로 관계가 있는 소비자에게 자신의 불만사항을 이야기한다. 자신과 관련이 있는 소비자에게 경고하거나 구매 중지 등 사적인 행동을 취한다. 셋째, 자신과 전혀 관계없는 다른 사람에게 불만을 토로하는 것이다. 공식기관(한국소비자원, 정부, 지자체 등)이나 소비자보호 민간단체에 불평을 토로함으로써 자신의 불만을 해소하거나 배상을 요구하는 것이다.

〈표 8-15〉 여행사에 대한 고객 불평불만 유형

- 현지가이드의 쇼핑강요 및 잘못된 정보제공
- 계약조건의 일방적인 변경
- 계약조건과 다른 행사진행 및 옵션강요
- 현지가이드의 정보 미제공으로 세관압류 및 과태료 납부
- 여행사의 과실로 여권 미발급에 따른 출발불가
- 계약불이행 및 쇼핑·옵션강요에 따른 불편
- 중요정보 미제공으로 인한 출국불가
- 일방적인 계약변경에 따른 불편
- 계약취소에 대한 부당한 위약금 청구
- 항공이동 시 가방분실에 따른 미온적인 대처
- 일방적인 일정변경 및 귀국일자 지연에 따른 피해보상청구
- 난방시설이 미흡한 호텔객실 제공에 따른 신체이상발생 및 여행중도포기
- 부당한 취소수수료 부과에 따른 불편
- 가이드의 폭력적인 언행 및 불친절에 따른 불편
- 비위생적인 호텔 및 부당한 추가비용 지출
- 항공권 분실에 따른 환불금을 지급하여야 할 책임회피
- 항공권을 잘못 예약하여 귀국 시 불편초래
- 부당한 팀 구성으로 비교육적인 상황발생에 따른 불편
- 출발 3일 전 해당업체의 일방적인 출발불가 통보
- 무료항공권 제공에 따른 귀국항공기 탑승 시 불편
- 동의 없이 무료항공권을 제공함에 따라 마일리지 적립불가
- 쇼핑센터 방문으로 인하여 기존 일정누락에 따른 불편
- 수속업무 과실로 인한 출발불가 및 보상청구
- 일방적인 항공편 및 호텔 변경에 따른 불편
- 신문광고와 달리 낙후된 리조트 이용 및 보상청구
- 부당한 취소수수료에 대한 환불요청
- 호텔예약 취소에 대한 부당한 취소료 부과
- 일방적인 출발항공시간 변경 및 기상정보 미제공에 따른 불편
- 낙후된 호텔 욕실의 잠금장치 고장으로 인한 피해
- 화재경보 시 대피시설의 미흡에 따른 불편
- 고액의 취소수수료 부과에 따른 불편
- 인솔자가 동행키로 계약하였으나 건강상의 이유로 불이행
- 일방적인 일정변경 및 숙박기관 파업이라는 변명일색
- 호텔변경 및 현지행사 인원 계약불이행
- 자녀가 현지에서 타 업체 가이드로부터 폭행당함
- 현지가이드의 팁·옵션강요 및 타 여행자와의 가격차이
- 현지 리조트 객실의 위치를 변경하여 발생한 불편
- 호텔 투숙 시 낙후된 추가침대 제공에 따른 불편
- 미숙한 업무처리 및 현지에서의 팁과 쇼핑강요
- 선택관광취소에 대한 과다한 위약금 반환요구
- 출발 전 여행정보제공 미흡과 가이드의 불성실한 일정진행

- 부당요금의 쇼핑센터 안내 및 가이드의 불친절한 언행
- 여행사 간의 경비입금문제로 출발지연
- 기상악화로 일정이 변경되어 추가지출된 항공요금 반환요구
- 출발 전 해당업체의 일방적인 항공일정 변경에 따른 불편
- 일방적인 항공편 변경에 따른 불편
- 낙후된 호텔시설 및 가이드의 불친절한 행위에 대한 불편
- 가이드의 미숙한 업무처리로 인한 귀국지연 및 보상청구
- 일방적인 일정누락에 대한 피해청구
- 외국인과의 차별적인 식사제공에 따른 불편
- 이행하지 못할 항공권교환증서 발행에 따른 불편
- 일관성 없는 여행요금에 대한 불편 및 환불요청
- 지상비 미납으로 인한 부당한 추가비용 지출
- 렌터카 예약 불이행에 따른 불편
- 수화물 분실 및 해당업체의 미흡한 조치
- 가이드의 미흡한 조치로 인하여 여행자 사망
- 병역해당자에 대한 정보 미제공으로 여행출발 불가
- 항공예약 오류로 인하여 사업상 불이익 및 보상청구
- 일방적인 항공편 및 출발일자 변경에 따른 불편
- 여권훼손에 따른 일정 누락 및 보상청구
- 운송기관의 운항폐지로 인한 여행사의 일방적인 취소통보
- 현지 도착 시 가이드 미팅약속 불이행에 대한 불편
- 계약과 달리 인솔자와의 동숙에 따른 불편
- 임의적으로 3일 동안 여권을 보관함에 따른 불편
- 항공 미예약으로 인한 추가경비 지출
- 가이드의 불친절 및 호텔침실의 배설물을 방치에 따른 불편
- 부당한 호텔의 독실사용료 요구
- 항공기 지연도착 및 호텔 체크아웃 시간 변경에 따른 불편
- 관광불편신고접수 후 담당자의 무책임한 행동 및 발언
- 여권미확인으로 인하여 출발불가 및 부당한 위약금 청구
- 항공기탑승 후 과잉연료공급으로 인한 불안한 상황 조성
- 공연관람의 추가예약 요청에 대한 가이드의 미흡한 조치
- 소매치기의 폭행에 따른 인솔자의 미흡한 조치
- 호텔 객실배정의 편파적 조치로 인한 불편
- 부당한 가격을 지불하고 구매한 물품 환불요청
- 귀국 시 항공기내에서 자리배정의 미흡에 따른 불편
- 여행출발 전 취소 통보에 따른 불편
- 출발 하루 전 일방적인 취소에 따른 위약금 미지급
- 항공권 구매 시 타인의 카드로 결제된 책임전가
- 가이드가 선택관광을 제공치 않은 데 따른 불편
- 형편없는 식사제공 및 가이드의 미팅지연에 따른 불편

자료: 세계여행신문

(3) 컴플레인의 중요성

문제를 해결하기 위해서는 문제를 찾아 그 문제의 사실을 파악하는 것에서 시작한다. 고객의 소리를 찾으려면 제도나 시스템은 기본적으로 구축되어 있고, 무엇보다 조직 구성원의 적극성과 협조가 선행되어야 한다. 일련의 프로세스를 거쳐 모아진 다양한 컴플레인에 관한 데이터를 분류하고, 통계수치화하는 과학적 관리가 필요하다. 컴플레인 처리를 귀찮게 여기고 회피해서는 안 되며, 긍정적인 자세로 판매 증진의 기회로 이해하는 것이 더 중요하다. 성의를 다하는 컴플레인 처리는 고객과의 관계를 더욱 돈독하게 만들어 유력한 단골고객으로 이어지는 경우도 의외로 많다는 사실을 알아야 한다.

(4) 컴플레인 처리방법

① 컴플레인의 원인 파악

고객이 컴플레인을 제기할 때, 고객은 대체로 차분한 상태가 아니기 때문에 조금이라도 대응이 잘못되면 분쟁으로 연결될 수 있다. 고객이 컴플레인을 제기하면 침착하고 죄송스러워하는 태도로 컴플레인의 원인을 파악해야 한다. 컴플레인의 원인은 대체로 복합적인 현상으로 나타나기 때문에 청취하는 과정에서 변명을 하지 말고 처음부터 끝까지 경청해야 컴플레인 원인을 정확히 규명할 수 있다. 중요한 것은 적극적인 경청태도만으로도 문제의 70% 이상이 해결된다는 사실이다.

② 컴플레인 처리방법

American Express 조사에 의하면 불만족 고객의 96%는 불평불만을 하지 않으며, 또 그러한 고객의 65~90%가 다시는 재구매하지 않고, 불평불만 고객의 54~70%는 여행사가 관심을 보임으로써 관광객을 되찾을 수 있고, 불평불만 고객의 95%는 그러한 문제들을 빨리 처리하면 다시 애호도를 보이며, 불쾌한 경험을 한 관광객은 12명에게 그 내용을 말하지만, 즐거운 경험을 한 관광객은 단지 3명밖에 전하지 않는다고 한다. 현재 관광객을 유지하는 비용보다 새로운 관광객을 유치하는 데 5배의 비용이 더 많이 발생된다는 사실을 간과해서는 안 된다.

컴플레인을 효과적으로 처리하기 위해서는 첫째, 고객의 불평사항을 잘 듣는다. 고객이 말하는 것을 성의있게 메모하면서 듣고, 고객과는 의견 대립을 하지 않으며, 불평사항을 긍정적으로 받아들인다. 둘째, 원인을 분석한다. 요점을 파악하여 고객의 착오는 없었는지를 검토한다. 또한 과거의 예와 비교하여 어디에서 책임을 져야 할 문제인가 또는 즉시 대답할 수 있는가를 생각한다. 셋째, 해결책을 마련한다. 회사의 방침에 따라 결정하며, 자신의 권한 밖에 있을 때는 고객전담부서로 이관한다. 넷째, 해결책을 전달한다. 신속하게 해결책을 마련하여 처리하고, 친절하게 해결책을 납득시킨다. 다섯째, 결과를 검토한다. 처리 결과를 바탕으로 두 번 다시 동일한 컴플레인이 발생하지 않도록 유의한다.

컴플레인 고객은 특별하게 관리하여 단골고객으로 유도한다. 컴플레인 고객은 고객카드를 만들어 고객의 이름, 주소, 전화번호, 컴플레인 내용, 처리결과 등을 반드시 기록으로 남기며, 고객의 제언이나 아이디어도 경청해서 기록해 둔다. 고객카드를 컴퓨터에 입력하고 수시로 DM을 보내며, 전화와 방문 등 인간관계를 맺음으로써 평생단골고객이 될 수 있도록 한다.

〈표 8-16〉 고객 컴플레인 처리를 위한 6가지

- 방어적 태도를 취하지 않는 것이 좋다.
- 문제가 무엇인지를 정확하게 파악하기 위해서 고객에게 직접 확인한다.
- 고객의 컴플레인을 인정하려는 자세를 가져야 한다.
- 고객의 입장을 이해할 수 있음을 재언급한다.
- 문제가 풀릴 기미가 보이면 즉시 해결 가능성을 제시한다.
- 해명 또는 사과문을 발송하고 고객파일에 노트한다.

2) 여행피해구제

(1) 여행피해구제 개념

피해구제란 고객이 사업자가 제공하는 물품 또는 용역을 사용하거나 이용하는 과정에서 발생하는 피해를 구제하기 위하여 사실조사, 전문가 자문 등을 거쳐 관련법률 및 규정에 따라 당사자들에게 공정하고 객관적으로 합의를 권고하는 제도이다. 분쟁의 해결은 원칙적으로 민사소송을 통해 해결해야 하지만 소송은 비용, 기간, 절차 등의 번거로움이 발생할 수 있는 반면, 피해구제는 법원 판결과 달리 강제력은 없지만 비용 없이 신속히 분쟁을 해결할 수 있다. 피해구제는 정부기관인 공정거래위원회 산하 한국소비자원에서 업무를 담당하고 있다.

여행피해는 불평불만과는 다른 개념이다. 불평불만은 생명과 신체상으로 재산과 정신적인 손해가 없는 경우를 말하며 여행피해는 여행사가 법을 어겨 구체적으로 고객의 생명과 신체상 재산과 정신적으로 손해를 입혔을 경우에 해당된다.

그림 8-6 여행피해구제 개념도

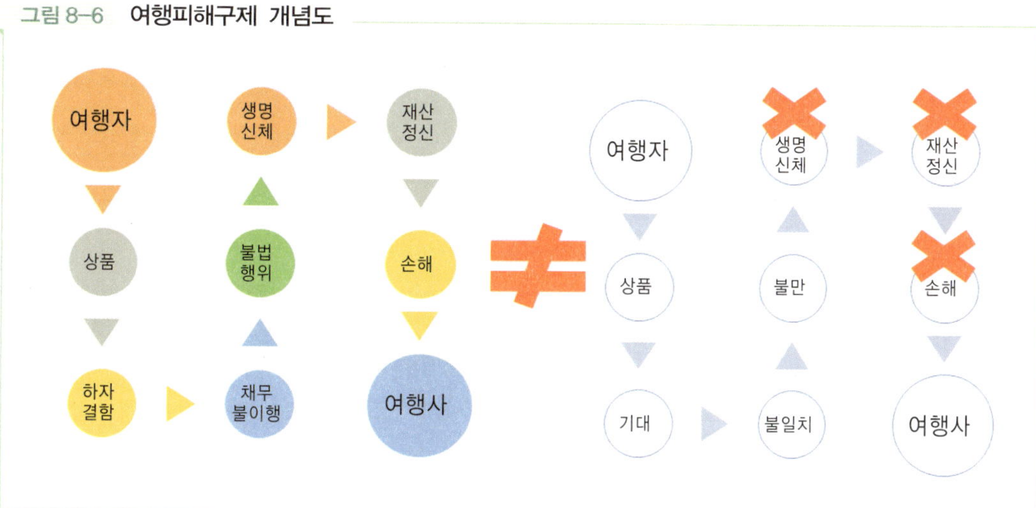

자료: 저자 작성

그림 8-7 **여행피해구제 절차**

〈표 8-17〉 연도별 여행관련 피해구제 접수현황

(단위: 건, %)

구 분	2016년	2017년	2018년
건 수	931	1,064	1,054
증 감	-	133(14.3)	▼10(▼0.9)

자료: 한국소비자원(2019)

여행분야 2018년 피해구제 접수건은 1,054건으로 2017년 대비 10건(0.9%) 감소했고 여행 중에서도 국외여행이 977건(92.7%)으로 대부분을 차지하였으며, 국내여행은 58건(5.5%)으로 빈도수가 많지는 않은 것으로 나타났다.

〈표 8-18〉 피해 유형별 현황

(단위: 건, %)

구 분	계약 관련*	부당 행위	안전 관련	품질 · A/S	가격 · 요금	표시 · 광고	기타**	계
건 수	820 (77.8)	47 (4.4)	42 (4.0)	99 (9.4)	25 (2.4)	11 (1.0)	8 (0.8)	1,054 (100.0)

*계약해제, 해지, 위약금, 계약불이행, 청약철회 등 **거래관행, 단순문의, 상담 등
자료: 한국소비자원(2019)

피해 유형별로는 계약해제 및 청약철회 거부, 위약금 과다 청구 등 계약관련 피해가 820건(77.8%)으로 가장 많았으며 다음으로 품질 · A/S 관련 불만이 99건(9.4%), 부당행위가 47건(4.4%), 안전관련 42건(4.0%) 등의 순이었다.

〈표 8-19〉 처리결과 현황

(단위: 건, %)

구 분	합의 성립							조정 신청	취하 중지 · 처리 불능	정보 제공 · 상담 기타	계
	배상	환급	계약 해제	계약 이행	부당 행위 시정	수리 · 보수 · 교환	소계				
건 수	215 (20.4)	267 (25.3)	56 (5.3)	8 (0.7)	2 (0.2)	2 (0.2)	550 (52.1)	146 (13.9)	36 (3.4)	322 (30.6)	1,054 (100.0)

자료: 한국소비자원(2019)

여행 관련 피해 중 550건(52.1%)이 합의가 성립되었다. 환급이 267건(25.3%)으로 가장 많았고, 배상 215건(20.4%), 계약해제 56건(5.3%), 계약이행 8건(0.7%) 등의 순이었다. 합의가 성립되지 않아 소비자분쟁조정위원회에 조정 신청된 건은 146건(13.9%)으며, 이 밖에 정보제공 · 상담 기타로 종결된 경우가 322건(30.6%), 취하중지 처리불능으로 종결된 경우가 36건(3.4%)이었다.

위 내용에서도 나타났듯이 여행 관련 피해구제의 상당 부분이 계약해제와 관련된 위약금 분쟁인데, 특약사항이 있는 계약의 경우 일반상품보다 훨씬 많은 위약금을 여행사가 고객에게 부과하므로 특약사항 및 계약 해제 시 위약금 관련 내용 등을 여행사는 고객에게 알릴 의무가 있다. 여행업으로 등록한 모든 여행업체는 관광진흥법 제9조, 동법 시행규칙 제18조에 따라 소비자 피해발생 시 보험금을 지급할 것을 내용으로 하는 공제 또는 보험에 필수 가입해야 한다. 그러나 일부 여행사는 보험을 갱신하지 않고 만료된 상태에서 영업을 하거나, 미가입상태에서 영업하는 경우도 있다. 이는 문제 발생 시 소비자의 피해와 직결될 수 있으므로 여행사는 영업보증보험 가입 여부와 가입 금액을 고객에게 상세하게 고지해야 한다.

하나투어, 모두투어, 롯데관광 등 대형여행사는 고객의 불만 해결을 담당하는 부서를 별도로 운영하고 있다. 고객으로부터 불만이 접수되면 여행사는 수배 담당 직원이 받은 진술과 처리과정을 검토한 후 사과 또는 금전적 보상의 방법으로 문제를 해결한다. 그러나 고객과 여행사 간에 합의가 이뤄지지 않으면 고객은 한국관광공사, 한국여행업협회(KATA), 한국소비자원, 지자체, 소비자단체 등을 찾게 된다. 한국관광공사의 경우 사안에 따라 금전적 보상이 필요한 때에는 KATA로, 행정처분이 필요할 때는 지자체 등 관련 기관에 이송처리하기도 한다.

고객이 이들 기관에 접수한 불만사항은 해당 여행사로 전해져 다시 답변을 받는 과정을 거치며, 각 기관은 관련 규정 및 과거 사례를 검토해 합의권고안을 양측에 전달한다. 이렇게 권고된 합의안을 쌍방이 수락하면 합의서를 작성한 후 사건은 종결된다.

그러나 이때 어느 한쪽이 불응해 조정을 요청하면 KATA의 여행불편처리위원회나 한국소비자원의 분쟁조정위원회가 나서게 된다. 각 위원회에는 관련 전문가 및 당사자 양측이 참석해 진술을 하게 되며, 그에 따라 사건에 대한 결론이 내려진다. 위원회의 결정은 법원의 화해 결정과 동일한 효력을 갖지만 이후에도 불만이 있다면 마지막으로 법원에 소송을 제기해야 한다.

문화체육관광부나 지방자치단체 등으로 접수된 여행불편사항은 한국여행업협회(KATA)로 집결된다. 고객의 불편사항에 대해 KATA는 해당 여행사에 사실 확인을 의뢰한다. 여기까지 보통 접수로부터 1주일이 소요된다. 그리고 본격적인 중재를 하는 데 또 1주일

이 소요된다. 합의가 이루어졌다면 사건은 종결된다. 즉 2주 정도면 보통 고객 컴플레인은 결론이 난다.

그러나 어느 쪽이라도 중재안을 수용하지 않는다면 여행불편처리위원회에 회부된다. 여행불편처리위원회는 변호사 2명, 소비자단체 2명, 여행업 전문가 2명, 여행 관련 언론 1명, 관광학회 1명, KATA 부회장 등 9명으로 구성되어 있으며 추천기관의 추천을 받아 한국여행업협회 회장이 위촉한다. 위원회 회의는 위원 과반수 출석, 출석위원 과반수 찬성으로 의결하며, 법률전문가, 소비자단체, 여행업전문가 각 1인은 반드시 출석해야 한다. 이 위원회가 중재안을 만들 경우 거의 중재가 된다. 하지만 여행불편처리위원회의 심의 결정에 불응할 경우 1개월 내 등록관청에 이의를 제기할 수 있다.

그림 8-8 KATA 여행불편신고 처리과정

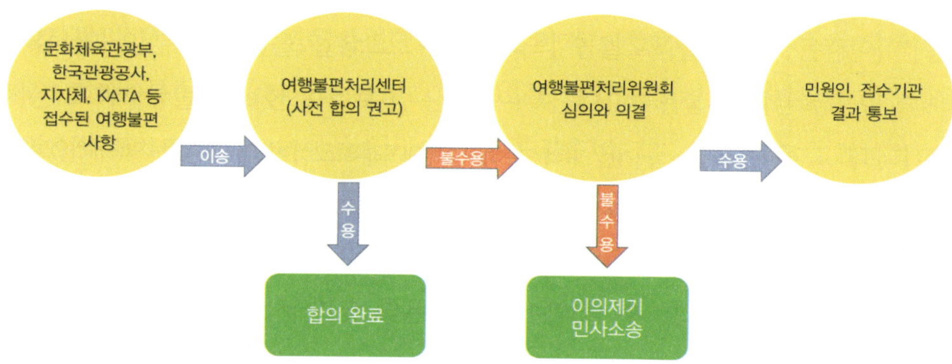

자료: 저자 작성

그림 8-9 KATA 여행불편신고 처리절차도

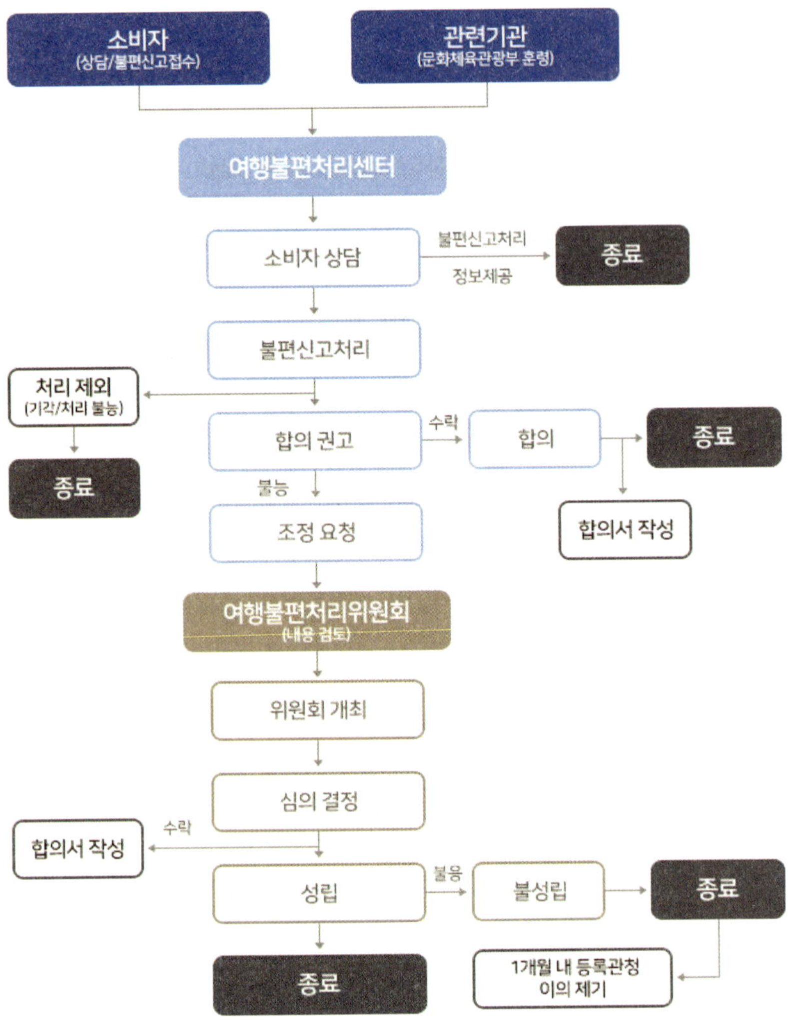

자료: http://www.kata.or.kr

(2) 피해구제 사례

① 여행 일정 및 내용, 숙소 변경

A씨 부부는 휴양형 태국 여행상품으로 여행을 떠났다. 계약 체결 이후 여행사로부터 초특급호텔 예약이 어려워 다른 풀빌라로 변경됐다는 통지를 받고, 식사가 리조트 뷔페식으로 나온다는 것을 유선상으로 확인했다. 그러나 현지에서는 뷔페식이 아닌 현지 음식이 나왔고, 리조트에는 편의시설이 없었으며, 룸서비스도 받지 못했다. 귀국 후, 숙박비를 비싸게 지불한 사실을 알게 된 A씨는 계약 체결 당시와 변경된 숙소에 대한 차액 40만 원 보상을 요구했다.

이 경우 숙소 변경에 대한 사전 통보와 승인과정이 있었지만 여행사가 여행 계약 체결 시, 풀빌라에서의 식사가 뷔페식으로 제공되는 것으로 오인케 한 부분은 여행사의 과실이 인정됐다. 여행사 측은 뷔페식보다 더 나은 리조트식을 제공했다고 주장했지만, 현지에서의 식사가 원래 A씨 부부가 원하던 서비스가 아니며 이로 인해 불편을 겪게 됐으므로 위원회는 A씨 부부에게 10만 원을 보상하도록 결정했다. 숙소 변경으로 인한 차액은 초특급호텔보다 풀빌라의 가격이 더 높았으므로 고려되지 않았다.

② 현지에서의 사고 및 질병

J씨는 해외 패키지여행 중 선택관광으로 모터보트를 즐기던 중 사고로 상해를 입었으며, 여행을 중단하고 현지 병원에서 치료 후 귀국했다. 일단 해외에서의 레저 활동은 대부분의 여행자보험에서 적용되지 않는다. 해당 레저 활동이 여행일정표에 선택관광으로 표기되어 있다면 여행 일정의 일부로 볼 수 있으므로 여행사는 배상 책임이 있다. 선택관광 비용을 비롯해 여행 중단에 따른 경비 및 숙박비, 치료비 등을 배상해야 한다.

여행 중 불의의 사고를 당하거나 각종 질병으로 중도에 포기하는 경우가 간혹 발생한다. 상해사고나 질병으로 인해 병원에서 치료를 받은 것에 대해서는 일단 여행자보험으로 처리가 된다. 그러나 질병의 경우 기존에 동일 질병이 있었거나 진단이나 치료를 받은 적이 있다면 해외에서 재발하더라도 보험금을 받을 수 없다.

Y씨는 스페인과 지중해 여행에 참가했다. 현지 도착 2일째부터 음식이 맞지 않아 설사를 하며 탈진 상태에 이르렀고, 결국 병원에서 치료를 받은 후 자비로 귀국했다. 귀국 시 구입한 항공권과 잔여 여행 기간의 경비를 환급받을 수 있을까?

국외여행 표준약관 제13조 4항에 따르면 여행 출발 후 자기의 사정으로 숙박, 식사, 관광 등 여행요금에 포함된 서비스를 제공받지 못한 경우, 여행업자에게 그에 상응하는 요금의 환급을 청구할 수 없다. 또 제16조 2항에서는 여행 출발 후 부득이한 사유로 계약이 해지된 경우 여행업자는 관광객이 귀국하는 데 필요한 사항을 협조해야 하며, 이에 필요한 비용으로서 여행업자의 귀책 사유에 의하지 아니한 것은 관광객이 부담하도록 정하고 있다.

그러나 Y씨의 경우, 개인 사정이라고 하더라도 고의가 아닌 질병에 의한 것이므로 귀국 항공편을 제외한 남은 일정 동안의 식대, 숙박료, 입장료 등의 환급을 요구할 수 있다. 물론 귀국할 때 여행업체와 사전 협의를 거쳐야 한다.

③ 가이드의 불성실한 안내와 횡포

국외여행에서 관광객을 인솔하는 가이드가 무성의하게 안내하고 고객과 별도로 개인 행동을 한다거나 고객에게 폭언과 폭행을 하는 사례가 종종 발생하고 있다.

M씨는 여행 중 가이드의 무성의한 안내와 지나친 옵션 강요로 불편을 겪었다. 또한 호텔 체크아웃 시 도둑으로 몰렸으나 가이드의 적절한 대처가 없어 수모를 당하고 사과를 받지도 못한 채 여행을 마쳤다. 이에 대한 보상으로 해당 지역에 대한 동일한 일정의 항공 및 숙박 예약을 여행사 측에 요구했다.

현지가이드와 관련된 사항은 무형의 서비스이기 때문에 소비자 피해 보상규정이나 외국여행 표준약관에 규정이 전혀 없다. 일반적으로 가이드의 횡포로 인해 여행이 중지될 경우, 이후 일정에 대한 여행 경비가 보상되고, 정신적 피해보상금(위자료)은 여행사가 도의적 책임에 의해 지급되기도 한다. 물론 처리위원회에서의 판단 시, 병원의 관련 진단서가 첨부되면 이에 따른 추가 보상도 가능하다. 이 같은 사안은 법정에서의 소송으로 이어지기도 한다.

KATA의 여행불편처리위원회에서는 M씨 외 1인에 대해 강요로 인한 옵션 관광에 대해서만 경비의 50%를 지급하도록 결정하고, 여행사 측에는 가이드 및 직원 교육을 철저히 할 것을 명령했다.

④ 해외에서 구입한 제품의 환불

> 중국으로 패키지여행을 갔던 S씨는 현지가이드의 안내로 중국 한약방에서 진맥 후 400만 원 상당의 한약을 구입했다. 중국 한약에서 유해성분이 검출됐다는 보도를 접하고 환급을 요구했으나 거절당했다.

이 경우 여행 일정에 쇼핑이 포함되어 있더라도 가이드가 적극적으로 판매를 종용했거나 개입하지 않았다면 여행사는 도의적인 차원에서 도움을 줄 수는 있으나 관련 거래에 대해 책임지지는 않는다. 각 기관의 위원회도 여행사에 도움을 줄 것을 권고할 뿐 별다른 조치를 취할 수는 없다.

국외여행 중 제품 구입은 반품 및 환급 시 유리하도록 가급적 신용카드로 결제할 것, 여행 전 해당 국가의 특산품, 가격 등의 관련 정보를 꼼꼼히 살펴볼 것, 의약품이나 건강기능식품은 검증된 제품이 아니면 구입하지 않는 것이 좋다. 또 개봉하거나 복용해 원상태로 되돌릴 수 없는 상태가 되면 환불되지 않는다. 이러한 사항은 자주 일어나는 상황이므로 여행사가 고객에게 쇼핑을 강요하거나 종용해서는 안 된다.

여 행 항 공 용 어

❶ Yellow Card

검역전염병에 관하여 WHO(세계보건기구)가 규정한 기준에 맞는 예방접종을 받았다는 사실에 대한 증명서이다. 많은 국가들이 황색 용지를 사용하기 때문에 통칭 'yellow card'라고 부른다.

❷ ACM/ADM(Air Credit Memo/Air Debit Memo)

ACM은 여행사에서 발권 시 실수로 해당 요금보다 비싸게 발권을 함으로써 해당 금액보다 많은 금액이 항공사에 입금된 것을 발견했을 때 차액 반환 청구 신청을 말하며, ADM은 항공사에서 지정한 요금보다 여행사에서 싸게 발권함으로써 BSP에 항공요금보다 적게 입급되었을 때 그 차액을 여행사 측에 입금시킬 것을 청구하는 신청이다. 흔히 여행항공업계에서는 "DEBIT 맞았다" 또는 "DEBIT을 날린다"라고 한다.

❸ APEX(Advance Purchase Excursion Fare)

할인 항공요금의 일종으로 RTN, OPEN, WT발권이 불가한 요금의 하나로 기간은 지역별로 다르다. 일반적으로 동남아는 15일, 유럽 · 미주 · 대양주는 3개월, 일본과 중국은 APEX 요금이 없다.

❹ AUTH(Authorization)

허가, 허락의 의미이며 여행업계에서는 항공사 세일즈맨이나 항공사 측의 승인을 말한다. 할인요금의 경우는 할인조건이 있는데 항공사 측에서는 할인요금을 적용하기에 적당한지를 심사 후 여행사에 TOUR CODE나 AUTH NUMBER를 부여함으로써 할인 항공권의 효력을 인정받게 된다.

❺ AD(Agent Discount Ticket)

15인 이상이 되면 FOC TICKET이 가능하지만 10명 이상이면 AD TICKET이 가능하다. 여행사 직원용 할인 항공권으로서 지역에 따라 50%와 75% 정도의 할인을 적용받게 된다. 그런데 할인의 기준이 SHOWN 요금의 50% 할인을 받아도 단체요금보다 더 비싼 경우가 발생하기도 한다.

❻ Add On

관문도시와 해당도시 사이에 설정된 부가운임이다. Add On은 해당국가의 통화로 지불한다. 예를 들면 대한항공으로 유럽이나 미주로 여행을 간다면 대구에 사는 손님은 대구–서울 간 국내선 구간을 또 사야 하는 불편함이 있다. 이 손님의 여정은 대구–서울–유럽–서울–대구가 된다. 각각의 대구 구간은 따로 국내선을 살 필요 없이 Add On을 적용하면 된다. 즉 국내선 대구 구간 왕복요금이 10만 원이라면 Add On을 적용하면 5만 원으로 발권할 수 있다.

❼ APIS(Advance Passenger Information System)

유럽, 미주, 대양주 운항편뿐만 아니라 대부분 항공기를 이용하는 모든 승객에 대해 승객의 이름, 생년월일, 국적, 여권번호를 입력해서 입국절차를 도와주는 제도이다.

❽ ASP(Advanced Seating Product)

사전좌석배정 제도이다. 항공사 체크인 카운터에서 늦게 보딩을 하는 경우 일행의 좌석이 떨어져 가는 경우가 있다. 이럴 때 ASP를 이용하면 편리하다. 그러나 여행사를 통한 단체여행은 사전좌석 배정을 신청하기에는 현실적인 어려움이 있다.

❾ ATR(Air Ticket Request)

BSP 미가입 여행사에서 해당 항공사에 직접 가거나 항공권 도매전문여행사에게 발권을 요청하는 방법이다. IATA BSP사무국에 일정 금액 이상의 담보를 설정하고 항공권을 수령하여 직접 발권할 능력(BSP)이 없는 여행사는 항공사 또는 항공권 도매전문여행사에게 발권을 요청하는데 여행업계에서는 ATR여행사라고 한다.

❿ Boarding Time

항공기 출발시간 전 승객이 기내에 탑승할 수 있는 시간으로 승객은 이 시간 이전까지 각 해당 항공사 Boarding Counter에서 항공권을 탑승권과 교환한 후 CIQ 과정을 거쳐 탑승할 수 있다.

CHAPTER ▸▸ 09

여행사 마케팅

1. 여행사 마케팅의 이해
2. 여행시장 환경분석
3. 여행사 마케팅믹스전략

학습목표

1. 여행사 마케팅의 개념을 이해하고 여행시장 환경을 분석할 수 있다.
2. 여행사 마케팅믹스전략 사례를 설명할 수 있다.

1 여행사 마케팅의 이해

1) 여행사 마케팅의 개념

우리는 마케팅이란 말을 정말 흔하게 사용하지만 많은 사람들은 '마케팅'이라는 말보다는 홍보, 광고, 판촉이란 단어에 익숙하다. 하지만 홍보, 광고, 판촉이라는 말은 마케팅 활동 중 하나이며 일부분일 뿐이다. 마케팅은 기업의 가장 중요한 활동이며 또한 핵심부서이기도 하다. 왜냐하면 경영자가 마케팅에 대해 어떻게 인식하고 있는지와 마케팅을 어떻게 하느냐에 따라 지금처럼 무한경쟁의 시대에 기업의 생존이 걸려 있는 중요한 문제이기 때문이다. 마케팅은 영어로 marketing이라고 쓴다. 이 글을 다시 한번 풀어보면 market + ing의 합성어이다. 직역하면 "market이 현재 진행 중"이라고 간단히 표현할 수 있다. 좀 더 자세히 말하면 market은 시장이자 고객이며, 소비자, 구매자 등과 비슷한 용어로 대변된다. ing는 현재 변화 중이라는 뜻으로 언제 어떻게 바뀔지 예측할 수 없는 상황이다.

마케팅을 간단하게 정의하면 다음과 같다. 여행사 마케팅이란 "여행시장의 욕구와 가치가 항상 변화하고 있으며 언제 어떻게 변할지 예측하기 힘든 그 무엇이기 때문에 여행사가 끊임없이 시장과 환경을 분석해야 하는 모든 활동"이다.

즉, 여행사 마케팅은 여행시장 환경분석과 수요예측, 경쟁사 분석, 여행시장의 변화 및 관광객의 심리와 행동을 분석하고 유통채널 등을 관리하는 여행사의 다양한 활동이라는 광의적 개념으로 이해해야 한다. 여행사가 마케팅을 수행하는 이유는 자사의 경쟁력을 향상시켜 경쟁우위를 확보하고 관광객과의 관계를 강화하여 고객만족을 달성하기 위함이다.

고객에 대한 접근도 중요하다. 고객은 기업과 조직의 제품과 서비스를 구매하는 소비자뿐만 아니라 기업과 직간접적으로 거래하는 모든 사람으로 인식해야 한다. 흔히 고객은 크게 내부고객, 중간고객, 외부고객 등의 3가지로 분류할 수 있다. 내부고객은 기업과 조직에 종사하는 임직원, 중간고객은 유통업자, 외부고객은 구매자, 소비자 등을 말한다. 고객은 모두 중요하지만 기업과 조직이 내부고객을 어떻게 인식하는지가 지금은 매우 중요한 시대가 되었다. 직원이 기업에 만족하지 않으면 중간고객, 외부고객을 만족시키지 못하기 때문이다. 이러한 이유로 많은 여행사들이 직원을 위한 독특하고 파격적인 복지혜택을 제공하고 있다.

〈표 9-1〉 여행박사 직원 복지제도

근무/휴가 제도	
자유출근제	08:30~09:30 사이 자율 출근하여 근무
재택근무 지원	근무 장소 조정 요청 시 심사 후 재택근무 지원
정년 폐지	정년퇴직 없음. 퇴직시기는 본인이 자유롭게 선택
무급휴가	병가, 대표이사 결재를 득할 경우 무급휴가(휴직) 최대 1년까지 사용 가능
포상/상여금 제도	
조직경비	팀원 1인당 월 3만 원, 분기 내 이월 가능
장기근속포상	만 5년차 현금 50만 원(포상휴가 없음) 만 10년차 현금 200만 원+포상휴가 5일 만 20년차 크루즈 여행(동반 1인까지 총 1천만 원 한도)
포인트	전사 및 본부 미션 수행 시 여행박사 회원포인트 지급
설/추석 특별상여금	10만 원 페이코 포인트 지급
사내 편의시설 지원	
사내 카페/매점 운영	여행박사 카페 10~50% 할인 혜택
사내 콘도 운영	직원 휴식공간 및 모유수유공간으로 활용 쌀, 세제 등 기본 생활물품 비치
생활편의 지원	
법인카드	법인카드, 공항 라운지 이용 등 법인카드 부가서비스 혜택

경조사 지원	
직원 사망	업무 중 재해 사망 시 위로금 3천만 원 일반 사망 시 위로금 1천만 원
장례용품	본인 및 배우자 직계존비속, 본인 형제자매 사망 시 장례용품 300인분 지원
직원 부모님 생신	본인(배우자) 부모님 회갑 또는 고희(택1) 20만 원(10만 원) 지원 본인 부모(배우자) 팔순 또는 구순(택1) 20만 원(10만 원) 지원과 화환
직원 결혼	직원 본인 결혼 시 50만 원과 휴가 7일 및 화환 자녀 결혼 시 20만 원 및 화환 직계 형제자매 결혼 시 10만 원
직원 가족 사망	배우자 사망 시 위로금 50만 원과 휴가 5일, 화환 지원 본인 부모 및 배우자 부모 사망 시 위로금 50만 원과 휴가 5일, 화환 지원 자녀 사망 시 위로금 50만 원과 휴가 5일, 화환 지원 직계 형제자매 사망 시 위로금 50만 원과 휴가 5일, 화환 지원 본인 조부모 및 배우자 조부모 사망 시 위로금 10만 원과 휴가 3일 본인 외조부모 사망 시 위로금 10만 원과 휴가 3일

자료: 여행박사 홈페이지

2) 여행사 마케팅 핵심용어

여행사 마케팅을 이해하기 위해서는 반드시 알아야 할 핵심용어에는 needs, wants, exchange, value, satisfaction 등의 5가지가 있다.

(1) needs

사람의 기본적인 욕구가 결핍된 상태를 말한다. 배고프면 식당에서 음식을 먹어야 하고, 잠이 오면 숙면을 취해야 하며, 일상을 벗어나 여행을 가고 싶어 한다. 이러한 욕구들을 마케팅에서는 needs라고 한다.

(2) wants

욕망은 needs(욕구)를 만족시킬 수 있는 구체적인 방법을 말한다. 예를 들면 아버지 칠순을 기념하여 효도를 하고 싶어 할 때 효도여행상품을 여행사를 통해 구매하고자 하는 행동을 욕망이라고 할 수 있다.

(3) exchange

마케팅의 가장 중요한 핵심용어이다. 교환은 서로 상호작용을 일으킨다. 기업과 고객이 서로 교환하는 것으로 기업은 고객이 원하는 상품과 서비스를 제공하고 고객은 그 대가를 지불하는 것을 교환이라고 한다.

(4) value

가치는 기업이 제공하는 상품을 손님이 수용해서 얻고자 하는 혜택(편익, benefit)을 말한다. 예를 들면 1,000만 원이 넘는 아프리카 사파리 여행상품을 구매할 수 있는 고객은 여행 후 그만한 가치를 지닌 것이지만 동남아 패키지 여행 경험도 없는 사람에게는 가치가 많이 떨어지는 경우이다.

(5) satisfaction

만족은 상품에 대해 고객이 바라는 효용이 있고, 비용을 고려해 볼 때 구입할 만한 가치가 있어 구매했는데, 그 선택이 가장 적절했다고 판단했을 때를 말한다. 다시 말하면, 고객이 상품을 구매하기 전에 인식했던 기대에 대하여 구매 후 인식한 서비스 성과에 대해 평가를 하고 비교해 본 뒤에 갖게 되는 즐거움, 실망 등의 심리이다.

만족과 불만족은 행동의도로 표현하는데 만족하면 주변인에게 긍정적인 추천을 하며, 기업 또는 상품에 대한 애호도(loyalty)가 증가하고, 그 기업을 재이용하기도 한다. 불만족할 경우 환불을 요청하거나 홈페이지 사용 후기란에 좋지 않은 글을 쓰기도 하며 심할 경우 법적 소송 등의 극단적인 행동을 하기도 한다.

2 여행시장 환경분석

여행시장은 여행사가 통제 불가능하고 예측하기 어려우며 의외의 변수가 너무 많다. 사스(SARS: 중증급성호흡기증후군), 신종플루(Influenza A(H1N1)), 메르스(MERS: 중동호흡기증후군), 코로나19(COVID-19: 코로나바이스러스감염증) 등 국지적이고 세계적인 전염병, 화산폭발, 홍수, 쓰나미, 폭설 등의 자연재해, 인종, 국가, 종교 등의 차이로 세계 곳곳에서 벌어지는 전쟁과 테러 등은 여행사가 통제할 수 있는 변수가 아니며 외부환경에 너무나 취약해서 그 파급력은 폭발적이다. 그럼에도 불구하고 마케팅 환경이 중요한 이유는 여행사에게는 위협이지만 새로운 기회를 제공할 수 있으므로 선제적 대응이 필요하다.

1) SWOT 분석

기업환경 분석 중 가장 대표적인 것은 거시적, 미시적 환경을 외부환경 요인으로, 여행사 자체의 환경은 내부환경으로 구별한 SWOT 분석이 가장 대중적이다. 이는 자사의 강점(Strong)과 약점(Weak), 여행시장의 기회(Opportunity)와 위협(Threat) 등 크게 4가지로 구분하여 객관적으로 분석하는 방법이다. 강점과 약점의 내부환경은 자사의 마케팅 능력, 재무구조, 기술적 수준, 인적자원, 노사관계 등이며, 기회와 위협의 외부환경은 인구통계적, 경제적, 자연적, 기술적, 사회문화적, 법률적, 정치적 환경 등의 거시적 환경과 공급업자, 경쟁사, 금융기관, 언론, 고객, 여론, 시장조사기관 등의 미시적 환경 등이다.

외부환경의 구체적인 사례를 살펴보면 여행시장은 환율과 유가변동에 아주 민감하다. 여행공급업체의 대금 결제는 주로 미국달러(US$), 유로(€), 일본엔(¥) 등이기 때문에 환율이 큰 폭으로 상승하면 막대한 손실을 입게 된다. 사회문화적 환경의 사례는 1인 가구와 다문화 가정, 밀레니얼 세대, 가성비와 가심비, 뉴트로, 1인 미디어와 1인 마켓의 등장이며 인구통계적 환경은 우리나라 인구 5,200만 명 중 약 3,000만 명이 국외여행 경험이 있으며 경기도와 서울에 인구의 약 50%가 집중적으로 거주하고 있고 65세 이상 인구의 폭발적인 증가로 실버관광이 대두되고 있다. 법률적 환경은 관광법규가 매년 새롭게 개정되고 있으며 여행업 자본금 등록기준을 완화함으로써 여행사 등록 수는 지속적으로 증가하여 치열한 경쟁을 피할 수 없게 되었다.

정치적 환경은 중국의 사드(THAAD: 고고도미사일방어체계) 보복으로 인한 단체관광객 송출 금지, 일본 아베정권의 우경화에 따른 일본 외국인관광객 감소, 2019년 여름 일본의 경제보복조치에 따른 일본 불매운동의 일환으로 벌어진 일본여행 자제 등이다. 미시적 환경의 사례는 항공사, 호텔, 랜드사, 현지여행사 등 여행상품공급업자와 고객 간의 온라인을 통한 직접판매 비율 증가, 경쟁사의 저가상품 출시, 언론과 시장조사기관의 여행사에 대한 공격적인 기사와 가짜 뉴스 게재 등도 여행사가 어느 정도 통제는 가능하나 완전히 조절할 수 없는 시장환경이다.

그림 9-1 여행사 SWOT 분석 사례

여행사의 내부와 외부 환경 분석을 통해 성장 기회와 미래의 위협요소를 파악할 수 있고, 기업의 내외부 상태를 동시에 지원하여 여행사의 장기적 비전 설정에 도움을 줄 수 있다. 4가지 구획으로 일목요연하게 도식화되어 있어 문제점 파악이 쉽고, 정확하게 이해가 되며 여행사의 구조, 자본, 현금 동원력, 인적 · 물적 자원, 여행상품 기획과 개발능력, 경쟁사 대비 기술적 우위, 직원들과의 관계, 기업문화와 목표, 기업이 현재 추진하

고 있는 사업 내용 파악이 가능하다.

구체적으로 SO전략은 강점을 부각시켜 기회를 살리는 전략이며 ST전략은 강점으로 위협을 극복하는 전략, WO전략은 약점을 보완하여 기회를 활용하는 전략, WT전략은 약점을 보완하고 위협에 대응하는 전략이다.

여행사의 SWOT 분석과정과 전략 도출방법은 다음과 같다.

SWOT 분석

내외부 환경분석을 통한 요인 분류
↓
자사의 강점과 약점 파악
↓
SWOT Matrix 작성
↓
SWOT 분석에 근거한 대응전략 수립
↓
전략적 시사점 및 과제 도출

➔

전략 도출

내부 \ 외부	기회(O)	위협(T)
강점(S)	SO 기회의 이익을 얻기 위해 강점이 이용되는 전략 - 시장기회 선점 - 시장/상품 다각화	ST 위협을 회피하기 위해 강점을 이용하는 전략 - 시장침투 - 상품확충
약점(W)	WO 약점을 극복하여 기회를 활용하는 전략 - 핵심역량 강화 - 전략적 제휴	WT 위협을 회피하고 약점을 최소화하기 위한 전략 - 시장철수 - 상품/시장 집중화

↓

시사점		
종합 의견	과제 도출	타당성 유무 결정

2) 경쟁우위전략

여행사의 경쟁우위전략은 여행사가 처한 외부환경과 내부의 인적 · 물적 자원을 객관적으로 분석하여 경쟁우위를 가지고 경영성과를 향상시키기 위한 구체적인 실행방법을 모색하는 것을 말한다.

경쟁우위전략은 크게 3가지로 나눌 수 있다. 원가우위, 차별화, 집중화이다. 원가우위는 경쟁사보다 최소 비용 즉 최저 원가를 실현하여 시장확보를 위한 생산과 유통 비율의 최저를 달성하는 것이다. 동일 또는 동등한 여행상품을 보다 적은 비용으로 생산하여 경쟁사와 비슷하거나 더 낮은 가격으로 판매함으로써 수익을 얻는 전략이다. 차별화는 시장에서 여행가치를 창조하여 서비스, 품질, 스타일, 기술을 통하여 시장을 선도하는 것이다. 고객이 원하는 속성이나 욕구를 파악하여 경쟁사와 비교하여 차별화된 상품을 생산, 판매하는 전략으로서 차별화를 위해 발생된 추가비용으로 인하여 상품가격은 높아질 수 있으나 그 이상은 고객의 구매를 통하여 보상받는 전략이다(임재훈, 2017). 집중화는 대규모 시장보다 세분화 시장 욕구에 집중하여 원가우위와 차별화 전략을 추구하는 것으로 소수 표적시장에만 집중해야 한다. 이 전략은 여행사의 자원이 한정되어 있을 경우 또는 여행시장에서 전반적인 경쟁 우위를 얻기 힘든 경우에 혹은 세분화된 영역에 자원이나 핵심역량이 경쟁력이 있을 때 활용할 수 있는 방법이다.

여행사의 경쟁우위전략은 비용 구조의 개선을 통해 원가우위를 확보하면 경쟁기업보다 더 높은 수익성과 시장점유율을 확보할 가능성이 높아지며, 상품의 가격이 경쟁사보다 낮을수록 고객이 인식하는 상품의 효용이 높아져 고객만족도와 충성도가 높아진다(박주영 외, 2011).

3) STP 전략

여행시장을 세분화(segmentation)하고 자사의 마케팅 전략 대상을 설정(targeting)한 후 어떻게 자사의 상품과 이미지를 관광객의 마음속에 위치시킬 것인가(positioning)에 대한 전략을 여행사 STP전략이라고 한다. 조금 더 구체적으로 도식화하면 다음과 같다.

그림 9-2 STP 전략 수립과정

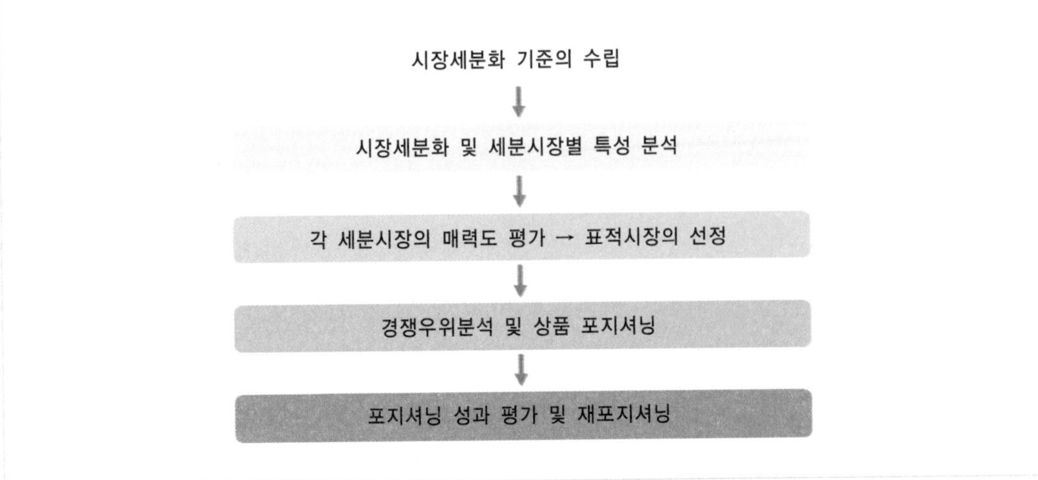

(1) 시장세분화

여행시장은 규모가 방대하고 여행사의 판매의사를 전달하기에는 너무 다양하기 때문에 효율적으로 접근하기 위해서는 마케터가 전체 시장을 더 작고 관리가 쉬운 부분시장으로 나누어야 한다. 즉 거대한 시장을 어떤 공통적 특징으로 구분되는 더 작은 그룹으로 세분화한다.

시장세분화는 유사한 구매욕구와 구매행동이 예상되는 동질적 고객집단으로 나누는 과정이다. 즉 각기 다른 니즈를 지닌 다양한 고객들의 집합인 하나의 시장을 특정 상품군에 대한 태도, 의견, 구매행동 등에서 비슷한 성향을 가진 집단으로 묶는 것이다. 시장세분화를 그림으로 나타내면 다음과 같다.

그림 9-3 시장세분화 과정

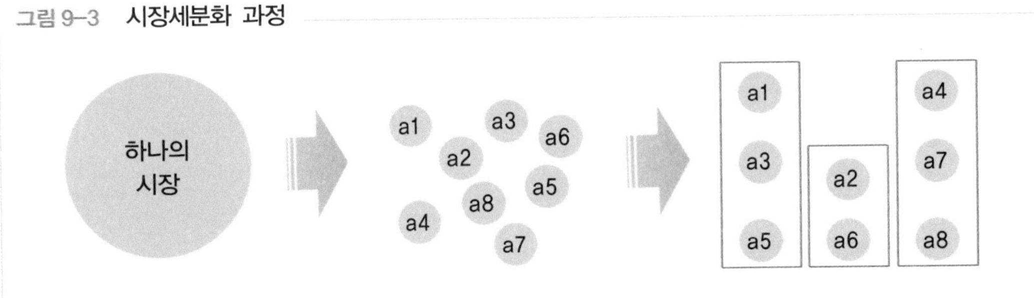

시장세분화의 효과는 크게 3가지로 시장기회 쉽게 발견, 마케팅믹스 효과적 조합, 시장수요 변화 신속 대처 등이다. 세분시장의 욕구에 맞는 여행상품을 개발하면 비교적 쉽게 시장을 장악할 수 있으며 세분시장의 욕구에 초점을 맞춰 상품과 광고 내용을 일관성 있게 지속적으로 조화시킬 수 있다. 고객의 욕구가 다양하고 급변하는 전체 여행시장 대신 욕구가 비교적 동질적인 부분시장에 주목함으로써 수요의 변화를 쉽게 파악하고 신속하게 대처할 수 있다. 이러한 시장세분화의 이점에도 불구하고 반드시 선행되어야 할 4가지 요건이 있다.

① 측정가능성

세분시장의 규모와 구매력을 측정할 수 있어야 하며 1차 자료가 없더라도 2차 자료를 통해 측정이 가능해야 한다.

② 접근성

충분한 규모의 세분시장이 존재한다 해도 그 세분시장을 연결해 줄 매체가 없으면 성공할 수 없다. 즉 세분시장에 접근할 수 있고 활동할 수 있는 정도와 적절한 수단이 존재해야 한다.

③ 실질성

세분시장의 규모가 충분히 크고 이익이 발생할 가능성이 커야 한다. 마케팅 비용을 보상하고 여행사에 수익을 제공할 수 있는 충분한 규모를 갖추어야 한다.

④ 실행가능성

세분시장에 자사의 마케팅 실행능력을 보유하고 있어야 한다. 이러한 시장세분화 요건을 갖추고 마케터와 여행사 경영진은 스스로 몇 가지 질문을 해야 한다.

첫째, 세분시장은 마케팅 메시지에 유사하게 반응할 것인가? 또는 그 세분시장은 하나의 작은 시장으로 충분히 좁게 정의되고 있는가?

둘째, 그 세분시장은 다른 부분시장과 현저하게 다르다고 볼 수 있는가? 즉 한 그룹처럼 행동하는 모든 사람은 그 세분시장에 포함하여 정의되었는가?

셋째, 세분시장은 신문, 잡지, TV, 라디오, SNS 등 미디어를 통해 전달될 수 있는가?

마지막으로 세분시장 잠재력은 그 세분시장에 도달하는 데 필요한 재정적 마케팅 자원을 투자할 가치가 충분히 있는가?

이렇게 여행시장의 세분화 개념을 이해하고 세부사항을 검토한 후에는 세분화를 실행할 때 그 기준이 필요한데 지리, 인구통계, 심리, 행동 등의 4가지가 있다.

① 지리적 변수

여행은 기본적으로 이동을 통해서 이루어진다. 관광객들이 거주하는 곳에서 출발하여 관광목적지까지 이동하는 것은 여행에 커다란 영향을 미친다. 따뜻한 기후의 관광지는 겨울에 추운 지역에서 따뜻한 지역으로 떠나는 잠재관광객을 표적화할 수 있고 항공사는 새로운 노선을 개발할 때 그 나라의 특정 지역에 초점을 둔다.

우리나라의 지리적 세분화 기준은 행정구역, 인구규모, 도농 인구규모, 기후 등이다.

〈표 9-2〉 지리적 변수의 시장세분화 기준

지리적 변수	세분화의 대표적인 기준
① 행정구역별	서울특별시, 부산광역시, 대구광역시, 대전광역시, 광주광역시, 인천광역시, 울산광역시, 경기도, 강원도, 경상북도, 경상남도, 충청북도, 충청남도, 전라북도, 전라남도, 제주특별자치도, 세종특별자치시 등 17개 광역단체
② 인구규모	A: 1~5만 명 B: 5~10만 명 C: 10~20만 명 D: 20~50만 명 E: 50~100만 명 F: 100만 명 이상
③ 도농 인구규모	도시, 농촌, 어촌, 산촌, 섬
④ 기후	기후의 차이는 약간 있으나 세분항목 분류에는 해당 없음(한국의 지역특성상)

② 인구통계적 변수

여행시장 세분화에서 가장 많이 활용하는 인구통계적 변수는 연령, 성별, 가족구성수, 가족생활형태, 소득수준, 직업, 학력, 종교, 인종 등으로 구분된다. 사람들이 여행에서 얼마나 많이 소비하느냐는 소득과 깊은 관련이 있으며 가계 소득이 많을수록, 학력이 높을수록, 나이가 많을수록 더 많이 여행을 한다는 통계가 있다. 고소득층은 여행할 여유가 있기 때문에 고품격 여행상품 판매를 촉진하는 표적시장이 되며 소득이 낮으면 경제적이고 저렴한 여행상품을 구매한다. 직업의 범주는 전문직, 회사원, 학생, 주부 등으로 구분하지만 세분화를 위해서는 구체적으로 접근할 필요가 있다. 의사, 변호사, 대학교수, 초중고 교사 등은 더 크고 넓은 전문가 부분시장의 하위범주가 될 수 있다.

청중년층은 인터넷과 모바일에 능하며 주로 가족단위 또는 소규모 단체를 선호하여 호텔, 항공, 액티비티 등 개별자유여행(FIT)을 많이 하며, 장노년층은 저렴하고 낮은 비용보다는 안전하고 가이드가 동반하는 패키지투어를 선호하는 경향이 있다.

가족 수, 가족생활주기에 따른 시장세분화 방법은 연령과 결혼 여부, 자녀 수 및 자녀의 연령을 합쳐서 시장을 구체적으로 세분하는 방법이 있는데 가족의 규모와 생활주기에 따라 특정한 관광욕구를 지닌 부분시장이 될 수 있다. 학력 또는 교육수준이 높을수록 문화예술관광에 관심을 많이 보이고 관광경비도 많이 지출한다. 인스타그램(instagram.com), 페이스북(facebook.com), 유튜브(youtube.com) 등 소셜미디어를 많이 사용하는 20~30대 여성은 우리나라 여행시장에서 가장 영향력 있는 집단이 되고 있다.

〈표 9-3〉 인구통계적 변수의 시장세분화 기준

인구통계적 변수	세분화의 대표적인 기준
① 연령구조	6세 미만, 6~11세, 12~17세, 18~30세, 31~40세, 41~50세 51~60세, 61~70세, 71세 이상
② 성별	남성, 여성, 공동사용
③ 가족구성 수	1인, 2인, 3~4인, 5~6인, 7인 이상

④ 가족 생활형태	① 청년, 미혼 ② 청년부부 무자녀 ③ 청년부부 자녀 6세 미만 ④ 중년부부 막내 자녀 6세 이상 ⑤ 장년부부 자녀동거 ⑥ 노년부부 18세 이하 자녀 없음 ⑦ 독거노년
⑤ 소득수준(月평균)	① 100만 원 미만 ② 100만 원~150만 원 ③ 151만~200만 원 ④ 201만~300만 원 ⑤ 301만~400만 원 ⑥ 401만~500만 원 ⑦ 501만~700만 원 ⑧ 701만~1000만 원 ⑨ 1001만 원 이상
⑥ 직업분포	① 정치인 ② 기업가 ③ 전문직 ④ 공무원 ⑤ 회사원 ⑥ 농부 ⑦ 어부 ⑧ 학생 ⑨ 소상공인 ⑩ 주부 ⑪ 무직
⑦ 학력수준	① 대학원 졸업 ② 4년제 대학교 졸업 ③ 2년제 대학 졸업 ④ 고등학교 졸업 ⑤ 중학교 졸업 이하
⑧ 종교 구분	가톨릭교, 개신교, 불교, 기타

③ 심리적 변수

심리분석적 변수에 의한 시장세분화는 개인의 가치, 태도, 라이프스타일, 관심, 성격 등 인간의 심리적 변수를 사용하여 시장을 세분화하는 것이다. 여행마케터가 여행상품을 특정 성격 유형에 소구(appeal)하는 방법을 이해하여 마케팅 메시지를 전달하면 된다. 인도네시아 발리에서 패러글라이딩 체험을 비싸고 위험한 레저활동이라고 생각하는 사람들이 있는 반면 어떤 사람들은 유쾌하고 모험적이며 보람 있는 여행 액티비티라고 생각할 수도 있다.

〈표 9-4〉 심리분석적 변수의 시장세분화 기준

심리분석적 변수	세분화의 대표적인 기준
① 사회계층	하-하, 하-상, 중-상, 상-하, 상-상
② 개인스타일	평범형, 활동형, 지위추구형, 꼼꼼한 형, 기회주의형, 이기주의형
③ 성격	사교적, 강제적, 야심적, 권위주의적

〈표 9-5〉 성격에 따른 관광행동

구분	안전지향(psychocentrics)	모험지향(allocentrics)
관광형태	가족 또는 단체여행 패키지상품 평범한 관광행동 추구 가이드 동행 선호	개인 또는 동호인 관광 자유여행과 SIT 새로운 경험과 신기성 스스로 여행일정 짜기
목적지	친근하고 비교적 가까운 거리 자동차로 이동 가능 지역	잘 알려지지 않았고 비교적 먼 거리
숙박	대규모 및 현대식 시설	소규모 및 민박, 게스트하우스
음식	자국 음식	현지 음식
쇼핑	대형 쇼핑센터, 면세점	재래시장
유흥	잘 알려진 유흥장소	현지인들이 이용하는 곳
관광정보	여행사, 지인, 친인척	인터넷, SNS, 블로그

④ 행동분석적 변수

여행시장은 여행상품 구매 습관, 선호도, 여행 목적, 추구 혜택 등 여러 가지 행동에 근거하여 실제고객과 잠재고객의 행동을 분석하여 시장세분화를 한다. 매년 여름 휴가를 강원도에 위치한 콘도에서 보내는 가족이 있고 충청도, 전라도, 경상도, 제주도 등 매년 다른 곳에서 휴가를 보내는 가족도 있다. 대한항공만을 이용하는 고객을 아시아나항공이 유인하는 데는 매우 어려움을 겪을 것이다. 관광객의 여행목적은 정말 다양하다. 여행시장에서 가장 대표적으로 관광객을 분류하면 상용관광객과 휴양관광객으로 구분할 수 있다. 상용관광객은 비용보다 편리함에 더 많은 관심을 갖는 경향이 있고, 휴양관광객은 일탈을 꿈꾸며 여행을 한다. 이러한 고객의 습관과 선호도를 여행마케터는 꾸준히 관찰하여 여행시장을 세분화하고 여행사는 고객에게 적합한 서비스와 여행상품을 개발하고 마케팅해야 한다.

(2) 표적시장

표적시장은 세분시장의 매력도를 평가하고 잠재력과 기업역량에 맞는 그룹을 목표로 경쟁사에 비해 경쟁우위가 예상되는 세분시장을 선정하는 것이다. 표적시장의 선정 기준으로 기업의 인적·물적 자원, 서비스 동질성, 상품수명주기, 시장의 동질성, 경쟁사의 전략 등을 고려한다.

표적시장 전략은 비차별화 전략, 차별화 전략, 집중화 전략으로 구분한다.

그림 9-4 표적시장 전략 개념 이해도

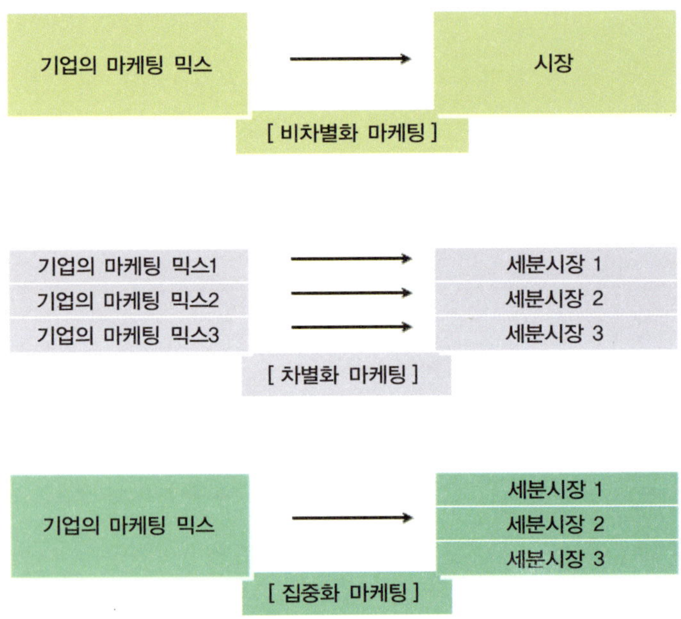

비차별화 전략은 여행사가 세분시장의 특성을 무시하고 한 가지 상품을 가지고 여행시장 전체에서 마케팅하는 전략이다. 장점은 마케팅을 표준화, 대량화함으로써 규모의 경제를 달성하여 비용을 절감할 수 있다. 그러나 이 전략을 적용할 수 있는 분야가 매우 제한적이고 고객의 욕구가 복잡하고 다양하며 너무 빠르게 변하기 때문에 고객을 만족시킬 수 있는 하나의 상품을 개발하는 것은 매우 어렵다. 대부분 여행시장을 주도하는 대형여행사에게 적합한 전략이며 중소여행사는 불리한 전략이다.

차별화 전략은 여행사가 여러 세분시장을 표적시장으로 선정하여 각각의 독특한 여행상품을 제공하고 마케팅하는 전략이다. 비차별화 전략에 비해 매출액이 증가하며 다양한 고객의 욕구에 맞춰 다양한 여행상품을 다양한 가격으로 제공하고 많은 유통경로를 사용하여 다양한 촉진믹스를 실행하므로 차별화 전략보다 많은 고객을 확보할 수 있다. 그러나 각각의 세분시장에 각기 다르게 마케팅 전략을 수행하게 되어 비용이 많이 추가되며 상품원가가 높아지고 유통경로 관리와 촉진에 추가적인 노력이 필요하다.

집중화 전략은 여행사가 여행상품을 쉽게 의사전달할 수 있는 하나의 세분시장을 찾아내거나, 세분시장의 욕구가 상품과 일치하는 경우 집중적 시장세분화 전략을 채택한다. 여행시장에서 낮은 시장점유율을 추구하는 대신 하나 혹은 몇 개의 세분시장에 집중하는 것이다.

그림 9-5 여행사 표적시장 전략별 특성

	특성	장단점
차별화	• 복수의 목표시장 접근법 • 다양한 고객니즈에 대한 다양한 대응 • 각 세분시장별 마케팅전략 수행 • 출장, 휴가, 친인척 방문 등	• 고객인식과 이미지 강화 • 마케팅믹스 복잡 • 비용과다와 수익저하 우려 • 각 세분시장의 구분이 명확한 경우
비차별화	• 연결된 목표시장의 접근법 • 대중시장 겨냥 • 보편성 높다 • 저관여 여행상품	• 경제적 • 규모의 경제 • 시장기회 적음 • 당일국내여행
집중화	• 단일목표시장 접근법 • 특정 세분시장에만 마케팅 집중 • 틈새시장 • 자원능력의 제한성	• 한정된 자원으로 효율극대화 • 마케팅활동의 전문화 • 특정시장에서의 거점 확보 • 고객니즈 변화 시 위험

(3) 포지셔닝

여행사 포지셔닝은 관광객 마음속에 경쟁상표와 비교 경쟁우위를 제공하는 것으로 여행사의 브랜드를 구축하려는 노력이다. 즉 여행상품의 포지션에 대한 잠재고객의 인식에 영향을 주기 위해서 경쟁상품과 관련된 단일상품의 포지션을 명확히 하려는 시도로 고객의 마음속에서 유리한 위치를 차지하기 위한 활동으로 '정위화(positioning)'라고 한다.

여행상품에 대한 포지션의 확립을 위해 사용하는 메커니즘은 기업과 상품의 이미지 창조에 신경을 많이 쓴다. 여행사는 고객에게 어떻게 여행상품이 인식되는가를 파악하기 위해 여행상품의 효과적인 이미지 개발과 개선을 위해 끊임없이 지속적으로 노력을 해야 한다. 무형성의 서비스와 유형성의 직원 제복, 심벌마크, 시그니처, 로고, 로고송, CSR 등 여행사의 모든 이미지는 일관성 있고 고객의 마음속에 전달되어야 한다.

여행사 포지셔닝 전략은 속성, 이미지, 고객, 지각도 등 여러 가지 방법이 있다. 속성 차별화는 '10년 연속 고객만족도 1위 여행사', '우수여행상품 인증 최다 보유 여행사', '인도 단체여행팀 송객 10년 연속 국내 1위', '가장 ~한', '최고의 ~', '최초의 ~' 등의 표현으로 위치화할 수 있으며 이미지 차별화는 여행서비스 등급 또는 명성을 말하는 것으로 '한국서비스품질지수 여행사 부문 대상 수상', '올해의 브랜드 대상 수상' 등이다. 고객 차별화는 특정 고객을 선정하고 그 특성을 차별화하는 포지셔닝으로 트레킹 전문 혜초여행사(http://www.hyecho.com)를 대표적인 사례로 꼽을 수 있다.

여행상품의 포지션을 결정지을 수 있는 핵심적 차원 및 속성들과 이 차원에 대해 관광객들이 인식하는 지도를 작성할 수 있는데 이것은 상품의 포지션을 결정할 수 있는 2가지 이상의 차원과 속성을 바탕으로 관광객의 여행상품 인지사항을 도식화해서 표현하는데 흔히 포지셔닝 맵(positioning map) 즉 지각도라고 한다.

지각도를 그리기 위해서는 관광객들의 상품 선호도에 대한 자료를 수집해야 한다. 여기에서 나온 선호도는 비율척도나 그 상품에 대한 평가순위로 표시되고, 이러한 자료는 인지 차원으로 척도화된다. 인지도가 그려지고 나면 이를 활용해서 상품 개념 정립에 필요한 중요 정보를 얻게 되는데 신상품 기획을 확인할 수 있고, 인지도를 통해 관광객들의 정확한 인지 위치를 파악할 수 있게 된다.

그림 9-6 여행사 지각도(positioning map)

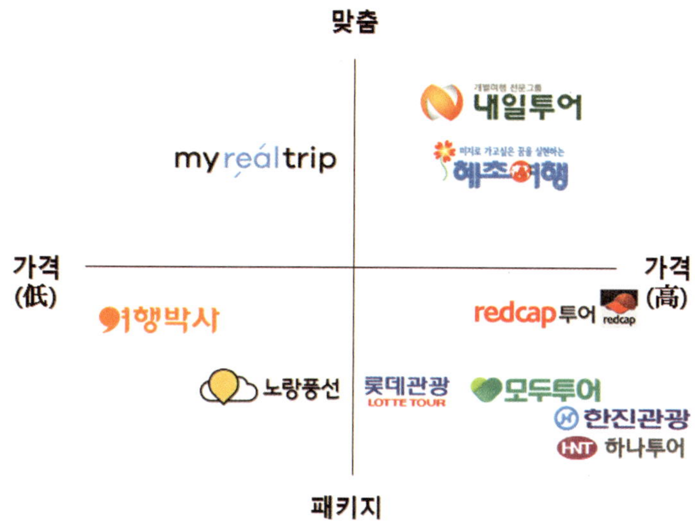

자료: 저자 작성

3 여행사 마케팅믹스전략

여행사가 기대하는 마케팅 목표를 달성하기 위해 마케팅에 관한 여러 전략과 전술을 종합적으로 수행하는데 그 전략적 조합이 여행사 마케팅믹스(marketing mix)이다. 구성 요소는 여행상품 선정(product), 가격 설정(price), 유통경로 선택(place), 촉진의 구체화(promotion)로, 이것을 마케팅믹스의 4P라고 한다.

1) 상품믹스(product mix)

여행상품믹스전략에는 범위, 브랜드, 보증 등이 있다. 여행사가 생산하고 판매하는 모든 상품을 잘 배합하여 상품믹스의 폭, 깊이, 길이를 어떻게 설정할 것인지를 결정해야 한다. 범위(category)는 여행상품의 넓이 또는 폭(width), 길이(length), 깊이(depth)를 말하는데 넓이는 기업이 취급하는 상품라인의 수, 길이는 상품믹스를 구성하는 상품들의 수, 깊이는 각 상품이 얼마나 다양한 품목을 취급하고 있는지를 나타낸다. 여행상품의 폭이 넓으면 비용이 많이 들고 좁으면 매출과 시장점유율이 정체된다. 길이가 짧으면 매출 기회가 상실되고 길어지면 수익성이 감소하기도 한다. 깊이가 얕으면 매출기회 상실과 시장점유율이 정체되고, 깊으면 비용 과다, 수익성 감소를 초래한다.

여행상품을 모방하기 쉬운 여행업계에서 강력한 브랜드 구축 관리는 경쟁사들이 쉽게 모방할 수 없는 마케팅 수단이다. 슬로건, 로고, 심벌, 캐릭터 등을 특허, 실용실안, 의장권, 상표권으로 등록하여 법적으로 보호받을 수 있으며 브랜드에 대한 고객애호도 증가는 고객의 평생가치를 높이며 신상품에 대한 즉각적인 고객반응을 이끌어낼 수 있다. 기존 중저가 패키지투어가 하루에 여러 도시를 여행하는 상품을 지양하고 한두 도시에 길게 머물며 여유로운 여행을 기획한 참좋은여행의 '라르고(largo)', 한진관광의 최고급 패키지투어 '칼팍', 내일투어의 개별자유여행 '금까기' 등은 대표적인 여행상품 브랜드이다.

그림 9-7 여행상품범위

구분	← 넓이 →		
길이 (↑↓)	상품계열1	상품계열2	상품계열3
	해외패키지(하나팩)	해외자유여행(하나Free)	국내여행
	1. 하나팩 프리미엄	1. 항공	1. 국내항공
	2. 하나팩	2. 호텔	2. 제주도여행
	3. 이세이브팩	3. 항공+호텔	3. 국내숙박
	4. 허니문	4. 에어텔/자유여행	4. 내륙+섬여행
	5. 골프	5. 현지투어/패스/입장권	5. 국내기차
	6. 크루즈	6. 배낭여행	6. 내나라여행
	7. ZEUSworld	7. 일본료칸	7. 제주여행만들기
	8. 테마여행: 상품품목(깊이)		8. 내나라골프
	8-1. 전문가 동반	8-4. 레저&액티비티	9. 입장권
	8-2. 예술&문화&역사	8-5. 체험&취미	10. 렌터카
	8-3. 축제&이벤트	8-6. 특별한 여행	

자료: 저자 작성

그림 9-8 여행상품 브랜드

▲ 참좋은여행　▲ 한진관광　▲ 내일투어

여행상품 보증은 매년 한국여행업협회(KATA)가 주최하는 우수여행상품 인증제, 100% 출발보장상품 등이다. 여행상품 특성상 유사하고 모방하기 쉽게 생산할 수 있기 때문에 우수여행상품으로 선정되면 여행사 브랜드 효과가 있으며 한국여행업협회(KATA)에서 마케팅 지원을 한다. 홍보활동에 우수여행상품 인증마크를 사용할 수 있으며, 상품별 해당 지자체 및 KATA 홈페이지 게재 등의 특전을 제공받는다. 또한 정부 및 공공기관에 여행상품 추천 시 우선순위로 인정받게 되며 온·오프라인 통합 홍보 지원 혜택이 있어 여행상품뿐만 아니라 지역 홍보에도 많은 도움이 된다. KATA는 선정된 우수여행상품의 온라인 키워드광고, 모바일 배너광고, 방송과 온·오프라인 매체를 통해 다양한 홍보활동을 지원한다.

패키지투어 상품은 여행사에서 미리 상품을 만들어 놓고 고객을 모집하는 기획여행 상품이 많기 때문에 모객하기 어렵고 대부분 출발 2~3일 전에 확정되는 상품이라 고객과 여행사 모두 불안전한 측면이 있다. 고객의 불안한 심리를 완전상품으로서 보장하는 상품이 많지는 않지만 소그룹으로 운영하고 있다.

그림 9-9 100% 출발 보장

그림 9-10 우수여행상품 인증제

2) 가격믹스(pricing mix)

가격은 좁은 의미로 상품(제품과 서비스)을 대가로 요구되는 금액이며, 넓은 의미로 고객이 소유 또는 사용하게 된 상품이 제공하는 혜택과 교환하는 대가로 지불하는 가치라고 할 수 있다. 여행사는 실제로 받기를 기대하는 가격보다 높게 요구하고, 고객과 유통업자들은 지불해야 한다고 생각하는 가격보다 낮게 요구한다. 결국 협상을 통해 상호 인정할 수 있는 가격에 도달하기 때문에 가격협상력과 가격전략이 필요하다.

가격은 고객이 상품 선택 시 가장 중요하게 고려하는 요인으로 오랫동안 비가격요인이 고객의 선택행동에 있어서 중시되었으나 최근에는 마케팅 환경이 급속히 변화함에 따라 가격결정의 중요성이 더욱 부각되었다.

마케팅믹스 4P 중 가격전략은 유일하게 여행사의 수익을 창출하는 요소로 이익의 원천으로서 총수익에 영향을 미치며 목표이익을 달성하기 위한 기본 요건이 되는 동시에 판매량에 많은 영향을 준다. 따라서 가격결정과 가격경쟁은 여행사들의 공통적인 가장 큰 문제로 인식되고 있다. 가격결정은 상품의 품질, 상품유통방법, 시장성격, 계절성, 심리적 요인 등에 따라 달라지고 있다. 즉 품질이 높으면 가격이 높아지고, 직접유통과 간접유통, 온라인 판매, 전화 판매, 중간유통업자의 개수 등에 따라 가격결정 방법은 달라진다. 또한 표적시장이 다수인 경우는 저가격 책정, 표적시장이 소수인 경우 고가격 전략을 취할 수 있으며 성수기와 비수기에 따라 가격 결정이 달라지며 고객의 심리적 측면이 가격결정에 이용되기도 한다.

여행상품의 가격 책정 항목은 항공운임, 지상비, 현지교통비, 숙박비, 식사비, 엔터테인먼트 비용, 관광지 입장료, 팁, 공항이용료, 현지가이드 비용, 포터 비용, 국외여행인솔자(T/C) 비용, 알선수수료, 광고와 DM 비용, 여행자보험, 예비비, 여행사 수익 등으로 구성된다.

패키지투어 상품 비용은 고정비와 변동비로 나눌 수 있는데 고정비는 브로슈어 제작비, 인쇄비, 광고비, DM 비용, 오거나이저(organizer) 여행비, T/C 비용, 전세기 비용 등이며 변동비는 호텔숙박료, 식사, 팁, 현지관광비용, 관광지 입장료, 세금과 보험료, 항공료 등이다. 가격전략에서 가장 많이 사용하는 할인제도는 조기예약할인(early bird), 제휴카드할인, 동반자할인, 창립주년할인, 땡처리 할인(last minutes) 등이 있다. 또한 도매여행사(하나투어, 모두투어 등)가 소매여행사에게 지급하는 판매수수료는 10% 내외 반영되고 있으며 고객과 여행사, 여행사와 항공사, 여행사와 호텔, 여행사와 랜드사 간 결제방법 등 지불조건에 따라 가격전략이 다를 수 있다.

신상품 가격결정 전략은 크게 2가지로 나눌 수 있는데 상층흡수(skimming) 가격전략과 시장침투(penetration) 가격전략이다. 상층흡수전략은 신상품을 시장에 출하하는 데 있어서 고품질의 상품에 고가격을 설정하여 시장의 상층계층을 목표로 하는 가격정책을 말한다. 소량을 고가로 판매하는 정책은 경쟁시장에서 마찰도 적고 여행사는 자원을 유효하게 이용할 수 있고 수익도 크다. 시장침투전략은 가격에 대한 민감도가 특히 높은 여행시장에서 고객의 증가가 수익에 큰 영향을 미치는 경우와 경쟁사의 진입을 어느 정도 봉쇄하려는 전략이다. 규모의 경제가 존재하고 짧은 시간 내에 매출과 시장점유율을 확대하고자 할 때 후발 진입자가 많이 쓰는 전략이다.

그림 9-11 여행상품 할인제도

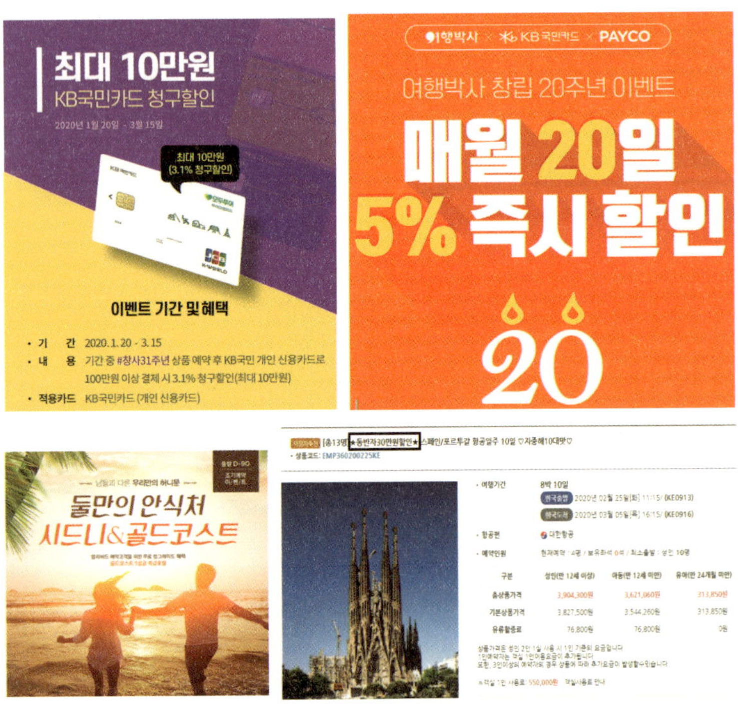

3) 유통믹스(place mix)

유통경로(채널)는 여행사가 생산한 여행상품이 고객에게 전달되는 과정이다. 여행상품은 유통시스템을 통해 고객에게 전달된다. 이러한 시스템을 유통채널이라고 하며 이는 상품을 편리한 판매단계를 통해 고객에게 제공하기 위해서 조직되거나 유지된다. 유통채널은 관광공급자가 여행상품을 잠재고객에게 도달할 수 있도록 하며 여행상품의 판매를 증가시킨다. 여행상품 유통형태는 직접유통(direct distribution)과 간접유통(indirect distribution)으로 구분하는데 직접유통은 공급자가 상품을 직접 고객에게 판매하는 것이며 간접유통은 한 명 이상의 중개인이 공급자와 고객 사이에서 여행상품을 연계한다. "부부고객이 결혼기념일 10주년을 위해 항공권과 호텔을 여행사를 통해 예약하였다. 여행사 직원은 고객의 상세한 요구사항을 듣고 합리적인 항공권과 몇 개의 호텔을 제시한 후 고객이 결정하여 결제하였다." 이것은 여행상품의 2단계 간접유통의 사례이다. 여행사는 호텔객실을 판매한 것에 대한 대가로 판매수수료를 호텔로부터 보상받고 공급자 호텔은 여행사에게 수수료를 지불했지만 호텔객실을 판매했기 때문에 이 거래로부터 이득을 보았다. 여행상품 유통경로에 대한 자세한 설명은 다음 그림과 같다.

그림 9-12 여행상품 유통경로

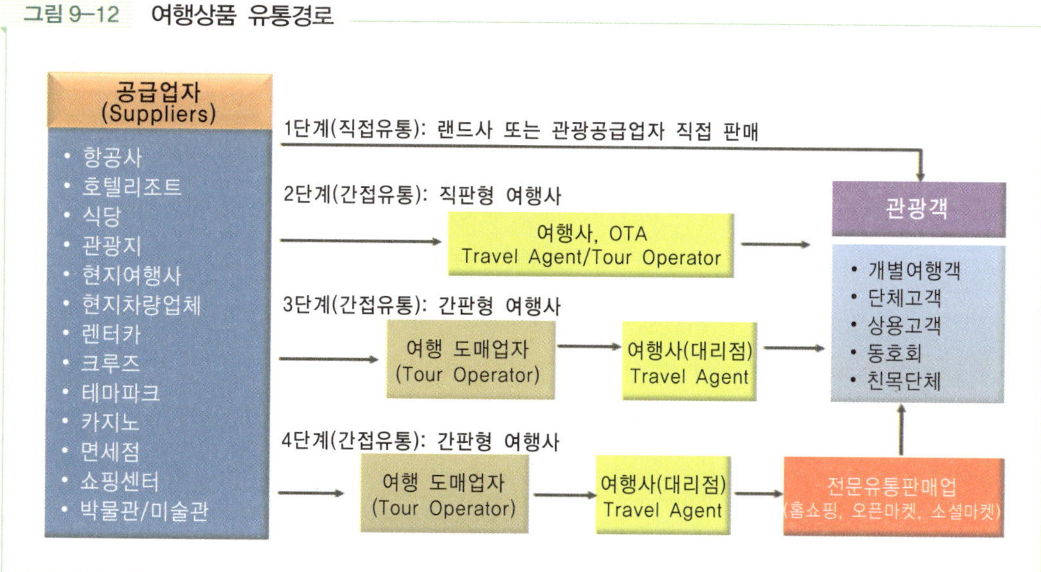

자료: 저자 작성

공급자 측면에서 직접유통의 장점은 거래에 포함된 유통단계의 수를 줄여 고객이 직접 공급자에게 대금을 지불하여 중개수수료를 지불할 필요가 없으므로 유통경비를 절감할 수 있는 것이다. 또한, 고객의 기본 구매 외에도 추가 판매를 할 수 있는 기회가 제공된다. 여행시장 조건과 고객욕구 등 수요 변화에 대해 빠르고 능동적으로 대처가 가능하며 공급자가 중개인(여행사)을 통하지 않고 직접 판매하므로 자사 상품의 판매방법과 상품의 품질에 대해 훨씬 강도 높은 통제가 가능하다. 고객 측면에서 직접유통의 장점은 여행상품을 직접 구매하는 것이 예약, 취소, 수정 등의 통제가 용이하며, 공급자로부터 직접 구매하면 중개인(여행사)을 통하는 것보다 빠르게 여행계획을 할 수 있고, 고객은 공급자 판매담당자들과 직접 상담함으로써 다양한 대안 가운데 여행을 빨리 결정할 수 있다. 일부 고객은 여행상품을 직접 구매하는 것이 실수를 최소화한다고 믿는다.

그러나 직접유통은 간접유통에 비해 잠재적 판매경로를 줄이지만 더 많은 유통경비를 초래하기도 한다. 결국 여행시장의 주요 공급자인 항공사, 호텔 등은 판매상품의 특성과 관련하여 가격, 유용성, 품질, 통제가능성 등을 심사숙고해야 한다.

간접유통은 관광산업에서 아주 중요한 유통채널이 되고 있다. ASTA(American Society of Travel Agents: 미주여행업협회)에 의하면 미국 내 크루즈 여행의 95%, 패키지 투어의 90%, 미국 내 항공권의 80%, 렌터카의 50%, 호텔객실의 25% 정도가 간접유통으로 판매되고 있다고 한다. 가장 일반적이고 간단한 간접유통 사례는 항공권을 구매하는 고객이 여행사를 이용하는 과정이다.

공급자 측면에서 간접유통의 장점은 판매경로를 확대하여 판매점 수를 크게 증가시킬 수 있다. 전 세계 호텔객실은 호텔이 직접 판매하는 것보다 OTA(Online Travel Agent)를 통한 판매비율이 더 높다. 공급자의 판매력 증가는 비용이 추가되는 것이 아니라 여행사를 이용함으로써 부가적인 급여, 시설, 장비, 임대료 등을 면제받을 수 있다.

고객 측면에서 간접유통의 장점은 여행사로부터 여행상품을 구매한 고객은 항공사, 호텔로부터 직접 구매하는 것보다 더 많은 선택권을 가질 수 있다. 여행사는 경쟁공급업자들의 상품을 취급하여 개별 고객들이 스스로 모으기 어렵거나 비교 불가능한 여행상품을 결합하여 제공할 수 있으며 공급자들로부터 대량구매로 가격 협상력을 가지기 때문에 더 합리적이고 저렴한 비용을 고객에게 제공할 수 있다. 여행사는 많은 선택 대안으로부터 고객의 욕구를 충족시킬 수 있는 여행상품을 확실하게 접근할 수 있기 때문에 여행정보와 특별한 서비스를 제공할 수 있으며 고객의 욕구와 선호를 확인하기 위해 끊임없이 시간을 할애하여 고객에게 가장 적합한 상품을 선택할 수 있도록 추천하고 조언할 수 있다.

그림 9-13 여행상품 온라인 유통기업

OTA	Expedia, Booking.com, agoda, Trip.com, Hotels.com, 여기어때., DAILY HOTEL, SaleTonight
Open Market	11번가, AUCTION., Gmarket
Social Commerce	coupang, 위메프, TMON

4) 촉진믹스(promotion mix)

촉진은 표적고객으로부터 여행사 또는 여행상품에 대한 호의적인 반응을 얻기 위한 커뮤니케이션 활동이다. 촉진을 이루는 4대 핵심요소에는 광고(advertising), 인적 판매(personal selling), 판매촉진(sales promotion), PR(Public Relations)과 홍보(publicity) 등이 있다.

〈표 9-6〉 촉진의 유형별 사례

광고	판매촉진	홍보	인적 판매
인쇄 및 방송 포장 내 삽입물 카탈로그 영화 사보 Brochure와 소책자 포스터와 leaflets 안내서 진열간판 구매시점 광고	경진대회 복권, 경품, 할증 박람회, 전시회 쿠폰 환불금 중고품 교환공제 거래 스탬프 끼워 팔기 Give away Pay back	신문 게시용 설명회 세미나 연차보고서 자선 기부 주관, 주최 간행물 로비 소비자 자문단	판매회의 텔레마케팅 유인계획 판매원용 견본 박람회와 전시회 참가 다단계 판매 방판조직 통신판매 전화상담

〈표 9-7〉 여행사 촉진전략

여행사 촉진전략		내용
광고	신문	대형패키지 여행사 집중, 조선/중앙/동아/매경/한경 등
	TV	드라마, 영화 등 PPL/BPL, 해외현지촬영 지원
	라디오	중대형 여행사 위주
	인터넷	대형포털사이트 키워드 검색 광고, 배너광고, 이메일광고
	홈쇼핑	대형패키지 여행사, 랜드사, 중견여행사, 여행사 자체 홈쇼핑
인적 판매		여행사 직원이 고객과 직접 접촉하여 여행상품 판매
판매촉진		할인권, 경품, 프리미엄, 상금, 리베이트, 환급, 무료사용권
PR과 홍보		신문, 잡지, 방송 등 매스미디어를 통한 뉴스나 이슈 기사화

자료: 저자 작성

(1) 광고

광고는 아이디어, 상품 또는 서비스에 관해서 명시된 광고주에 의하여 비용이 지급되는 모든 프로모션 형태를 말한다. 즉 광고는 스폰서가 지급하는 비인적 아이디어에 대한 상품의 제공이다. 여행사의 경우 시대의 변천에 따라 광고형태가 많이 변화되었다. 과거 대형여행사들은 중앙일간지에 신문광고를 많이 했다. 신문광고 규격은 가로는 칼럼(1칼럼=약 3cm), 세로는 단(1단=약 3.4cm)이라고 한다. 신문의 세로(높이)는 약 51cm이므로 높이는 총 15단, 신문의 가로는 약 37cm로 너비는 총 12칼럼이라고 할 수 있다.

그림 9-14 여행사 광고 사례

그림 9-15 2019년 여행사 신문광고 현황

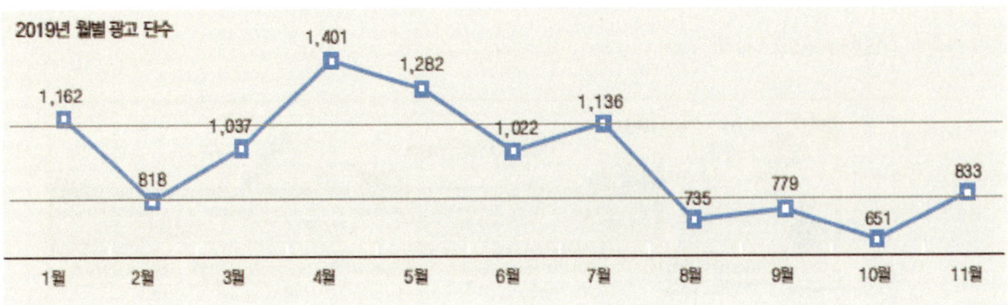

자료: 세계여행신문

세계여행신문에 따르면 2019년 1월부터 11월까지 여행사들의 중앙일간지(조선일보, 중앙일보, 동아일보, 매일경제, 한국경제) 광고 게재 단수는 총 1만 856단으로 2018년 동일기간(9596단)보다 약 13% 증가했다. 이 기간에 신문광고 집행 상위 5개 여행사는 롯데관광, 온라인투어, 참좋은여행, 하나투어, 한진관광 등이다. 대형여행사의 신문광고는 1990년대 중반부터 2015년 전후까지 광고 채널을 차지했지만 그 후 홈쇼핑으로 대체되었다.

그러나 홈쇼핑의 경우도 경쟁이 심화되어 여행사가 상품을 판매해 얻는 수익에 비해 방송을 위한 비용이 과도하게 높게 책정된다. 대형 홈쇼핑의 경우 1회당 4,000만 원에서 최대 6,000만 원까지 방송료를 지불해야 하고, 정률수수료까지 계산하면 만만치 않은 액수가 된다. 방송료는 해마다 500~1,000만 원씩 올라 비용 부담이 계속 가중되고 있다. 일반적으로 항공사–여행사–랜드사–관광청 등이 공동으로 방송료를 품앗이하는 구조이지만, 횟수가 잦은 데다 방송의 성공이 보장되지 않고 방송상품 또한 저가 경쟁이 심화돼 판매수익이 떨어지면서 이중고를 겪는 실정이다(여행신문, 2017.3.26, 14: 12). 실제로 중견 규모의 e온누리여행사는 2017년 11월 종합패키지여행사로 시작하여 홈쇼핑, T-커머스 업체들을 통해 약 100억 원의 상품을 판매하였고 홈쇼핑 사업자들은 19억 원의 방송수수료를 챙겼으나 결국 2018년 9월에 사업한 지 1년도 안 되어 폐업하게 되었다. 아직은 대형여행사들이 모객 확보의 가장 큰 채널로 홈쇼핑을 이용하고 있지만 높은 방송료와 수수료, 예약 전환율의 저하 등으로 새로운 광고 채널을 개발하고 홈쇼핑 의존도를 낮춰야 할 시점에 와 있다.

그림 9-16 **여행사 홈쇼핑 방송현황**

홈쇼핑 방송현황

방송 횟수 : 9회/ 전체 콜 수 : 1만9670콜/ 평균 콜 수 : 2186콜 / *금액 : 천 원

여행사	노선	지역	상품가	항공사	방송일 시간	채널	콜 수
여행박사	동남아	베트남(다낭, 호이안) 5일	399	ZE, TW, VJ, LJ, QH, KE	2/9 17:20	홈앤쇼핑	2000
온누리투어	유럽	터키 9일	899	OZ	2/9 19:40	공영쇼핑	2160
KRT	유럽	터키 9일	999	KE	2/7 18:40	CJ오쇼핑	2000
	동남아	베트남(다낭, 호이안) 5일	399	ZE, TW, VJ, LJ, 7C, QH, RS	2/8 20:50	공영쇼핑	840
	유럽	두바이, 스페인, 포르투갈 10일, 두바이, 스페인, 포르투갈, 모로코 13일	1490	EY	2/9 16:05	CJ오쇼핑	2400
	미주	미동부, 캐나다 11일	2590	OZ	2/9 16:55	CJ오쇼핑	2750
	유럽	이탈리아 8/9일	1490	OZ	2/9 17:45	CJ오쇼핑	3600
	유럽	북유럽 4국 8일	2690	AY	2/9 18:35	CJ오쇼핑	3040
투어이천	유럽	스위스, 이탈리아 8일	1590	TK (1회방영)	2/9 23:36	SK스토아	880

자료: 세계여행신문

2015년 이후 대형여행사들이 선호하는 광고 매체는 라디오 방송이다. 라디오 광고의 효과를 구체적인 숫자로 제시할 수는 없지만 무엇보다 가성비가 뛰어나다. TV광고를 집행하는 데는 제작부터 방송까지 많은 비용이 들지만, 라디오 광고는 그보다 적은 예산으로 보다 자주 노출할 수 있으며 고정 청취자에게 지속적으로 브랜드를 각인시키면서도 매체 특성상 불특정 다수를 공략할 수 있어 브랜드 광고가 대부분을 차지한다. 상품이나 저렴한 가격을 홍보하기보다 여행사의 장점과 이미지를 알리는 데 집중하기 때문에 이벤트성보다는 6개월, 1년 단위로 광고를 집행한다.

(2) 인적 판매

인적 판매는 여행사 직원이 고객과 직접 대면 또는 전화에 의한 인적 접촉의 결과로써 생기는 판매로 프로모션믹스의 가장 중요한 요소이다. 여행상품의 특성 중 무형성과 비저장성 때문에 여행상품판매 보조수단(판매원)에 의존하는 인적 판매가 그만큼 중요하다. 인적 판매는 여행상품의 수요를 실질적인 구입으로 전환시킬 수 있으며 판매원의 메시지는 개별고객에게 맞춤 서비스가 가능하고 즉각적인 반응을 끌어낼 수 있는 장점이 있다. 대형여행사 패키지상품은 주로 전화상담으로 판매가 이루어지고 인센티브 전문여행사는 고객과 직접 대면하면서 거래가 이루어지기 때문에 그만큼 여행사 매출에 인적 판매가 매우 큰 역할을 한다.

인적 판매는 3단계로 나눌 수 있다. 1단계는 고객으로부터 정보 수집, 2단계는 상품 추천, 3단계는 판매 완성이다. 상품담당 직원이 각 단계별로 고객과의 상담을 통해 질문과 행위를 결정하여 판매를 완성시킬 수 있다. 1단계에서는 판매원이 고객과 최적의 상담을 위해서 몇 가지 기초 질문에 대한 답이 필요하고 고객은 가끔 자발적으로 정보를 제공하기도 하지만 그렇지 않을 경우 우회적으로 응답을 유도하기 위해서는 질문해야 한다. 어떤 상황에서 고객과의 대화를 통제하기 위해 개방형 질문과 단답형 질문을 하기도 한다. 개방형 질문은 판매원이 고객의 태도, 경험, 욕구 등 많은 정보를 얻으려 할 때 사용하며, 단답형 질문은 정확한 정보를 얻어 대화를 진전시킬 필요가 있을 때 '예', '아니오' 등 짧은 대답으로 고객의 대답을 제한할 때 사용한다.

여행예산에 관한 질문은 되도록 대화의 후반부까지 언급을 안 하는 것이 좋다. 그 이유는 고객들이 편안하게 느낄 때까지 얼마만큼 소비할 것인지를 논의하기를 원하지 않으며 또한 고객이 여행에 적합한 가격이 얼마인지를 알지도 못하기 때문이다. 판매과정에서 예산범위를 일찍 고정시키면 고객들은 일찍 포기할 수도 있다. 질문을 잘 하기 위해서는 고객의 말을 경청하는 자세가 필요하다. 고객의 욕구와 기호를 정확하게 판단하기 위해서는 고객의 말에 귀기울일 줄 아는 청취자가 되어야 하며 필기도구를 항상 준비하여 메모하는 습관을 길러야 한다.

〈표 9-8〉 인적 판매 1단계 판매자 대응

1단계(정보수집)	질문, 대답, 행위	
기초질문	① 당신이 가고자 하는 곳은(목적지)? ② 언제(시간)? ③ 얼마나 오랫동안(여행기간)? ④ 얼마나 많은 사람이 가려고 하는가(단체 수)? ⑤ 어떤 서비스 수준을 좋아하는가(가격, 가치)?	
상황질문	개방형 질문	단답형 질문
	① 무엇이 마음에 듭니까? ② 지난번 휴가 때 무엇이 좋았습니까? ③ 크루즈를 어떻게 생각합니까? ④ 좋아하는 서비스에 대해서 말씀해 주십시오. ⑤ 지난번 출장여행에 대한 수배는 어떠했습니까?	① 렌터카가 필요하십니까? ② 상해에 얼마나 머무를 예정입니까? ③ 평일 또는 주말 중에 어느 쪽이 좋습니까?
고객의 이해	위락관광객(leisure)의 욕구 확인	상용관광객(business)의 욕구 확인
	① 여행시기를 임의로 결정 ② 여행 동기는 복잡, 다양, 융통성 필요 ③ 위락여행은 심리적, 정서적, 지적 요구의 다양성을 만족 ④ 위락여행객은 여행시기와 장소의 선택폭이 상용관광객보다 넓음	① 여행시기, 주어진 기간 ② 상용관광객의 욕구는 좀 더 전문적인 배려 필요 ③ 예산을 제한하므로 판매원이 시설과 수송을 적합하게 수배하는 것이 힘든 작업 ④ 위락관광상품을 판매하기 위한 좋은 기회
경청	① "네, 알겠습니다." ② "손님께서 무엇을 말씀하시는지 이해합니다." ③ 고개 끄덕이기, 미소 짓기, 시선유지와 같은 비언어적 커뮤니케이션 수행	

2단계의 상품추천에서는 1단계 고객의 욕구를 파악하여 정확히 이해했음을 증명하는 것이다. 고객이 한 말에 대하여 문장을 만들어보거나 몇 가지 반응을 해봄으로써 가능하다. 여행상품의 특징을 편익(benefit)으로 전환시키는 능력은 인적 판매에서 매우 중요하며 고객이 상품의 혜택을 이해하도록 판매자는 자신의 상품이 다른 유사한 상품과 어떻게 다른지를 증명할 수 있어야 판매에 성공할 수 있다. 상품 혜택을 강조하기 위해서는 브로슈어를 사용하여 무형의 상품을 유형화시키며 유명인사, 지인 등 객관적인 제3자의 추천을 사용한다. 여행상품을 추천했는데 고객이 저항할 경우 판매자는 이를 극복하고 대처해야 한다. 고객이 저항하는 이유에는 오해, 회의, 무관심 등이 있는데 고객이 진심

으로 무엇을 원하는지를 말하도록 진정성 있게 접근하는 노력이 필요하다.

판매자는 더 많이 더 비싸게 팔 수 있는 능력을 갖춰야 한다. 크게 2가지 방법이 있는데 연쇄판매(up-selling)와 교차판매(cross-selling)가 있다. 연쇄판매는 고객에게 더 나은 가격 조건을 제안하거나, 상품의 품질을 강조하는 등 고객이 희망했던 상품보다 단가가 높은 상품의 구입을 유도하는 판매방법이다. 교차판매는 고객이 원래 구매하려던 것보다 더 많은 상품을 구매하도록 부가적으로 상품 판매를 시도하는 것이다. 물론 고객에게 이익이 되어야 하며 고객의 예산과 비슷해야 한다.

〈표 9-9〉 인적 판매 2~3단계 판매자 대응

2단계(상품 추천)	질문, 대답, 행위
욕구 확인	"그럼, 손님은 패키지를 원하시는군요. 그리고 손님만의 자유시간을 동시에 원하십니다. 맞으시죠?
상품 혜택 소개	① 비즈니스 미팅을 위한 거실이 있는 스위트 룸 ② 무료 신문 제공 ③ 기업할인율 보증 ④ 인터넷이 가능한 비즈니스센터 ⑤ 수영장과 피트니스센터 ⑥ 나이트 라이프를 위한 칵테일 라운지
상품 혜택 강조	"최근 여행에서 쇼핑할 시간이 충분치 않다고 말씀하셔서 더 많은 자유시간이 가능한 여행을 추천드립니다."
요약 정리	고객에 대한 추천과 토의가 끝나면 판매자는 상품의 혜택에 대해 다시 간추려 정리
고객저항	"글쎄요, 확신할 수가 없네요.", "무엇을 말하는지 모르겠네요."
극복	제3자, 잡지 기사, 개인적 경험 등 부가적 정보원을 인용하여 명성을 증명하는 것이 가장 효과적이다.
up-selling	"10만 원을 추가하시면 객실을 오션뷰로 해드리겠습니다."
cross-selling	항공권 구매한 고객에게 호텔을 추가로 예약하면 더 저렴하다고 안내
3단계(판매완성)	손님: "제가 찾았던 것이 이것입니다.", "혹시 비자가 필요합니까?"
	판매원: "그러면 계약서를 가지고 오겠습니다."
	판매원: "자, 그럼 계약서를 쓰겠습니다."

3단계 판매완성에서는 직접 대면의 상황이므로 판매자는 고객의 내외적 변화를 관찰할 필요가 있다. 구매의사가 있는 경우 책자를 만지거나 느슨한 상태로 앉거나 웃을 때 그 가능성이 높으며 침묵하거나 팔짱을 끼고 있을 때는 구매의사가 없는 경우가 많다.

패키지투어 상품은 전화상담을 통해 판매가 많이 이루어지나 인센티브를 전문(법인영업)으로 하는 여행사는 주로 영업사원을 통해서 판매가 이루어지는 경우가 많다. 일반적으로 여행사 영업사원은 다음과 같은 성격과 능력을 갖춰야 한다.

〈표 9-10〉 여행사 영업사원의 성격과 능력

요인	내용
긍정	건강하고 활력이 넘쳐야 하며 긍정적인 사고를 가지고 있어야 한다.
상식	상식이 풍부하여 지위나 업종이 다른 사람들과 쉽게 친분을 맺을 수 있는 활발한 성격을 가져야 한다.
거절	거절에 익숙해야 한다. 극소수의 고객만이 최종적으로 구입하는 것이 보통이며 공개입찰이 많기 때문에 일희일비할 필요가 없다.
경청	남의 이야기를 잘 들어주어야 한다. 영업사원은 상대가 말하는 것을 경청함으로써 내편을 만들 수 있다.
성격	타인과 함께 일하고 싶다는 욕구가 필요하다. 영업활동은 대인활동이므로 외향적인 성격이 잘 어울린다.

(3) 판매촉진

판매촉진(sales promotion)은 특정 상품에 대한 수요를 자극하기 위해 계획된 전문적인 마케팅 활동을 말한다. 상품의 구매와 판매를 고양시키기 위해 단기적으로 행하는 자극적인 수단으로 상품구매 동기부여, 반복구매 유도, 고객 충성도 유지, 상품경쟁력 유지 등을 목적으로 한다. 여행사와 고객 간(B2C)의 판매촉진에는 구매시점광고, 무료, 기념품, 경품, 쿠폰, 마일리지 등이 있으며 여행사와 관광공급자(B2B) 간 판매촉진은 인센티브, 상품설명회, 판매경연대회(sales contest), 초대여행(fam tour) 등이 있다. 구매시점광고는 POP(Point Of Purchase)를 말하는 것으로 여행상품을 돋보이게 하거나 설명하는 보조적인 수단이다. 상품 설명 책자, 브로슈어(brochure), 카탈로그(catalogue), 포스터, 현수막, 관광목적지의 공예품과 기념품 같은 것이 여기에 해당된다. 고객이 여행사에 방문했을 때 가장 먼저 눈에 띄는 것이 POP이기 때문에 상품의 기능과 장점을 이해하기 쉽게 적절한 크기의 글씨나 그림, 색상으로 표현해 효과적으로 고객에게 전달해야 한다. 무료 경품을 선물로 제공함으로써 신규 고객을 유치하기 위해 무료항공권, 무료숙박권 등 경품 이벤트 행사, 자사 여행상품을 처음 구매하는 고객에게 각종 쿠폰과 마일리지 제공 등은 여행사가 고객을 대상으로 많이 하는 판매촉진 형태이다.

하나투어, 모두투어, 한진관광, 롯데JTB 등 홀세일 여행사가 대리점 여행사의 판매촉진을 위해 전세기 상품과 신상품 설명회, 팸투어, 매출 또는 모객 목표 달성 시 제공하는 인센티브 등은 B2B의 전형적인 판매촉진 방법이다.

그림 9-17 여행사 판매촉진 사례

(4) PR과 홍보

PR(Public Relation)은 기업이나 상품에 대한 고객의 호의를 창조하는 과정이다. 새로운 매체에 대해 여론을 형성하는 관광언론인들에게 초점을 맞춰서 PR하게 된다. 홍보(Publicity)는 PR과 유사하게 사용되는데 일본식 한자어이다. PR은 좋은 것들만을 말하는 것이 아니라 선행을 실천해야 하는데 현재 많은 여행사들이 사회적 기업으로서의 선행을 수행하는 데 있어 CSR(Corporate Social Responsibility; 기업의 사회적 책임)이 대표적이다. PR은 의도적이며 계획된 것이고 성과가 있어야 하며 공중(公衆)의 이익에 기여하고 경영자의 의사결정이 영향을 미칠 때 가장 효율적이다.

광고가 메시지를 직접적으로 관광수요자에게 전달하여 여행행위를 유발시키는 데 반하여 PR은 잠재수요자에게 간접적이고 우회적으로 메시지를 전하여 여행욕구를 자극하는 것이다. 광고는 관광기업이 매체에 광고비를 지불하고 시간과 공간을 구입하지만 PR은 유료형태가 아닌 방법으로 관광기업의 선행 기사가 매체에 게재되기 때문에 공익성이 있어야 한다. 그러나 관광기업이 의도한 대로 기사화되는 것이 아니라 기자와 데스크의 견해에 따라 부정적으로 만들어질 수도 있다. PR의 대표적인 형태에는 보도자료, 기자회견, 특별무대 행사, 리셉션 등이 있다.

그림 9-18 여행사 PR

HNT 하나투어
한국어 English 日本語 中文(简体) 中文(繁體) hanatour.com
회사소개
기업개요
CEO코너
연혁
PR센터
오시는 길
사업현황
투자정보
사회공헌
채용정보
PR센터
전 세계를 향해 끊임없이 도전하여
세계적인 여행종합그룹으로 나아가겠습니다
보도자료
공지사항
광고자료
번호 제목 등록일 조회수
1680 하나투어, 제 1회 자유여행 공모전 시상식 성료 2020/02/07 67
1679 하나투어, 지구별여행학교 캄보디아편 성료 2020/02/07 38
1678 하나투어, 발리 [요가 리트릿] 여행상품 출시 2020/02/07 35
1677 하나투어, 스위스 융프라우 스키 상품 선봬 2020/02/07 35
1676 하나투어, 요즘 신혼여행은 장거리 지역이 대세 2020/02/07 37
1675 하나투어, 2020년 시무식 개최 2020/02/07 7
같이가요! 서울여행
비욘드코리아 기자 간담회

여 | 행 | 항 | 공 | 용 | 어

❶ **BSP(Billing Settlement Plan)**

항공사와 대리점 간의 항공권 대금 결제를 은행이 대신해 주는 제도로 여행사와 항공사 사이에 은행을 둠으로써 복잡한 정산 등을 효율적으로 하게 하는 것을 말한다. 한 개의 항공사가 수많은 여행사들과 직접 거래한다는 것은 현실적으로 어려움이 있으므로 이 제도가 생긴 것이다. 이렇게 항공사와 여행사(대리점) 사이에 BSP가 운송판매, 판매보고, 판매관리의 간소화, 표준화를 해주면 항공사나 여행사 모두 편리하다. BSP에서 여행사는 BSP 가입 항공사의 모든 표준항공권을 자체 발권할 수 있다.

❷ **Carry-On Items(Hand Carry Baggage)**

출국 수속 시 부치지 않고 기내에 여행객이 가지고 탑승할 수 있는 수하물이다. 가로, 세로, 높이 세 변의 합계가 115cm를 초과할 수 없으며 항공사마다 규정이 다르지만 대체로 무게는 10kg 이하여야 한다.

❸ **Code Share**

비행기 한 대를 가지고 두 개의 항공사가 좌석을 판매하는 것을 말한다. 이것은 항공사 측면에서는 여러 가지의 전략적 이유가 있는데 안정적인 좌석 판매 외에도 두 개의 항공사가 결합함으로써 노선 사용 등의 시너지 효과를 유발할 수 있다. 가장 대표적인 것으로는 미취항 구간에 대한 특별요금이나 좌석을 안정적으로 확보할 수 있는 것이 있다. 예를 들어 서울에서 시드니까지 노선의 경우 아시아나항공(OZ)의 비행기를 부분적으로 호주 콴타스항공(QF)과 Code Share를 함으로써 OZ 입장에서는 안정적인 고객 확보를, QF 입장에서는 미취항 구간에 대한 시장을 확보할 수 있으며, 호주 국내 구간의 경우 QF에서 Code Share의 조건으로 OZ에 특별한 요금과 좌석을 지원해 줌으로써 OZ는 별도의 이익을 취할 수 있다.

❹ **Couchette**

유럽에서 운행되는 열차에 마련된 침대로 준비된 객실을 말한다.

❺ **Confirm**

항공편에 예약되어 있는 관광자에 대하여 그 예약을 사용할 의사의 유무를 확인하는 절차로 No-Show를 최대한 억제하기 위한 작업이다.

❻ C/S, Consol(Consolidate)

GRP Fare(그룹요금)를 받기 위해 여행사끼리 항공권이나 GRP를 Join할 때 사용하는 용어이다.

❼ DSR(Daily Sales Report)

매일 판매한 항공권의 손익, 판매량 등을 알아내는 일련의 정산작업을 말한다. 이 작업이 되어야 Package상품에서 순익, 차액, 지급 수수료 등을 계산할 수 있다.

❽ DEBIT

항공권 발권을 잘못하여 $1,000짜리를 $999로 발권하든지 또는 GRP 항공권으로 발권하여 T/C의 FOC 또는 AD를 제공받았는데 발권 후 취소된 경우 FOC 또는 AD 조건이 되지 않아 해당 항공사에서 여행사로 ADM(Agent Debit Memo)을 발송하는 것을 말한다.

❾ DP(DEPOSIT)

여행사가 항공좌석을 확보하기 위해 미리 예치금을 항공사에게 납부하는 것을 말한다.

❿ ENDS(ENDORSEMENT)

전환 승인, 즉 항공권에 지정된 항공사가 아니더라도 타 항공사로 여행이 가능한 행위를 말하며 항공권의 경우는 Endorsement가 금지되어 있지만 항공사 측에서 Over Booking 등으로 Deny Boarding(DB)이 이루어진 경우는 타 항공사로 양도해 주며 일부 항공사의 경우 이러한 Endorse 발생 시 손님에게 Penalty Charge 혜택을 주기도 한다.

CHAPTER ▸▸ 10

여행산업과 ICT

1. 인터넷과 여행산업
2. 인터넷과 여행사 유통체계
3. 4차 산업혁명과 여행산업

학습목표

1. 인터넷과 여행산업 및 여행사 유통체계의 변화를 이해할 수 있다.
2. 4차 산업혁명이 여행산업에 미치는 영향을 설명할 수 있다.

1 인터넷과 여행산업

인터넷(internet)은 1960년대 미국에서 방위목적의 연구를 수행하는 과정에서 나온 아이디어를 이용하여 탄생한 군용장비였다. 1990년대 이후 상용화 서비스를 시작해서 증기기관차 발명, 기계화와 자동화를 통해 정보혁명 시대를 이끌고 있다. 인터넷의 기본 서비스는 전자우편(e-mail), 전자게시판, 데이터 검색, 파일 전송, 채팅, UCC 등으로 구성되어 있으며 다양한 정보를 구축하여 검색함으로써 고객 DB를 생성하여 전사적으로 관리할 수 있게 되었다.

여행사는 인터넷이라는 가상공간을 통하여 여행정보를 획득, 분류, 저장, 재분류, 전달함으로써 자원(resources), 자산(asset), 상품(commodity)으로서의 정보(information)의 효용성을 활용할 수 있어야 한다. 인터넷 매체는 고객과 여행사 입장에서 다음과 같은 효과를 볼 수 있다.

〈표 10-1〉 인터넷의 효과

고객	여행사
풍부한 여행정보 획득	유통단계 단축과 지역 확대
자유로운 의사결정	유통비용 절감
저렴하고 합리적인 상품 구매	신속한 고객정보 확보와 효율적 관리
시간과 공간 초월	고객 참여기회 확대로 고객화
메일링(mailing) 서비스 획득	고객과 상호작용

여행산업은 정보에 의한 산업이자 전자상거래(e-commerce)의 주도적 역할을 하고 있으며 여행정보 탐색, 다양한 여행상품 비교, 가격결정 등을 온라인을 통해 실시간으로

전 세계에서 가능하게 되었다. 결국 2000년대 이후 정보기술(IT) 혁명으로 인터넷 산업이 급속하게 성장하였으며 전자상거래의 역할이 증대되어 여행상품 유통시장의 변화가 초래되었다.

인터넷은 많은 장점과 특성을 가지고 있다. 비용이 저렴하며 고객과 양방향으로 실시간으로 소통할 수 있으며 24시간 1년 365일 언제 어디서나 거래가 가능하기 때문에 시공간을 초월한다. 전 세계 모든 사람들이 고객으로 전환될 수 있고, 사용이 편리하고 가상공간을 이용하기 때문에 비대면적이며 DB를 이용하여 고객의 표적화가 짧은 시간에 만들어질 수 있다.

인터넷이 발달함으로써 여행산업의 환경요인도 많이 변화되었다. 대체로 위협요인이 많지만 위기를 기회로 생각하고 적극적으로 대응해야 한다. 특히 여행사의 마케팅 측면에서 온라인 마케팅은 적은 비용으로 많은 효과를 볼 수 있기 때문에 공격적으로 실행에 옮겨야 한다.

〈표 10-2〉 인터넷 발달에 따른 여행산업의 환경요인

기회요인	위협요인
고객과의 상호작용 가능	여행사 고유의 중개인 역할 축소
여행시장의 확대	국내와 외국의 글로벌 무한경쟁
타 산업과의 협력 및 제휴 가능	개인화 서비스 부재
시간적 제약성 극복	고객 또는 경쟁사와 정보 공유
지리적, 거리적 제한 없음	거대 타 산업의 여행시장 진입 용이
e-mail 마케팅 가능	IT설비 구축비용 상승
인건비 절감	온-오프라인 마케팅 비용 상승과 어려움

온라인 여행시장의 규모가 매년 폭발적으로 증가하기 때문에 여행사도 능동적이고 적극적으로 대응할 필요가 있다. 관광객들이 여행정보를 공유함으로써 여행력이 여행사 직원보다 높은 사람이 더욱 많아져 여행사 직원의 역할도 변화되어야 하며 서비스가 공짜가 아니라는 인식도 조금씩 바뀌고 있어 긍정적인 신호도 있다. 그러나 최저가 보상이라는 오로지 가격만을 마케팅하는 여행시장 풍토는 앞으로 여행사가 대비하고 보완해야 할 온라인 환경요인이다.

〈표 10-3〉 온/오프라인 여행사 마케팅 비교

기준	Off-Line marketing	On-Line marketing
시장접근	• 비차별화 마케팅 • 차별화 마케팅 • 표적 마케팅	• SNS 마케팅 • 블로그/페이스북/인스타그램/카카오톡
마케팅 원칙	• 판매량 • 시장점유율	이용자 만족
경제	규모의 경제	범위의 경제
경영관리	서비스/상품관리	이용자 관리(회원관리)
의사소통	일방통행	양방향 상호작용

여행사 마케팅은 온라인과 오프라인을 병행하는 것이 당연하다. 온라인 마케팅에 너무 치우쳐도 안 되지만 그렇다고 매출액과 시장점유율을 중시하는 규모의 경제만을 강조할 수도 없다. 여행사가 추구하는 표적시장과 틈새시장에 맞게 온/오프라인 마케팅 예산을 적절하게 배합해야 한다.

2 인터넷과 여행사 유통체계

전통적인 관광유통시스템은 여행사와 같은 유통채널을 통해 직간접적으로 상품이 공급자에게서 고객으로 이동하는 선형모델을 기본으로 하고 있다. 여행사는 항공사의 항공권을 판매한 대가로 수수료를 지급받는 대리점으로 취급받았으나 인터넷을 통한 기술과 고객 수요의 변화 때문에 새로운 여행유통이 출현하였고, 전 세계적으로 온라인 여행사(OTA)의 외적 성장과 더불어 여행 중간상 배제를 통한 항공사의 비용 절감은 전통적인 여행 중간상의 수익을 재조정할 수 있는 플랫폼이 등장하는 계기가 되었다. 새로운 관광유통시스템의 변화 때문에 여행사는 고객을 대신하는 대리점으로 변모해야만 했고, 인터넷의 출현으로 직간접 유통을 위한 새로운 채널의 과잉을 초래하게 되었다. 전통적인 여행사는 과거 수익모델의 구조조정을 인내해야 하는 압박을 받고 있음과 동시에 새로운 수익 영역의 변화에 고심하고 있다.

그림 10-1 유통구조의 변화에 따른 여행사 역할 변화

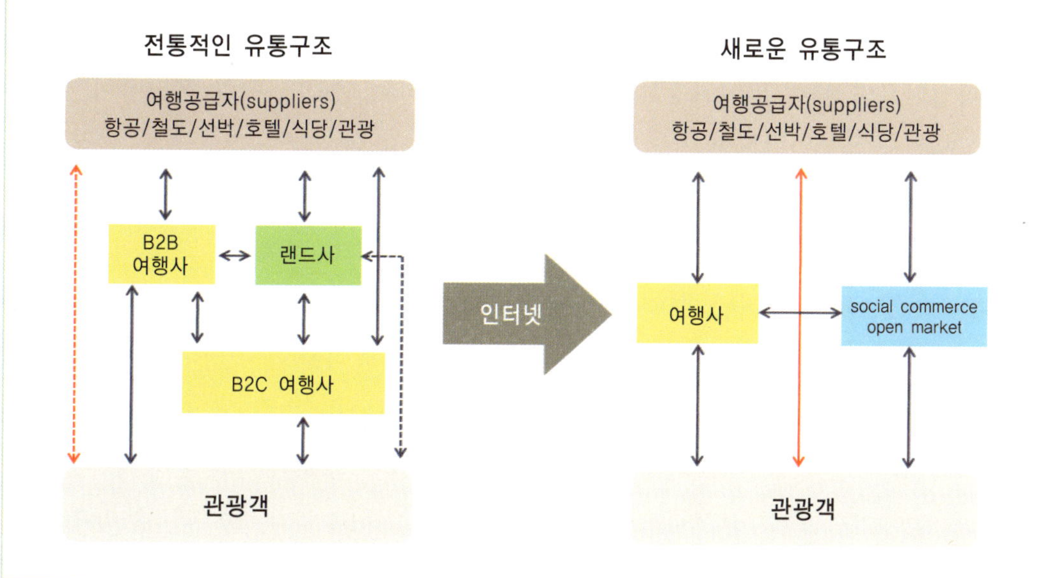

자료: 저자 작성

1) 여행플랫폼

최근까지만 하더라도 “first mobile”시대였지만 이제는 “only mobile”시대로 향하고 있다. 패키지투어보다는 자유여행 선호, 여행스타트업의 등장과 거대자본의 투자 유치, 빅데이터를 활용한 모바일 서비스, 국내 대형여행사와 글로벌 여행기업으로 대변되는 OTA의 여행플랫폼 시장을 선점하기 위한 각축전 등은 인터넷 온라인 시장에서 모바일 시장으로 확대되고 있다. 또한 여행에서 가장 큰 부분을 차지하는 항공과 호텔을 제외한 ‘단품’이라 불리던 액티비티(체험형) 여행상품의 시장 확대 가능성 사례들은 전통여행사들의 불안을 더욱 가중시키기에 충분하였다. 하나투어의 “모하지(mohaji)”와 “하나허브(hanahub)” 플랫폼 개발은 현재 여행시장의 트렌드를 잘 반영한 것이지만 선제적으로 대응하지 못한 부분이 아쉬운 것도 사실이다.

국내 모텔, 펜션, 민박(게스트하우스) 등의 숙박과 액티비티 시장을 선점한 야놀자는 누적 투자금액을 2,000억 원 이상 유치하여 기업 가치를 1조 원 넘게 평가받으며 유니콘

여행기업 대열에 합류했다. 트리플 400억 원, 마이리얼트립 170억 원, 와그트래블 130억 원 등 각각 투자를 유치했다. 트리플은 여행 가이드북 서비스를 시작해서 여행관련 빅데이터를 기반으로 세계 도시여행정보를 여행자의 위치와 상황에 따라 제공하며 앱에서 여행날짜와 숙소만 입력하면 아침식사는 주변의 브런치 식당을, 비오는 날은 주변의 실내 관광지를 추천한다. 철저히 온디멘드(on-demand) 즉 수요자 중심으로 여행일정을 짜준다. 마이리얼트립은 외국 현지에서 가이드와 고객을 매칭해 주는 가이드투어 서비스를 시작해서 티켓, 패스, 에어텔, 한인민박, 항공권 판매까지 여행시장을 확대함으로써 호텔 숙박비를 비교하고 항공권 발권 서비스의 데이터를 분석해 투어와 액티비티 상품을 추천(cross-selling)하는 종합여행사로 성장하였다. 홍콩과 대만을 기반으로 액티비티 여행상품을 각각 판매하는 클룩(KLOOK), 케이케이데이(kkday) 등도 우리나라에 지사를 설립하고 국내관광객의 국외여행(outbound) 시장에서 경쟁하고 있다. 클룩은 총 누적 투자액이 6,000억 원을 넘었고 전 세계 20개국에 지사를 두고 9개 언어로 서비스하고 있다. 케이케이데이는 11개국 지사로 80여 개국에 서비스를 제공하고 있어 우리나라 액티비티 전문 여행사들은 글로벌 여행시장에서는 아직 걸음마 단계라고 할 수 있다.

그림 10-2 여행플랫폼

myrealtrip

WAUG

yanolja

TRIP

KLOOK

kkday YOUR HOLIDAY EXPERT

mohaji

이러한 액티비티 여행시장의 규모가 커진 이유는 여행자들이 현지에서 포켓와이파이, 데이터 로밍 서비스를 이용하는 등 몇 번의 검색만으로 숙박, 항공, 액티비티, 투어, 대중교통, 여정, 통역이 가능해짐에 따라 전통여행사에 의존했던 여행이 모바일로 대체되었기 때문이다. 천편일률적이고 옵션과 쇼핑을 강요하는 패키지여행 대신 온라인 여행정보를 이용해 원하는 대로 여행을 즐기는 자유여행객의 트렌드에 맞춰 모바일 중심의 상품을 서비스하는 모바일 기반 벤처여행사들의 창업은 당분간 지속될 것이다.

2) OTA(Online Travel Agent)

OTA는 온라인 여행사라는 뜻이지만 고도화된 온라인 시스템을 바탕으로 여행상품 가격비교(meta search), 호텔, 항공권 예약 대행 등 여행 관련 서비스를 제공하는 온라인 여행사를 말한다. 항공권 가격비교 검색엔진 스카이스캐너(skyscanner)와 카약(kayak), 숙박예약 서비스 아고다(agoda)와 부킹닷컴(booking.com) 등 온라인 기반 여행사가 대표적이다. 넓게는 항공, 숙박, 투어 등을 포함하고 좁게는 호텔과 같은 숙박을 예약해주는 온라인 여행사이다.

OTA 시초는 1994년 '트래블웹닷컴'이 온라인 예약기능을 최초로 선보인 것을 시작으로, 글로벌 온라인 여행사들은 단순 예약기능을 넘어 가격비교, 최저가 경쟁 등을 통해 성장세를 이어왔다. 한국에는 2012년 한-미 자유무역협정(FTA) 발효를 계기로 "익스피디아"와 같은 미국의 대형 온라인 여행사들이 진출했다.

글로벌 OTA 측면에서 우리나라 여행시장은 인구 5,200만 명 중 2,800만 명, 국민의 약 3분의 2가 매년 국외여행을 하고, 모바일 서비스 이용률은 73.8%로 전 세계 평균 68%를 5% 이상 상회하고 있다는 점이 가장 큰 장점이다.

2012년 초창기에는 글로벌 OTA의 우리나라 여행시장 잠식 규모가 우려했던 것보다 미미했으나 2018년 글로벌 OTA의 국내 여행시장점유율이 이미 70%를 넘었다고 여행업계에서는 추정하고 있다. 글로벌 OTA는 우리나라에서 여행사업을 하면서도 근거지가 해외라는 이유로 관광진흥법에서 규정한 여행업으로 등록해야 하는 의무가 없기 때문에 연락사무소 개설, 국내 제휴사를 통해 영업하는 경우 규제를 받지 않지만 국내 여행사는 관광진흥법을 반드시 지켜야 하는 역차별을 겪고 있다.

그림 10-3 온라인 여행시장 비교

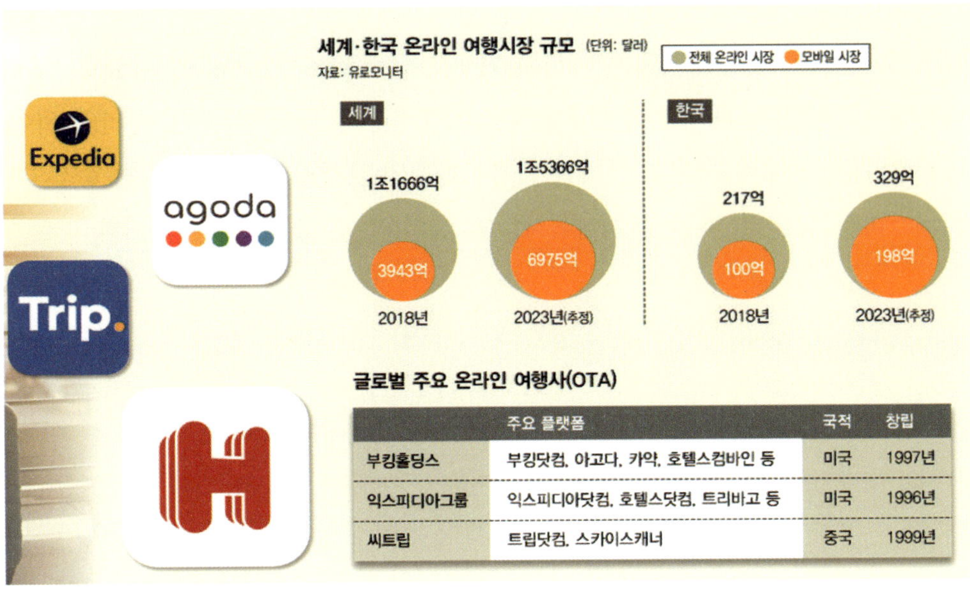

자료: 한겨레신문

공정거래위원회가 환불불가, 취소수수료 과다부과 등 불공정 여행약관이나 고객 피해에 대해 글로벌 OTA에 시정권고와 시정명령 등에는 무대응으로, 행정처분 등에는 법적 대응으로 맞서고 있는데 그 이유는 글로벌 OTA를 처벌할 법적 근거가 없기 때문이다.

OTA에 대응하기 위해 대형패키지 여행사들은 패키지투어의 장점과 자유여행을 결합한 상품을 기획하여 판매하고 있으며 플랫폼 개발에 많은 인적, 재정적 투자를 하고 있으나 시장점유율을 높이는 데는 한계점이 많아 보인다.

3 4차 산업혁명과 여행산업

1) 4차 산업혁명의 개념

4차 산업혁명은 2016년 세계경제포럼(World Economic Forum, WEF)에서 나온 용어로 18세기 초 산업혁명 이후 4번째로 중요한 산업시대를 말한다. 1차 산업혁명은 1784년 영국에서 증기기관차가 발명된 후 인류의 생산방식을 인간의 손 즉 수공업에서 기계화로 전환시킨 것으로 노동생산성이 전에 비해 2~3배 증가하게 되었다. 2차 산업혁명은 1870년경 전기를 이용한 대량생산이 시작되었던 시점이며 철도, 철강 등 제조업의 발달로 통신기술로 이어지게 되었다. 3차 산업혁명은 1970년대 초 인터넷이 개발되고 컴퓨터를 활용한 정보화, 자동화 생산 시스템이 등장하여 정보혁명이라고도 한다. 그리고 4차 산업혁명은 빅데이터(Big Data), 인공지능(Artificial Intelligence, AI), 사물인터넷(Internet of Things, IoT), 가상현실(Virtual Reality, VR), 증강현실(Augmented Reality, AR) 등의 정보통신기술(Information Communication Technology)을 바탕으로 제품, 설비, 인간이 모두 연결되고 보다 지능적인 사회로 진화되는 산업혁명이다. 즉 인공지능에 의해 모든 것이 해결되는 시대가 되었다는 의미이다.

2) 4차 산업혁명과 여행의 현주소

여행산업은 융복합산업이기 때문에 여행과 관련된 여러 산업을 복잡다양하게 확대시켜야 한다. 지금까지 여행사는 항공, 숙박, 음식, 현지교통, 체험, 쇼핑, 금융 등을 매개, 중개, 연결했지만 향후에는 거대한 자본과 인적 자원을 보유한 여행플랫폼이 그 역할을 대신할 것이며, AR(증강현실)을 적용한 관광안내(국외여행인솔자(T/C), 국내여행안내사, 관광통역안내사, 현지여행안내사 등) 사업이 가장 활발하게 이루어질 전망이다. 전 세계 어느 도시에서도 가능한 관광가이드 서비스, 개인별 위치기반을 활용해 식당, 숙소, 관광명소 등을 맞춤형으로 추천한다. 항공권 예약과 정보 등을 관광객이 희망하는 여행시기에 맞게 자동으로 알려주는 항공최적화시스템 기능도 혁신적인 여행서비스로 발전할 가능성이 높다.

우리나라 여행업계는 아직 시작단계에 있는 여행챗봇을 하나투어와 인터파크투어가 시범적으로 서비스하기 시작했는데 인공지능보다는 미리 설계된 시스템 안에서 고객의 카테고리를 클릭하면서 답에 가까워지는 버튼식에 의존하고 있다.

빅데이터를 활용한 여행 트렌드를 여행상품 판매로 활용하는 신용카드 회사와 통신사들이 더욱 증가할 것이다. 통신사와 카드사들은 빅데이터 분석 자동화 시스템을 구축해 관광객의 특성을 수치화, 정량화하여 개별적인 심층분석까지 가능하게 될 것이다. 비행기, 선박, 자동차 등 관광교통을 이용하지 않고 관광목적지에서 증강현실(AR)을 통해 희망하는 여행을 즐길 수 있는 장치도 개발되고 있으며 알프스산맥에 가지 않고도 가상현실(VR)을 통해 페달을 밟으면 독일의 로만틱 가도(Romantische Strasse), 고성가도(Burgen Strasse), 알펜가도(Alpen Strasse), 이탈리아 돌로미티(The Dolomites), 오스트리아 티롤(Tirol) 알프스 등에서 자전거 여행을 할 수 있는 날도 머지않았다.

하지만 4차 산업혁명은 인간의 할 일을 로봇이 대체하는 것이기 때문에 모든 산업에서 인적 구조조정은 불가피하다. 여행서비스는 인공지능화된 자동응답시스템[인터파크투어의 챗봇(여행톡집사)]의 도입과 고도화된 시스템 개발 등으로 여행사 상담서비스 콜센터와 항공예약발권 부서 등의 인력은 갈수록 줄어들 것이며, 인공지능과 로봇을 활용한 기계화와 자동화는 결국 전통적 개념의 일자리를 상당부분 감소시킬 것이다. 자본력

그림 10-4 여행챗봇

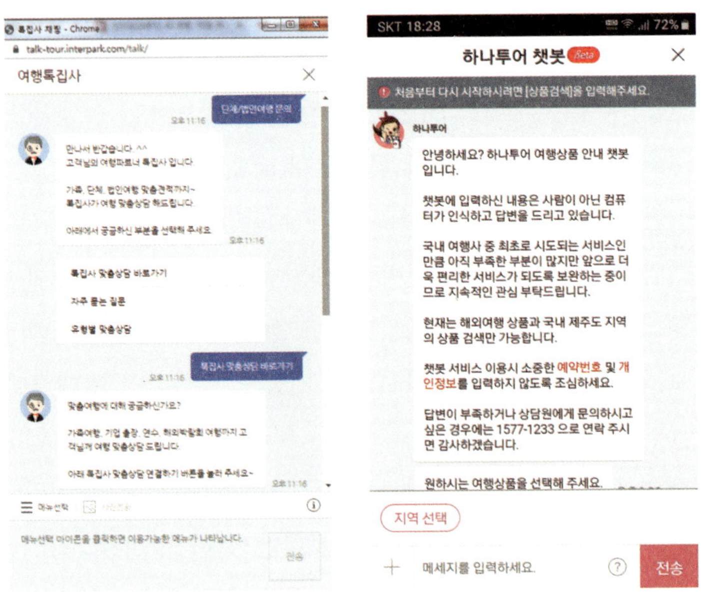

자료: 인터파크투어와 하나투어 홈페이지

과 인적 자원 영세성의 한계와 ICT(정보통신기술)에 선제적 대응이 안 되며 노동집약적인 조직운영구조에서 벗어나지 못하는 우리나라 여행업계는 4차 산업혁명이 현실화될 때 고급인력이 제공하는 인적 서비스는 표준화된 기계화로 변화될 것이며 결국 단순하고 반복적인 여행서비스 업무들은 로봇시스템과 자동화로 대체될 수밖에 없는 시대로 가는 중이다.

3) 4차 산업혁명에 대비하는 여행사 전략

4차 산업혁명에 대비하여 여행사가 취할 수 있는 전략은 크게 두 가지로 아카이빙과 큐레이션이다. 먼저, 아카이브(archive)의 사전적 의미는 '소장품이나 자료 등을 디지털화하여 한데 모아서 관리할 뿐만 아니라 그것들을 손쉽게 검색할 수 있도록 모아둔 파일'이라고 할 수 있다. 좀 더 확대 해석하면 여행콘텐츠(영상, 문서, 사진, 해설 등)를 어떻게 관리하고 해석해서 여행정보화할 것인가를 고민해야 할 것이다.

또 하나는 큐레이션(curation)으로 일반적 정의는 '추천'이라는 뜻으로 빅데이터 분석을 통해 개인 맞춤 정보를 제공하는 행위를 말한다. 이미 만들어진 여행콘텐츠를 개별 목적에 따라 분류하고 배포하는 역할도 한다. 콘텐츠가 많아질수록 관광객들은 진짜와 가짜를 구별하기 힘들어지기 때문에 선별된 양질의 여행정보에 대한 수요가 커질 수밖에 없다. 여행큐레이션은 이런 여행수요를 충족시키기 위한 것으로 여행콘텐츠 제작에서 콘텐츠의 분류, 편집, 유통으로 확대되는 것을 의미한다.

향후 여행업계는 여행콘텐츠를 아카이빙하여 관광객 개개인의 선호도에 따라 맞춤 여행서비스를 제공하는 여행큐레이션을 개발하는 것으로 초점을 맞춰야 한다. 여행사 직원들은 단순한 여행상담, 여행상품 제안, 각 상품별 가격 비교 등의 직무에서 벗어나 빅데이터, 디지털 기술 등 ICT 교육과 훈련을 통해 아카이브와 큐레이션을 활용한 여행콘텐츠크리에이터(TCC: Travel Contents Creator)로 육성되어야 하며 여행사는 양질의 여행콘텐츠를 제작하고 판매하는 여행기업으로 발전해야 한다.

여행서비스는 단순한 여행정보 전달이 아닌 종합적인 여행컨설팅이 가능한 전문가로 육성되어야 하며, 건축, 미술, 음악 등의 예술분야와 지리, 역사, 철학과 같은 인문학적 소양을 축적하여 관광객의 개인별 욕구와 욕망을 이해한 소규모 맞춤형으로 발전되어야 한다. 결국 기계화, 정형화, 표준화 등 인공지능으로 무장한 4차 산업혁명이 발전할수록 관광객들은 아카이빙화된 여행큐레이션을 제공하는 여행사를 찾게 될 것이다.

여행항공용어

❶ **Even Break Point**

손익분기점이라고 하며, 불가피한 요금의 할인이나 저가정책 수립 시 최소한 지켜야 할 마지노선으로 볼 수 있다.

❷ **GMT(Greenwich Mean Time)**

영국 런던의 교외 Greenwich를 통과하는 자오선을 기준으로 한 Greenwich 표준시를 중심으로 타 지역 표준시를 결정한다. 그리니치 표준시를 0시로 하여 각 지역 표준시와의 차를 시차라고 한다. 지구는 각각 동서로 경도가 180도씩 15도마다 1시간의 시차를 갖게 된다. 한국은 동경 135도를 표준시로 정하여 GMT+9, GMT보다 9시간 빠르다.

❸ **Load Factor**

탑승객 수를 전체 좌석 수로 나눈 숫자로 탑승률이라고 한다.

❹ **M.C.T(Minimum Connection Time)**

항공연결편 시 승객과 수하물이 환승할 수 있는 최소한의 시간을 의미한다.

❺ **NEGO(Negotiation)**

항공사 영업담당자는 Comm Rate를 9~12%까지 조절할 수 있으며, 티켓의 경우에도 경쟁사에 비해 가격 경쟁력이 떨어지면 NEGO하여 판매할 수 있다.

❻ **NUC(Neutral Unit of Construction)**

복잡한 운임계산방식과 각국 통화가치기준이 미흡하여 실제 반영과 사용자들에 의한 운임계산규정의 악용 및 오용으로 새로운 통화 규정으로의 전환이 필요해짐에 따라 IATA가 만든 가상의 화폐단위를 말한다.

❼ **NTO(National Tourism Organization)**

관광과 관련하여 국가의 목표와 공공정책의 실행에 책임을 갖고 있는 정부기구를 말하며 우리나라는 한국관광공사가 NTO 역할을 한다.

❽ **OPEN 발권**

출발일만 지정하고 RTN을 지정하지 않는 것을 말한다. 유학생들의 경우 돌아올 정확한 날짜를 정하기 어려우므로 1년짜리 티켓을 Open으로 발권한다. 돌아오는 예약은 손님이 항공사에 직접 요청해야 한다. 일반적으로 할인항공권의 경우 Open 발권의 혜택은 주어지지 않으며 저렴한 항공권일수록 돌아오는 날짜를 지정해야 한다.

❾ OAL(Other Air Line)

국적기가 아닌 외국항공사를 말한다.

❿ PNR(Passenger Name Record)

승객의 예약상황 및 진행상황이 기록되는 일종의 항공예약상황으로 변동상황, 종료까지의 History 기록상황이 담겨 있으며 대체로 알파벳과 숫자의 6자리 조합으로 구성된다.

CHAPTER ▸▸ 11

여행사 경영

1. 여행사 경영 특성
2. 여행사 경영조직
3. 여행사 인사관리
4. 여행사 재무관리

학습목표

1. 여행사 경영의 특성과 경영조직을 이해할 수 있다.
2. 여행사 인사관리와 재무관리를 설명할 수 있다.

1 여행사 경영 특성

여행사 경영의 특성은 ① 회사 설립 용이, ② 적은 위험부담, ③ 높은 현금 회전율, ④ 공익성, ⑤ 직원과 여행사의 전문화, ⑥ 과당경쟁, ⑦ 높은 인적자원 의존도, ⑧ 민감한 외부환경 등 타 사업과 다른 특성을 가지고 있다.

먼저 여행사 설립이 쉽다. 관광진흥법에 의하면 여행사 설립은 사업영역에 따른 자본금, 사무실 사용권 등 2가지를 갖추고 관련 서류를 해당 시청, 군청, 구청 등에 제출하면 7일 전후로 관광사업자로 등록된다. 자본금 규모는 일반여행업 1억 원, 국외여행업 3천만 원, 국내여행업 1천5백만 원이다. 컴퓨터와 인터넷, 사무실 등을 갖추고 직원 없이 1인 개인사업자로 운영할 수 있고 대규모 설비 투자가 필요 없기 때문에 자본금 규모가 타 사업보다 훨씬 적어 초기비용을 많이 줄일 수 있다.

둘째, 여행사를 경영하면 위험 부담률이 적다. 여행에서 가장 많이 들어가는 비용이 항공비와 숙박비이다. 여행사는 항공좌석과 호텔객실을 직접 운영하지 않고 관광객을 대신해서 중개하거나 알선하므로 취소 시 여행약관의 취소수수료 규정에 따라 책임한계가 적고, 여행상품 특성상 저장할 수 없는 비저장성, 즉 재고가 발생하지 않기 때문에 안전하게 영업할 수 있다.

셋째, 현금 회전율이 높다. 초기 회사 설립 비용으로 적은 자본을 투자했지만 항공권과 호텔 판매대금, 여행상품 계약금 등 관광객이 여행사에 맡긴 여행수탁금을 항공사와 호텔, 현지여행사 지상비 결제기간을 이용해서 단기자금으로 운영하거나 금융소득을 창출할 수 있다. 현금 유동성이 높기 때문에 대기업에서 직간접적으로 여행사를 운영하는데 대표적으로 롯데그룹의 롯데JTB, 한진그룹의 한진관광, 현대백화점그룹의 현대드림투어, LG그룹 계열사와 관계된 레드캡투어, 호텔신라 계열사 SBTM(http://www.shillasbtm.com), 면세점, 카지노, 부동산 사업을 하는 롯데관광개발 등이 있다.

그림 11-1 대기업 계열 여행사

넷째, 여행사는 공익성 사업이다. 여행사업은 국내뿐만 아니라 전 세계를 대상으로 교류하여 여행상품을 판매한다. 우리나라의 경우 개성관광, 남북관광, 통일관광 등 동북아시아의 불안정한 정치상황에서 민간인들의 여행을 통해 평화롭게 대처할 수 있는 공적인 사업이기도 하다. 또한 세계 여러 나라에서 우리나라 관광객의 행동은 국가 이미지와 직결되기 때문에 여행사와 가이드는 공익적으로 행동할 수밖에 없다.

다섯째, 직원과 여행사의 전문화이다. 지역전문, 테마전문, 직무전문으로 다양하게 전문화되어야만 경쟁에서 생존할 수 있다. 관광객들의 여행력이 갈수록 고도화됨에 따라 직원의 여행력과 전문화(personal branding)는 필수조건이 되고 있다. 고객, 유통채널, 여행상품공급업자와의 의사소통, 대인관계, 문제해결, 자원관리 등의 능력도 함께 갖추어야 한다.

여섯째, 과당경쟁이다. 회사 설립의 용이성과 대립되는 특성으로 여행사 설립이 쉽기 때문에 전국에 약 2만여 개가 등록되어 있는데 그만큼 경쟁이 치열하여 전문화, 차별화가 없는 여행상품과 경영 부재는 여행시장에서 버텨내기가 힘들다는 뜻이다.

일곱째, 높은 인적자원 의존도이다. 여행서비스는 어느 정도 시스템으로 운영되지만 여행상품 기획, 제작, 생산, 상담, 판매, 안내 등 대부분 사람이 해야 하는 서비스업이기 때문에 인적 의존도가 매우 높다. 인건비가 여행사 운영비의 30% 이상을 차지하면 수익성 악화로 결국 기업의 위험성은 더욱 증가될 수밖에 없다.

마지막으로 민감한 외부환경이다. 환율 폭등, 국제유가 상승, 중국과 일본을 비롯한 정치적 이해관계로서의 관광객 통제, 사스, 신종플루, 메르스, 신종코로나바이러스감염증(COVID-19) 등의 전염병, 전쟁과 테러, 화산폭발, 지진, 홍수와 같은 자연재해 등은 여행업계에 가장 큰 영향을 미치는 외부환경이 되고 있다.

이 밖에 여행상품을 이용하는 관광객에 대한 프로세스별 좁은 의미의 여행사 경영은 여행 전(前) 경영, 여행 중(中) 경영, 여행 후(後) 경영 등으로 구분할 수 있다. 여행 전 경영은 상담과 예약, 여권과 비자 및 공항 출국수속, 여행 중 경영은 숙박, 식사, 가이드 서비스 등의 행사진행과 현장에서의 고객의견 수렴, 여행 후 경영은 사후 고객관리, 상품 평가와 개선, 단골고객 유도 등이 있다.

2 여행사 경영조직

경영조직은 "둘 이상의 사람들이 모여서 어떤 공통된 목적을 달성하기 위해 유기적으로 일을 수행하는 기업조직"을 뜻하며 구성원들이 조직에 참여하여 목표달성을 위해 일하고 또 다른 일에 착수하게 되는 생활터전을 제공한다. 경영조직의 목적을 달성하기 위하여 기본적으로 구성되어야 할 요소에는 미션(Mission), 비전(Vision), 기업정체성(CI: Corporate Identity), 조직도, 기업의 사회적 책임(CSR: Corporate Social Responsibility) 등이 있다.

1) 미션과 비전 그리고 CI

미션은 기업의 존재 이유와 경영철학으로서 사회에 기여하는 가치와 직원이 일하는 의미를 말한다. 기업의 존재 목적이기 때문에 가장 우선시해야 하며 변하지 말아야 한다. 비전은 기업의 미래상으로 미션에 따라 그 조직이 달성해야 할 구체적인 중장기적 목표이다. 즉 구체적이고 명확한 조직의 미래를 표현해야 하므로 수치화(정량적)하는 것이 좋다. CI는 기업의 이미지와 행동을 하나로 통일시키는 것이다. 주로 시각적 이미지로 표현할 수 있는 기업 로고, 상징(symbol) 마크를 통해서 표현되는데 경영환경이 복잡해지면서 CI보다는 BI(Brand Identity)의 중요성이 더욱 강조되고 있다.

〈표 11-1〉 여행사 비전

여행사	비전
하나투어	Vision 2030: 글로벌 No.1 문화 관광 유통 그룹
모두투어	VISION 2025 Global Tourism & Leisure Group
인터파크 투어	무한고객 중심에 서서, 차원이 다른 서비스와 감동을 실현하며, 건강한 가치창조로 고객과 구성원이 함께 성장하는 믿음직한 e-커머스의 동반자, 인터파크
롯데관광 LOTTE TOUR	50년을 넘어 새로운 도약, Vision 2021
노랑풍선	Global travel leader
참좋은여행	한·중·일을 아우르는 동북아 일류 여행레저 기업
SINCE 1999 KRT	No.1 Travel Service Provider

2) 조직도

조직도는 조직의 부분편성, 직위의 상호관계, 책임과 권한의 분담, 명령의 계통 등을 한눈에 볼 수 있도록 도형화하여 나타낸 표이다(네이버 지식백과). 조직도는 각 부서가 서로 간의 업무를 이해하고 유기적으로 업무가 가능하도록 구성하고 업무의 성격을 고려해야 한다.

여행사의 조직은 관료적이지 않고 고객지향적이어야 하며 영업부문이 우선시되어야 한다. 기능중심의 수평적 조직, 환경변화 대응을 위해 동적이고 유연해야 하며 사업단위별 특성이 조직도에 반영되어야 한다. 일반적으로 조직은 전통적 조직인 기능별 조직, 사업부 조직, 매트릭스 조직과 최근에는 네트워크 조직이 인정받고 있다.

기능별 조직은 직무상 업무내용이 비슷하고 관련 있는 기능끼리 묶은 조직이며 최고경영자를 중심으로 기업을 핵심경영 기능에 따라 단위조직으로 세분화한 형태이다. 단일 상품이나 서비스 생산과 판매에 적합한 소규모 조직으로 전형적인 여행사 조직이 많다. 사업부 조직은 기능별 조직에 여러 개의 사업부(SBU: Strategic Business Unit) 조직을 결합한 것으로 기업규모가 크고 시장세분화가 가능할 때 적합한 조직도이다. 매트릭스 조직은 기능별 조직과 프로젝트(태스크포스, TF) 조직의 장점을 조직한 것으로 외부 환경변화가 심하고 조직구성원의 능력이 뛰어나 자원 활용의 효율성을 극대화시킬 수 있을 때 사용할 수 있는 조직도이다. 하지만 이러한 과거의 조직보다는 최근에는 조직의 구조가 수직적으로 얇아지고 수평적으로 날씬해지는 고객중심, 지식기반, 세계화(global)와 지역화(local) 즉 글로컬(glocal)을 추구하는 경향이다.

〈표 11-2〉 전통적 조직과 네트워크 조직

특성	전통적 조직	네트워크 조직
구조	계급	네트워킹
범위	폐쇄	개방
자원	자본 중심	정보 중심
조직형태	정적	동적
인력	관리 대상	전문화 대상
성과	포상과 처벌	의무와 책임
관리형태	지배관리	자기관리
행동기준	통제	능력
개인동기	상사 만족	팀 목표 달성
보상	승진	권한위임
관계	경쟁	협력

롯데관광개발은 1971년에 창업한 아주 오래된 업력을 자랑하는 여행사이다. 여행사, 부동산, 면세점, 교육, 예술 등 다양한 분야에서 사업을 하고 있다. 우리나라 최초의 면세점인 동화면세점, 외국인의 국내여행(inbound) 사업을 담당하는 롯데관광, 코레일과 공동출자한 코레일관광개발(주), 2020년 개장된 제주드림타워 복합리조트 등의 관광계열과 학교법인 미림학원, 동화투자개발, 동화뉴텍, LT크루즈홀리데이, 마이데일리 등 여러 분야에서 사업을 하는 대기업이다. 그룹의 실제 오너이자 경영에 참여하는 회장을 중심으로 대표이사, 7본부 1팀으로 조직이 구성되어 있다. 해외여행사업본부, 크루즈사업본부, 경영지원본부, 재경본부, 항공사업부, 국내여행사업본부 외 별도로 드림타워카지노복합리조트사업본부를 경영하는 사장이 존재하는데 호텔과 카지노 사업을 하고 있다.

그림 11-2 롯데관광개발 조직도

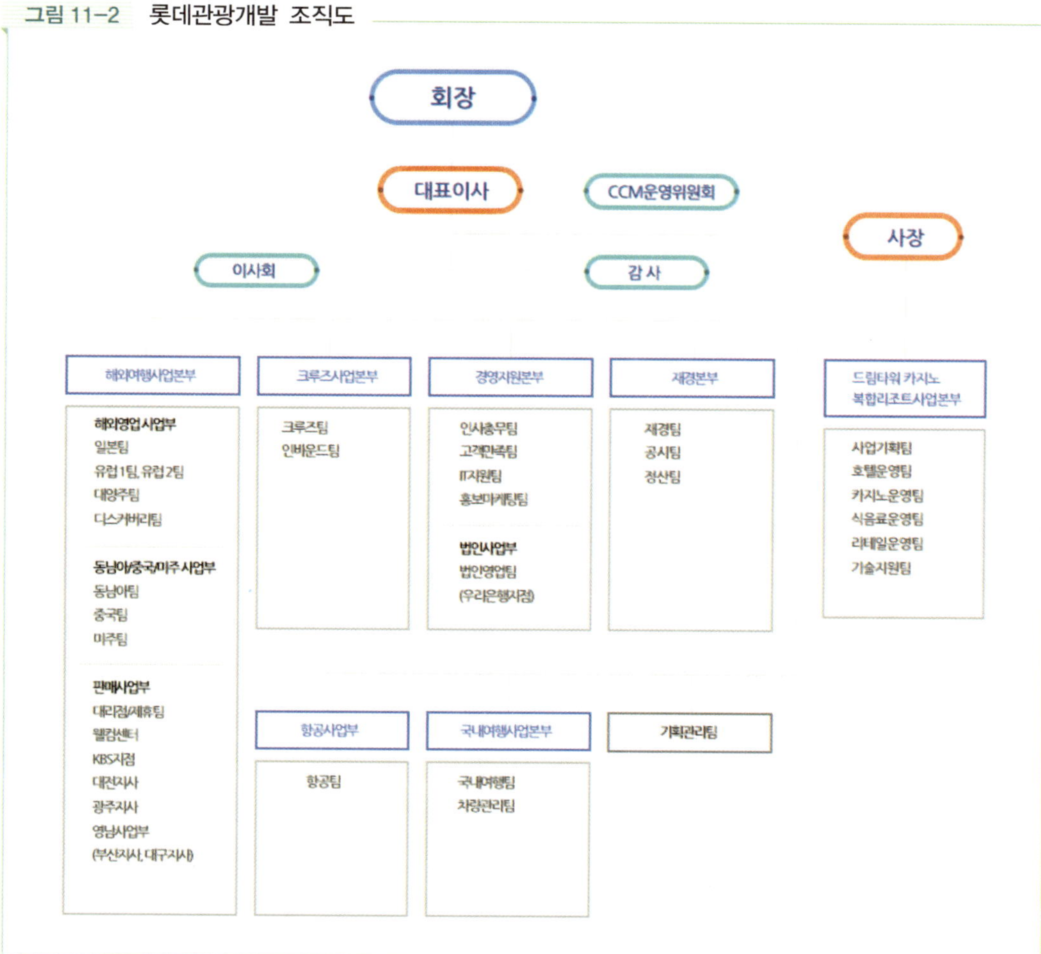

자료: 롯데관광개발 홈페이지

여행업과 관련된 조직은 해외여행사업본부, 크루즈사업본부, 항공사업부, 국내여행사업본부이며, 해외여행사업본부에는 해외영업사업부, 동남아/중국/구미사업부, 판매사업부 등의 3개 사업부로 나누고 있다. 일본팀을 비롯하여 유럽을 2개팀으로, 대양주, 디스커버리, 동남아, 중국, 미주팀 등으로 세계 지역별로 구분하고 있으며 대리점/제휴팀이 있어 하나투어, 모두투어처럼 대리점 영업도 함께 하고 있음을 조직도를 통해 알 수 있다. 우리나라 여행사에서는 보기 드물게 크루즈에 특별한 관심을 가지고 인바운드와 아웃바운드 상품을 모두 운영하고 있다. 일반적으로 여행사 조직은 영업 외 분야를 경영지원부에서 인사, 재경, 총무, 마케팅 등을 함께 조직화하고 있으나 롯데관광개발은 재경부문을 별도 본부로 운영하는데, 회장단에서 매우 중요하게 인식하는 것으로 유추할 수 있다.

그림 11-3 KRT 조직도

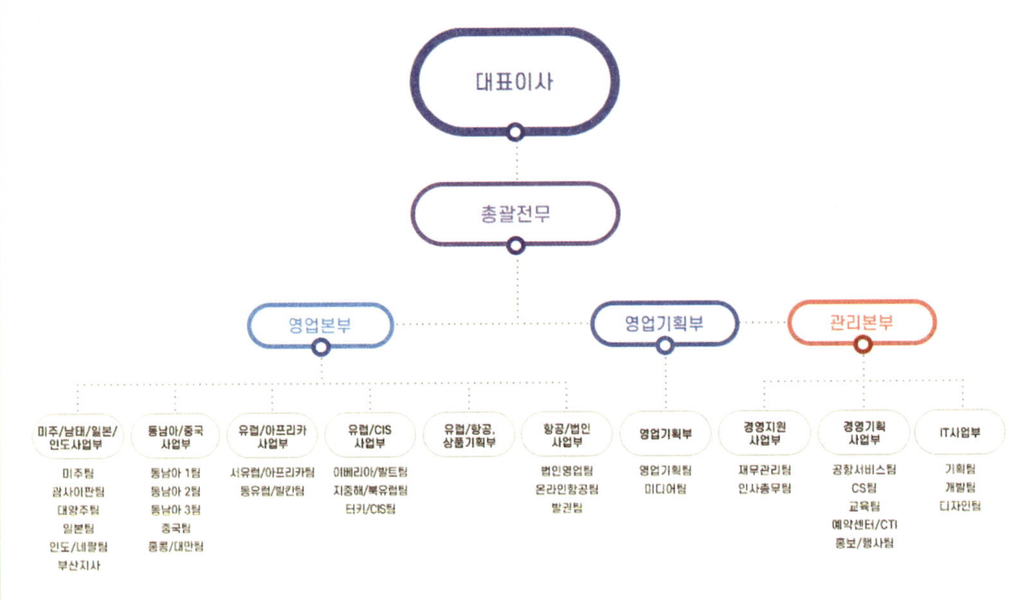

자료: KRT 홈페이지

KRT는 전형적인 패키지투어 여행사이다. 1999년 회사를 설립하여 약 20년 업력을 가지고 있으며 직원 수 약 250명으로 10대 패키지 여행사에 해당된다. 여행사 조직의 핵심 부서인 영업본부에는 4개 지역사업부가 있으며 동남아시아는 3개 팀이 있어 다른 지역에 비해 상대적으로 높은 비중을 차지하고 있음을 알 수 있다. 또한 유럽은 서유럽, 동유럽, 발칸, 아프리카, 이베리아, 발트, 지중해, 북유럽, 터키, CIS 등으로 상세하게 구분하고 있어 2010년 이후 여행사에서 가장 큰 매출과 수익을 차지하는 유럽을 강화하고 있는데 이는 다른 중대형 패키지여행사와 비슷한 상황이다. 유럽/항공, 상품기획부는 유럽사업부 및 항공/법인사업부와 중복되는 업무가 존재할 가능성이 높으므로 과감하게 통폐합해야 효율적인 조직관리가 될 것이다. 대표이사를 필두로 총괄전무가 회사 운영의 책임자임을 알 수 있지만 관리본부가 너무 비대하고 KRT의 핵심조직은 영업기획팀이라는 것을 조직도를 통해 알 수 있다.

그림 11-4 롯데JTB 조직도

자료: 롯데JTB 홈페이지

롯데JTB는 여행사 이름에서도 알 수 있듯이 대기업 롯데그룹과 일본 최대 여행사이자 글로벌 여행사인 JTB가 50:50 지분으로 합작해서 2007년에 설립한 여행사이다. 대기업 여행사답게 규모는 방대하다. 자본금 440억 원, 직영점과 지사 9개소, 대리점 155개소, 일본 4개소, 임직원 수 250명이다. 대기업 여행사답지 않게 조직은 너무 간단하다. 경영지원부분, 인바운드부문, 아웃바운드부문 등 3개 부문으로 나눈다. 일본 최대 여행사 JTB와 합작한 여행사이기 때문에 일본인 관광객이 중요한 표적시장이며 대부분 JTB에서 일본인 관광객을 모객하여 한국으로 송출하고 있다. 아웃바운드부문은 상품기획, 크루즈, 매장, 법인영업, MICE, 항공으로 나누고 있는데 롯데그룹의 유통 인프라를 이용해서 전국에 산재한 롯데마트 내 여행사 매장을 운영하고 있다. 롯데그룹 계열사의 상용여행을 담당하고 있으며 그 외에도 골프, 기업, 공무원, 학교법인, 해외전시회, 세미나 등을 법인 영업팀에서 관리하고 있다. 특이한 점은 대부분 여행사의 법인영업팀이 MICE 업무까지 담당하고 있으나 롯데JTB는 그룹 계열사의 영업력을 바탕으로 별도 운영하고 있으며 크루즈 또한 같은 의미로 해석하면 된다.

그림 11-5 한진관광 조직도

자료: 한진관광 홈페이지

한진관광은 1961년에 설립하였으며 자본금 30억 원에 직원은 약 260명이고 대한항공의 자회사이다. 조직도에서 보는 바와 같이 대기업 한진그룹 계열사임을 강조하며 회장 아래 대표이사를 두고 있다. 패키지, 전세기, 마일리지투어 등 대한항공을 이용한 상품을 많이 개발하고 있으며 고급여행상품 칼팍(KAL PAK), 국내여행, 기업출장여행, 외국인 국내여행(inbound) 등 국외, 외래, 국내 모든 여행사업을 하고 있다. 또한 B2B사업으로 대리점판매도 운영하고 있으며 대표이사 아래 2명의 담당임원을 중심으로 여행사를 운영하고 있다. 첫 번째 임원은 관리팀, 판매팀, 예약서비스팀, 통합마케팅과 특수판매그룹을 관리하는데 다른 여행사에서는 보기 드물게 마케팅과 예약상담을 별도 부서로 운영하고 있다. 두 번째 임원은 영업을 담당하는 업무로 유럽 2개 노선, 미주/대양주, 동남아시아, 일본, 중국으로 크게 구분하고 고급명품여행상품을 담당하는 칼팍팀과 국내 3개 지점, GSA팀 등으로 조직을 구성하고 있다.

그림 11-6 모두투어인터내셔널 조직도

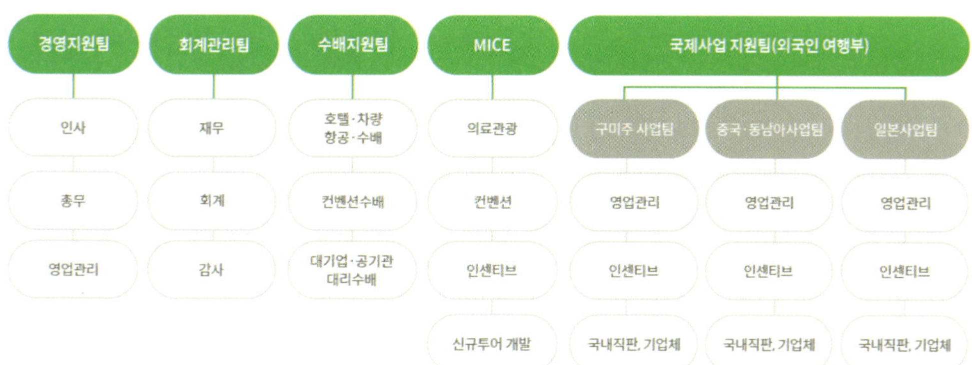

자료: 모두투어인터내셔널 홈페이지

모두투어인터내셔널은 모두투어네트워크의 자회사로 외국인의 국내여행(inbound)을 위주로 사업하고 있다. 2008년에 설립하여 자본금 약 11억, 직원 수 40명으로 인바운드 여행사 규모로는 적지 않은 사업장이다. 경영지원팀에 인사, 총무를, 회계관리팀에 재무, 회계 등을 별도로 구성하고 있으며 인바운드 업무에서 중요한 차량, 호텔, 항공, 컨벤션 등의 수배팀과 MICE사업의 시장확장성에 대응하기 위해 의료관광, 컨벤션, 인센티브 등을 운영하고 있다.

외국인 여행부 조직에서 보는 바와 같이 일본사업팀, 중국과 동남아시아 1개 팀, 유럽과 아메리카 1개 팀으로 구성되어 있는데 아직은 일본 비중이 높다는 것을 보여주고 있으며 점점 시장이 커지는 상황에 대비하기 위해서는 중국과 동남아시아를 2개 팀으로 분리할 필요가 있다.

그림 11-7 **홍익여행사 조직도**

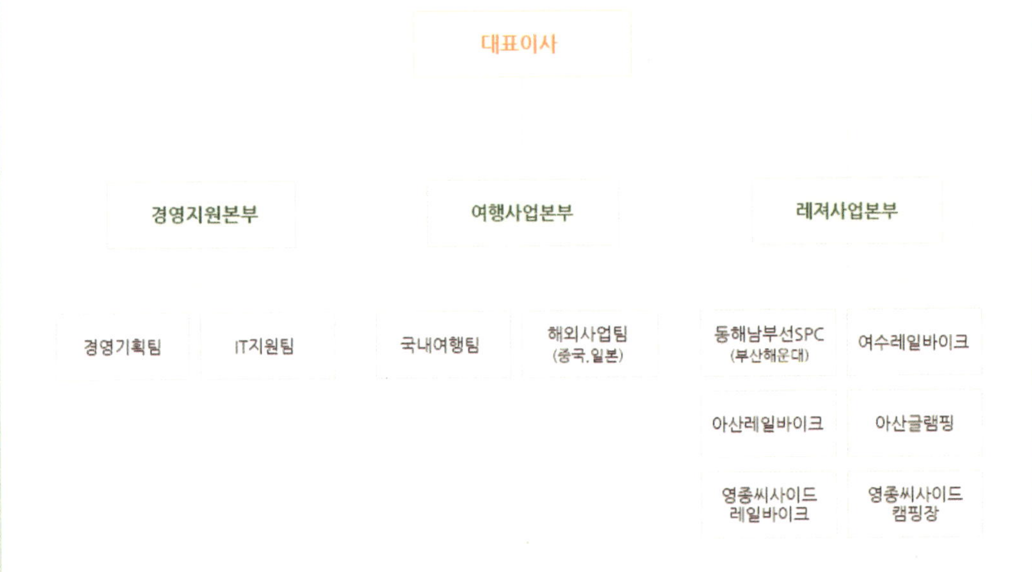

자료: 홍익여행사 홈페이지

홍익여행사는 1983년 설립하여 계절별, 테마별 국내 기차여행, 섬여행, 시티투어, 제주여행 등 국내전문여행사로 전통을 가지고 있다. 재단법인 홍익회에서 100% 출자하여 만든 기차여행 전문여행사로 철도청(현재 KORAIL 한국철도공사)에서 기차이용객의 여행편의를 도모하고 다양한 국내여행상품을 개발, 판매할 목적으로 설립하여 지금에 이르고 있다. 여행사업본부, 레저사업본부, 경영지원본부 등 3개 본부 체제로 운영되고 있으며 여행사업본부는 국내여행팀, 해외사업팀(중국과 일본) 등 2개 팀, 레저사업본부는 캠핑과 레일바이크 사업을 중심으로 조직이 구성되어 있다.

3) 여행사 직무

직무는 직원 1명이 담당해야 할 업무이다. 직무분석은 조직 구성원이 직업의 임무를 수행하기 위해 취하는 행동에 대한 정보를 체계적·분석적으로 수집, 서술, 분석하는 것으로 직무내용과 직무담당자의 자격요건을 평가, 설계하는 것이다. 직무분석을 한 다음에는 직무명세서(Job Specification)를 작성한다. 특정한 직무를 수행하는 사람에게 필요한 지식, 기능, 능력, 기타 특성 등을 명시해 놓은 문서이다. 직무수행에 필요한 담당자의 행동, 기능, 능력, 지식 등을 기록한 것으로 직무수행자의 자격요건과 관련된 사항을 기술하며 교육, 경험, 판단 및 창의력, 육체적 노력, 숙련, 책임, 의사소통기술, 정서적 특성, 능력수준 등을 포함한다. 직무수행에 필요한 인적 요건이나 특성은 학력, 전공, 자격증/면허, 지식/기술, 능력, 성격, 적성, 가치관, 태도, 경험, 경력, 자격요건 등으로 구성된다. 마지막으로 직무기술서(Job Description)를 작성하며 직무명칭, 직무개요, 장비, 환경, 작업활동 등을 포함한다. 특정한 직무, 직위에 부가된 임무와 책임을 구체적으로 기술하며 직무 성격, 내용, 수행방법, 기대효과 등을 간략히 정리해 놓은 문서이다. 직무 그 자체의 특성(과업, 임무, 책임) 등 직무수행과 관련된 과업 등 직무정보를 일정한 양식에 기술한 문서로 직무개요(직무명, 소속부서, 직급 등), 직무 미션, 직무 내용, 핵심평가지표, 능력(competency), 조직 내 위치, 주요 고객, 커뮤니케이션 대상 등을 명시한다.

〈표 11-3〉 직무분석의 단계별 핵심사항

1단계	직무명세서 작성	필수적인 업무를 규명하는 단계로 인적 요건에 중점을 두고 작성되는 문서
		① 성별 및 연령 ② 동작과 작동의 정도 ③ 정신적 지각력의 수준과 개인의 특성 ④ 기술과 경험정도 ⑤ 교육수준과 이해력의 수준 및 훈련기간의 요건 ⑥ 신분보장의 상한선 ⑦ 일반분류에 속하지 않는 기타 인적 조건
2단계	직무기술서 작성	현재 직무 분류와 현장에서 어떻게 수행되고 있는지를 도출하는 과정
		① 직무분류 ② 시간과 동작 분석 ③ 직무의 권한과 의무 분석 ④ 숙련 및 육체적 요건 분석 ⑤ 작업조건 ⑥ 환경분석
3단계	직무 선택	직무의 우선순위를 정하고 현장의 목소리를 통해 해결
4단계	직무 제시	학습성과 도출을 위해 직무분석이 실시되었던 일련의 과정이 반영되는 최종단계

자료: 정찬종(1996)에서 저자 재정리

〈표 11-4〉 관광안내사 직무명세서와 직무기술서

직무명	관광안내사	직무번호	200319
직업명	관광통역안내사(Inbound) 국외여행인솔자(Outbound)	교육훈련수준	9단계 중 8단계

직무수행에 필요한 조건

성별	무관	연령	20세 이상	학력	전문대 졸업 이상
교육기간	2~3년	수습기간	3개월	자격증	관광통역안내사 자격증 국외여행인솔자 자격인정증
활동영역	내국인의 국외여행 또는 외국인의 국내여행 업무로 관광안내사로 활동				
승진과 전직	관광안내사는 특별한 승진체계를 가지고 있지 않으며 대부분 여행사의 전속, 프리랜서로 일을 한다. 관광안내사 경력으로 여행사 상품기획, OP, 여행사 창업, 관광콘텐츠크리에터(TCC) 가능				
직업적성	전문 관광안내사로 활동하려면 외국어 구사능력이 뛰어나야 하며 우리나라와 각국의 문화, 역사, 지리, 예술 등에 관심이 높아야 한다. 또한 사람을 접하는 일이므로 적극적이고 외향적인 성격이 유리하고, 인내심과 서비스 정신이 투철하며 대인관계가 원만해야 한다.				
요구사항	모든 행사일정과 관련한 일들을 이해할 수 있는 이해력과 특수상황에 대처하기 위한 판단력, 민첩성이 요구된다. 금전 및 예약상태 확인과 관련하여 기억력, 여행자 인솔을 원활하게 수행하기 위한 지도력, 행사진행을 계획하고 실행하는 기획력이 필요하며 고객과의 융화를 위한 협력과 인내는 관광안내사에게 요구되는 가장 중요한 요소이다. 관광명소에 대한 소개와 선정을 위해 표현력과 심미성이 필요하다. 기본적으로 용모가 바르고 단정해야 한다.				

작업환경 조건

집무 자세	서서(80%)		버스 안(10%)	앉아서(10%)
작업장소	실내	20%	실외(산악, 해양, 강, 호수)	80%
작업조건	출퇴근 시간과 휴일이 불규칙하다. 다양하고 많은 사람을 상대해야 하므로 인내심과 서비스 정신이 필요하다. 주로 외부에서 활동하므로 날씨의 영향을 많이 받는다.			
안전과 위생	교통시설을 이용하여 이동하므로 사고의 위험이 있다. 많은 사람을 접촉하므로 전염병이나 건강에 주의해야 한다.			

직업기초능력

항목	세부내용
의사소통 능력	읽기, 쓰기, 듣기, 말하기의 언어에 대한 기초능력이 요구된다.
외국어 능력	외국어를 읽고, 쓰고, 듣고, 말할 수 있어야 한다.
수리 능력	수의 개념, 확률, 통계에 대한 이해능력이 요구된다.

문제해결 능력	창조, 논리적 사고가 요구되며, 문제인식, 대안의 선택, 적용, 평가능력이 요구된다.
정보 능력	정보를 수집, 분석, 관리, 활용할 수 있어야 한다.
대인관계 능력	집단의 특성, 자기역할, 타인역할을 확인할 수 있고, 협동과 리더십이 요구되며, 갈등관리, 고객만족, 자기관리 능력이 요구된다.

자료: 한국직업능력개발원(1998); 워크넷(2017)에서 저자 재정리

〈표 11-5〉 관광통역안내사 직무기술서

직무기술서	업무내용: 외국인 안내업무			
외국인 관광객을 관광명소로 안내하면서 역사적인 일이나 유래 등을 설명하고 해설하면서 쇼핑 안내, 선택관광(optional tour) 판매를 통해 수익을 창출하며 재방문자의 유도 등 재판매활동에 조력하기도 한다.				
업무일람표	난이도: 어렵다(A), 보통(B), 쉽다(C)			
번호	업무내용	A	B	C
1	해당 파일 검토하기			●
2	여행경비와 집행경비의 비교검토		●	
3	선택관광의 계획		●	
4	안내업무준비-수배사항에 대한 확인		●	
5	안내업무준비-기타사항에 대한 확인			●
6	공항에서 영접하기	●		
7	공항에서 호텔까지 안내하기	●		
8	호텔 투숙(check in)업무 처리하기		●	
9	관광안내하기	●		
10	자유시간의 안내업무 처리하기			●
11	쇼핑안내하기		●	
12	항공편의 예약 재확인하기			●
13	호텔 퇴실(check out)업무 처리하기			●
14	출국안내 하기		●	
15	보고 및 정산하기		●	
특기사항	외국인 관광객이 짧은 체재기간 중에 접촉할 수 있는 한국 사람은 드물기 때문에 안내사를 통하여 우리나라의 모든 것을 평가하려는 경향이 있다. 따라서 관광통역안내사는 항상 국민을 대표하는 한국인이라는 긍지를 가지고 민간외교의 제일선에 서서 참다운 한국의 모습을 널리 소개하여 국제 간 친선도모에 노력해야 한다.			

자료: 정찬종(1996)에서 저자 재정리

〈표 11-6〉 국외여행 부서별 직무기술서

직무명칭	발권과장	직무위치	본사
소속과	발권과	소속부서	항공사업부
직무개요	항공권 예약과 발권 및 요금 산정		
수행업무	① 항공권 예약업무를 수행하고 이에 따른 요금을 산정하여 발권한다. ② 각 영업부서로부터 의뢰받은 항공예약을 관리, 발권하며 성수기에 항공좌석 공급 원활화를 지원한다. ③ 여행목적지의 각 항공사의 특성을 이용, 가장 저렴한 요금으로 편안한 여정 편성 및 항공요금 산정, 새로운 항공요금을 파악, 관리한다.		
상위보고자	항공사업부장	하위보고자	항공발권직

직무명칭	고객관리과장	직무위치	본사
소속과	고객관리과	소속부서	경영지원본부
직무개요	고객불편처리 및 고객과의 지속적인 커뮤니케이션		
수행업무	① 고객불편사례가 있는 경우 이에 대한 보상처리업무를 수행하고 각 부서에 사례를 통보하여 재발되지 않도록 한다. ② 사보의 발행 혹은 고객 데이터베이스를 이용하여 지속적인 신상품 소개, 회사의 소식 등을 알려주어 관심을 유지시킨다. ③ 여행에 참가한 고객을 대상으로 설문조사 실시, 고객의 needs를 파악, 영업 부서장 또는 상품개발담당자에게 이첩한다.		
상위보고자	경영지원본부장	하위보고자	고객관리직

직무명칭	상용여행부장	직무위치	외근 및 본사
소속과	법인사업팀	소속부서	법인사업부
직무개요	기업, 협회 및 공공기관을 대상으로 영업관리		
수행업무	① 주문여행시장에서 신규고객을 확보하고 출장여행의 항공권 판매영업을 수행한다. ② 각종 협회 및 공공기관과 유대 강화, 영업영역을 확장시킨다. ③ 주요 거래처에 대하여 정기적으로 직접 방문한다. ④ 신규거래처를 개발하고 기존거래처를 관리하여 단골고객으로 유지한다.		
상위보고자	영업본부장	하위보고자	상용여행과장, 수배과장

직무명칭	수배과장	직무위치	본사
소속과	수배과	소속부서	영업부
직무개요	항공, 호텔, 현지교통편 등의 수배업무 관리		
수행업무	① 홍보물에 제시된 여행조건 또는 판매직으로부터 의뢰받은 여행조건에 의해 여행요금 산출, 판매직원 영업활동 지원 ② 단체 여행계약에 이루어지거나 패키지여행의 최소출발인원이 확정된 경우 제시된 여행조건에 맞추어 항공 및 현지 호텔, 교통, 식사에 대한 예약과 사입의 업무를 수행한다. ③ 홍보물 혹은 여행계약서에 명시된 여행조건 준수, 최저가격으로 항공, 숙박, 교통편, 식사 등이 수배될 수 있도록 한다. ④ 정기적으로 수배 담당국가를 방문하여 현지의 여행환경과 현지사정에 익숙해지도록 한다. ⑤ T/C의 교육을 주관하고 단체마다 적합한 T/C를 배정한다. ⑥ 여행설명회 자료를 준비하여 판매담당자에게 이첩, 행사대금 및 전도금을 산출(예산서 작성), 재무회계 부서에 이첩		
상위보고자	영업본부장	하위보고자	수배직

직무명칭	상품기획과장	직무위치	본사
소속과	상품기획과	소속부서	영업부
직무개요	해외여행상품 기획		
수행업무	① 시장의 상황과 고객의 욕구를 분석하여 적절한 시기에 신상품을 기획하고 출시한다. ② 신상품의 기획을 위하여 필요시 사전답사하고 신상품 출시 전 직원교육을 수행한다. ③ 기획상품 수익성과 위험성 분석, 최적규모 사업계획서 작성 ④ 신상품기획을 위하여 국외의 여행홍보물 등을 분석하고 여행사 실정에 맞도록 조정, 판매가능성을 조사하여 보고한다.		
상위보고자	영업본부장	하위보고자	상품기획직

직무명칭	판매과장	직무위치	본사, 지점 및 영업소
소속과	판매과	소속부서	영업부
직무개요	여행상품의 전화, 방문, 온라인 상담을 통한 직접판매		
수행업무	① 상품구매 문의에 친절한 상담, 고객질문에 즉각 응답할 수 있도록 여행상품판매 관련 지식습득, 상담고객 여행계약유도 ② 상품별 계약접수 현황을 수시로 파악하여 정해진 최대 또는 최저행사인원을 반드시 맞춘다.		

	③ 행사규모를 초과하여 예약되는 상품의 단체를 예측하여 새로운 출발일을 설정하고 수배를 의뢰한다. ④ 여행설명회를 준비하여 실행한다.		
상위보고자	영업본부장	하위보고자	판매직, 상담직

자료: 이경모(1997)에서 저자 재정리

여행사 직무는 회사의 형태, 규모, 업종에 따라 다를 수 있다. 여행사도 하나의 기업이기 때문에 기본적인 인사, 마케팅, 기획, 재무 등 경영지원 부서가 있으며 여행사의 본질인 기획, 수배, 안내 등을 담당하는 영업관련 부서가 핵심이라고 볼 수 있다. 영업관련 부서는 상품기획과 지상수배를 담당하는 각 지역별 OP와 항공기획, 항공수배 및 항공권 판매를 담당하는 항공팀 등 크게 2개 부서로 나눌 수 있으며 안내는 투어가이드를 말하는 것으로 대체로 OP가 국외여행인솔자(T/C), 관광통역안내사를 배정한다. 그 이유는 우리나라 관광안내사는 대부분 급여제, 연봉제가 아닌 프리랜서 개념이 강하기 때문이다.

〈표 11-7〉 하나투어 직무 소개

기획	회사 전반의 경영계획 수립 및 성과관리, 조직관리, 경영혁신 등 경영의사결정 및 경영활동 지원
홍보	언론홍보, 기업 및 브랜드광고, 사회공헌사업, 사내커뮤니케이션 활동
인사	회사의 비전 및 경영전략과 연계한 채용, 배치, 이동, 평가 등의 인사활동 및 인사기획
교육	임직원, 하나투어 전문판매점, 해외지사의 교육을 통해 회사비전을 달성할 수 있는 인재양성
재무	분개, 결산, 세무, 출납, 자금관리 등 일련의 회계처리를 통하여 회사의 재무상태를 관리/개선하며, 경영에 필요한 적절한 정보를 제공
총무	회사 자산의 관리 및 유지업무/ 사내 후생에 관련된 업무 회사의 비품 및 설비자산을 관리하며, 사무환경 개선 및 각종 서비스 제공을 통한 업무효율성 강화
영업관리	여행대리점 및 제휴사 등에 여행정보 제공 및 여행상품판매/지원
마케팅	소비자의 수요예측과 소비자 행동분석을 통하여 마케팅 전략 수립 및 시장 분석
온라인	고객니즈, 시장조사, 통계자료를 바탕으로 한 서비스의 구축/개선 및 웹사이트 기획/구축

항공사업부	다양한 판매전략 및 마케팅을 통한 항공권의 예약/판매
해외사업기획	시장조사, 경쟁사 분석 및 고객 프로모션을 기획/집행/관리
해외사업	철저한 시장분석을 통한 해외여행 상품 기획/개발 및 고객 프로모션 기획/집행/관리
IT	업무효율성 증대를 위한 최적의 IT 개발서비스와 원활한 전산서비스 제공

자료: 하나투어 홈페이지

〈표 11-8〉 모두투어 직무 소개

구분	직무	근무지
경영지원	**경영지원: 회계, 총무, 인사, 감사, 법무지원** • 회계 및 감사: 회사의 투명한 경영 활동을 지원하여 기업의 가치 고양 • 총무: 기업의 동산에 해당하는 자산의 효율적인 사용과 통신 설비 등을 안정적으로 운영하여 경영활동 지원 • 인사: 채용 업무와 HRM 및 HRD로 분류되며 HRM은 인사기획, 평가/보상, 노무 업무를 담당하며 HRD는 교육, 경력개발, 조직문화 담당 • 법무지원: 사내 법무관련 자문 및 대외 법무관련 업무를 수행하여 안정적인 경영활동을 지원	본사
마케팅	**마케팅: 브랜드관리, CRM, 사업부마케팅기획** • 브랜드관리: 기업의 비전을 달성하기 위해 브랜드 가치향상에 기여 • CRM: 고객과의 지속적이고 행복한 관계를 유지하여 고객 만족을 극대화하는 활동 • 사업부마케팅기획: 고객 Needs를 분석하여 사업부에서 진행해야 할 마케팅 전략을 수립하고 사업부의 생산성 향상을 위한 기획 활동	본사
항공	**항공: 항공기획, 항공영업, 발권** • 항공기획: 항공권 매출 목표를 달성하고 생산성을 높이기 위한 기획 • 항공영업: 항공사와의 원활한 관계를 유지하고 안정적인 항공좌석 공급을 통해 매출 달성에 기여 • 발권: 고객의 항공권 구매에 대한 상담과 판매업무를 통해 수익 창출	본사/전국지점
상품	**상품: 상품SM, 상품MD, 상품OP** • 상품SM: 여행상품을 구성하는 요소(호텔, 여행지 등)에 대한 공급망을 관리하여 매출 극대화에 기여 • 상품MD: 여행 Trend 및 고객 Needs를 분석하고 판촉 전략을 수립하고 유통망 관리 • 상품OP: 영업직무자들의 문의에 응대하고 여행상품 구성요소(호텔, 가이드, 식당, 여행지 등)의 예약을 확인하고 문제 없이 일정을 운영하여 매출 달성에 기여	본사

영업	**영업: 대리점영업, 제휴영업, 법인영업, OP** • 대리점영업: 여행대리점을 대상으로 판촉 활동과 영업관리 지원 • 제휴영업: 일반 고객을 대상으로 타 기업과 함께 영업활동을 하는 직무로 제휴영업을 위한 판촉 활동 및 관련 시스템 관리 • 법인영업: 기업의 출장 및 행사, 박람회 등 유치 • OP: 영업직무자들을 지원하는 업무로써 예약관리, 상담	본사/전국 지점
서비스	**서비스: 고객만족, 센딩, 고객(여행)상담** • 고객만족: 고객의 서비스 만족도를 관리하고 지속적으로 개선될 수 있도록 하기 위한 기획 • 센딩: 고객이 공항에서 여행을 출발하기 전에 편안하고 안전한 여행이 되도록 안내를 하고 여행에 필요한 서류 및 경품 등을 전달 • 고객(여행)상담: 인바운딩 경로(전화, 내방, 웹사이트 등)의 여행상품 문의 고객을 대상으로 상품설명, 예약관리 등 판매활동	본사/공항
IT	**IT: IT기획, ERP개발, 웹개발, 웹디자인** • IT기획: 기업의 업무 효율성 개선을 위한 아이디어를 발굴하고 기획 • ERP개발: 자체 ERP(전사적 자원관리)시스템을 개발/운영하여 효율적인 자원관리를 지원 • 웹개발과 웹디자인: 기업의 홍보와 영업을 위한 홈페이지를 개발/운영	본사

자료: 모두투어 홈페이지

4) 여행사의 사회적 책임(CSR)

여행사의 사회적 책임(CSR: Corporate Social Responsibility)은 여행사가 자발적으로 경제적 목적 외에 사회가 요구하는 사회적, 윤리적 문제에 책임을 다하며 사회적 규범이 정하는 범위 안에서 관광객과 직원이 요구하는 문제에 책임을 다하는 것이다.

여행사 임직원의 사회복지재단 모금 기부, 연탄배달, 청소, 소외계층에 대한 봉사활동 등을 CSR 활동이라고 보는 견해는 협의의 개념이며 사회문제 인식을 바탕으로 임직원 스스로 해결하고자 노력하는 폭넓은 개념으로 접근해야 한다.

〈표 11-9〉 여행사의 CSR 범주

내용	관계
관광객과의 거래 시 가격 책정의 투명성 보장	여행사와 관광객
여행상품의 가치와 수준이 관광객의 눈높이에 맞춤	
현지여행사가 피해 또는 손해를 보게 해서는 안 됨	여행사와 랜드사
한국여행사와 현지여행사와의 관계에서 발생하는 불평등한 거래 제거	
여행사는 관광지 지역주민의 문화를 존중해야 함	여행사와 현지지역사회
관광객을 위해 여행사가 요구하는 지역문화의 강제적 표출 억제	
관광지 소비를 통한 이익이 현지 지역에 배분	
관광지 지역주민이 운영하는 관광시설(숙박, 식당 등) 이용	
여행사의 수익 중 일부 사회 환원	여행사와 사회 전체
사회적 여행 약자를 위한 여행프로그램을 지원	

자료: 민웅기 외 1(2015)에서 저자 재정리

하나투어는 수익의 일정 부분을 적립해 다양한 사회적 책임 활동을 진행하고 있으며, '하나투어문화재단'을 설립하여 '누구나 여행할 권리'를 위해 관광취약계층 여행지원을 비롯해 관광인재양성, 다문화 아동 지원, 국내외 지역사회 공헌활동 등 관광복지 증진을 목적으로 여행지원사업을 전개하고 있다. 소외계층에게 꿈과 희망을 전하는 '희망여행 프로젝트', 다양한 장르의 아티스트들과 함께하는 '문화예술 희망여행', 지속가능개발목표(SDGs)에 근거하여 다양한 사회문제에 대해 대응하는 'GW.PROJECT', 미래 관광인재를 육성하는 '투어챌린저'와 '투어챌린저 하이스쿨', 다문화 어린이들을 위한 스포츠 꿈나무 양성 프로젝트 '글로벌 프렌즈', 임직원 및 파트너사 직원들로 구성된 '희망봉사단', 고객들이 직접 참여할 수 있는 '마일리지 기부'와 봉사여행 '볼런투어' 등을 운영하고 있다. 하나투어의 CSR 활동에는 주로 여행지원 사업이 많은데 관광복지에 초점을 맞추고 있다.

여행박사는 사회공헌사업 "트래블스토리 두드림"을 운영하면서 직원 급여 1%와 회사의 매칭그랜트로 나눔을 실천하고 있다. "여행의 날개"는 여행박사가 해외여행을 안내하고 복지기관이 참여하는 해외여행 공모전, 소외계층 청소년들과 그들을 돕는 자원봉사자

대상 사업 "아름다운 동행", 여행박사 직원과 장애인의 하루 나들이 "여행의 자유를", 소방관, 경찰관들을 위한 "리프레쉬 여행", 어려운 이웃들의 소원을 들어주는 여행 "소원을 말해봐", 주로 신혼여행을 가지 못한 부모님 여행 "60+ 언제나 청춘" 등과 2006년부터 여행박사 직원들이 자발적으로 참여하는 연탄배달 자원봉사가 있다.

그림 11-8 여행사 CSR 사례

3 여행사 인사관리

흔히 '인사가 만사', '사람이 최고의 자산'이라고 하지만 인사관리(HR: Human Resources)는 기업에서 생산하기보다는 비용부서로 인식되어 마케팅, 재무 부서만큼 인정받지 못하고 있다.

여행사 인사관리는 여행사가 추구하는 목적을 달성하기 위해 인적자원을 조달하고, 유지개발하며 이를 활용하는 조직적인 관리활동이다. 구체적으로 여행사의 미션, 비전, 목표 등 경영목적을 효율적으로 달성하기 위하여 노동력을 소유한 사람을 확보, 육성, 개발하고 협력체계를 확립하여 직원의 능력을 최대한 발휘시키는 조직적 관리활동이다. 쉽게 말하면 사람을 대상으로 하는 관리가 인사관리이다.

여행사의 본질적인 직무 안내, 수배, 기획 등은 인공지능과 기계로 대체될 수 없는 업무이므로 이를 채용하고 교육을 담당하는 인사관리자는 특별한 역할과 자질이 필요하다. 최고경영자의 정보원천이 되어야 하고 인사기본방침 수립과 구체적인 실천방안 등을 조언, 조력해야 하며, 경영자와 노조, 상급자와 하급자, 집단 간의 갈등이 발생할 경우 의사소통을 통한 조정, 중재자 역할을 해야 한다. 직원의 욕구와 불만사항을 수집한 후 해결책을 제시해야 하며 여행사와 외부환경과의 문제가 생길 때는 외부에 대하여 조직을 대표하는 역할도 해야 한다. 인사관리자는 회사 내 각 방면에 정통하고, 직원의 권리와 이익을 대변하고 이해할 수 있어야 하며 상식이 풍부하고 직원들로부터 신뢰가 있어야 한다. 또한 경영자와 임원진에게 옳은 이야기를 할 수 있을 만큼 충직하고 적극성을 갖추어야 한다.

존경받는 기업의 인사관리는 직원의 고용을 보장해야 하며, 신입사원을 채용할 때 기초학습 능력과 인간성 및 태도 등을 중요시하여 투명하게 선발해야 한다. 자율적이고 팀제를 도입하여 창의적으로 문제를 해결할 수 있도록 하며, 개인과 팀별 성과급 제도를 함께 공유하여 직원의 협동적인 작업동기를 고양시키는 것이 좋다. 강도 높은 교육훈련 프로그램을 기획하여 다재다능한 인재로 육성시켜야 하며 수평적인 조직을 구성하여 네트워킹하게끔 동기를 부여해야 한다. 아무리 능력이 출중해도 정보가 공유되지 않으면 과업을 효과적으로 수행할 수 없기 때문에 인재를 육성하는 데 아낌없는 경영진의 투자가 필요하다.

중소여행사의 경우 인사, 총무, 회계가 한 부서에서 업무를 수행하고 있으나 중대형여행사는 세분화되어 있다. 채용, 인사관리(평가, 승진, 해고, 인사발령), 급여, 사내복지, 교육, 안전관리, 노무 등 다양한 업무가 있으며 인사관리는 크게 인적자원관리(HRM: Human Resources Management)과 인적자원개발(HRD: Human Resources Development)로 구분한다. HRM은 관리, 기획, 급여, 노무 등이다.

관리업무는 임직원 관리로 계약직 직원의 경우 계약 연장 품의 및 근로계약서 신규 작성과 임직원 승진사정, 해고, 채용 등이 있다. 채용방법은 공개채용과 수시채용이 있는데 여행업계는 대부분 공채보다 수시채용으로 신입직원과 경력직을 충원한다. 승진과 외부영입도 고려해야 하고 기본급, 수당과 초과근무를 비롯한 급여문제도 인사에서 하며 승진 등 인사이동도 주요한 업무이다. 또한 조직도 관리, 인사정보 입력, 입퇴사자 관리, 각종 증명서 발급, 부서 재배치, 휴직, 전근 이동 등의 업무도 하고 있다. 기획은 인사업무를 총괄하는 위치이기 때문에 인사관리 및 급여 업무를 담당했던 사람이 주로 한다. 인력배치계획 작성, 취업 규칙, 해외근무 규정, 복지 규정, 임원 처우규정 등의 인사관련 규정을 수립하고 그 외에도 인사고과, 보상기획 등을 한다.

대부분 연봉제를 도입한 기업들은 호봉이 없기 때문에 직원마다 받는 기본급 금액 및 수당 종류가 개인마다 다르다. 임직원 급여, 상여, 성과급 지급 등 연도별 급상여 지급 계획 수립 및 예산편성, 실적관리, 퇴직금 지급, 4대보험(국민건강보험, 국민연금, 고용보험, 산재보험) 취득, 상실, 정산 등이다.

HRD는 신입직원 연수, OJT, e-learning 등 직원의 직무교육을 기획하고 개발하는 부서이다. 학습 콘텐츠, 교육체계 및 과정 등을 계획하며, 강사를 섭외하고 교육장소를 정리하고 유인물을 배포하는 등 교육을 진행하며, 사내 강사 역할도 한다.

그림 11-9 여행사 인사관리 순환도

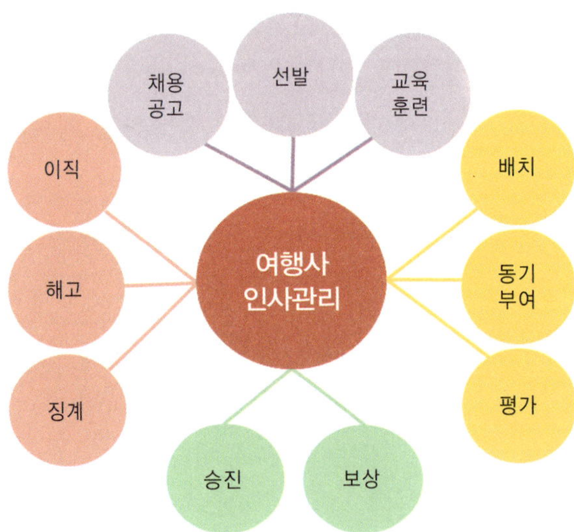

자료: 저자 작성

여행사 인사관리 순환도를 보면 채용공고를 시작으로 선발, 교육훈련, 배치, 동기부여, 평가, 승진, 보상, 징계, 해고, 이직 등으로 구성된다. 모집은 기업이 원하는 자격을 갖춘 직무예비자 집단을 조직에 유인하기 위한 활동이며, 선발은 모집에 의해서 형성된 지원자 집단에서 직무명세서에 제시된 해당 직무와 직위에 가장 적합한 사람을 선정하는 과정이다. 배치는 적재적소, 인재형성에 미치는 영향, 비공식 집단의 형성 등 3가지 차원에서 중요한 의미를 가진 과정이다.

그림 11-10 노랑풍선 신입사원 채용공고

모집부문 및 자격요건

모집부문	담당업무	인원	자격 및 우대사항
본사	여행상품 기획 및 상담	00명	[자격요건] • 병역필/면제자로 해외여행에 결격 사유 없는 자 [우대사항] • 어학능력 우수자(영어, 일어, 중국어 등) • 국가유공자, 보훈대상자, 장애인

전형방법

1 서류전형 > 2 1차 실무면접 (토론면접) > 3 인적성검사 > 4 2차 면접 (임원면접) > 5 최종합격

접수방법/기한 및 발표예정일

- 접수기한 : 2019.10.07(월) ~ 2019.10.20(일)
- 서류접수 : 노랑풍선 '회사소개' 웹사이트 ▶ 채용정보(https://company.ybtour.co.kr/recruit/jobMain.do)

담당부서

- ㈜노랑풍선 인사지원실 전화 (02)2229-0743 / (02)2022-2593

기타사항

- 입사지원서를 제외한 제출서류는 최종 합격시 제출
- 제출된 서류는 일체 반환하지 않으며 본 채용목적 이외에는 사용하지 않음
- 제출된 서류에 허위사실이 있는 경우 채용이 취소됨

자료: 노랑풍선 홈페이지

여행사 채용은 극소수 대형여행사를 제외하고는 대부분 수시채용으로 신입직원과 경력직을 충원하고 있다. 1~3개월 수습직원으로 채용 후 큰 문제가 생기지 않으면 정규직으로 전환시킨다. 수습기간에는 항공업무로서 항공권 좌석조회, 예약, 운임산출, 발권 등 기본적인 GDS로 주로 AMADEUS, SABRE 등을 중점으로 교육하며 비즈니스 매너와 고객응대(전화, 온라인, 방문), 여행사 ERP(Enterprise Resource Planning)와 홈페이지 관리자 사용방법 등을 학습하게 된다.

그림 11-11 **참좋은여행 신입직원 교육체계**

업무	내용	
사내업무	• 항공여행업 현황 및 규정 • 여행상품제작 교육 • CS	• 회계 및 정산 • 문서작성 관리 • 마케팅 전략
공항 및 항공서비스	• 공항 서비스 • CRS_세이버 • CRS_셀커넥	
비즈니스 매너	–	
전화응대	–	
IT	• IT일반/그룹웨어 • 기획전/홈페이지 운영/상품관리 • 콘텐츠/좌석관리	• 예약관리/입출금 • CTI/APP/사외업무지원

자료: 참좋은여행 홈페이지

여행사의 인재상은 기업마다 차이가 있을 수 있다. 하지만 서비스와 고객 접점 등 사람과의 관계가 중요한 만큼 적극적, 능동적, 창의적 인성을 갖춘 밝고 끈기있는 사람을 선호하는 것이 사실이다. 여행력이 높고, 소셜미디어를 마케팅 도구로 연계시킬 수 있는 능력도 아주 중요하다. 관광명소, 음식, 액티비티 등 관광콘텐츠를 제작하여 인스타그램, 페이스북, 블로그 등 소셜미디어를 활용할 줄 아는 사람을 여행사는 선호하고 채용하고자 한다.

〈표 11-10〉 여행사별 인재상

〈표 11-11〉 여행사의 인재상

사람을 좋아하는 사람	유연한 사고능력을 가진 사람	커뮤니케이션
이야기를 좋아하는 사람	행동력을 갖춘 사람	SNS
호기심이 많은 사람	문제의식을 가진 사람	인성/협력
밝은 성격	과제를 발견할 수 있는 사람	배려/자신감
웃는 사람	폭넓은 시야를 가진 사람	끈기/전향적 사고
단정한 사람	극심한 경쟁을 극복할 수 있는 사람	여행력
	달성의욕과 도전의식을 가진 사람	

자료: 저자 작성

중대형여행사 채용절차는 지원서 접수, 서류전형, 인적성검사, 1차 면접, 2차 면접, 처우협의, 건강검진, 최종합격 등의 순서로 진행된다. 여행사 규모에 따라 인적성검사, 건강검진 등은 제외하고 실무진면접과 임원면접을 통합하여 1차면접으로 끝내기도 한다.

〈표 11-12〉 여행사 채용절차

순번	항목	내용
1	지원서 접수	신입/경력 공개 채용, 내부 직원 추천 등을 통해 입사에 필요한 서류를 제출하는 단계
2	서류전형	제출된 입사지원서를 바탕으로 지원자와 채용 직무와의 적합성을 검증하는 단계로 지원서에 기재된 경험, 경력사항, 개인 역량 등을 고려하여 서류전형 합격자를 선발하고 개별 통지
3	인성검사	뇌 과학 기반의 온라인 인성검사를 적용하여, 신뢰역량, 성과역량, 가치역량을 기반으로 지원자의 성장 가능성을 종합적으로 평가하는 단계로 성과 달성에 필요한 핵심적인 변수를 파악하고 효율/효과적인 전략 및 실행계획 수립 가능성을 검증하기 위한 서술형 검사로서, 지원자의 전략적 사고력을 평가
4	1차 면접	실무자, 부서장, 관련 임원이 지원자와 대면 인터뷰를 통해 채용 직무와의 적합성을 파악하는 실무자면접 단계로 실무적인 지식, 자세, 열정 등을 고려하여 2차 면접자를 선별하고 개별 통지
5	2차 면접	대표이사 또는 임원진과 인터뷰를 통해 회사 인재상에 부합하는 직원을 선별하는 단계로 직무에 대한 열정과 가치관을 통해 적합 여부를 판단하는 최종단계
6	처우협의	최종 합격자와 연봉, 직급, 입사일 등 처우에 대해 협의하는 단계
7	건강검진	병의원급에서 발행하는 건강진단서 제출
8	최종합격	협의된 입사일에 따라 여행사의 일원으로서 시작하는 단계

자료: 타이드스퀘어 홈페이지에서 저자 재정리

지원서 접수는 중대형여행사의 경우 온라인 접수이며 회사 홈페이지와 채용포털기업[(한국관광공사(https://academy.visitkorea.or.kr), 잡코리아(https://www.jobkorea.co.kr), 사람인(https://www.saramin.co.kr)] 등을 통해서 채용을 공고하며 지원서를 받는다. 지원서 작성은 이력서와 자기소개서 등으로 구성되어 있는데 이력서는 사진, 인적사항, 학력, 경력, 자격증, 어학성적, 학교성적, 실습과 인턴십, 여행력, 자원봉사활동, 공모전 등을 작성한다. 최근 정부, 공공기관은 채용과정(서류 · 필기 · 면접)에서 편견이 개입되어 불합리한 차별을 야기할 수 있는 출신지, 가족관계, 학력, 외모 등의 항목을 없애고 지원자의 직무능력을 평가하여 인재를 채용하고 있다.

여행사 지원 시 이력서는 사진, 실습과 인턴십 등 사회경력, 학력, 자격증 등을 기본적으로 작성하며 영어, 일본어, 중국어 등 어학능력, 여행력, 여행사와 관련된 자격증(관광통역안내사, 국외여행인솔자, 항공예약발권시스템) 취득, 블로그 운영 경험, 사무자동화(O/A) 관련 자격증을 취득한 지원자를 우대하고 있다. 이력서보다 더 중요한 서류는 자기소개서이다. 자기소개서는 성장과정, 성격의 장단점, 대학생활과 경력사항, 지원동기, 입사 후 포부 등으로 구성되어 있다. 하지만 하나투어, 모두투어 등 대형여행사는 기본적인 자기소개서 질문 외에 난이도가 높은 문제를 출제하기 때문에 여행업 환경분석과 지원하고자 하는 여행사에 대한 지식 등을 평소에 꾸준히 학습하는 습관을 길러야 한다.

〈표 11-13〉 여행사 자기소개서 항목

모두투어	지원자의 성장배경, 성격의 장단점, 가치관을 중심으로 자기소개를 기술해주세요.(500자)
	희망 직무와 관련한 본인만의 역량을 기술하고, 그 역량이 모두투어 발전에 기여할 수 있는 부분을 기술해주세요.(500자)
	여가시간의 증가, 소득수준의 향상, 저렴한 항공권 가격, 편리한 접근성, 낮은 환율 중 여행수요에 가장 중요한 영향을 미치는 요인은 무엇이며, 그 요인에 적합한 영업전략은 무엇이라 생각하는지 기술해주세요.(500자)
	일상생활에서 세대별 모두투어의 긍정적인 브랜드 경험을 유도할 수 있는 방법과 그렇게 생각한 이유에 대해서 기술해주세요.(500자 이내)
	지원자의 5년 후 목표 및 포부를 기술하고, 모두투어 인턴이 지니는 의미에 대해서 구체적으로 기술해 주세요.
	2017년 관광산업 트렌드를 한 문장으로 기술하고, 그렇게 생각하는 이유와 이에 따른 기회요소와 위험요소를 각각 분석해보세요.
	모두투어네트워크에 지원하게 된 동기와 회사가 지원자를 선발해야 되는 이유에 대해 기술해주세요.(500자 내)
	모두투어네트워크에서 지원자의 5년, 10년, 20년 경력개발계획에 대해 구체적으로 기술해주세요.(500자 내)
	최근 여행산업 내 주요 플랫폼이 웹에서 모바일 등으로 급격하게 변화가 이루어지고 있습니다. 빠른 변화에 대응할 수 있는 본인만의 B2B전략과 B2C전략을 각각 기술해주세요.

	모두투어의 글로벌 관광레저 그룹이라는 VISION 달성을 위한 최우선 가치와 전략에 대하여 지원자의 의견을 기술해주세요.
하나투어	하나투어가 글로벌 여행 그룹과의 경쟁에서 생존하기 위한 방안이 있다면 구체적으로 기술하시오.(1600byte)
	(이력서에는 없지만) 하나투어가 '꼭' 알아주었으면 하는 나에 대한 내용이 있다면 구체적으로 기술하시오.(1600byte)
	지원한 직무에서 가장 필요하다고 생각하는 역량과 그 역량을 갖추기 위한 나의 노력을 경험에 근거하여 구체적으로 기술하시오.(1600byte)
	하나투어의 인재상인 '서비스맨', '변화인', '창조인', '학습인' 중 자신을 가장 잘 나타내는 인재상을 하나 선택하고, 본인 경험을 바탕으로 사례를 구체적으로 작성하시오.(800자)
	영업 직무에서 가장 필요한 능력은 무엇이라고 생각하며, 이 능력을 갖추기 위한 노력이나 자신만의 특별한 경험을 기술하시오.(800자)
	서비스기업에 있어 가장 어려운 고객은 어떤 유형이며, 본인이 직원이라면 어떤 방법으로 해당유형의 고객을 응대하겠는지 기재하시오.(1000자 이내)

자료: 잡코리아 홈페이지에서 저자 재정리

그림 11-12 여행사 입사에 필요한 자격증과 능력

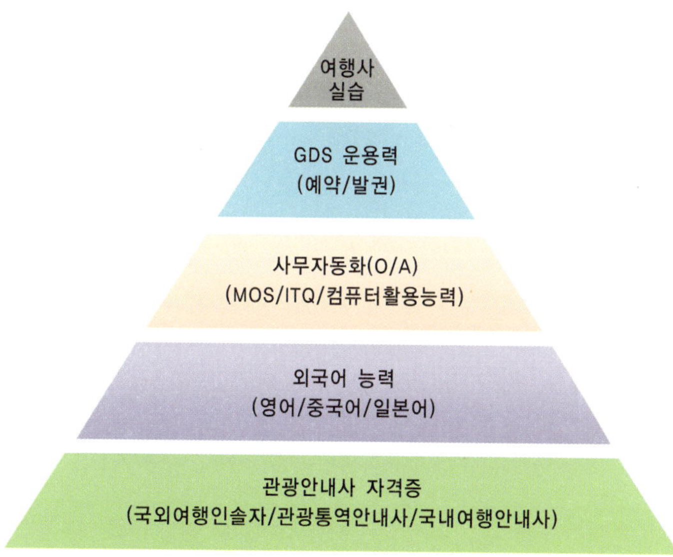

자료: 저자 작성

4 여행사 재무관리

재무관리(financial management)는 조직의 자금을 조달하고 자금의 운용을 관리하는 행위이며 기업의 가치를 극대화시키기 위해 재무활동을 계획, 조정, 통제하는 관리활동이다. 재무활동은 실물자산에 투자하여 자금을 운영하는 투자활동과 실물자산의 투자에서 요구되는 자금을 조달하는 자금조달활동으로 구분하며 재무관리 목표는 이익과 기업가치의 극대화이다. 기업의 경영분석은 유동성, 안정성, 수익성을 파악하는 것이다.

1) 재무제표

재무제표(financial statements)는 기업의 재무상태나 경영성과 등을 보여주는 문서이다. 기업의 성과 등을 파악하기 위해 내부적인 목적으로 사용되기도 하나, 상장기업의 경우 매년 결산기에 일반대중에게 공개하게 되어 있다. 기본적인 재무제표에는 재무상태표(구 대차대조표), 포괄손익계산서, 자본변동표, 현금흐름표가 있다. 두 개 이상의 기업이 법적으로는 서로 다른 실체이나 지배와 종속관계로 얽혀 있어 경제적으로는 단일의 실체일 경우, 지배기업에서는 종속기업의 자산, 부채, 자본, 수익, 비용 등을 포함한 연결재무제표를 작성해야 한다(https://ko.wikipedia.org/wiki/재무제표).

(1) 재무상태표(statement of financial position)

회계연도 말에서 기업의 재무상태를 요약한 보고서로 자산, 부채, 자기자본으로 구성된다. 수식은 "자산=부채+자기자본"이다. 좀 더 쉽게 말하면 "A여행사의 재산은 무엇이며 빚은 얼마나 있습니까?"라는 질문에 대한 보고서가 재무상태표이다.

① 자산

자산(assets)은 유동자산(current assets)과 고정(비유동)자산(fixed assets)으로 나눈다. 유동자산은 1년 이내 현금으로 전환되거나 전환될 것으로 예상되는 자산으로 현금,

유가증권, 매출채권, 재고자산 등이다. 고정자산은 현금으로 전환하는 데 적어도 1년 이상 소요되는 자산으로 토지, 설비, 건물, 비품, 영업권, 특허권, 상표권, 라이선스, 저작권 등이다.

② 부채와 자기자본

부채(liabilities)는 유동부채(current liabilities)와 고정(비유동)부채(fixed liabilities)로 나눈다. 유동부채는 1년 이내에 원금을 상환해야 하는 단기부채로 외상매입금, 은행차입금, 지급어음 등이며 고정부채는 1년 이상 원금을 상환해야 하는 장기부채로 회사채, 장기차입금 등이다.

자기자본(equity)은 기업의 소유주인 주주들에게 귀속되는 지분으로 자본금, 자본잉여금, 이익잉여금 등이 있다.

〈표 11-14〉 2018 롯데관광개발 재무상태표

연결 재무상태표

제 48 기 2018.12.31 현재
제 47 기 2017.12.31 현재
제 46 기 2016.12.31 현재

(단위 : 원)

	제 48 기	제 47 기	제 46 기
자산			
유동자산	220,141,580,390	89,438,327,803	46,859,303,175
현금및현금성자산	13,144,968,636	45,469,131,696	12,296,273,403
단기금융상품	186,882,802,459	3,730,000,000	2,275,000,000
매출채권	662,211,621	15,285,913,485	14,225,941,102
단기대여금	55,000,000	45,000,000	45,000,000
미수금	8,068,793,925	8,666,538,155	5,143,361,535
미수수익	216,689,130	966,198,781	940,443,643
선급금	9,986,868,479	14,175,062,134	11,377,241,689
선급비용	802,316,299	1,076,617,643	533,427,073
당기법인세자산	191,649,897	23,865,909	12,614,730

기타유동자산	10,736,000	0	10,000,000
재고자산	119,543,944	0	0
비유동자산	286,649,065,811	312,348,283,768	315,386,382,759
장기금융상품	304,500,000	2,500,000	2,500,000
장기기타금융자산	8,896,869,321	101,271,960,000	101,271,960,000
관계기업투자	3,180,518,759	3,347,250,659	3,809,179,231
유형자산	217,057,212,597	199,439,885,954	201,711,907,405
무형자산	49,801,879,281	4,450,583,071	4,351,939,518
이연법인세자산	4,227,756,310	1,913,067,644	2,488,375,825
기타비유동자산	3,180,329,543	1,923,036,440	1,750,520,780
자산총계	506,790,646,201	401,786,611,571	362,245,685,934
부채			
유동부채	74,545,029,186	86,963,900,793	45,855,822,324
매입채무	167,920,000	143,690,000	168,610,000
단기차입금	873,671,159	6,962,457,487	12,673,000,000
금융리스부채(유동)	283,843,114	0	0
미지급금	16,793,451,268	18,946,959,749	12,828,138,025
사채	31,000,000,000	40,000,000,000	0
사채상환할증금	942,896,000	1,216,640,000	0
전환권조정	(3,672,558,594)	(7,377,045,924)	0
사채할인발행차금	(181,583,156)	(364,744,974)	0
단기기타금융부채	2,149,571,000	4,247,640,000	0
선수금	6,639,363,243	7,492,679,084	5,641,193,372
예수금	1,001,197,090	861,842,371	771,016,641
미지급비용	824,764,176	600,130,415	853,757,037
당기법인세부채	38,590,402	172,027,942	118,939,310
수탁금	17,683,903,484	14,061,624,643	12,801,167,939
비유동부채	151,295,821,401	142,358,343,234	150,247,870,060
금융리스부채(비유동)	180,901,650	0	0
장기미지급금	91,310,144,000	91,310,144,000	91,310,144,000
현재가치할인차금	(3,469,877,433)	(7,866,953,877)	0

기타충당부채	51,696,000,000	51,696,000,000	51,696,000,000
퇴직급여채무	11,578,653,184	7,219,153,111	7,241,726,060
부채총계	225,840,850,587	229,322,244,027	196,103,692,384
자본			
지배기업소유주지분	283,639,915,509	170,747,861,204	164,461,465,741
자본금	32,581,587,000	22,697,511,500	22,697,511,500
자본잉여금	491,932,453,004	284,230,890,417	281,066,664,936
기타자본	(175,007,900)	0	0
기타포괄손익누계	4,504,429,271	0	0
이익잉여금(결손금)	(245,203,545,866)	(136,180,540,713)	(139,302,710,695)
비지배지분	(2,690,119,895)	1,716,506,340	1,680,527,809
자본총계	280,949,795,614	172,464,367,544	166,141,993,550
자본과 부채총계	506,790,646,201	401,786,611,571	362,245,685,934

자료: 롯데관광개발 홈페이지

2) 연결재무제표

연결재무제표는 한 회사가 여러 회사에 투자하여 지배하고 있을 때 그 지배하고 있는 회사의 재무제표와 지배당하고 있는 회사들의 자산, 부채, 자본, 이익 등을 합쳐서 하나로 만든 재무제표를 말한다. 지배회사가 자신과 종속회사를 하나의 경제적 실체로 보아 작성하는 반면 개별재무제표는 회사별로 작성하게 된다. 즉 연결재무제표는 종속회사의 영업까지 포함하여 작성하는 재무제표이고, 개별재무제표는 종속회사의 영업을 배제하고 작성하는 재무제표이다.

IFRS(International Financial Reporting Standards)는 국제회계기준이라고 하며 자본시장의 세계화 추세에 따라 전 세계적으로 단일기준으로 작성된 신뢰성 있는 재무정보의 요구가 증대됨에 따라 국제적으로 통일된 고품질의 회계기준 제정을 위해 국제회계기준위원회(IASB: International Accounting Standards Board)가 제정한 국제회계기준서 및 국제회계기준해석서(interpretations)를 말한다(http://www.fss.or.kr/fss/acc/pds/ifrs.jsp). IFRS 도입에 따라 우리나라도 연결재무제표가 주재무제표가 되었다.

금융감독원에서 제공하는 전자공시제도(DART: Data Analysis, Retrieval and Transfer System)는 인터넷을 통해 상장법인기업의 기업공시를 조회(http://dart.fss.or.kr)할 수 있는 시스템이다.

예를 들면, 하나투어의 상품이 얼마나 잘 팔리고 이익이 얼마나 되는지를 확인해 보려면 위 시스템에서 '재무제표'를 확인해야 하고, 하나투어 자회사 즉 계열사까지 모두 확인하기 위해서는 '연결재무제표'를 확인하면 된다. 하나투어가 제출한 2019년 4월 1일 기준 사업보고서에 의하면 하나투어는 36개의 종속회사를 보유하고 있다.

〈표 11-15〉 하나투어 종속회사 (단위 : 백만 원)

상호	설립일	주소	주요사업	2018년 자산총액
웹투어(주)	1995.06.26	서울특별시 종로구 인사동5길 29(인사동, 태화빌딩)	여행알선서비스	22,059
(주)하나투어제주	2002.06.05	제주특별자치도 제주시 1100로 3328 (노형동, 정원빌딩 3층)	여행알선서비스	2,943
(주)투어마케팅코리아	2004.04.14	서울특별시 종로구 인사동5길 25(인사동)	여행알선서비스	4,878
(주)하나투어아이티씨	2003.07.29	서울특별시 종로구 삼봉로 71, 5층(수송동, 지타워)	여행알선서비스	12,229
(주)하나티앤미디어	2007.05.29	서울특별시 종로구 인사동7길 12(관훈동)	출판 및 인쇄물 제작	1,670
(주)하나투어비즈니스	1995.09.19	서울특별시 종로구 우정국로 48(견지동, 에스앤에스빌딩)	여행알선서비스	6,871
(주)고려여행사네트워크	2007.08.23	서울특별시 중구 서소문로 99(서소문동)	여행알선서비스	607
(주)월디스투어	2008.04.01	서울특별시 종로구 우정국로 48(견지동, 에스앤에스빌딩 7층)	여행알선서비스	9,894
(주)에이치엔티마케팅	2010.04.01	서울시 서초구 강남대로 507, 8층(반포동, 신태양빌딩)	광고대행서비스	2,124
(주)넥스투어	2010.12.15	서울특별시 종로구 인사동5길 29(인사동, 태화빌딩)	여행알선서비스	459
(주)하나샵	2010.07.23	서울특별시 종로구 인사동5길 25, 502호(인사동, 하나로빌딩)	전자상거래업	1,914
(주)마크호텔	2013.08.30	서울특별시 중구 퇴계로 52(회현동 1가, 인송빌딩)	호텔업	14,831
(주)투어팁스	2012.07.02	서울특별시 종로구 인사동5길 29(인사동)	여행정보서비스	2,788
(주)모하지플랫폼	2018.04.05	서울특별시 종로구 삼봉로 94(공평동)	여행알선서비스	370

(주)하나여행대부	2014.11.19	서울특별시 중구 남대문로9길 39, 11층(을지로1가, 부림빌딩)	대부업	4,987
(주)에스엠면세점	2014.08.20	서울특별시 종로구 인사동5길 41(공평동, 하나투어빌딩)	면세점	30,465
하나투어투자운용(주)	2015.09.23	서울특별시 종로구 인사동5길 29, 9층(인사동, 태화빌딩)	자산관리업	5,229
(주)월드샵	2015.10.07	서울특별시 종로구 인사동5길 25, 502호(인사동, 하나로빌딩)	보험업	863
HANATOUR EUROPE LTD	2003.10.29	38 HIGH STREET, NEW MALDEN, SURREY KT 34HE, U.K.	여행알선서비스	1,632
HANATOUR JAPAN CO,.LTD	2005.09.01	2F Onarimon-yusen Bldg., 23-5 Nishi-Shinbashi 3-chome, Minato-ku, Tokyo, Japan 105-0003	여행알선서비스	120,562
HANATOUR PTE LTD	2005.05.13	360 ORCHARD ROAD #05-01B INTERNATIONAL BUILDING SINGAPORE 238869	여행알선서비스	3,471
HANATOUR CHINA	2008.04.11	907 BOTAI TOWER, N0221 XIYUAN WANGJING, CHAOYANG DISTRICT, BEIJING, CHINA	여행알선서비스	8,131
HANATOUR HONGKONG CO., LTD	2009.11.30	12/F MAXWELL CENTRE 39-41 HANKOW ROAD KOWLOON	여행알선서비스	14,515
HANATOUR TAIWAN SERVICE INC.	2010.06.02	8F, No.46, Sec. 1, Nanjing E. Rd., Zhongshan Dist., Taipei City 104, Taiwan	여행알선서비스	6,345
(주)유아이관광버스	1978.04.27	9, 3CHOME, NISHITAKAYASUCHO, YAO-CITY, OSAKA-HU, JAPAN	여객자동차 운송사업	29,125
(주)아레그록스 TM 호텔메니지먼트	2013.05.15	2F Onarimon-yusen Bldg., 23-5 Nishi-Shinbashi 3-chome, Minato-ku, Tokyo, Japan 105-0003	숙박시설 운영수탁업	49,829
HANATOUR USA INC.	2006.03.02	3053 W OLYMPIC BL #101 LOSANGELES, CA 90006	여행알선서비스	8,665
HANATOUR PTY. LTD.	2008.07.02	SUITE 201 LEVEL2 160 ROWE STREET EASTWOOD NSW 2122	여행알선서비스	46
STAR SHOP&LINE	2014.03.18	1F JPR HAKATA Bldg., 1-4-4, Hakataekimae, Hakata-ku, Fukuoka, 812-0011, Japan	물품의 판매 및 수입, 수출	11,924
BEIJING HANA INFORMATION TECHNOLOGY CO.,LTD	2014.02.24	905 BOTAI TOWER, N0221 XIYUAN WANGJING, CHAOYANG DISTRICT, BEIJING, CHINA	소프트웨어 기술개발	204
HANATOUR SERVICE (M) SDN.BHD.	2014.07.16	UNIT NO.C-01-01, BLOCK C, FIRST FLOOR, WARISAN SQUARE, JALAN TUN FUAD STEPHENS, 88000, KOTANKINABALU, SABAH, MALAYSIA	여행알선서비스	1,422

HANATOUR JAPAN SYSTEM VIETNAM	2017.01.09	5F, Alpha Tower, 153 Nguyen Dinh Chieu Street, Ward 6, District 3, Ho Chin Minh City, Vietnam	시스템 개발 및 유지보수	126
HanaTour EU GmbH(*5)	2018.01.31	Dusseldorfer Straβe 40, Eschborn	여행알선서비스	1,218
CAMLAO HANATOUR CO., LTD.(*7)	2018.11.07	F2/14 The Heritage Walk, building #158, National Road 6, Mondul 2 Village, Svay Dangkum Commune, Siem Reap City, Siem Reap Province, Cambodia	여행알선서비스	-
HANATOUR VIETNAM COMPANY LIMITED(*7)	2018.12.13	Floor 8, Rosana building, 60 Nguyen Dinh Chieu, district 1	여행알선서비스	-
HANATOUR PHILIPPINES CORP.(*7)	2018.12.04	4th Floor, One E-Com Center, MOA Complex, Barangay 76, Pasay City	여행알선서비스	-

자료: http://dart.fss.or.kr/에서 저자 재정리

3) 포괄손익계산서(statement of comprehensive income)

포괄손익계산서는 일정한 기간 동안 기업의 영업성과를 요약한 보고서로 크게 수익과 비용으로 구성된다. "올해 A여행사는 얼마 벌었습니까?" 또는 "얼마 손해보셨습니까?"를 보고하는 것이 포괄손익계산서이다. 수익은 매출액, 매출원가, 영업외수익으로 나누며, 비용은 판매비와 일반관리비, 영업외비용, 법인세비용 등으로 구분되며, 당기순이익, 영업이익률 등이 그 회사의 실적기준지표라고 볼 수 있다.

〈표 11-16〉 포괄손익계산서 수식

- 매출총이익 = 매출액 − 매출원가
- 영업이익 = 매출총이익 − 판매비와 관리비
- 법인세비용차감전순이익 = 영업이익 + 영업외수익 − 영업외비용
- 당기순이익 = 법인세비용차감전순이익 − 법인세비용
- 총포괄이익 = 당기순이익 + 기타포괄손익

매출총이익(영업수익)은 매출액에서 재료비(매출원가) 등을 빼고 남은 돈, 매출액은 회사가 벌어들인 돈, 영업이익은 매출총이익에서 판매비와 일반관리비(판관비)를 뺀 돈으로 순수하게 장사를 해서 벌어들인 돈이다. 법인세 차감전 순이익은 세금을 내기 직전의 돈이며, 당기순이익은 모든 비용을 지불하고, 회사에 남은 돈이며 이런 돈이 계속해서 모인 것이 재무상태표의 이익잉여금이 된다.

여행사는 고객이 여행비용으로 지불한 여행수탁금에서 항공운임, 현지교통비, 숙박비, 식대, 관광지 입장료, 가이드 비용 등의 부대비용을 지급한다. 이 같은 비용을 제외하고 남은 순수한 알선수입만이 매출로 집계된다. 부채에 포함되긴 하지만 여행업의 특성에 따른 일시적인 항목으로 경기가 좋을 때 오히려 증가한다. 여행대금은 항공료와 지상비라고 하는 숙박비, 현지교통비, 식비, 관광지입장료, 가이드비용 등과 알선수수료로 구성되어 있다. 이에 대한 세금부과기준은 부가가치세 과세표준을 어떤 기준으로 하느냐에 따라 많이 달라진다. 즉 여행대금 총액기준과 알선수수료 순액기준이다. 고객으로부터 받은 여행경비 중 항공료는 항공사에, 지상비는 랜드사에 각각 별도로 여행사가 지급해야 할 금액이기 때문에 여행대금 총액기준이 아니라 알선수수료 순액기준으로 매출액을 산정해야 한다. 따라서 여행사 당기순이익은 [순액매출－판매비와 관리비] 또는 [총액매출－수탁금－판매비와 관리비] 등으로 산정한다.

영업이익률은 각 기업 영업활동의 수익성을 나타내는 지표로, 영업활동에 따른 성과를 판단하는 데 기준이 될 수 있고 영업이익률이 높다는 것은 그만큼 장사를 잘하는 기업이란 뜻이다. 일반적으로 영업이익률이 10% 이상이면 알짜기업이라고 판단할 수 있는데 대부분의 여행사는 영업이익률이 10% 미만이다.

판매비는 상품이나 용역의 판매와 관련하여 발생하는 비용으로 매출원가에 속하지 않으며 매출의 증감에 따라 변동하는 변동비의 성격이 크다. 반면 관리비는 회사의 관리와 유지를 위해 지출되는 비용으로 고정비의 성격이 강하다. 흔히 판관비라고 하는데 급여, 퇴직급여, 복리후생비, 임차료, 접대비, 광고선전비, 판매지급수수료 등이 있다.

그림 11-13 여행사 영업이익률

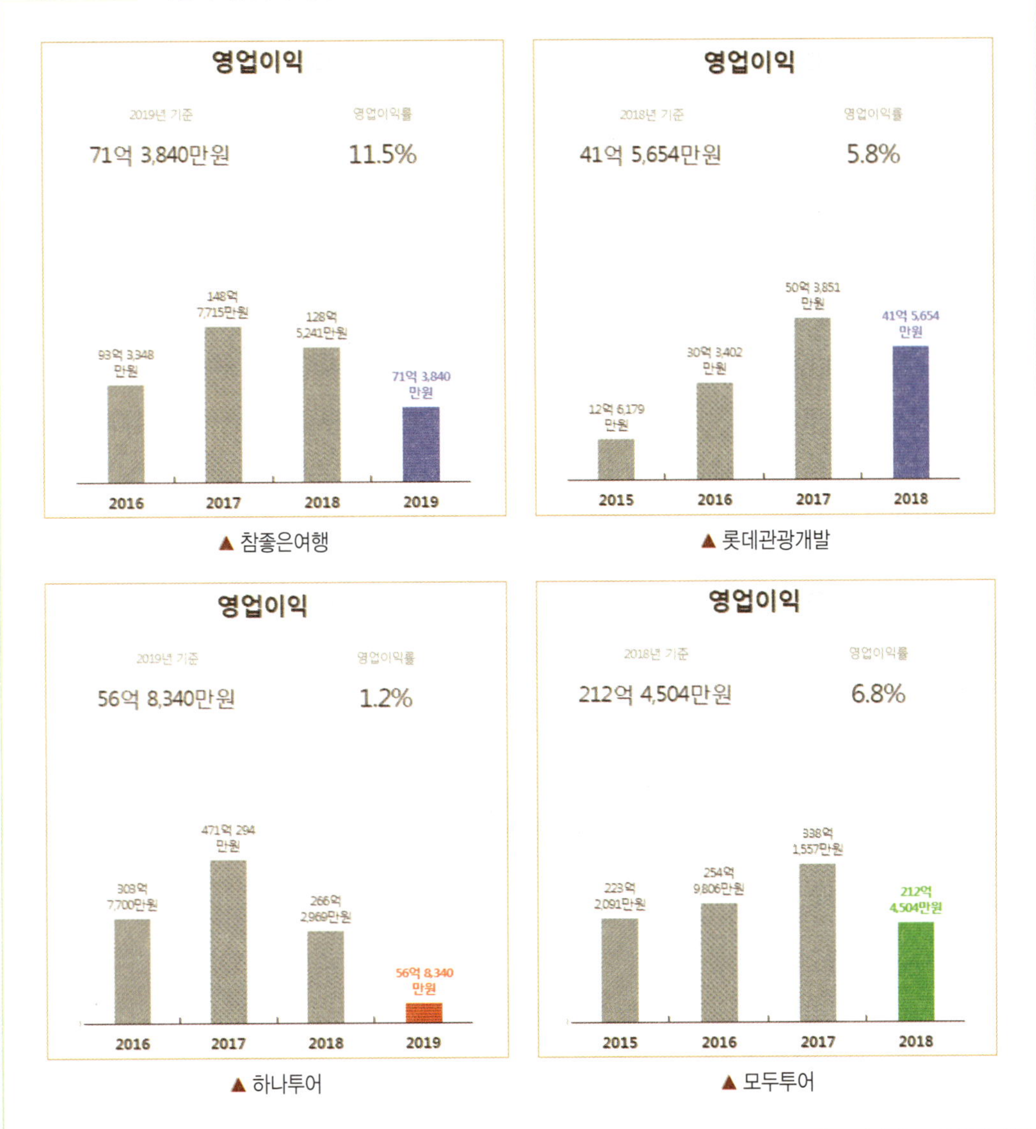

자료: 사람인(saramin.co.kr)

2018년 롯데관광개발 연결 포괄손익계산서를 보면 2016년 약 9억 5천만 원 이익, 2017년 약 35억 원 이익, 2018년 약 1,000억 원 손실이 있었으며 상장법인 기업이므로 주당 2016년 43원 이익, 2017년 74원 이익, 2018년 2,199원 손실을 나타내고 있다.

〈표 11-17〉 2018 롯데관광개발 연결 포괄손익계산서

연결 포괄손익계산서

제48기 2018.01.01부터 2018.12.31까지
제47기 2017.01.01부터 2017.12.31까지
제46기 2016.01.01부터 2016.12.31까지

(단위: 원)

	제48기	제47기	제46기
영업수익	76,076,008,694	69,222,756,573	50,376,420,169
영업비용	73,071,988,232	64,163,501,786	47,083,725,764
영업원가	44,171,087,760	38,135,776,762	23,140,527,253
판매일반관리비	28,900,900,472	26,027,725,024	23,943,198,511
영업이익(손실)	3,004,020,462	5,059,254,787	3,292,694,405
기타수익	240,127,749	209,836,065	213,446,459
기타비용	8,674,621,705	685,319,813	114,943,414
금융수익	2,444,280,804	129,292,062	181,930,230
금융비용	98,492,242,236	646,182,621	738,247,802
관계기업투자손익	(241,745,678)	(89,203,996)	(1,267,390,340)
법인세비용차감전순이익(손실)	(101,720,180,604)	3,977,676,484	1,567,489,538
법인세비용	(3,597,950,774)	712,515,473	47,755,856
계속영업이익(손실)	(98,122,229,830)	3,265,161,011	1,519,733,682
중단영업이익(손실)	(14,751,892,474)	114,106,558	0
당기순이익(손실)	(112,874,122,304)	3,379,267,569	1,519,733,682
기타포괄손익	3,873,906,409	151,605,520	(567,961,658)
총포괄손익	(109,000,215,895)	3,530,873,089	951,772,024
당기순이익(손실)의 귀속			
지배기업지분	(108,467,496,069)	3,343,289,038	1,532,195,790
비지배지분	(4,406,626,235)	35,978,531	(12,462,108)
총포괄손익의 귀속			
지배기업지분	(104,593,589,660)	3,494,894,558	964,234,132
비지배지분	(4,406,626,235)	35,978,531	(12,462,108)
주당이익			
기본주당이익(손실) (단위 : 원)	(2,199)	74	43

자료: http://dart.fss.or.kr/

4) 자본변동표(statement of changes in equity)

자본변동표는 일정 시점에서 기업의 자본의 크기와 일정기간 동안 자본변동에 관한 정보를 나타내는 재무제표로 기업의 재무상태표에 표시되어 있는 자본의 변화내역을 구성요소별로 보여주는 재무보고서이다. 자본은 자산에서 부채를 뺀 기업의 자본이므로 주주에게 유용한 정보이다. 자본이 전기와 당기에 어떻게 변화되었는지 자세하게 보여줄 필요가 있으며 자본을 구성하는 자본금, 자본잉여금, 자본조정, 기타포괄손익누계액, 이익잉여금(또는 결손금)의 변동에 대한 포괄적인 정보를 제공한다.

〈표 11-18〉 2018 롯데관광개발 자본변동표

자본변동표

제48기 2018.01.01부터 2018.12.31까지 (단위 : 원)

	자본				
	자본금	자본잉여금	기타포괄손익누계액	이익잉여금	자본 합계
2018.01.01(기초자본)	22,697,511,500	284,230,890,417	0	(137,451,425,282)	169,476,976,635
총포괄이익:					
당기순이익(손실)				(101,338,409,666)	(101,338,409,666)
확정급여제도의 재측정요소				(630,522,862)	(630,522,862)
법인세효과					
기타포괄손익-공정가치측정 지분상품 평가손익			4,504,429,271		4,504,429,271
총포괄이익 소계			4,504,429,271	(101,968,932,528)	(97,464,503,257)
주주와의 거래:					
무상증자					
유상증자	9,302,325,500	200,300,068,082			209,602,393,582
전환사채 발행					
전환사채 전환	581,750,000	7,401,494,505			7,983,244,505
주주와의 거래 소계	9,884,075,500	207,701,562,587			217,585,638,087
2018.12.31(기말자본)	32,581,587,000	491,932,453,004	4,504,429,271	(239,420,357,810)	289,598,111,465

5) 현금흐름표(stetements of cash flow)

현금흐름표는 경영활동을 수행하기 위하여 현금을 조성한 내역과 사용한 내역을 요약한 것으로 일정 기간 동안 기업의 현금흐름을 나타내는 표로서 현금유입과 유출에 대한 내용을 기업의 활동별로 표시한 재무보고서이다. 재무상태표와 손익계산서를 통해 발생주의 원칙에 따른 정보를 얻을 수 있다면 현금흐름표는 현금주의 원칙에 따라 기업의 영업, 투자, 재무 활동을 통해 발생하는 현금흐름을 확인할 수 있다. 현금흐름표는 재무상태표나 손익계산서에 비해 그 사용빈도가 낮은 것이 사실이지만, 금융기관이 기업에 대출을 실행하기 위한 심사과정에 필수적으로 들어가는 재무제표라는 점에서 매우 중요한 의미를 가진다. 즉, 투자활동과 재무활동은 기업의 주된 사업과 큰 연관성이 없고 매년 반복되는 경상적인 활동이 아니므로, 영업활동에 따른 현금흐름이 신용평가에 상당히 중요한 영향을 주게 된다.

현금흐름은 영업활동, 투자활동, 재무활동으로 나눈다. 영업활동은 기업의 주요 수익창출활동으로 투자활동이나 재무활동이 아닌 것을 의미한다. 영업활동으로 인한 현금유입에는 제품 및 서비스 등의 판매에 따른 현금유입(매출채권의 회수 포함)이 대표적이고, 영업활동으로 인한 현금 유출에는 원자재 매입대금의 지급이나 임직원 급여의 지급 등이 있다.

투자활동은 현금의 대여와 회수활동, 유가증권/투자자산/유형자산/무형자산 등의 취득과 처분활동 등을 의미한다. 투자활동으로 인한 현금 유입에는 대여금의 회수, 단기투자자산, 유가증권, 투자자산 처분 등이 있으며 현금 유출에는 현금의 대여가 있다. 재무활동은 현금의 차입 및 상환활동, 신주발행이나 배당금 지급활동 등을 의미한다. 재무활동으로 인한 현금 유입에는 단기차입금, 장기차입금, 주식 발행 등이 있으며 현금유출에는 배당금의 지급, 유상감자, 차입금의 상환 등이 있다(https://platum.kr/archives/69086).

〈표 11-19〉 2018 하나투어 연결 현금흐름표

연결 현금흐름표

제26기 2018.01.01부터 2018.12.31까지
제25기 2017.01.01부터 2017.12.31까지
제24기 2016.01.01부터 2016.12.31까지

(단위 : 원)

	제26기	제25기	제24기
영업활동으로 인한 현금흐름	20,215,985,004	66,241,492,632	27,501,780,733
영업활동에서 창출된 현금흐름	48,857,862,781	80,778,392,896	43,756,234,264
당기순이익	10,586,797,669	12,929,739,574	7,527,451,024
현금의 유출이 없는 비용 등의 가산	57,970,117,858	69,432,893,609	47,400,812,897
현금의 유입이 없는 수익 등의 차감	(5,503,101,367)	(3,595,191,509)	(3,862,191,720)
영업활동으로 인한 자산 · 부채의 변동	(14,195,951,379)	2,010,951,222	(7,309,837,937)
매출채권의 증가	(3,405,726,083)	(17,652,904,740)	(23,503,303,673)
기타채권의 감소(증가)	(1,056,388,258)	5,487,386,075	(1,615,370,686)
재고자산의 감소(증가)	4,707,602,177	(1,109,967,868)	(15,108,795,077)
선급금의 감소(증가)	(7,054,711,369)	(8,219,043,357)	5,241,183,861
장기선급금의 감소	1,906,000,000	0	0
기타유동자산의 증가	(2,686,543,806)	(376,387,664)	(1,761,472,095)
기타비유동자산의 감소(증가)	(8,020,139)	275,872,913	(9,940,454)
매입채무의 증가(감소)	(4,121,028,195)	1,595,608,714	1,742,703,393
기타채무의 증가(감소)	(1,196,701,762)	7,702,952,526	12,893,929,031
관광수탁금의 증가	6,840,329,701	13,629,547,586	17,271,796,840
선수금의 증가	2,094,463,009	1,201,571,477	2,347,052,637
충당부채의 감소	(1,476,967,119)	(1,369,390,699)	(1,020,811,194)
기타금융부채(유동)의 증가(감소)	(144,271,602)	314,940,962	570,131,768
기타유동부채의 증가(감소)	(9,040,406,001)	764,916,221	(4,218,699,613)
장기성기타채무의 증가(감소)	556,418,068	(74,173,236)	(20,242,675)
장기종업원급여채무의 감소	(110,000,000)	(159,977,688)	(118,000,000)
이자지급	(1,249,046,890)	(990,370,319)	(844,469,341)
이자수취	3,417,042,424	2,371,320,321	3,043,962,249
배당금수취	119,157,530	110,087,720	91,948,100
법인세납부	(30,929,030,841)	(16,027,937,986)	(18,545,894,539)

투자활동으로 인한 현금흐름	(130,989,666,948)	(21,765,797,928)	6,696,865,125
투자활동으로 인한 현금유입액	103,329,610,463	51,008,370,929	104,343,514,906
단기금융상품의 감소	88,807,714,000	25,805,581,773	58,948,372,140
기타채권의 감소	61,066,780	14,477,960,183	20,048,764,307
당기손익-공정가치측정금융자산의 처분	9,426,372,740	0	0
매도가능금융자산의 처분	0	200,000,000	2,738,080,000
공동기업 및 관계기업투자자산의 처분	1,313,240,000	3,000,000	638,296,500
관계기업의 유상감자	0	5,000,000,000	5,000,000,000
유형자산의 처분	803,046,691	404,952,532	803,975,784
무형자산의 처분	22,870,789	0	0
금융리스채권의 감소	686,050,598	1,008,382,768	1,170,996,819
기타금융자산의 감소	2,209,248,865	4,108,493,673	14,995,029,356
투자활동으로 인한 현금유출액	(234,319,277,411)	(72,774,168,857)	(97,646,649,781)
단기금융상품의 증가	195,048,976,525	27,460,454,491	24,272,290,408
기타채권의 증가	449,275,970	14,750,000,000	12,403,485,821
당기손익-공정가치측정금융자산의 취득	10,684,600,000	0	0
기타포괄손익-공정가치측정금융자산의 취득	598,155,000	0	0
매도가능금융자산의 취득	0	1,500,000,000	270,010,682
공동기업 및 관계기업투자자산의 취득	69,766,450	1,000,000,000	1,548,800,000
유형자산의 취득	12,882,812,678	21,409,912,575	48,028,731,077
투자자산의 취득	222,081,106	81,578,627	0
무형자산의 취득	6,602,326,638	3,767,518,209	4,054,650,498
종속회사 주식의 취득	50,000,000	0	0
기타금융자산의 증가	7,711,283,044	2,804,704,955	7,068,681,295
재무활동으로 인한 현금흐름	36,858,339,245	32,879,397,567	(25,528,934,255)
재무활동으로 인한 현금유입액	90,218,082,862	75,239,182,355	22,169,615,627
단기차입금의 차입	82,541,532,687	27,833,852,600	11,128,433,821
장기차입금의 차입	6,672,390,115	4,193,311,400	3,394,729,714
사채의 발행	944,170,060	0	4,157,511,332
종속기업의 유상증자	59,990,000	18,597,108,800	3,488,940,760

종속기업투자자산의 처분	0	24,525,378,555	0
주식선택권의 행사	0	89,531,000	0
재무활동으로 인한 현금유출액	(53,359,743,617)	(42,359,784,788)	(47,698,549,882)
단기차입금의 상환	24,735,330,984	20,123,687,915	27,213,151,800
유동성장기부채의 상환	5,640,631,673	2,155,045,877	2,897,902,483
장기차입금의 상환	192,718,469	1,135,119,516	0
유동성장기사채의 상환	896,643,000	806,816,000	0
금융리스부채의 상환	1,660,047,331	864,742,797	713,087,124
자기주식의 취득	2,034,645,359	45,000	0
주식발행비의 지급	48,424,815	207,765,228	0
배당금의지급	18,151,301,986	17,066,562,455	16,874,408,475
연결범위 변동으로 인한 증감	255,164,685	(32,216,089)	0
현금및현금성자산의 증가	(73,660,178,014)	77,322,876,182	8,669,711,603
기초의 현금및현금성자산	228,389,931,838	156,047,479,554	146,485,489,549
외화환산으로 인한 현금의 변동	2,969,939,603	(4,980,423,898)	892,278,402
기말현금및현금성자산	157,699,693,427	228,389,931,838	156,047,479,554

자료: 하나투어 홈페이지

6) 여행사 기업공개

기업공개(IPO: Initial Public Offering)는 기업 설립 후 처음으로 외부투자자에게 주식을 공개하고, 이를 매도하는 업무를 의미한다. 주식을 공개하는 방법으로는 자신의 회사주를 주식시장에 등록하는 작업을 들 수 있는데 흔히 상장(上場)이라고 한다. 기업공개 과정 가운데, 회사는 외부자금을 빌리는 경우가 많다. 하지만 일단 상장거래가 된 후 주가가 높아졌을 시, 추가적인 주식 발행을 통해 자금조달을 할 수 있다. 우리나라는 8개 여행사가 유가증권(KOSPI) 또는 코스닥(KOSDAQ)에 상장되어 있다. 코스피(KOSPI: Korea Composite Stock Price Index)는 국내종합주가지수를 말하며 유가증권 시장에서 상장된 상장기업의 주식가격변동을 종합적으로 작성한 지표이다. 상장조건이 까다롭고 일정 규모를 갖춘 기업들이 상장할 수 있는데 하나투어와 롯데관광개발이 코스피에 상장되어 있다. 코스닥(KOSDAQ: Korea Securities Dealers Automated Quotation)은 전자거래시스템으로 운영되는 우리나라 장외주식거래시장을 뜻한다. 미국의 나스닥(NASDAQ)을 벤치마킹하여 만든 증권시장으로 주로 IT기업, 중소, 벤처기업 등이 많으며 모두투어, 인터파크, 레드캡투어, 노랑풍선, 참좋은여행, 세중 등이 코스닥에 상장되어 있다.

〈표 11-20〉 우리나라 상장여행사 현황(금액: 2018년 기준, 2019년 기준*)

기업	증권시장	설립일	상장일	재무분석	금액(원)
하나투어	KOSPI (유가증권)	1993.11.1.	2011.11.1. (2000.11.14. 코스닥 상장)	매출액	4,629억*
				영업이익	56억*
				당기순이익	−346억*
				자본금	58억*
				자산	4,700억
모두투어	KOSDAQ	1989.2.14.	2005.7.26.	매출액	3,108억
				영업이익	212억
				당기순이익	172억
				자본금	94억
				자산	2,500억
인터파크 투어	KOSDAQ	2006.12.1.	2014.2.6.	매출액	4,385억
				영업이익	61억
				당기순이익	−127억
				자본금	165억
				자산	5,300억
redcap투어	KOSDAQ	1992.12.22.	2007.3.14.	매출액	2,500억
				영업이익	255억
				당기순이익	141억
				자본금	42억
				자산	3,800억
노랑풍선	KOSDAQ	2001.8.13.	2019.1.30.	매출액	925억
				영업이익	36억
				당기순이익	46억

				자본금	20억
				자산	980억
참좋은여행	KOSDAQ	2007.2.20.	2007.4.30.	매출액	620억*
				영업이익	71억*
				당기순이익	228억*
				자본금	70억*
				자산	1,500억
롯데관광 LOTTE TOUR	KOSPI (유가증권)	1971.5.24.	2006.6.8.	매출액	714억
				영업이익	41억
				당기순이익	−1,013억
				자본금	325억
				자산	5,000억
sejoong 세중여행	KOSDAQ	1995.12.7.	2000.6.7.	매출액	133억
				영업이익	−22억
				당기순이익	−21억
				자본금	90억
				자산	1,100억

자료: 사람인(www.saramin.co.kr)과 전자공시시스템http://dart.fss.or.kr)에서 저자 재정리

여 | 행 | 항 | 공 | 용 | 어

❶ PTA(Prepaid Ticket Advice)

중요하고 유명한 인물을 초청해서 강연을 한다면 그 사람에게 모든 편의를 제공해 주어야 한다. 호텔은 물론 항공권도 구매해서 보내주어야 하는 것이 예의이다. 이런 경우 우리나라에서 티켓을 구입해서 외국으로 보내주는 항공권을 PTA라고 한다. 항공권 유효기간은 1년이며 환불은 Prepayer에게만 가능하다.

❷ PF Ticket(Price Free of Ticket)

항공사는 판매촉진을 위하여 다양한 프로모션을 진행한다. 여행사에 광고비 지원, 우수여행사 직원 인센티브 제공 시 현금이 아닌 PF Ticket으로 지원한다. FOC항공권과 달리 마일리지 등에 전혀 제약이 없지만 항공권의 운임 표시란에 무료를 표시하는 00이 찍힌다.

❸ Refund & Void

항공권 발권 후 사정이 생겨 예약을 취소해야 하는 경우가 있다. BSP여행사는 항공권 발권량을 정기적으로 보고하고 정산하는데 정산하기 전이면 발권한 항공권을 무효화(VOID)시킬 수 있다. 항공권을 환불받으려면 환불신청(Refund)을 하는데 Void보다 절차가 복잡하고 시간도 많이 걸리기 때문에 주의해야 한다.

❹ Reissue

항공권의 재발행을 말하는데 이미 발행된 항공권의 여정 변경, 항공사 변경, 좌석 등급 변경 등의 사유로 차액을 징수 혹은 지불하여 재발권해 주는 행위이다.

❺ ROE(IATA Rate Of Exchange)

출발지 국가 통화로 되어 있는 운임을 NUC 환산 시 사용되는 교환율로 IATA에 의해 1년에 4회 발행되며, 각 3개월간 동결 적용함을 원칙으로 한다.

❻ SEG(Segment)

동일한 항공편에서 발생한 여객의 탑승지 또는 화물의 탑승지부터 목적지의 하기지점까지의 구간을 의미한다.

❼ Shore Excursion

기항지여행으로 항공기 또는 선박이 항구에 도착한 후 그 항구를 출발할 때까지의 기간을 이용하여 일시 상륙허가를 얻어 여객이 그 항구 부근의 관광지를 여행하는 것을 말한다.

❽ SI(Int'l Sales Indicator)

승객의 요청에 따라 최초 출발지 국가 외의 지역에서 판매 또는 발권이 이루어지는 경우 정확한 운임계산을 위한 판매지표를 뜻한다.

판매지표	판매지	발권지	판매지표	판매지	발권지
SITI	출발지국 내	출발지국 내	SITO	출발지국 내	출발지국 외
SOTI	출발지국 외	출발지국 내	SOTO	출발지국 외	출발지국 외

여정	판매지	발권지	판매지표	비고
SEL–TYO–SEL	SEL	SEL	SITI	
SAO–LAX–SEL	SEL	SAO	SOTI	PTA
SEL–BKK–SEL	SEL	BKK	SITO	
PAR–SEL–PAR	SEL	SEL	SOTO	

❾ Stop Over(**도중체류**)

여행 중 한 도시에 도착한 당일 다음 도시로 가는 항공기가 있음에도 불구하고 그 도시에 다음날 이후에 출발하는 것을 말하며 도착 당일에 항공기가 없는 경우 도착시간으로부터 24시간 이상 체류하는 것을 말한다.

❿ STPC(Stop–Over Paid Carrier)

목적지까지 직항이 아닌 경유지에서 항공편이 당일에 연결되지 않을 때 항공사가 승객의 호텔, 식사, 교통편 등을 제공하는 서비스를 말한다.

CHAPTER ▸▸ 12

여행시장 **환경변화**와 여행사 **미래 전략**

1. 여행시장 환경변화
2. 여행사 미래 전략

학습목표

1. 여행시장 환경변화의 핵심 키워드를 설명할 수 있다.
2. 여행사의 미래를 예측하고 분석하여 생존전략을 제시할 수 있다.

1 여행시장 환경변화

많은 여행 트렌드 보고서를 정리하면 향후 세계여행은 9개 키워드로 축약할 수 있다. 개별자유여행(FIT)의 가속화, 휴양과 맛집 찾기 목적의 여행, 짧은 기간에 실속있는 여행, 항공료 지출비중 축소, 온라인 구매 증가, 밀레니얼 세대와 Z세대 등 20~30대의 미래 관광 핵심 소비층 주도, 여행사의 역할 하락 및 쇠퇴 등이다. 여러 매체와 연구보고서 등이 비슷한 내용을 쏟아내고 있다. 이러한 내용을 토대로 향후 여행시장 환경변화에 대하여 9개 핵심단어로 분석하고자 한다.

1) 개별자유여행(FIT)

우리나라를 대표하는 여행사는 대부분 기획여행 즉 패키지투어를 전문으로 하는 내국인의 국외여행(outbound) 업무를 담당하고 있다. 관광자 입장에서 패키지투어의 최대 장점은 저렴한 여행경비와 여행 전(前) 준비과정에서 소모되는 많은 시간 절약이다. 최근까지 이러한 저렴한 여행경비와 여행정보 탐색과정에서 발생되는 시간은 온라인으로 대체되고 있다. 패키지투어와 대비되는 개념으로 개별자유여행(FIT: Free Individual Tour)은 시간과 공간의 제약이 없는 편리한 모바일의 등장으로 더욱 가속화되고 있다.

OTA(Online Travel Agency), 메타서치(meta search) 등을 활용한 개인의 항공권과 호텔 예약 증가는 가격정보의 불균형을 파괴시켜 버렸다. 스마트 기기를 활용한 여행정보는 언제 어디서나 탐색이 가능하여 여행사 의존도가 계속해서 하락하고 있다. 여행사

입장에서 여행 출발 전부터 관광객의 이탈은 이미 시작된 것이다. 이러한 경향에 대응하기 위해 여행사는 단품, 현지투어, 테마여행상품 등을 기획 개발하고 판매하여 어려운 시장상황을 탈피하고자 모색 중이지만 쉽게 해결될 문제가 아니다.

2) 일상(routine)

1989년 1월 1일부터 시작된 국외여행 자유화 이후 30년 동안 국민의 국외여행은 평균적으로 매년 약 10% 성장하였다. 아마도 세계에서 그 유례를 찾아보기 힘든 사례임에 틀림없다. 단순하게 그 수치를 분석하면 약 5,200만 명 인구 중 2,800만 명(2019년 기준)이 출국하고 있으니 1년에 약 53%가 국외여행 경험을 하고 있다. 그러나 이 수치는 한 사람이 여러 번 출국하는 사례가 많기 때문에 실질적인 국외여행 경험률과는 다소 차이가 있다. 매년 문화체육관광부가 분석하는 "국민여행조사"에서 우리나라 국민의 국외여행 경험률은 2019년 22.4%이며 특히 20대의 경험률이 30.7%로 가장 높게 나타나고 있다. 이렇듯 국민의 국외여행뿐만 아니라 국내여행 또한 매년 증가추세를 이어가고 있다. 우리나라 국민의 여행은 "자주, 반복, 단거리, 휴양, 음식, 아시아" 등의 6개 단어로 표현할 수 있다. 소셜미디어의 발달로 인스타그램, 페이스북 등을 이용한 관광명소와 맛집 사진 소개는 이미 젊은 세대에게는 반드시 해야 할 행동이 된 지 오래되었다. 즉 라이프스타일이 변해 버린 것이다. 이러한 변화를 "관광의 일상화", "일상관광", "생활관광"이라고 한다. 예능방송에 나온 관광목적지를 쉽게 찾아서 의사결정하고 여행경비는 가격비교 사이트를 통해 저렴하게 구입하여 혼자서 여행을 떠나게 되는, 특별한 고민과 시간을 투자하면서까지 여행하는 시대는 이미 지났다는 것을 의미한다.

1년 중 7말8초 극성수기에 한두 번 떠나는 신성한 '휴가(holiday)' 개념에서 1년 365일 언제나 떠날 수 있는 '일상'으로 바뀌었는데 여행이 일상화되면서 당일 혹은 1박 2일의 근거리 여행이 각광받고 있다. 즉 여행은 거창한 것이 아니라 언제든 떠날 수 있는 소소한 일이 되어간다는 의미이다. 일과 삶의 균형을 중시하는 풍토와 휴가 보장 등 최근 들어 노동중심의 정책변화도 여행의 일상화에 기여하고 있다. 또한 소셜미디어의 발달로 인증사진과 인생사진에 대한 욕망이 폭발적으로 증가하고 관광명소에 가보고 싶은 욕구 등이 커지면서 여행이 일상화되고 있다.

3) 온라인(online)

온라인 채널을 통한 항공권 및 여행상품 구매 지속 증가, 대형여행사의 메타서치 형태로 온라인 판매채널 입점, 스마트폰의 대중화, 모바일 채널을 통한 구매 선호도 증가 등의 주체와 종착점은 OTA이다. 호텔과 항공권의 경우 오프라인에서 온라인으로 판매채널을 옮겨 세계 거대기업의 중심이 된 부킹닷컴, 호텔스닷컴, 익스피디아, 아고다, 스카이스캐너, 트립닷컴, 카약 등은 대표적인 글로벌 OTA이다. OTA뿐만 아니라 관광플랫폼의 각축전이 온라인에서 진행되고 있다. 글로벌 기업 에어비앤비, 트립어드바이저, 클룩 등과 국내의 네이버, 카카오, 야놀자, 마이리얼트립, 와그, 트리플 등을 본서에서 'OPA(Online Platform Agency)'라고 최초로 명명하고자 한다.

회계와 경영컨설팅 글로벌 기업 KPMG에서 2016년 33개국 3만여 명의 관광객을 대상으로 한 설문조사에서 73%의 관광객이 여행지를 결정할 때 온라인과 소셜미디어를 참고한다고 응답했고, 65%의 관광객이 온라인으로 숙소를 예약한다고 답해 여행지 선택에 있어 온라인의 역할과 영향력이 점점 더 커지고 있음을 알 수 있다. OTA를 통해 상품을 검색하고 가격비교를 한 후 개별적으로 예약을 진행하는 경향이 점점 높아지고 있다는 것이다.

그림 12-1 대한항공 항공권 온라인 채널 발권 점유율 추이

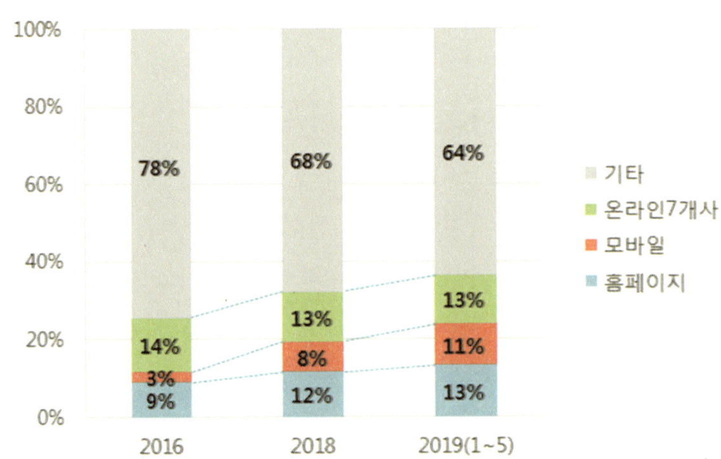

자료: 대한항공(2019) 내부자료

이러한 온라인 중심의 여행 행태는 중단거리, 6박 7일 이상 여행비중 감소, 휴양과 음식관광 목적 여행증가로 단기간(3박 4일~5박 6일) 재방문객 수요 증가, 항공료 절약, 먹거리 및 경험, 체험 비용 증가, LCC공급 증가와 OTA와 메타서치 통한 가격비교 툴 영향, 항공료 비교검색을 통한 저가 선호 등으로 나타나고 있다.

4) 경험(experience)

트렌드 코리아 2018에서 "사회가 발전할수록 사람들이 더 많은 물질을 소유하기보다 삶의 질을 향상시키는 경험을 하기 원한다. 결국 소비자에게 좋은 경험을 제공하는 공간을 누가 만들 것이냐가 성패를 가르는 핵심이 될 것이다."라고 기술하고 있다. 온라인으로 모든 것을 살 수 있는 시대가 되었지만, 아직까지도 더 많은 소비자들이 오프라인 매장을 찾고 있다. 그곳에서 직접 물건을 사용해 보고 체험해 본 후에 온라인으로 구매하는 쇼루밍(show rooming)족이 생겼다. 유사한 개념으로 O2O(onlie to offline) 즉 온라인과 오프라인이 별개로 움직이는 것이 아니라 서로 결합해야 그 시너지 효과가 더 커진다는 논리다. 온라인 시장이 매년 증가하고 있으나 아직까지는 오프라인 시장에서 이루어지는 매출 비중이 훨씬 크다. 온라인 시장이 커지면 커질수록 경험을 중시하는 오프라인 시장이 더 중요하게 될 것이라는 의미이다.

여행시장에서도 경험을 파는 시대로 접어들었다. 관광의 목적은 그림 같은 자연관광지(산, 바다, 동굴, 폭포 등)를 보는 것(sightseeing)에서 체계적으로 박제된 관광지 문화를 체험하는 시대를 지나 지금은 현지문화를 관광자가 실제로 겪어보는 '한달살기' 등 정주형 관광으로 변하고 있다. 메타서치를 통해 100원이라도 저렴한 항공권과 호텔을 탐색하지만 현지문화를 경험할 수 있는 쿠킹클래스, 지역주민이 안내하는 골목여행, 인문학 강사와 함께하는 미술관, 박물관 여행 등에는 주저하지 않고 지갑을 여는, 여행상품을 구매하는 것이 아니라 경험을 사는 시대에 여행사가 공존하고 있다.

글로벌 호텔체인기업 힐튼, 메리어트, 하얏트 등보다 더 높은 기업가치를 자랑하는 에어비앤비는 실물이 없으며 일관된 서비스도 찾기가 힘들다. 남의 방을 이용하고자 하는 전 세계 관광객들에게 그 방을 소유한 호스트와 연결해 주는 공유숙박 플랫폼일 뿐이다. 새로운 서비스가 개발된 것도 아니고 지금까지 전통적인 여행사가 제공했던 "알선", "대리", "중개"라는 서비스를 "공유"라는 이름으로 바꿔 서비스로 접근했다. 특별하지도 않고 새로운 서비스가 개발된 것도 아닌 에어비앤비가 소개하는 곳을, 관광객들이 굳이 더 불편한 숙소를 찾는 이유는 바로 현지문화의 경험이다. 숙박만 파는 호텔과 취향도 파는 호텔 중에 어느 숙소를 택할 것인가는 여행이 일상화로 가는 과정에서 뻔한 결정이 되고 있다.

'어디에서나 우리 집처럼', '여행은 살아보는 거야'의 에어비앤비 광고 카피처럼 국외 여행은 물론 제주도 여행에서도 호텔이 아닌 남의 집에서 살아보고 싶은 관광객의 본능적 욕구를 성공적으로 유인했다고 볼 수 있다.

5) 윤리(ethical)

관광이 대중화, 대량화, 일상화됨에 따라 일부 관광자층은 여행을 윤리적, 도덕적으로 착하게 해야 한다는 생각을 실천하고 있다. 도덕적으로는 윤리적이고 경제적으로는 합리적 소비(rational consumption)를 한다. 관광의 일상화로 관광자는 타인을 배려하고 양보하는 방법을 찾게 만든다. 남에게 피해를 주지 않는 여행, 여행생태계에서 일부만 이익을 선취하는 것이 아니라 골고루 분배되었으면 하는 공정한 여행을 희망하기도 한다. 이러한 여행을 한마디로 표현하면 1990년대 중반에 나타난 '지속가능한 관광(sustainable tourism)'이라는 용어이다. 다크투어리즘(dark tourism), 책임여행(responsible travel), 공정여행(fair travel), 과잉관광(over tourism), 무장애관광(Barrier Free tourism) 등을 지속가능한 관광의 대표적인 사례로 꼽을 수 있다. 다크투어리즘은 서대문형무소역사관, 아우슈비츠 수용소, 제주4 · 3평화공원, 뉴욕의 그라운드 제로, 히로시마 평화기념관, 캄보디아 킬링필드 유적지 등이 많은 사례로 등장하고 있다. 전쟁, 학살 등 비극적 역사의 현장이나 엄청난 재난과 재해가 일어났던 곳을 돌아보며 후대에게 그 교훈을 유산으로 남길 수 있는 여행을 말한다. 책임여행과 공정여행은 비슷한 개념이다. 책임여행은 여행의 주체자인 여행자가 윤리적으로 책임감과 사명감을 가지고 여행하는 것으로 현지문화 이해, 환경보호를 실천해야 한다. 공정여행은 여행자, 여행사, 관광공급자가 여행목적지와 현지인을 더 많이 배려하고 환경을 생각하는 여행이다. 여행자가 더 불편하면 현지인에게 더 많은 이익을 가져다줄 수 있는 시스템이다. 예를 들면 히말라야 트레킹 여행상품을 기획한 여행사는 셰르파(sherpa)에게 등반 안내자 역할을 계약하지만 그 대가가 너무 빈약하기 때문에 수익구조를 바꿔보자는 의미로 접근한다. 호텔과 대형 쇼핑몰을 이용하기보다는 현지인이 운영하는 숙소, 식당, 기념품 가게를 이용하도록 추천한다.

관광객이 너무 많이 방문하여 현지인의 일상이 불편하고 거대 자본가에게 경제적 종속화되고 있는 과잉관광(over tourism)은 필리핀 보라카이, 이탈리아 베네치아, 스페인 바로셀로나, 북촌 한옥마을 등 세계 곳곳의 관광명소에서 일어나고 있다. 연간 3,000만 명이 찾는 이탈리아 베네치아는 과잉관광의 폐해가 커지자, 지역주민들이 대형 크루즈의 입항을 반대하고, 네덜란드 암스테르담 시 관광위원회는 매년 폭발적으로 증가하는 관광객을 감소시키기 위해서 관광광고를 중단하기도 했다. 홍등가 관광 금지, 튤립을 짓밟지 못하도록 하기 위한 새로운 표지판 설치, 숙박공유 서비스를 통한 단기임대 허용기한 30일로 제한 등 지역주민 보호를 위한 다양한 방안을 강구하고 있다.

관광이 아무리 대중화, 일상화되더라도 관광 소외계층은 있기 마련이다. 장애인, 노약자뿐만 아니라 유아를 동반한 가족여행은 경제적 이유가 아니라 관광교통의 불편함 때문에 여행을 망설이게 된다. 방지턱 없는 관광명소를 만들어 휠체어 여행이 가능한, 장애 없는 여행이 "무장애여행"이다. 세계 최고 복지를 지향하는 스위스는 트램, 기차, 배, 비행기, 산악열차, 케이블카 등 관광교통편은 3,000미터 이상의 알프스 영봉을 휠체어를 타고 오르내릴 수 있도록 규정하고 있다.

산악열차와 케이블은 기본적으로 '휠체어 리프트'가 장착돼 있으며 무장애 하이킹 코스는 74개가 있다. 휠체어가 진입 가능한 무장애 호텔은 1,530여 개, 52개의 유스호스텔은 2013년부터 '모두에게 열린 휴가' 프로젝트를 론칭해 전면적인 시설과 서비스를 개편했다(뉴스1, 2019).

6) 환경(environment)

1950년대부터 1980년대까지 약 30년 동안 관광은 일부계층에서 많은 사람들이 향유할 수 있는 대량 또는 대중관광으로 발전하였다. 이러한 관광으로 자연스럽게 항공기,

리조트, 호텔 및 수많은 관광시설이 개발되었는데 이 과정에서 자연환경이 파괴되고 훼손되어 이에 대응하고자 세계관광기구(UNWTO)에서 '지속가능한 관광(sustainable tourism)'이라는 용어를 만들어 1990년대부터 사용하게 되었다. 환경과 관광은 서로 상반되는 것이 아니라 공생하면서 지금 세대는 물론 미래 후세들에게도 물려줘야 할 인류유산이기 때문에 지속적으로 관광이 가능하도록 하자는 것이다. 지속가능한 관광은 대안관광이라고도 하며 여러 형태로 분류할 수 있으나 대체로 친환경 관광이라 할 수 있는 '녹색관광(green tourism)', '생태관광(eco tourism)', '기후변화(climate change tourism)관광' 등이 있다.

흔히 "관광산업은 굴뚝 없는 청정산업"이라 했는데 과거에는 제조업과 함께 외화벌이 수단으로 인식하는 위정자들의 그릇된 인식에서 탄생한 잘못된 표현이며 지금은 객관적인 사고 전환이 필요한 시점이기도 하다. 이미 10년 전에 세계 관광분야 이산화탄소(CO_2) 배출량은 관광교통이 75%를 차지하는데 항공기 40%, 자동차 32%, 숙박 21%, 관광활동 4%, 기타 3% 순으로 나타났다고 UNWTO가 발표하였다. 특히 우리나라는 1년 365일 미세먼지, 황사, 초미세먼지에 국민 건강을 위협받는 현 상황에서 기후변화와 관광산업의 영향관계를 규명해야 할 대의적 명분이 충분히 가치 있고 논의되어야 할 시점임에 틀림없다.

기후변화는 온실가스로 인한 지구 온난화로 해수면 상승, 기온상승, 겨울철 기간 단축, 적설량 감소, 집중호우, 대형태풍 발생, 가뭄 증가 등의 자연재해로 나타나고 있다. 온실가스의 5%는 관광활동으로 발생한다고 하니 기후변화는 관광이 피해자이자 가해자가 되고 있다. 관광과 기후는 관광객 의사결정과 밀접한 관계를 가지고 있으므로 관광분야에서 기후변화는 매우 중요한 이슈로 접근해야 한다. 그러나 관광은 기후에 매우 취약하고 의존성이 높은 산업적 특성을 고려한다면 기후변화 대응차원이 단기적이기보다는 장기적 목표로서 구체적인 검토와 대안 마련이 필요하다. 이명박 정부(2008~2012)의 "녹색관광"은 관광학계에서도 연구가 활발하게 진행되었으나 정권이 바뀐 이후 무관심해졌다. 기후변화, 녹색관광, 생태관광 등 친환경적 관광의 연구는 정치적 이해관계를 떠나 향후 미래 "지속가능한 관광(sustainable tourism)"의 한 분야로 접근해야 한다.

기후변화는 관광수요를 변화시키는 중요한 영향요인으로 작용하는데 기후변화가 유발한 관광지 환경의 변화는 관광객의 목적지 선택에 영향을 미칠 뿐 아니라 관광지에서의 활동에도 영향을 미쳐 관광경험을 형성하고 재방문과 구전을 결정짓는다. 일반적으로 기후변화에 대한 관광객의 적응력은 가장 높다. 이는 기후변화의 피해를 입은 관광지를 선택하지 않거나 여행시기를 변경함으로써 회피할 수 있다. 여행사의 적응력은 중간수준으로 변화된 관광객의 수요에 적응하거나 정보제공을 통해 관광객의 선택에 영향을 미칠 수 있기 때문에 호텔, 리조트 등 시설을 기반으로 하는 관광기업보다는 상대적으로 유리하다.

7) 4차 산업혁명

4차 산업혁명의 핵심은 인공지능이다. 간단하게 말하면 인간이 하는 일을 빅데이터, 사물인터넷 등을 이용해서 데이터를 최적의 정보로 전환하여 기계화하는 것이다. 4차 산업혁명은 모든 산업에서 일자리를 인간 대신 기계로 대체하기 때문에 고용이 불안해질 수밖에 없다. 여행사 직무 중 고객상담, 재무회계, 항공예약발권 등이 인공지능으로 가장 활발하게 적용될 것이다. 이것은 동전의 양면처럼 긍정적, 부정적 의미를 함께 내포하고 있다. 긍정적인 의미는 항공권을 포함한 각종 교통패스권의 자동화, 현지 언어 번역과 자유로운 의사소통, 실시간 자동응답 등의 챗봇기능, 여행객 수요조사 등에 적용 또는 활용이 가능하다. 부정적 의미는 고용적인 측면으로 여행사에서 가장 중요한 부서인 항공팀(수배, 발권)과 지상팀(수배)을 인공지능으로 대체하기 때문에 일자리가 사라진다는 것이다. 그러나 여행사 업무는 인적 요소가 많은 분야인 만큼 기계로 대체하기에는 한계가 있을 수밖에 없다. 현재 일부 여행사에서는 예약 전, VR을 통해 여행지를 미리 볼 수 있는 서비스를 운영하고 있다.

여행사는 소셜미디어, 빅데이터, 인공지능 등을 활용해야 하며 정성적 분석보다는 고객의 취향, 구매, 행동 패턴 등 빅데이터를 활용한 정량적 분석, 즉 데이터 분석가를 육성할 필요가 있다. ICT 기반의 마이리얼트립 여행사는 직원의 30% 정도가 IT 개발자로 구성되어 있다고 한다.

8) 유통(channel)

'여행은 유통'이라는 말은 여행사의 존립을 위태롭게 하고 있다. 여행에 필요한 항공과 호텔은 온라인에서 쉽게 예약할 수 있다. 신라면세점이 항공, 숙박, 여행 등 서비스를 주도적으로 제공하는 플랫폼 사업자로 2019년에 '신라트립'을 설립했는데 이는 여행사와 랜드사 등이 입점해 직접 운영, 판매할 수 있는 오픈마켓 형태이다. 즉 여행사와 면세점 간의 입장이 바뀌었다. 기존에는 여행사가 면세점을 홍보하고 약간의 수수료를 받는 데 그쳤다면, 이제는 면세점이 여행사의 역할을 대신하는 플랫폼 사업자로 성장했다. 예를 들어, 여행자가 면세점 사이트에서 항공과 호텔, 액티비티 등을 예약한 후에 면세쇼핑을 할 수 있다(http://www.ttlnews.com/article/travel_report/7030).

초기 사업은 자유여행객이 대상이지만 여행사는 여행시장에서 주객이 전도되어 대기업 유통의 영역으로 흡수될 가능성이 높아지고 있다. 다양한 여행정보와 여행상품 구매가 가능하며, 면세점 리워드 프로그램으로 고객충성도를 높일 수 있으며 플랫폼을 통해 여행생태계를 구축하여 고객을 더 많이 유인할 수 있다. 쉽게 말해서 여행사 입장에서는 또 하나의 거대한 경쟁사가 나타난 것이다.

네이버, 카카오, 신용카드사, 소셜커머스, 오픈마켓, 글로벌 OTA 등 기술력과 자본력을 갖춘 기업들이 경쟁력 있는 가격으로 상품을 판매함으로써 여행사를 위협하고 기존 유통이 파괴되고 있다. 항공권과 패키지 여행상품 메타서치 플랫폼을 운영하는 네이버, 항공권 판매량 5위권에 있는 타이드스퀘어의 지분을 28.9% 확보한 카카오, 여행업 진출을 선언한 소셜커머스와 오픈마켓 등 부정적인 시각보다는 긍정적인 측면에서 여행업의 벽이 허물어지고 있는 상황에서 이들을 경쟁사로 인식하기보다는 유통과 판매 채널로 활용할 필요가 있다. 모든 기업이 항공권과 호텔 객실을 판매할 수 있는 시대가 왔다. 이제 여행사는 항공과 호텔 판매로 수익을 창출했던 과거로부터 빨리 벗어나야 한다.

9) SOMZ

SOMZ는 노인(Silver), 1인가구(One), 밀레니얼(Millennial)과 Z세대의 첫머리 글자를 따서 저자가 만든 새로운 용어이다.

연령이 65세 이상인 사람을 국제사회에서는 노인으로 규정하고 있다. 우리나라는 고령화 사회를 뛰어넘어 초고령화 사회에 진입하였으며 이들 세대는 과거와는 다른 사고방식을 가진다. 자식과 함께 살기를 거부하고 또 의지도 하지 않으며 연금, 부동산 등 오랜 세월 동안 축적한 재산은 부부를 위해 소비하는 경향이 있기 때문에 향후 크루즈여행을 선도할 계층으로 부각되고 있다.

우리나라 여행시장에서 전체 여행자 중 60대 이상은 아직까지 적은 편이지만 수요는 가파르게 늘고 있다. 2017년 인터파크투어 고객 중 60대 이상 이용자의 PC 접속을 통한 예약은 전년 대비 12%, 모바일을 통한 예약은 18%나 증가했다. 특히 모바일을 이용한 해외여행상품 예약은 171% 증가해 노후에도 모바일까지 자유자재로 쓰며 여가활동을 즐기는 '액티브 시니어'가 늘고 있다는 분석이다. 모두투어도 2017년 해외여행상품을 이용한 여행객을 분석한 결과 전체 여행객 중 만 60세 이상이 차지하는 비율이 18.5%를 차지했다. 60대 이상이 가장 많이 선택한 여행지는 동남아(40%), 일본(24%), 중국(19.0%) 순이다(https://www.mk.co.kr/news/culture/view/2018/03/159208/).

2019년 통계청이 발표한 "장래 가구 특별 추계: 2017~2047년"에 따르면 2019년 1인 가구는 598만 7천 가구로 전체 가구(2천11만 6천 가구)에서 가장 큰 비중(29.8%)을 차지할 것으로 추정됐다. 2027년 32.9%(711만 4천 가구), 2037년 35.7%(807만 6천 가구), 2047년에는 37.3%(832만 가구)로 지속해서 늘어날 전망이다. 반면, 부부와 자녀가 함께 사는 가구는 2047년 16.3%(363만 8천 가구)로 감소할 것으로 예측됐다. 가구주의 중위연령은 2017년 51.6세에서 2047년 64.8세로 13.2세 많아질 전망이다. 가구주는 호주 또는 세대주와 관계없이 가구를 실질적으로 대표하는 사람을 의미한다. 가구주가 65세 이상인 고령자 가구 비중은 2017년 20.4%(399만 8천 가구)에서 2047년 후 49.6%(1천105만 8천 가구)로 절반에 육박할 것으로 예측됐다. 절대적인 규모로는 무려 2.8배 늘어나는 것이다(https://news.einfomax.co.kr/news/articleView.html?idxno=4048384).

특히 여성에게 인기있는 분야는 혼자서 여행할 수 있는 시장이 될 가능성이 높다. 5년간 혼자 여행하는 여성에 대한 구글 트렌드 검색어 수는 800%나 늘었으며 2019년 Visa Travel Index에 따르면 74%의 글로벌 여성들은 향후 혼행을 고려하고 있다고 답변했다. 한국인의 경우 93%가 혼행을 해봤거나 고려하고 있는 것으로 나타났다. 이는 1인

가구의 증가, 또 '자유로움'과 '독립성'을 추구하는 2030세대의 트렌드로 '혼행'(혼자 여행)이 자리 잡고 있기 때문이다(https://www.sedaily.com/NewsVIew/1Z04RDL9KH).

밀레니얼 세대는 많은 전문가들이 1981년부터 1996년까지 태어난 세대라고 정의한다. 대부분 베이비붐 세대의 자녀들이라 에코붐 세대(echo boomers)라고도 한다. 전통적 마케팅 광고보다는 개인적 정보(블로그)를 더 신뢰하며, 제품 브랜드에 대해서도 상대적으로 다른 세대보다 관심이 적다. Z세대는 정확한 기준은 없으나, 인구통계학자들은 1990년대 중반부터 2010년대 초반까지 출생한 세대를 말하는데 Z세대의 가장 큰 특징은 어려서부터 인터넷을 자연스럽게 접한 세대라는 것이다. Z세대들은 IT기술에 익숙함을 느끼고, 사교생활에 있어서 스마트폰, 소셜미디어를 자유롭게 사용한다. "모바일 먼저"가 아니라 "모바일만" 세대라고 할 수 있는데 앞으로 여행시장에서 가장 큰 주역이 될 가능성이 높다. 이 세대들의 여행 특성은 여행의 일상화로 틈만 나면, 틈을 비집고서라도, 여행을 떠나고자 한다. 성수기보다는 비성수기에 특가를 찾고 있으며 당일치기 여행을 선호하기도 한다. 관광명소보다 잘 알려지지 않은 곳을 탐험하거나 독특한 거리 음식을 즐기는 걸 좋아하며 오로지 인생사진 한 장을 찍기 위해 과감하게 여행을 떠나기도 하며 여행하면서 사진과 영상을 소셜미디어에 수시로 인증하며 자기만족을 한다. 먹고, 마시고, 현지인처럼 인생을 즐기는 것이 곧 여행이라고 생각한다.

혼밥, 혼술에 익숙한 이 세대는 여행도 혼자 하는 것을 고민하지 않는다. 친한 친구나 가족과 함께 여행하는 것도 부담스럽고 여행 전, 중, 후 등에서 많은 이견과 다툼이 존재하기 때문에 개인화를 중시하는 세대에게는 더욱더 혼행(혼자 하는 여행)이 절실하다. 같은 관광명소, 도시, 관광지 등을 재방문하지만 자신만의 새로운 곳을 찾아내기도 한다. 오사카를 다시 가더라도 첫 번째 방문 때 가보지 못한 식당을 찾거나 다른 교통편을 이용, 다른 액티비티를 경험하는 것을 좋아한다.

2 여행사 미래 전략

1) 여행사의 본질은 무엇인가?

여행업은 관광진흥법 제2장 제1절 제3조 1항 1호에서 정의되고 있다. "여행자 또는 운송시설 · 숙박시설, 그 밖에 여행에 딸리는 시설의 경영자 등을 위하여 그 시설 이용 알선이나 계약 체결의 대리, 여행에 관한 안내, 그 밖의 여행 편의를 제공하는 업"이라고 하였다. 즉 알선, 대리, 안내, 여행 편의가 여행사의 핵심 직무이며 여행업의 본질은 기획, 수배, 안내이다.

기획이든, 수배든, 안내든 가장 중요한 원칙은 판매자 중심에서 수요자 중심으로 모든 사고방식을 전환해야 한다는 것이다. '온디맨드(on-demand)'는 수요(Demand)에 초점을 맞춘 서비스로 관광객이 원하면 언제든지 제공할 수 있다는 점이 포인트다. 이제 여행은 더 이상 공장에서 찍어내는 획일적인 상품이 아니라 관광객의 욕구와 욕망을 찾아서 그것을 콘텐츠로 만들어 제공하는 것이며 다양한 판매자가 참가해 자신만의 콘텐츠를 구성할 수 있는 플랫폼 위에서 구현할 수 있어야 한다. 여행사는 더 이상 스스로 상품을 기획하고 구성하여 모객하는 데 힘을 쏟을 것이 아니라 다양한 유통채널에서 판매자들이 생산하는 콘텐츠를 관광객이 쉽게 구매할 수 있도록 머천다이징(MD) 기능을 강화해야 한다.

2) 뭉쳐야 뜨고 산다

여행사는 교통, 숙박, 음식, 쇼핑, 레저 등 여러 산업과 융합하고 복합적으로 이루어진 유기체이다. 대형여행사는 규모의 경제, 범위의 경제 등 인적 · 물적 자본력이 충분하기 때문에 짧은 시간에 많은 것을 일사천리로 할 수 있다. 하나투어의 경우 2019년 체험, 투어패스, 관광지 입장권, 유심카드, 와이파이(Wi-Fi), 여행자보험 등 자유여행객에게 맞춘 상품과 서비스도 제공하는 오픈마켓으로 자유여행 플랫폼 모하지(https://www.mohaji.com)를 출범시켜 실패한 후 2020년 4월 16일 400억 원을 투자하여 새로운 플랫폼 하나허브를 탄생시켰다. 따라서 대형여행사는 유통망을 확대할 필요가 있는데 직접적인 비용투자보다는 제휴, 합병, 컨소시엄 등 전략적 제휴를 활용하여 유통망을 확대해야 한다.

하지만 우리나라 대부분의 여행사들이 소규모 영세성을 벗어나지 못한 상황을 감안하면 막대한 인적 자원과 물적 자본 투입은 불가능하다. 중소여행사의 경우 항공권 판매의 OTA 쏠림 현상 및 항공사의 직접 판매 강화에 대응하기 위해서는 서비스 피(service fee)와 특화여행상품 개발이 유효한 영향관계가 있으니 중소형여행사 간의 전략적 제휴를 통해 특화여행상품 공동개발 및 항공권 공동판매를 통한 항공사 볼륨인센티브(VI) 제도를 활용할 수 있어야 한다. 관광객이 항공사로 이동하는 것을 방지하기 위해서 다른 여행사에서 취급하지 않는 틈새시장을 찾아 차별화된 여행상품을 개발하여 항공권 판매 비중을 줄이고 특화여행상품 전문여행사로 전환해야 할 것이다. 결국 우리나라 중소형 여행사는 항공권 판매비중을 계속 줄이고, 여행사 간 전략적 제휴를 통하여 투자비용을 최대한 절감하면서 특화된 여행상품을 개발해야 한다. 여행사는 연합체를 결성해 항공사를 선택과 집중 전략으로 대응하고, 여행시장에서 전문성을 개발하여 항공사와 거래하고, 컨소시엄을 구성하여 항공사와 협상능력을 발휘할 수 있도록 해야 한다(공윤주, 2010).

3) 서비스가 공짜인 시대는 지났다

여행업무 취급수수료(TASF: Travel Agency Service Fee)는 여행사가 여행객에게 제공한 서비스의 대가를 여행객이 여행사에게 지불하는 수수료다. 여행사는 여행상담, 예약 및 환불, 호텔, 항공권, 현지투어 및 각종 교통패스권 예약과 발권, 항공권 APIS 정보입력, 사전좌석배정, 비자업무, 이용알선, 정산, 정보제공 등 수많은 업무를 여행객을 위해 처리하고 있다. 부동산 중개수수료, 변호사 수임료, 의료 진찰료 등과 마찬가지로 여행업무 취급수수료 역시 여행사가 고객에게 제공한 서비스에 대한 대가를 청구하는 것은 당연한 권리이다. 취급수수료, 서비스 피, 거래수수료, 여행공임료 등 다양한 용어로 불리고 있으나 가장 대중적으로 사용하는 것은 취급수수료이다.

우리나라 여행사도 이미 TASF를 2010년에 도입하여 시행하는 만큼 제도 도입의 필요성을 한국관광협회와 한국여행업협회 등 여행사의 목소리를 대변하는 여러 협회에서 고객과 여행사 직원들을 대상으로 지속적으로 홍보와 교육을 해야 한다. 또한 일본의 사례처럼 취급수수료 징수와 관련된 법규를 제정하고 각 여행사별 세부규정은 여행사 내규에 등재하도록 제도적 장치를 마련해야 한다. 중앙정부는 여행사법을 제정하고 지방정부는 여행사와 관련된 조례를 제정하여 어떤 형태이든 여행취급수수료 징수문제를 법적으로 보장해야 한다.

취급수수료 운영수익은 간접세인 부가가치세 측면으로 운영해야만 고객의 저항이 없다는 것을 여행사들이 인식해야 할 것이다. 무엇보다도 취급수수료 제도의 조기정착이 필요한데 여행사를 경영하는 대표들이 항공권 발권의 전반적인 프로세서를 파악하고 고객들에게 서비스피를 요청해야 한다. 이때 선결되어야 할 것은 직원의 여행상담능력을 전문화하고 관광객 개인별 여행 큐레이션(curation)과 1:1 서비스를 더 한층 높이는 것이다. 즉 양질의 관광콘텐츠를 선별, 조합해 특별한 의미를 부여하고 가치를 재창출하여 고객이 원하는 여행을 족집게처럼 콕 집어서 설계하는 핀셋(pincette) 역할을 해야 한다. 여행사가 상담력과 전문성을 향상시키는 방법은 직원들을 국가별 관광청에서 운영하는 전문가 양성프로그램에 적극적으로 참여하도록 독려하여 지역전문성과 차별화를 강화시키고 관광청 인증마크를 사용함으로써 직원의 사기진작과 더불어 자부심 및 고객의 여행사 신뢰를 배가시키는 것이다.

우리나라 여행사는 차별화된 취급수수료 수익모델을 도입하여 정착시켜야 한다. 취급수수료 징수대상 항목은 주로 항공권 위주로 먼저 시행하고 반드시 세부적인 규정을 마련해야 하는데 목적지, 항공권 발권의 난이도, 항공권 재발행, 마일리지 예약, 환불, 분실항공권 처리, 예약취소 등에 따라 차등 징수해야 한다. 대형여행사는 기획여행상품의 서비스 피를 일괄적으로 부과하는 방법과 각각의 거래 건별로 부과하는 방법을 신중히 검토하여 시행해야 한다. 중소여행사는 상용고객이 대부분을 차지하므로 약간의 차이는 있을 수 있지만 여행사에서 예약하기 위한 모든 행동과 업무를 부과시키는 방법(Transaction Fee), 실제 판매한 항공권과 호텔상품 외에 청구하는 방법(Service Fee), 기업과 월별, 분기별, 연도별로 합의된 기간에 청구하는 방법(Management Fee) 중에서 여행사가 처한 환경에 따라 어떤 방법을 선택할 것인지를 정확하게 판단해야 한다(공윤주, 2010).

그림 12-2 **여행취급수수료 적용 사례**

자료: 비욘드코리아 홈페이지

비욘드코리아(https://www.beyondkorea.co.kr) 여행사는 과거 여행사들이 진행했던 취급수수료를 보다 더 구체적으로 시행하고 있다. Basic Plan: 이메일 상담(2회), Special Plan: 이메일 상담(2회)+전화상담(2회) 각 30분씩, Superior Plan: 이메일 상담(2회)+전화상담(2회) 각 30분씩+방문상담(1회) 등 항공권 예약을 포함한 전체 여행과 관련된 상담에 대해 서비스 대가를 고객에게 청구하고 있다. 다만 '비욘드코리아'를 통하여 예약 시 컨설팅 비용 전액은 고객 이탈을 방지하기 위해 여행상품 예약 시에 필요한 항공비용과 현지지상비용에 대한 예치금(deposit)으로 전환시키고 있다.

〈표 12-1〉 국가별 서비스 피 유형과 수준

	서비스 피 유형	미국(평균)	프랑스	스웨덴
항공관련 서비스 피	티켓관련 피			
	• 티켓 발권	28달러		
	• 티켓 가격			
	– 700유로 이하		42유로	
	– 701~1200유로		62유로	
	– 1200유로 이상		82유로	
	• 티켓 변경	32달러		10~30유로
	• 티켓 취소			10~30유로
	• 티켓 분실			
	• 티켓 판매량			
	• 환불		10유로	20~25유로
	• 티켓 좌석			
	– 1등석			
	– 비즈니스석		120유로	80유로
	– 일반석			55유로
	목적지 피			
	• 국내/단거리		19~50유로	티켓가격의 11% 또는 30유로
	• 지역/중거리		30~65유로	
	• 국제/장거리		40~90유로	
	부대혜택 없는 항공	34달러	10~25유로	50~80유로
	항공사 수수료 수준		7~10%(15유로 이하)	
	FFP	38달러		
	특별쿠폰과 프로모션			
비항공관련 서비스 피	상담 피			
	• 여행계획과 조사	65달러		
	• 맞춤주문예약		30유로	
	• 시간당 요금	48달러	60유로	
	• 고정 요금	78달러		
	레저 관련 피			
	• 기차표	25달러	4~20유로	11유로
	• 호텔		8~20유로	
	• 자동차		8~20유로	15~20유로
	• 페리		8~20유로	
	• 보험		8~20유로	

	• 투어오퍼레이터			수수료에 따라
	지불방식		전체 3%	
	• 신용카드			
	비자/여권 수속		20유로	
	견적 피			
	• 개인 • 그룹		45유로 30~115유로	
	예약경로			
	• 워킹고객 • 전화 • 인터넷		가장 높음 중간 가장 낮음	
	예외 피			
	• 일주일 전 예약 • 제때 결제 안 함		15~20유로	
	엔터테인먼트			
	• 웨딩 • 영화 티켓		40유로	

자료: ASTA(2006); Dr. Fried & Partner(2007); 공윤주(2010)에서 참고하여 저자 재작성

여 | 행 | 항 | 공 | 용 | 어

❶ **Surface**

여정 중 항공으로 연결되지 않는 구간이다. 예를 들면 여정이 서울에서 도쿄로 가서 도쿄에서 오사카 이동은 신칸센 기차를 이용하고 오사카에서 서울로 돌아오는 경우 표시는 SEL/TYO X OSA/SEL로 하고 도쿄와 오사카 구간은 Surface라고 한다.

❷ **Sublo Ticket(Subject To Load)**

FOC와 AD 항공권이 여행사 직원용이라면 항공사 직원용 할인항공권을 Sublo Ticket이라고 한다. 보통 90%의 할인을 받거나 무료이며 이 항공권 역시 좌석확정이 되지 않고 마일리지 적용 등을 받지 못한다. 사전에 예약이 인정되지 않고 공항에 대기하고 있다가 좌석이 남아 있을 경우 탑승할 수 있다.

❸ **TWOV(Transit Without Visa)**

입국하고자 하는 국가로부터 정식 비자를 받지 않았더라도, 승객이 일정한 조건을 갖추고 있으면 단기간 체류할 수 있는 제도

❹ **Transit**

출발지에서 특정 목적지로 이동 시 중간의 어느 지점을 경유하여 같은 비행편으로 계속 여행하는 것을 말한다.

❺ **Through Boarding**

서울을 출발하여 프랑크푸르트를 거쳐 파리까지 여행할 경우 수하물을 부치고자 할 때 프랑크푸르트는 경유지이니까 최종목적지인 파리까지 한번에 도착해야 한다. 또한 보딩패스도 SEL→FRA 1장, FRA→PAR 1장 등 모두 탑승권 2장을 한꺼번에 받는데 이를 Through Boarding이라고 한다. 만약 Stop-Over를 하여 1박을 하는 경우에는 FRA까지 붙어야 할 것이다. 보딩을 받을 때 경유편인 경우는 반드시 최종 목적지를 밝힌다. 단 Through Boarding은 같은 항공사만 가능하고 항공사가 바뀌는 경우에는 경유지에서 짐을 찾아서 보딩절차를 한번 더 거쳐야 한다.

❻ **UM(Unaccompanied Minor)**

비동반소아운임이라고 하며 어린이(소아)가 보호자 없이 혼자 항공여행을 하는 경우 적용받을 수 있는 항공운임이다. 적용대상은 최초 여행일 기준 만 5세 이상 12세 미만 승객으로 성인보호자 없이 혼자 여행하는 승객을 위해 항공사 직원이 출입국 수속과 탑승, 현지 도착 후 보호자에게 인계하는 서비스를 제공하기 때문에 성인요금을 적용받는다.

❼ Up Grade

상급 Class에 탑승하는 것으로 일반석(economy) 좌석이 비즈니스(business) 좌석으로 좌석 등급이 올라가는 것을 말한다. 일반석이 만석이 되어 좌석이 없을 경우 비즈니스 좌석으로 승급시키거나 마일리지 등급이 높은 승객을 서비스 차원에서 좌석 승급을 시켜주는 경우도 있으며 일반석 항공요금을 지불하고 마일리지를 일정 공제한 후 비즈니스 좌석을 요청하는 경우도 있다.

❽ Waive

규정에 벗어나지만 요금, 일정 등의 규정위배 부분을 묵인 또는 승인해 주는 것을 말하는데 보통 항공사가 여행사에게 특별한 요금으로 할인해 주거나 수하물 허용량을 기존 규정보다 더 많이 무료로 허용해 주는 것을 말한다.

❾ 여정과 구간

서울에서 도쿄를 거쳐 뉴욕으로 가는 승객의 경우 서울-도쿄, 도쿄-뉴욕 각각의 구간을 Segment라 하고 전체 Segment의 합을 여정(Itinerary)이라고 한다.

부록

- 여행업표준약관
- 관광통역안내 표준약관
- 관광통역안내 표준약관 제정안(전문)

여행업표준약관

국외여행표준약관

공정거래위원회

표준약관 제10021호
【2019.8.30. 개정】

제1조(목적) 이 약관은 ○○여행사와 여행자가 체결한 국외여행계약의 세부 이행 및 준수사항을 정함을 목적으로 합니다.

제2조(용어의 정의) 여행의 종류 및 정의, 해외여행수속대행업의 정의는 다음과 같습니다.

1. 기획여행 : 여행사가 미리 여행목적지 및 관광일정, 여행자에게 제공될 운송 및 숙식서비스 내용(이하 '여행서비스'라 함), 여행요금을 정하여 광고 또는 기타 방법으로 여행자를 모집하여 실시하는 여행
2. 희망여행 : 여행자(개인 또는 단체)가 희망하는 여행조건에 따라 여행사가 운송·숙식·관광 등 여행에 관한 전반적인 계획을 수립하여 실시하는 여행
3. 해외여행 수속대행(이하 '수속대행계약'이라 함) : 여행사가 여행자로부터 소정의 수속대행요금을 받기로 약정하고, 여행자의 위탁에 따라 다음에 열거하는 업무(이하 '수속대행업무'라 함)를 대행하는 것
   1) 사증, 재입국 허가 및 각종 증명서 취득에 관한 수속
   2) 출입국 수속서류 작성 및 기타 관련업무

제3조(여행사와 여행자 의무)

① 여행사는 여행자에게 안전하고 만족스러운 여행서비스를 제공하기 위하여 여행알선 및 안내·운송·숙박 등 여행계획의 수립 및 실행과정에서 맡은바 임무를 충실히

수행하여야 합니다.

② 여행자는 안전하고 즐거운 여행을 위하여 여행자 간 화합도모 및 여행사의 여행질서 유지에 적극 협조하여야 합니다.

제4조(계약의 구성)

① 여행계약은 여행계약서(붙임)와 여행약관 · 여행일정표(또는 여행 설명서)를 계약내용으로 합니다.

② 여행계약서에는 여행사의 상호, 소재지 및 관광진흥법 제9조에 따른 보증보험 등의 가입(또는 영업보증금의 예치 현황) 내용이 포함되어야 합니다.

③ 여행일정표(또는 여행설명서)에는 여행일자별 여행지와 관광내용 · 교통수단 · 쇼핑횟수 · 숙박장소 · 식사 등 여행실시일정 및 여행사 제공 서비스 내용과 여행자 유의사항이 포함되어야 합니다.

제5조(계약체결의 거절) 여행사는 여행자에게 다음 각 호의 1에 해당하는 사유가 있을 경우에는 여행자와의 계약체결을 거절할 수 있습니다.

1. 질병, 신체이상 등의 사유로 개별관리가 필요하거나, 단체여행(다른 여행자의 여행에 지장을 초래하는 등)의 원활한 실시에 지장이 있다고 인정되는 경우
2. 계약서에 명시한 최대행사인원이 초과된 경우

제6조(특약) 여행사와 여행자는 관련법규에 위반되지 않는 범위 내에서 서면(전자문서를 포함한다. 이하 같다)으로 특약을 맺을 수 있습니다. 이 경우 여행사는 특약의 내용이 표준약관과 다르고 표준약관보다 우선 적용됨을 여행자에게 설명하고 별도의 확인을 받아야 합니다.

제7조(계약서 등 교부 및 안전정보 제공) 여행사는 여행자와 여행계약을 체결한 경우 계약서와 약관 및 여행일정표(또는 여행설명서)를 각 1부씩 여행자에게 교부하고, 여행목적지에 관한 안전정보를 제공하여야 합니다. 또한 여행 출발 전 해당 여행지에 대한 안전정보가 변경된 경우에도 변경된 안전정보를 제공하여야 합니다.

제8조(계약서 및 약관 등 교부 간주) 다음 각 호의 경우 여행계약서와 여행약관 및 여행일정표(또는 여행설명서)가 교부된 것으로 간주합니다.

1. 여행자가 인터넷 등 전자정보망으로 제공된 여행계약서, 약관 및 여행일정표(또는 여행설명서)의 내용에 동의하고 여행계약의 체결을 신청한 데 대해 여행사가 전자정보망 내지 기계적 장치 등을 이용하여 여행자에게 승낙의 의사를 통지한 경우
2. 여행사가 팩시밀리 등 기계적 장치를 이용하여 제공한 여행계약서, 약관 및 여행일정표(또는 여행설명서)의 내용에 대하여 여행자가 동의하고 여행계약의 체결을 신청하는 서면을 송부한 데 대해 여행사가 전자정보망 내지 기계적 장치 등을 이용하여 여행자에게 승낙의 의사를 통지한 경우

제9조(여행사의 책임) 여행사는 여행 출발 시부터 도착 시까지 여행사 본인 또는 그 고용인, 현지여행사 또는 그 고용인 등(이하 '사용인'이라 함)이 제3조제1항에서 규정한 여행사 임무와 관련하여 여행자에게 고의 또는 과실로 손해를 가한 경우 책임을 집니다.

제10조(여행요금)

① 여행계약서의 여행요금에는 다음 각 호가 포함됩니다. 다만, 희망여행은 당사자 간 합의에 따릅니다.

1. 항공기, 선박, 철도 등 이용운송기관의 운임(보통운임기준)
2. 공항, 역, 부두와 호텔 사이 등 송영버스요금
3. 숙박요금 및 식사요금
4. 안내자경비
5. 여행 중 필요한 각종 세금
6. 국내외 공항 · 항만세
7. 관광진흥개발기금
8. 일정표 내 관광지 입장료
9. 기타 개별계약에 따른 비용

② 제1항에도 불구하고 반드시 현지에서 지불해야 하는 경비가 있는 경우 그 내역과

금액을 여행계약서에 별도로 구분하여 표시하고, 여행사는 그 사유를 안내하여야 합니다.

③ 여행자는 계약체결 시 계약금(여행요금 중 10% 이하 금액)을 여행사에게 지급하여야 하며, 계약금은 여행요금 또는 손해배상액의 전부 또는 일부로 취급합니다.

④ 여행자는 제1항의 여행요금 중 계약금을 제외한 잔금을 여행출발 7일 전까지 여행사에게 지급하여야 합니다.

⑤ 여행자는 제1항의 여행요금을 당사자가 약정한 바에 따라 카드, 계좌이체 또는 무통장입금 등의 방법으로 지급하여야 합니다.

⑥ 희망여행요금에 여행자 보험료가 포함되는 경우 여행사는 보험회사명, 보상내용 등을 여행자에게 설명하여야 합니다.

제11조(여행요금의 변경)

① 국외여행을 실시함에 있어서 이용운송 · 숙박기관에 지급하여야 할 요금이 계약체결 시보다 5% 이상 증감하거나 여행요금에 적용된 외화환율이 계약체결 시보다 2% 이상 증감한 경우 여행사 또는 여행자는 그 증감된 금액 범위 내에서 여행요금의 증감을 상대방에게 청구할 수 있습니다.

② 여행사는 제1항의 규정에 따라 여행요금을 증액하였을 때에는 여행출발일 15일 전에 여행자에게 통지하여야 합니다.

제12조(여행조건의 변경요건 및 요금 등의 정산)

① 계약서 등에 명시된 여행조건은 다음 각 호의 1의 경우에 한하여 변경될 수 있습니다.

1. 여행자의 안전과 보호를 위하여 여행자의 요청 또는 현지사정에 의하여 부득이하다고 쌍방이 합의한 경우
2. 천재지변, 전란, 정부의 명령, 운송 · 숙박기관 등의 파업 · 휴업 등으로 여행의 목적을 달성할 수 없는 경우

② 여행사가 계약서 등에 명시된 여행일정을 변경하는 경우에는 해당 날짜의 일정이 시작되기 전에 여행자의 서면 동의를 받아야 합니다. 이때 서면동의서에는 변경일시,

변경내용, 변경으로 발생하는 비용이 포함되어야 합니다.
③ 천재지변, 사고, 납치 등 긴급한 사유가 발생하여 여행자로부터 여행일정 변경 동의를 받기 어렵다고 인정되는 경우에는 제2항에 따른 일정변경 동의서를 받지 아니할 수 있습니다. 다만, 여행사는 사후에 서면으로 그 변경 사유 및 비용 등을 설명하여야 합니다.
④ 제1항의 여행조건 변경 및 제11조의 여행요금 변경으로 인하여 제10조 제1항의 여행요금에 증감이 생기는 경우에는 여행출발 전 변경분은 여행출발 이전에, 여행 중 변경분은 여행종료 후 10일 이내에 각각 정산(환급)하여야 합니다.
⑤ 제1항의 규정에 의하지 아니하고 여행조건이 변경되거나 제16조 내지 제18조의 규정에 의한 계약의 해제 · 해지로 인하여 손해배상액이 발생한 경우에는 여행출발 전 발생분은 여행출발 이전에, 여행 중 발생 분은 여행 종료 후 10일 이내에 각각 정산(환급)하여야 합니다.
⑥ 여행자는 여행출발 후 자기의 사정으로 숙박, 식사, 관광 등 여행요금에 포함된 서비스를 제공받지 못한 경우 여행사에게 그에 상응하는 요금의 환급을 청구할 수 없습니다. 다만, 여행이 중도에 종료된 경우에는 제18조에 준하여 처리합니다.

제13조(여행자 지위의 양도)

① 여행자가 개인사정 등으로 여행자의 지위를 양도하기 위해서는 여행사의 승낙을 받아야 합니다. 이때 여행사는 여행자 또는 여행자의 지위를 양도받으려는 자가 양도로 발생하는 비용을 지급할 것을 조건으로 양도를 승낙할 수 있습니다.
② 전항의 양도로 발생하는 비용이 있을 경우 여행사는 기한을 정하여 그 비용의 지급을 청구하여야 합니다.
③ 여행사는 계약조건 또는 양도하기 어려운 불가피한 사정 등을 이유로 제1항의 양도를 승낙하지 않을 수 있습니다.
④ 제1항의 양도는 여행사가 승낙한 때 효력이 발생합니다. 다만, 여행사가 양도로 인해 발생한 비용의 지급을 조건으로 승낙한 경우에는 정해진 기한 내에 비용이 지급되는 즉시 효력이 발생합니다.

⑤ 여행자의 지위가 양도되면, 여행계약과 관련한 여행자의 모든 권리 및 의무도 그 지위를 양도받는 자에게 승계됩니다.

제14조(여행사의 하자담보 책임)

① 여행자는 여행에 하자가 있는 경우에 여행사에게 하자의 시정 또는 대금의 감액을 청구할 수 있습니다. 다만, 그 시정에 지나치게 많은 비용이 들거나 그 밖에 시정을 합리적으로 기대할 수 없는 경우에는 시정을 청구할 수 없습니다.
② 여행자는 시정 청구, 감액 청구를 갈음하여 손해배상을 청구하거나 시정 청구, 감액 청구와 함께 손해배상을 청구할 수 있습니다.
③ 제1항 및 제2항의 권리는 여행기간 중에도 행사할 수 있으며, 여행 종료일부터 6개월 내에 행사하여야 합니다.

제15조(손해배상)

① 여행사는 현지여행사 등의 고의 또는 과실로 여행자에게 손해를 가한 경우 여행사는 여행자에게 손해를 배상하여야 합니다.
② 여행사의 귀책사유로 여행자의 국외여행에 필요한 사증, 재입국 허가 또는 각종 증명서 등을 취득하지 못하여 여행자의 여행일정에 차질이 생긴 경우 여행사는 여행자로부터 절차대행을 위하여 받은 금액 전부 및 그 금액의 100% 상당액을 여행자에게 배상하여야 합니다.
③ 여행사는 항공기, 기차, 선박 등 교통기관의 연발착 또는 교통체증 등으로 인하여 여행자가 입은 손해를 배상하여야 합니다. 다만, 여행사가 고의 또는 과실이 없음을 입증한 때에는 그러하지 아니합니다.
④ 여행사는 자기나 그 사용인이 여행자의 수하물 수령, 인도, 보관 등에 관하여 주의를 해태(懈怠)하지 아니하였음을 증명하지 아니하면 여행자의 수하물 멸실, 훼손 또는 연착으로 인한 손해를 배상할 책임을 면하지 못합니다.

제16조(여행출발 전 계약해제)

① 여행사 또는 여행자는 여행출발 전 이 여행계약을 해제할 수 있습니다. 이 경우 발생하는 손해액은 '소비자분쟁해결기준'(공정거래위원회 고시)에 따라 배상합니다.

② 여행사 또는 여행자는 여행출발 전에 다음 각 호의 1에 해당하는 사유가 있는 경우 상대방에게 제1항의 손해배상액을 지급하지 아니하고 이 여행계약을 해제할 수 있습니다.

1. 여행사가 해제할 수 있는 경우
   가. 제12조 제1항 제1호 및 제2호 사유의 경우
   나. 여행자가 다른 여행자에게 폐를 끼치거나 여행의 원활한 실시에 현저한 지장이 있다고 인정될 때
   다. 질병 등 여행자의 신체에 이상이 발생하여 여행에의 참가가 불가능한 경우
   라. 여행자가 계약서에 기재된 기일까지 여행요금을 납입하지 아니한 경우
2. 여행자가 해제할 수 있는 경우
   가. 제12조 제1항 제1호 및 제2호의 사유가 있는 경우
   나. 여행사가 제21조에 따른 공제 또는 보증보험에 가입하지 아니하였거나 영업보증금을 예치하지 않은 경우
   다. 여행자의 3촌 이내 친족이 사망한 경우
   라. 질병 등 여행자의 신체에 이상이 발생하여 여행에의 참가가 불가능한 경우
   마. 배우자 또는 직계존비속이 신체이상으로 3일 이상 병원(의원)에 입원하여 여행출발 전까지 퇴원이 곤란한 경우 그 배우자 또는 보호자 1인
   바. 여행사의 귀책사유로 계약서 또는 여행일정표(여행설명서)에 기재된 여행일정대로의 여행실시가 불가능해진 경우
   사. 제10조 제1항의 규정에 의한 여행요금의 증액으로 인하여 여행 계속이 어렵다고 인정될 경우

제17조(최저행사인원 미충족 시 계약해제)

① 여행사는 최저행사인원이 충족되지 아니하여 여행계약을 해제하는 경우 여행출발

7일 전까지 여행자에게 통지하여야 합니다.

② 여행사가 여행참가자 수 미달로 전항의 기일 내 통지를 하지 아니하고 계약을 해제하는 경우 이미 지급받은 계약금 환급 외에 다음 각 목의 1의 금액을 여행자에게 배상하여야 합니다.

가. 여행출발 1일 전까지 통지 시 : 여행요금의 30%

나. 여행출발 당일 통지 시 : 여행요금의 50%

제18조(여행출발 후 계약해지)

① 여행사 또는 여행자는 여행출발 후 부득이한 사유가 있는 경우 각 당사자는 여행계약을 해지할 수 있습니다. 다만, 그 사유가 당사자 한쪽의 과실로 인하여 생긴 경우에는 상대방에게 손해를 배상하여야 합니다.

② 제1항에 따라 여행계약이 해지된 경우 귀환운송 의무가 있는 여행사는 여행자를 귀환운송할 의무가 있습니다.

③ 제1항의 계약해지로 인하여 발생하는 추가 비용은 그 해지사유가 어느 당사자의 사정에 속하는 경우에는 그 당사자가 부담하고, 양 당사자 누구의 사정에도 속하지 아니하는 경우에는 각 당사자가 추가 비용의 50%씩을 부담합니다.

④ 여행자는 여행에 중대한 하자가 있는 경우에 그 시정이 이루어지지 아니하거나 계약의 내용에 따른 이행을 기대할 수 없는 경우에는 계약을 해지할 수 있습니다.

⑤ 제4항에 따라 계약이 해지된 경우 여행사는 대금청구권을 상실합니다. 다만, 여행자가 실행된 여행으로 이익을 얻은 경우에는 그 이익을 여행사에게 상환하여야 합니다.

⑥ 제4항에 따라 계약이 해지된 경우 여행사는 계약의 해지로 인하여 필요하게 된 조치를 할 의무를 지며, 계약상 귀환운송 의무가 있으면 여행자를 귀환운송하여야 합니다. 이 경우 귀환운송비용은 원칙적으로 여행사가 부담하여야 하나, 상당한 이유가 있는 때에는 여행사는 여행자에게 그 비용의 일부를 청구할 수 있습니다.

제19조(여행의 시작과 종료) 여행의 시작은 탑승수속(선박인 경우 승선수속)을 마친 시점으로 하며, 여행의 종료는 여행자가 입국장 보세구역을 벗어나는 시점으로 합니다. 다

만, 계약내용상 국내이동이 있을 경우에는 최초 출발지에서 이용하는 운송수단의 출발시각과 도착시각으로 합니다.

제20조(설명의무) 여행사는 계약서에 정하여져 있는 중요한 내용 및 그 변경사항을 여행자가 이해할 수 있도록 설명하여야 합니다.

제21조(보험가입 등) 여행사는 이 여행과 관련하여 여행자에게 손해가 발생한 경우 여행자에게 보험금을 지급하기 위한 보험 또는 공제에 가입하거나 영업보증금을 예치하여야 합니다.

제22조(기타사항)

① 이 계약에 명시되지 아니한 사항 또는 이 계약의 해석에 관하여 다툼이 있는 경우에는 여행사 또는 여행자가 합의하여 결정하되, 합의가 이루어지지 아니한 경우에는 관계법령 및 일반관례에 따릅니다.

② 특수지역에의 여행으로서 정당한 사유가 있는 경우에는 이 표준약관의 내용과 달리 정할 수 있습니다.

관광통역안내 표준약관

공정거래위원회

표준약관 제10072호
【2014. 9. 19. 개정】

1. 계약기간 : ______년 ______월 ______일 ______시부터
______년 ______월 ______일 ______시까지
(______년 ______개월 또는 ______회)
2. 대가지급 : 금 원 또는 부속합의서로 정하기로 함
3. 지급시기 : 관광통역안내 업무 활동 종료일로부터 30일 이내
• 다만, 다수의 관광통역안내 업무 활동(위탁)을 전제로 하지 아니하고 단발성 관광통역안내의 경우 정산과 동시에 지급하기로 함
4. 수익분배(필요시 부속합의서)

쇼핑상품 및 옵션상품 판매수수료	팁	기타 수수료

※ 해당사항이 없는 경우 '해당없음'으로 기재
5. 행사진행비 : 금 원 또는 부속합의서로 정하기로 함

아래 여행사와 관광통역안내사는 합의에 따라 이 계약을 체결하고, 신의에 따라 성실히 계약상의 의무를 이행할 것을 확약하며, 이 계약의 증거로 계약서를 2통 작성하여 서명·날인 후 각 1부씩 보관한다.

붙임서류 : 1. 관광통역안내 표준약관 전문. 1부
2. 부속합의서. 1부
3. 관광통역안내사 자격증 사본. 1부

년 월 일

여행사
상 호 : 사업자등록번호 :
대표자 : (인)
주 소 :
관광통역안내사
생년월일 :
관광통역안내사 자격증 번호 :
성 명 : (인)
주 소 :

<관광통역안내 표준약관 제정안(전문)>

제1조(목적)

이 약관(이하 '계약'이라 한다.)은 여행사와 관광통역안내사 사이의 권리 · 의무 등 제반사항을 정함으로써 외국인 관광객에 대한 여행 및 관광통역안내 서비스를 제고하고 당사자간 상호 이익을 도모함에 그 목적이 있다.

제2조(계약기간)

① 이 계약의 계약기간은

______년 ______월 ______일 ______시부터

______년 ______월 ______일 ______시까지

(______년 ______개월 또는 ______회)로 한다.

② 여행사와 관광통역안내사는 계약기간 만료 최소 10일 전에 상대방에 대하여 계약의 종료일과 갱신여부를 통지하여야 하며, 계약의 종료일과 갱신여부의 통지없이 계약기간이 경과된 때에는 계약은 전과 같은 조건으로 갱신된 것으로 본다.

제3조(관광통역안내 위탁 업무의 범위 및 업무 활동 시간)

① 이 계약에 따른 여행사의 관광통역안내사에 대한 위탁 업무의 범위는 다음 각 호와 같다.

1. 외국인 관광객을 대상으로 한 관광안내
2. 외국인 관광객의 숙박, 식사, 쇼핑 및 편의 제공에 관한 업무
3. 기타 행사조건서에 명시된 업무로서 관광통역안내에 부수하는 업무

② 관광통역안내사의 관광통역안내 업무 활동은, 관광일정표 등이 포함된 행사조건서를 전달받은 때부터 시작되며, 관광 일정 중에 사용한 경비 정산 보고서 제출 등 후속 조치가 완료되는 시점에 종료한다.

③ 여행사와 관광통역안내사는 행사 조건 내용에 대하여 이견이 있는 경우 상호 협의하여 조정할 수 있다.

제4조(당사자의 의무)

① 여행사는 관광통역안내사에 대하여 다음 각 호의 의무를 부담한다.

1. 여행사는 관광통역안내사의 관광통역안내에 관한 업무 배정을 공정하고 성실하게 하여야 한다.
2. 여행사는 관광통역안내사의 관광통역안내 업무 배정을 위한 일정 관리, 관련 정보(관광일정표, 행사조건서 및 안전관리 등) 등 제반사항을 제공하여야 한다.
3. 여행사는 관광통역안내사의 관광통역안내 업무 활동에 수반되는 숙박비, 교통비 등을 실비로 지급하여야 한다.
4. 여행사는 관광통역안내사가 관광통역안내 업무 활동 중에 본인의 고의, 과실 없이 상해가 발생하였을 경우 치료 실비를 지급하여야 한다.

② 관광통역안내사는 여행사에 대하여 다음 각 호의 의무를 부담한다.

1. 관광통역안내사는 여행사로부터 위탁받은 관광통역안내 업무를 성실하게 이행하여야 하며, 여행사로부터 제공받은 관광일정을 외국인 관광객에게 공지하여야 한다.
2. 관광통역안내사는 관광통역안내 업무 시 욕설을 하거나 역사적인 사실을 잘못 전달하는 등 불성실·태만하거나 여행사의 신용을 훼손하는 행위를 하여서는 아니 된다.
3. 관광통역안내사는 계약기간 중 이 계약의 이행에 중요한 영향을 미치는 관광통역안내 서비스 계약을 다른 사업자와 체결하고자 하는 경우 여행사와 사전에 협의하여야 한다.
4. 관광통역안내사는 외국인 관광객의 정당한 요구나 불만이 있을 경우 여행사와 합의하에 시정 등 적절한 조치를 취하고 불만의 재발 방지를 위하여 필요한 조치를 취해야 하며, 안전사고 방지에 관한 사항을 수시로 공지하고 긴급상황 발생 시에는 사전 조치 후 여행사에게 통보하고 사후 협의하여야 한다.
5. 관광통역안내사는 여행사로부터 위탁받은 관광통역안내 업무 활동을 종료한 이후, 현장에서 발생한 경비에 대한 사후정산을 신속하고 성실하게 하여야 한다.

제5조(대가 등 지급)

① 관광통역안내 업무에 대한 대가와 이의 지급에 대한 사항은 다음 각 호의 규정에 따라 부속합의서로 정한다.

1. 여행사는 관광통역안내사의 관광통역안내 업무에 대하여 시간(반일, 전일 등), 시간대(야간, 휴일 등), 경력 등을 감안하여 적정한 대가를 지급한다.
2. 관광통역안내 업무에 대한 대가는 원화를 기준으로 하며, 일간 · 주간 · 월간 등 단위로 책정한다.

② 행사 진행비는 관광통역안내 업무 활동이 시작되기 전에 사전 지급함을 원칙으로 한다. 다만, 상호 협의하여 정할 수 있다.

③ 여행사는 관광통역안내사에게 원칙적으로 업무 활동 종료일로부터 30일 이내에 관광통역안내 업무에 대한 대가를 지급하여야 한다. 다만, 다수의 관광통역안내 업무 활동(위탁)을 전제로 하지 아니하고 단발성 관광통역안내 업무 활동(위탁)을 위한 계약의 경우는 정산과 동시에 지급한다.

제6조(수익의 분배)

① 이 계약을 통하여 발생한 수익은 다음 각 호에 따라 공정하게 분배 · 계산한다.

1. 관광 일정에 포함된 쇼핑상품 및 옵션상품 판매수수료에 대한 수익은 여행사와 관광통역안내사가 첨부될 부속합의서에서 정하는 비율로 분배한다.
2. 관광상품에 책정된 팁은 다음과 같이 계산한다.
   ____(상세하게 설명)
3. 관광통역안내사에게 지급되는 기타 수수료에 대한 수익은 다음과 같이 계산한다.
   ____(상세하게 설명)

② 여행사와 관광통역안내사는 각자의 소득에 대한 세금을 각자 부담한다.

제7조(금지 행위)

① 여행사는 관광통역안내사에 대하여 다음의 각 호에 해당하는 행위를 하여서는 아니 된다.

1. 쇼핑 및 옵션 상품 판매를 강요하는 행위
2. 관광버스 기사 또는 현지에서 동행하는 인력에게 지급되는 일당 및 팁 등 부대비용을 지급하도록 강요하는 행위
3. 관광 일정 중 관광버스 기사 또는 현지에서 동행하는 인솔자의 성별을 구분하지 아니하고 숙소를 배정하는 행위
4. 관광통역안내 업무를 배정하는 과정에서 대가를 수수하는 행위

② 관광통역안내사는 여행사에 대하여 다음의 각 호에 해당하는 행위를 하여서는 아니 된다.

1. 관광통역안내 업무 활동 중에 외국인 관광객과 문제가 발생하는 경우 여행사와 사전 협의없이 임의로 업무를 중단하는 행위
2. 여행사가 지정한 쇼핑점, 음식점 등 이외에 다른 상점과 거래관계를 형성하여 개인적인 수익을 창출하는 행위
3. 관광일정을 여행사와 사전 협의 없이 임의로 조정 및 변경하는 행위
4. 이 계약에 따라 알게 된 여행사의 회의비밀, 영업정보 및 기술정보 등을 유출하는 행위

제8조(외국인 관광객의 불만과 책임 소재)

① 다음 각 호의 경우 외국인 관광객의 불만은 여행사가 책임을 부담한다.

1. 관광일정과 관련하여 외국인 관광객의 불만이 발생한 경우
2. 관광일정표에 포함된 장소 또는 시설에서 제공되는 서비스와 관련하여 외국인 관광객의 불만이 발생한 경우

② 다음 각 호의 경우 외국인 관광객의 불만은 관광통역안내사가 책임을 부담한다.

1. 관광통역안내 업무와 관련하여 역사적인 사실을 잘못 전달하거나 욕설 등을 하여 국가 이미지 실추, 서비스 마인드 부족 및 불친절한 태도가 문제가 되어 외국인 관광객의 불만이 발생한 경우
2. 임의로 외국인 관광객에게 쇼핑 및 옵션 상품 판매를 강요한 경우
3. 사전협의 없이 임의로 관광통역안내 업무를 중단하여 추가적인 비용이 발생하는 경우

제9조(계약의 해지)

① 여행사 또는 관광통역안내사가 이 계약상의 의무를 위반하는 경우 상당 기간을 정하여 이행 또는 시정을 최고하고 그 이행 또는 시정이 이루어지지 아니하는 경우에는 계약을 해지할 수 있다. 다만, 이 계약의 당사자가 계약의 중요한 의무를 위반하여 더 이상 이 계약을 유지하기가 어려운 경우에는 최고 없이 계약을 즉시 해지할 수 있다.

② 계약 해지일을 기준으로 이미 발생한 계약 당사자들의 권리 및 의무에 관한 사항은 이 계약의 해지로 인하여 영향을 받지 않는다.

③ 여행사와 관광통역안내사는 상호 합의하여 계약을 해지할 수 있다.

④ 여행사와 관광통역안내사는 자신의 귀책사유로 인하여 이 계약이 해제, 해지됨으로써 발생한 상대방의 손해 또는 이 계약을 위반하여 발생하는 상대방의 손해를 배상하여야 한다.

제10조(지연이자) 제5조 제3항에 의하여 대가 지급기간이 경과하는 경우 미지급액에 대하여 지급기간 경과일의 다음날부터 지급하는 날까지 상사법정이율에 따른 지연이자를 지급한다.

제11조(교육훈련) 여행사와 관광통역안내사는 관광통역안내에 필요한 능력의 습득 및 향상을 위한 교육훈련과 관련된 기회제공 및 참여에 최선을 다한다.

제12조(관할 법원 등)

① 이 계약에 관한 소송은 민사소송법상의 관할법원에 제기한다.

② 이 계약에서 부속합의서로 정하기로 한 사항, 이 계약의 내용을 보충하거나 이 계약에서 정하지 아니한 사항과 이 계약의 해석에 관하여는 당사자 간 합의하여 정하되, 합의가 이루어지지 않은 경우에는 관계법령 및 거래관행에 따른다.

제13조(계약서 작성)

이 계약의 성립 및 내용을 증명하기 위하여 계약서 2부를 작성하고, 여행사와 관광통역안내사가 서명 날인 후 각 1부씩 보관한다.

참고문헌

REFERENCE

1. 논문과 서적

고창배(2003). CRM 성과에 영향을 미치는 요인에 관한 실증적 연구. 경기대학교 박사학위논문.
공윤주(1999). 여행사의 축제여행상품 개발전략에 관한 연구, 경기대학교 석사학위논문.
공윤주(2010). 항공사의 환경변화에 따른 여행사 전략 연구, 경기대학교 박사학위논문.
공윤주(2019). NCS 기반 국외여행인솔자의 직무분석에 관한 탐색적 연구, 백석논단 제10호.
김경회(2001). 관광산업에서 CRM의 적용을 위한 탐색적 연구. 중앙대학교 석사학위논문.
김봉관(2000). 데이터베이스마케팅을 위한 고객관리, 남두도서.
김성혁(1999). 마케팅의 이해, 백산출판사.
민웅기 · 김남조(2015). 한국사회에서 소규모 여행사의 사회적 책임활동(CSR)과 신전략경영에 대한 탐색적 연구, 관광학연구.
박승영(2000). 관광자만족에 따른 관광서비스품질관리에 관한 연구, 관광품질시스템연구.
박시사(2001). 관광소비자행동론, 대왕사.
박주영 · 최순식 · 홍석기(2011). 중소기업의 시장지향성과 마케팅역량이 경쟁우위와 기업성과에 미치는 영향에 관한 연구, 대한경영학회지.
박창규(1998). 관광자만족 결정경로와 요인에 관한 연구, 경기대학교 박사학위논문.
송지영(2001). 여행사의 CRM 활용방안에 관한 연구. 경희대학교 석사학위논문.
심재철(2014). 박람회여행사 마케팅믹스와 만족 및 행동의도 간 영향관계 연구, 관광연구.
안영면(2002). 관광인적자원관리, 대명.
양정영(2001). 여행업의 전자상거래에 관한 연구, 경기대학교 박사학위논문.
윤대순(2004). 여행사경영론, 기문사.
이경모(1997). 여행사의 업무조직과 직무분석에 관한 연구, 관광정책학연구.
이화직(2000). CRM 이론과 사례, 한국능률협회.
임재훈(2017). 본원적 경쟁 우위 전략에 따른 디자인 함축적 정보에 관한 연구, Journal of Cultural Product & Design.
임헌국(2003). 여행업의 CRM 마케팅에 관한 이론적 연구. 문화관광연구.
정찬종(1996). 일반여행업의 직무분석에 따른 교육방향개선에 관한 연구, 여행학연구.
표성수 · 장혜숙(1998). 최신관광계획개발론, 형설출판사.
한국직업능력개발원(1998). 여행안내원 직무분석.

2. 관광기관

관광지식정보시스템(https://www.tour.go.kr/)
국외여행인솔자 인력관리시스템(http://tchrm.or.kr)
금융감독원 전자공시시스템(http://dart.fss.or.kr)
한국관광협회중앙회(http://www.ekta.kr)
한국산업인력공단(http://q-net.or.kr)
한국여행업협회(https://www.kata.or.kr/v2/)

3. 관광언론

세계여행신문: http://www.gtn.co.kr
여행신문: http://www.traveltimes.co.kr
티티엘뉴스: http://www.ttlnews.com

4. 일반

나무위키: https://namu.wiki
네이버 지식백과: https://terms.naver.com
두산백과: http://www.doopedia.co.kr
외교부 해외안전여행: http://www.0404.go.kr
위키피디아: https://ko.wikipedia.org
워크넷: https://www.work.go.kr

5. 여행사

KRT여행사 https://www.krt.co.kr/
SBTM http://www.shillasbtm.com/
내일투어 http://www.naeiltour.co.kr/
노랑풍선 https://www.ybtour.co.kr/
땡처리닷컴 http://www.ttang.com/
레드캡투어 https://www.redcap.co.kr/

롯데JTB http://www.lottejtb.com/
롯데관광개발 http://www.lottetour.com/
마이리얼트립 https://www.myrealtrip.com/
모두투어 https://www.hanatour.com/
부킹닷컴 https://www.booking.com/
비욘드코리아 https://www.beyondkorea.co.kr/
세중여행 http://www.sejoong.com/
스카이스캐너 https://www.skyscanner.co.kr/
승우여행사 http://www.swtour.co.kr/
아고다 https://www.agoda.com/ko-kr/
아름여행사 https://www.arumtr.co.kr/
야놀자 https://www.yanolja.com/
에어비앤비 https://www.airbnb.co.kr/
여기어때 https://www.goodchoice.kr/
온라인투어 https://www.onlinetour.co.kr/
와그 https://www.waug.com/ko/
이모하여행사 http://www.imoha.net/
익스피디아 https://www.expedia.co.kr/
인도로가는길 http://www.indoro.co.kr/
인터파크투어 http://tour.interpark.com/
참좋은여행 http://www.verygoodtour.com/
카약 https://www.kayak.co.kr/
케이케이데이 https://www.kkday.com/ko
클룩 https://www.klook.com/ko/
타이드스퀘어 http://www.tidesquare.com/
트리플 https://www.triple.guide/
트립닷컴 https://kr.trip.com/
프립 https://www.frip.co.kr/
하나투어 https://www.hanatour.com/
한국자전거나라 http://www.koreabiketour.kr/
한진관광 http://www.kaltour.com/
해밀여행사 http://www.ktx7788.co.kr/
현대드림투어 http://home.hyundaidreamtour.com/

혜초여행사 http://www.hyecho.com/
호텔스닷컴 https://kr.hotels.com/
홍익여행사 https://www.ktxtour.co.kr/

6. 기타

미국대사관 ESTA 신청서 https://esta.cbp.dhs.gov/
인천국제공항 https://www.airport.kr/
중국대사관 비자신청 http://kr.china-embassy.org/kor/lshyw/
한국소비자원 https://www.kca.go.kr/
http://www.hani.co.kr/arti/economy/marketing/912614.html#csidx2b3c258d5fbbf1e9a21ead0b3dae778
http://www.hani.co.kr/arti/economy/marketing/912614.html#csidx7511a7592d977aeb18d6496f7358ae9
https://platum.kr/archives/69086

저자약력

공윤주

(現) 백석예술대학교 관광학부 교수
경기대학교 대학원 관광경영학과 졸업(관광학박사)
경기대학교 대학원 관광경영학과 졸업(경영학석사)
대구대학교 관광경영학과 졸업(경영학사)
동양미래대학교 관광컨벤션과 교수
서울호서직업전문학교 관광경영과 교수
(주)올리브항공여행사 과장
(주)사조인터내셔날 여행사업부 과장
(주)경기항공여행사 과장
(사)한국관광레저학회 평생회원 및 이사
(사)한국국외여행인솔자협회 감사
(사)한국항공서비스협회 이사
(사)한국관광레저개발원 이사

- 아라뱃길 시민제안프로젝트자문위원
- 기후변화 적응 민간대행사업 착수자문회의자문위원
- 서울특별시 지역특화의료기술 및 유치기반 강화사업평가위원
- 서울특별시 임기제 공무원심사위원
- 서울특별시 서부여성발전센터 일자리협력망자문위원
- 해양수산과학기술진흥원 해양관광자문위원
- 강원랜드 공연운영 용역평가위원
- 강원도 교육청 직업체험자문위원
- 관광통역안내사 시험출제선정위원
- 중소기업청 참살이 실습터 지정사업심사위원
- 한국산업인력공단 해외연수 제안서심사위원
- (사)한국관광개발원 관광아카데미 특임교수
- 한국여행업협동조합 여행상품심의위원
- 고교진로특강 교수
- 대한민국 호텔관광푸드서비스페스티발 운영위원장

[저서]

Tour Conductor 서비스실무, 대왕사
세계관광과 문화, 백산출판사

[논문]

- 항공사의 환경변화에 따른 여행사 전략연구_박사학위논문
- 여행사의 축제여행상품 개발전략에 관한 연구_석사학위논문
- NCS기반 국외여행인솔자의 직무분석에 관한 탐색적 연구
- 여행사 직원의 유리천장 인식이 조직공정성 지각에 미치는 영향
- 대학생의 성격특성이 진로결정 자기효능감과 진로준비 행동에 미치는 영향
- 여행사 페이스북 팬페이지 지속적 사용의도
- 커뮤니케이션, 브랜드 이미지, 고객만족 간의 구조적 관계
- 객실승무원의 비언어적 커뮤니케이션과 브랜드 이미지 관계에서 고객만족의 매개효과
- 인구통계적 특성에 따른 여가 유형에 관한 연구: Kelly의 이론을 적용하여
- 여행사 직원의 개인-환경 적합성과 조직몰입 간 자기효능감의 조절효과
- 여행사 직원의 개인-환경 적합성이 직무만족과 고객지향성에 미치는 영향
- 국외관광인솔자 능력과 만족도 관계연구
- 지역축제 참여동기와 만족 및 충성도에 관한 연구
- 항공사 e-business 환경 변화가 여행사 경영 전략에 미치는 영향
- 항공사의 항공권 판매 변화에 따른 여행사 전략 연구

저자와의
합의하에
인지첩부
생략

여행사 경영과 실무

2020년 7월 25일 초판 1쇄 인쇄
2020년 7월 30일 초판 1쇄 발행

지은이 공윤주
펴낸이 진욱상
펴낸곳 (주)백산출판사
교 정 성인숙
본문디자인 구효숙
표지디자인 오정은

등 록 2017년 5월 29일 제406-2017-000058호
주 소 경기도 파주시 회동길 370(백산빌딩 3층)
전 화 02-914-1621(代)
팩 스 031-955-9911
이메일 edit@ibaeksan.kr
홈페이지 www.ibaeksan.kr

ISBN 979-11-6567-140-2 93320
값 30,000원